# 受刑者の人権と人間の尊厳

## 世界標準と社会権的再構成

SAWANOBORI Bunji
澤登文治

日本評論社

# はしがき

　「アメリカ合衆国憲法の制定過程と連邦制」を主要な研究テーマとしてきたはずの筆者が、なぜ今回、そのテーマとは異なる、『受刑者の人権と人間の尊厳―世界標準と社会権的再構成―』を刊行することになったのか、少し説明が必要であろう。

　先に上梓した『フランス人権宣言の精神』(成文堂、2007 年)の「はしがき」で、筆者は同じように弁解をしていたことを想い出す。元々の研究テーマに関連することではあったが、次のような事実に好奇心を掻き立てられたのであった。つまり、アメリカ人ベンジャミン・フランクリンは、アメリカ独立戦争期にパリに派遣され、フランスからの支援を得るために多くのフランス人と交流していた。また、フランス人ラファイエットは、独立戦争に参戦するためにアメリカに渡り、アメリカの独立達成に貢献した。ラファイエットはその後、フランスに帰国後も、今度はフランス駐在大使としてアメリカからパリに滞在することになったトマス・ジェファソンと交流を深めた。ジェファソンは、アメリカの同胞ジェイムズ・マディソンと、大西洋を挟んで、信書でフランス革命やフランス人権宣言起草の状況などについて、そして、アメリカの新しい憲法体制について、情報交換や意見交換をしていたのである。

　そのような事実から、アメリカ独立宣言の思想やヴァージニア権利宣言、アメリカ権利章典の影響の下にフランス人権宣言は起草されたとの諸説があるが、その真否をまず確認したいとの想いから、私は、所属する南山大学の留学制度を利用して、1996～98 年にフランスおよびアメリカのヴァージニアに滞在し、研究する機会を得たのであった。

　そして、その研究成果を、1998 年に帰国して後、約 10 年かけて、2007 年に『フランス人権宣言の精神』としてようやく完成させることができた。

そして、その「はしがき」で、「これから本来の研究に戻り、また一定の結論を早めに得るために尽力するのが、私のこれからの課題となる。」（はしがき p.ⅲ）と記したのであった。

　ところが、元々の研究テーマに戻ろうというその予定は、次のようなわけで、さらに約10年先延ばしとなってしまった。

　私が居住する名古屋からそれほど遠くないところにある名古屋刑務所（みよし市）で、2001年および2002年に、刑務官による受刑者死傷事件が発生した。それがきっかけで、明治以来の監獄法が、2005年の「受刑者処遇法」を経て、2006年に現行「刑事収容施設法」に生まれ変わり、刑務所改革が本格化したのであった。そこで、受刑者の人権についても、これで変化が生じるのではないか、という期待と探求心が私の胸をよぎったのである。そこで、これを研究するために、名古屋刑務所にコンタクトを取るなどしていた折に、新しく制定された前記法律によって、全国の各刑務所に設置されることになった視察委員会の、名古屋刑務所の委員の1人に任命されることになった。ちょうど、前記『フランス人権宣言の精神』の出版準備がほぼ終わっていた2006年春であった。

　それから約4年間、多くの情報提供や協力を同刑務所から受けながら、様々な勉強と思索を重ねることができた。もちろん、その後採択されることになった、2009年度から2011年度までの科学研究費補助金（基盤研究C）（「刑務所の透明性確保と受刑者の社会復帰に関する研究」）の支援を得て、アメリカ、カナダ、フランス、イギリスなどの刑務所を訪れ、また、受刑者の人権を安全に保障するために設置されている透明性確保のメカニズムについて研究することができたのも大きなメリットであった。

　いずれにしても、このようなことで、この約10年間は、受刑者の人権と刑務所のあり方について研究することに主たる時間や労力を費やすことになった。そして、その研究を、こうしてある程度の形にまとめるに至ったので、日本学術振興会JSPS平成30年度科学研究費助成事業（科学研究費補助金）の研究成果公開促進費（課題番号：18HP5141）の助成を受けて、出版することができることとなったのである。

　さて、今回の本書のテーマは、本来の私の研究テーマから多少逸れたとは

いえ、現代の受刑者の人権について、かつ、わが国だけでなく諸外国における考え方や受刑者の処遇について考察している。これによって、「人間の尊厳」概念を基盤にして人権概念を構築するという新たな方向と方法を得ることができた。したがって、今後、近代人権の淵源を探索し、そのために作られた統治のための制度を解明することを目的に設定した、元々の私の研究テーマである、「アメリカ合衆国憲法の制定過程と連邦制」という「本来の研究に戻り、また一定の結論を早めに得るために尽力するのが、私のこれからの課題となる」のである。

　本書の公刊のためにご尽力いただいた、日本評論社の斎藤ちか氏には、ここに至るまで様々なご配慮をいただいたばかりでなく、とても丁寧な内校をしていただき大変助かりました。感謝申し上げます。

目 次

はしがき　*i*

問題の提起……………………………………………………………………1

## 第1部　わが国におけるこれまでの受刑者の権利に関する議論と刑務所改革　15

### 第1章
### わが国における受刑者の権利の変容
──2006年刑事収容施設法の成立……………………………………19

　第1節　懲役刑受刑者の処遇に関する憲法理論と判例法理……………19
　　一　「監獄法」と特別権力関係　19
　　二　「監獄法」の下における自由権の制限に関する判例　21
　　三　刑事収容施設法の成立と法治主義　22
　第2節　受刑者の権利の変容……………………………………………26
　　一　刑事収容施設法による受刑者の権利の明確化　26
　　二　透明性の確保と受刑者の社会復帰のための処遇　30

### 第2章
### 被収容者の通信の自由に対する制限
──東京地裁平成21年4月20日判決を中心に……………………35

　第1節　監獄法と刑事収容施設法における受刑者の「通信の秘密」……37
　第2節　監獄法の下における判例………………………………………40
　　一　「よど号ハイジャック記事抹消事件」最高裁判決後の判例　41
　　二　その後の判決　43
　　三　名古屋地裁2007（平成19）年7月13日判決　44
　第3節　刑事収容施設法の下における裁判例…………………………46
　　一　「書信表」に関する事件その1　46
　　二　「書信表」に関する事件その2　51

第4節　監獄法と刑事収容施設法の下における事案の相違……………54
　　　　一　信書検査と書信表の区別　56
　　　　二　「平成21年4月20日判決」の特異性　57
　　　　三　小括　64

第1部のまとめと考察 ………………………………………………………69

### 第2部　カリフォルニア州の刑務所改革　　　　　　　　　　　　71

## 第3章
## カリフォルニア州の刑務所改革に関する考察
## ——2007年州議会下院法案AB900とその実現 ……………………75

　　第1節　カリフォルニア州における刑務所改革の経緯とその内容 ………76
　　　　一　背景としての過剰収容問題　76
　　　　二　下院法案AB900と刑務所および行刑改革の要点　87
　　　　三　改革の進捗状況　96
　　第2節　ブラウン知事の刑務所改革継承
　　　　　　：治安再編成プラン(Public Safety Realignment) ……………104
　　　　一　2011年4月4日の下院法案AB109施行　105
　　　　二　下院法案AB111および同法案AB94　106
　　　　三　上院法案SB89および同法案SB87　107
　　　　四　仮釈放の取消に関する改正　107
　　第3節　カリフォルニア州刑務所改革に関する評価 …………………109
　　　　一　外部団体による評価　109
　　　　二　研究者による評価　111
　　　　三　連邦裁判所による評価　116
　　第4節　カリフォルニア州刑務所改革と2016年「第57提案」………124
　　　　一　2016年「第57提案」の経緯と内容　125
　　　　二　カリフォルニア州憲法の改正　142

第2部のまとめと考察 ………………………………………………………147

第3部　刑務所監視体制と受刑者の人権に関する世界標準　153

― 第4章 ―

## カリフォルニア州の刑務所監視体制
―2007 年の刑務所改革による更生監視委員会(C-ROB)を含む……161

第1節　カリフォルニア州の刑務所監視体制の概要……………163
　　一　刑務所オンブズマン（Prison Ombudsman）　163
　　二　矯正更生局監視庁
　　　　（The Office of the Inspector General：OIG）　166
　　三　カリフォルニア更生監視委員会
　　　　（The California Rehabilitation Oversight Board：C-ROB）　172
第2節　カリフォルニア州の刑務所監視体制に関する評価……………177
　　一　刑務所オンブズマンについて　177
　　二　矯正更生局監視庁（OIG）について　179
　　三　カリフォルニア更生監視委員会（C-ROB）について　181
　　四　考察　182

― 第5章 ―

## カナダにおける受刑者人権保障と連邦刑務所監視体制
―矯正捜査局(OCI)の機能を中心に……………187

第1節　矯正捜査局(OCI)の設立と発展 …………………189
　　一　設立の経緯　189
　　二　1973 年「調査法」による「矯正捜査局」の設立　190
　　三　1992 年 CCRA とその後の展開　191
第2節　矯正捜査局(OCI)の現在の機能 …………………202
　　一　情報の収集（intake）―面談（interview）　202
　　二　捜査――最近の課題：収容中の死亡をめぐって　204
　　三　勧告・報告――アシュレー・スミス事件の捜査と結末　209

第 3 節　矯正捜査局(OCI)の評価 …………………………………………212
　　一　アーバー委員会による評価　212
　　二　人権に関するワーキング・グループ　213
　　三　考察　214

## 第6章
# イギリスにおける刑務所監視体制 ………………………………………221

第 1 節　イングランドにおける刑務所およびその監視体制の
　　　　歴史的概観 ……………………………………………………………224
第 2 節　今日のイギリス（イングランドおよびウェールズ）における
　　　　刑務所監視体制 ………………………………………………………225
　　一　「刑務所査察局」　226
　　二　「刑務所および保護観察オンブズマン」　235
　　三　「独立監視委員会」　243
　　四　イングランドおよびウェールズの独立監視委員会のための
　　　　国家評議会　255
第 3 節　国内防止機構と拷問等禁止条約および選択議定書…………264
　　一　国内防止機構とは　264
　　二　拷問等禁止条約および選択議定書とその尊重　266

## 第7章
# フランスにおける刑務所監視体制 ………………………………………273

第 1 節　フランスにおける刑務所監視体制の展開……………………276
　　一　フランスにおけるこれまでの刑事施設監視体制　277
　　二　欧州および国際社会における刑務所監視体制の動向　284
第 2 節　フランスにおける新たな監視機関
　　　　──自由剥奪施設総合監視官および権利擁護官………………292
　　一　自由剥奪施設総合監視官　293
　　二　権利擁護官（le Défenseur des droits）　305

第 3 部のまとめと考察 ……………………………………………………………317

目次　ix

第 4 部　人間の尊厳と受刑者の人権に関する世界標準　　333

## 第8章
## 受刑者人権に関するアメリカ憲法修正8条の議論の展開と更生プログラムに対する憲法上の権利……337

第 1 節　アメリカ合衆国最高裁判例に見る受刑者人権の変容……337
　一　刑罰の入り口の問題としての
　　　*Trop v. Dulles*, 356 U.S. 86（1958）判決　338
　二　刑罰の出口の問題としての
　　　*Roper v. Simmons*, 543 U.S. 551（2005）判決　342
　三　自由刑執行中における受刑者処遇に関する判決の検討　345
　四　受刑者に対する更生プログラムに関する判決の検討　364
　五　小括　373
第 2 節　アメリカにおける受刑者人権に関する学説
　　　　──更生プログラムの位置づけ……377
　一　ニルセン「品位、尊厳そして不毛の地：人道的刑罰の理想を憲法上の議論に復活させる」　378
　二　ロットマン『刑罰を超えて：犯罪者の更生に関する新たな視点』　382
　三　小括　388

## 第9章
## 大井造船作業場─松山刑務所構外泊込作業場─50年の歴史とその役割
## ──わが国唯一の開放的処遇施設と社会的包摂……395

第 1 節　大井造船作業場および友愛寮設立の経緯……399
　一　設立者・坪内寿夫の略歴とその着想　399
　二　松山刑務所長・後藤信雄との出会いと初代東京都副知事住田正一氏の協力　406

第 2 節　大井造船作業場の 50 年 …………………………………………… 409
　　一　大井造船作業場への道　410
　　二　大井造船作業場での矯正教育・職業訓練とその効果、
　　　　逃走事件・再犯率・仮釈放率など　412
　　三　友愛寮における生活の特徴——自治会と自治活動　416
　　四　近隣の大西町住民との関係　423
　　五　小括　425

## 第10章
## 「人間の尊厳」と受刑者の人権 …………………………………………… 431

第 1 節　ドイツ基本法 1 条における「人間の尊厳」と
　　　　日本国憲法 13 条における「個人の尊重」………………………… 435
　　一　ドイツ基本法 1 条における「人間の尊厳」と
　　　　同基本法 2 条「人格の自由な発展」　435
　　二　わが国における「人間の尊厳」に関する議論　443
　　三　小括　456
第 2 節　国際法における「人間の尊厳」の保障と
　　　　2015 年「マンデラ・ルール」…………………………………… 458
　　一　国際連合憲章（1945 年）、世界人権宣言（1948 年）、
　　　　市民的及び政治的権利に関する国際規約（1966 年）、ならびに、
　　　　拷問及び他の残虐な、非人道的な又は品位を傷つける取扱又は
　　　　刑罰に関する条約（1984 年）　458
　　二　被拘禁者取り扱いのための標準最低規則（1955 年）
　　　　およびマンデラ・ルール（2015 年）　465
　　三　小括　480

結　論 …………………………………………………………………………… 483

初出一覧　496
索引　498

# 問題の提起

　現行日本国憲法は、31条で「何人も、法律の定める手続によらなければ、その生命若しくは自由を奪われ、又はその他の刑罰を科せられない」と規定し、科刑を含む刑事手続全般における適正手続を総則的に保障する。そして、32条で裁判を受ける権利を、33条で逮捕の要件を、34条で抑留・拘禁の要件、不法拘禁に対する保障を定め、35条で住居の不可侵を保障する。また37条では公正な刑事裁判を受ける権利を含む刑事被告人の権利、38条で自己負罪拒否権を規定し、特に刑事裁判およびその前提である捜査手続における公権力の行使に対する保障を規定している。さらに、刑罰を執行する科刑については、36条が「公務員による拷問及び残虐な刑罰は、絶対にこれを禁ずる」と規定し、拷問とともに、明文で「残虐な刑罰」を禁止する。

　これら一連の条文は、西ヨーロッパでフランス革命以来発展してきたものと同様の、近代的な人身の自由の保障をわが国でも確立しようとし、その内容として、近代刑事裁判手続を保障すると同時に、近代的刑罰制度を日本国憲法が国民に保障したものと考えられる。つまり、憲法31条において罪刑法定主義を定め、科刑の段階およびそこに至るまでに必要となる様々な原則および手続として、33条以下で身体の自由の制限や住居・書類・所持品の捜索について令状主義を、37条以下で裁判過程における被告人の権利を、また、公平な裁判実現のための手続と原則を保障した。

　このように、日本国憲法は、国家権力が刑罰を科すに当たって、恣意性を排除し公正性および公平性を確保することを主たる目的として、科刑に至るまでの捜査過程および裁判過程における身体の自由を保障するために諸条文を用意しているが、それらのうち、捜査過程および裁判過程における手続保障については、憲法のみならず、特に刑事訴訟法において詳細な規定が設けられている。そのためもあって、これまでにも多くの関心が持たれ、議論の

蓄積がなされてきた。そして、そのことはまた、近年導入された裁判員制度の是非を巡る議論の中で、それ以前の裁判において判決に至るまでに必要とされた長い年月に対する批判や、有罪率99％以上という事実に対する不信感などが表面化したことがあいまって、裁判過程の自由と権利について殊更な注目を浴びることになった。また、裁判手続に入る前の捜査段階における手続に関しても、憲法31条以下の保障については、従来から憲法学説上は、適正手続の適用範囲として刑事手続以外に行政手続をもカバーするか、また、令状主義の貫徹の問題として緊急逮捕が合憲と認められるかなど、さらに、逮捕時の捜索差押で捜索差押令状が不必要であるとする場合の範囲などについて、多くが論じられてきた。

　しかし、こと有罪判決の後の刑罰の執行をめぐる議論、つまり科刑の段階における権利保障については、少なくともこれまでは、憲法の分野ではそれほど関心が高かったとは言えない。

　例えば死刑について、「拷問及び残虐な刑罰は、絶対にこれを禁ずる」と定める憲法36条をめぐって、昭和23（1948）年最高裁判所は、「火あぶり、はりつけ、さらし首、釜ゆで」による死刑は同条に違反するが、現在でもわが国で執行されている絞首刑は「残虐」ではないとした。もちろん、それが公共の広場や公園など公開の場で実施されれば、「残虐」として禁止されることになるであろうが、同判決以来、約70年が経過した今日まで、この判例について憲法学上、異議を唱える議論が活発であったとは言えない。

　自由刑についても同様である。受刑者だけでなく、被告人またはそれ以前の段階の未決勾留中の被疑者にまで範囲を広げたとしても、本書で後に検討するように、表現の自由や通信の秘密、または、幸福追求権など、相当限定的な自由の制限においてのみ議論が散見されるのみである。すなわち、未決勾留中の被収容者の閲読の自由に関する判決としての、「よど号ハイ・ジャック新聞記事抹消事件（最大判昭和58年6月22日民集37巻5号793頁）が第一に挙げられる。この「よど号」事件は、読売新聞の記事を拘置所が抹消した上で被収容者に閲読を許可した事件で、新聞記事閲読を許すことにより、「規律及び秩序の維持上放置することのできない程度の障害が生ずる相当の蓋然性がある（傍点筆者）」場合に、「障害発生の防止のために必要かつ

合理的な範囲に」限って制限は認められるとし、閲読の制限について一定の枠をはめたものの、当該抹消による制限を許容範囲として容認した。また、後の判決で、受刑者の「信書検査」について、この「よど号判決」を引用しつつ、一定の範囲で刑務所に検査権限、つまり通信の自由に包摂される自由な信書発信の制限を認めている（最判平成6年10月27日判時1513号91頁）。また第二に、憲法13条が保障する幸福追求権については、未決勾留中の者の「喫煙権」と施設管理権との間で議論されたことがあったが、火災発生の予防などの目的から、その制限は裁判所によって容認されている（最大判昭和45年9月16日民集24巻10号1410頁）。

　このように、被収容者に何らかの制限が認められることは、わが国に特有のことではなく、各国の近代憲法においても同様で、国家が刑罰権を行使するために必要で合理的と見做す範囲での個人の自由の制限、つまり居住移転の自由および職業選択の自由はほぼ全面的に制限を受けると言えよう。それでは逆に、それ以外の自由の制限は禁止されているかと言えば、必ずしもそうではない。否、ほとんどの自由はやはり、多かれ少なかれ、居住移転の自由等と同様に制限される。もちろん、それら必要で合理的とされる制限であっても、その範囲以上の制限が、憲法36条の「残虐な刑罰」に該当すると解釈されるのであれば、同条によってその制限は禁止されるであろう。例えば、これもまた極端な例と言えばその通りであるが、江戸時代の佐渡金山における金鉱掘りや、終戦直後のシベリアでの炭鉱掘りなどは、憲法13条（幸福追求権）、憲法18条（奴隷的苦役の禁止）や憲法31条（適正手続）により、または、憲法36条によって当然のこととして、現代の憲法理論においては認められないであろう。しかし、そのような極端な例ではない自由の制限について、憲法36条の「残虐な刑罰の禁止」が、受刑者について、最低限の基本的人権を保障するために作用するところがあるのだろうか。

　火あぶりや金鉱掘りなど、誰でも同条違反であると考えることが明白な極端な刑罰は論外としても、刑務所における刑罰の執行が行政上の国家権力の行使である以上、法治主義の原則が貫徹されなければならないから、たとえ法令によって規定される刑罰であっても、それを憲法36条が禁止する「残虐な」方法等によって執行することは認められない。つまり、懲役刑それ自

体は憲法上も法令上も問題のない刑罰として容認されているが、その執行、または、日々の受刑者処遇において、それが度を過ぎた態様のもの、例えば刑務作業の目的や範囲を逸脱するような過酷な作業であってはならないであろうし、度を過ぎた過剰収容の中で、例えば単独室に2人、3人を収容するようなことはあってはならないであろう。また、治療が必要な受刑者に対して治療を施さないまま長期間放置するようなことも、場合によっては、懲役刑という刑罰から生ずる問題として、憲法36条違反とされる可能性があろう。

　しかし、明治憲法（大日本帝国憲法）においては、そのような行政の実質的な法治主義原則は貫徹されていなかったばかりか、重要視されていたとは必ずしも言えず、明治天皇が「統治権の総攬者」（明治憲法4条）として、国家権力の全権を掌握しているというのが原則であったから、刑務所における受刑者の処遇については、「監獄法」という協賛機関たる帝国議会が制定した法律によってある程度定められていれば、一定の形式的法治主義としては十分であると理解されていたことであろう。そして、同法自体が決して詳細な規定を持っていなかったことも手伝って、日々行われる行刑の多くは、行刑執行機関である刑務所長の広範な裁量に委ねられていたのである[1]。

　さて、本書第1章で見るように、2001年および2002年に発生した名古屋刑務所事件をきっかけにして、2005年に「刑事施設及び受刑者の処遇等に関する法律（平成17年法律第50号、以下「受刑者処遇法」）、そして、その改正法として翌2006年に「刑事収容施設及び被収容者等の処遇に関する法律（平成18年法律第10号・法律第58号、以下「刑事収容施設法」）」が制定された。ここに始まったわが国の刑務所改革は、その当時問題とされていた刑務所内の様々な課題のうち、全部ではないにしても重要な課題の一部分が一応の解決を見たことによって、近時は落ち着いてきたかのように思われる。

　今回の刑務所改革の重要課題とは、名古屋刑務所事件直後に法務省が構成

---

[1] 菊田幸一「受刑者の法的地位――受刑者の人権」菊田幸一・海渡雄一編『刑務所改革 刑務所システム再構築への指針』（日本評論社、2007年）34頁以下。

した「行刑改革会議」の「提言」(「行刑改革会議提言〜国民に理解され、支えられる刑務所へ〜」2003(平成15)年12月22日)において指摘されていたように、第一に受刑者処遇に関し、過剰収容とそれに伴う受刑者に対する権利侵害、矯正教育の劣化、また、それによる受刑者の社会復帰の困難性であった[2]。これが、4つのPFI方式の刑務所(社会復帰促進センター)の新規開設や、既存の刑務所における収容棟の増設などによって、収容可能人員全体の増加が実現され、また、2002年をピークとし、その後は犯罪認知件数が減少していることにより、過剰収容は、既決の収容率に関して言えば、2004年の117.6%を最高に2008年には100%を切り97.6%に、2016年末には69.6%まで減少した[3]こと、ならびに、2005年「受刑者処遇法」および2006年「刑事収容施設法」で、受刑者および被収容者の権利義務関係として、様々なものが明文化されて保障されたことなどにより、過剰収容を原因とする矯正教育等、処遇の劣悪化をめぐる課題は一段落ついた感がある。つまり、過剰収容の緩和により、職員と受刑者の間の緊張が軽減されたこと、権利義務関係が明確化されたこと、それらによる職員の勤務環境の一定の改善により、改革のきっかけとなった名古屋刑務所事件に象徴される、刑務官による受刑者に対する暴行陵虐等の不適切または違法な処遇の危険性は、ある程度低下したと言えるかもしれない。しかし、収容する側と収容される側という、構造的対立関係または対抗関係は、職員と受刑者との間に依然として存在している以上、常に同様の摩擦を生じる危険性を、刑務所等刑事収容施設は本来的に内在していることに変わりはないと思われる。

　第二に課題として挙げられていたのは、行刑の密行主義または通達行刑などと呼ばれる実態があった[4]。これは、国家刑罰権の発動として行われる行政権の執行について、国民主権原理または民主主義原理が、行刑の場におい

---

2　「行刑改革会議」の「提言」(「行刑改革会議提言〜国民に理解され、支えられる刑務所へ〜」平成15年12月22日) http://www.moj.go.jp/content/000001612.pdf参照。特に、8-12頁。
3　『平成29年版 犯罪白書』(法務総合研究所、2017年) 第2編第4章第1節2刑事施設の収容率参照。http://hakusyo1.moj.go.jp/jp/64/nfm/n64_2_2_4_1_2.html
4　菊田・前出注1、11頁、26-27頁。

てはほとんど貫徹されておらず、いわゆる「塀の中」の出来事として、国民の関心も薄く、したがって国民への情報発信の必要性も感じられていないとの批判であった。このようなことが、刑務官による受刑者への暴行陵虐という事実にも影響した可能性があるとの認識から、2005年「受刑者処遇法」は、処遇に関する諸規定を設けることで明確化すると同時に、関連法務省令により、さらに具体的な規定を設置し、通達や訓令など一般の目に届かない実質的立法とは異なり、表に出やすい実定法規範において規定するようになったことで、受刑者の権利・利益に関する一定の進展が見られたと考えることができるようにはなった。また、同法は、権利義務関係の明確化と併せて、矯正教育の充実と一部義務化（例えば刑事収容103条および104条）を図ったものの、その実現過程においてどのような矯正教育がどの程度実施されているのか、また、その教育の効果は受刑者の社会復帰の可能性をどのように向上させているのかなどについて、一般的に知ることの困難性は相変わらず存在している。

　そこで受刑者処遇法、またその改正法である現行刑事収容施設法は、受刑者からの不服申し立ての制度および刑事施設視察委員会の新設などを行い、受刑者処遇の適切性および公正性を確保しようとした。つまり、一方では受刑者の不服申し立てを受けることによって、受刑者が処遇に関して違法、不適切または不公正と考える点を、各刑務所および矯正局が吸い上げることを可能とし、他方で一般市民の目を、視察委員会という機関を通じて塀の中に入れ、一般市民が考える適切で公正な受刑者処遇の観点を取り入れることで、受刑者処遇の改善を図ろうとしたのである。こうして、それまでのように完全な「密行主義」による不透明な行刑の実態について、ある程度の改善可能性が出てきたと言えるであろう。しかし、行刑が、一般国民からは未だに縁遠い、別世界の刑務所で行われていること自体については、昔も今も大差はないであろう。行刑に地域社会を、そして、地域住民を取り込むような仕組み、また逆に、地域社会に行刑を取り込むような仕組みが考案されない限り、根本的な変化は期待できないのかもしれない。

　さて、このような刑務所改革の進展状況において、これまでの改革内容お

よび現行刑事収容施設法の下での具体的な行刑のあり方を考察し、さらなる受刑者人権の進展を今後も継続的に図っていくためには、我々はどのような取り組みを考察していかなければならないのだろうか。状況がある程度落ち着いた今だからこそ、2005年からの行刑改革を振り返りつつ、また他国の改革の例や既に存在する先駆的事例を参考にしつつ、継続的に考察していかなければならないであろう。また、行刑改革において取り入れられるようになった諸改革点について評価し、それをさらなる改革に結び付けていくためには、最新の心理学的知見など科学的方法を取り入れて、具体的諸施策を改善し発展させることが重要であることは確かである。

　しかし、受刑者の人権として保障するべき基本的要素の点検なくしては、改革・改善も道標なき進路変更にしかならず、刑罰の執行という重要な役割を担うべき刑務所の行き過ぎた施策を実行する危険すら出てくるであろう。つまり、犯罪を実行し、裁判所で懲役刑等の刑罰を宣告された受刑者の、刑務所における処遇として、例えば、受刑者の疾病や傷害を治療するような医療的処遇がどこまで必要とされるのか、さらに受刑者の社会復帰および出所後の社会での自立を念頭に置いた職業訓練や就職支援など具体的な施策の実現が、受刑者に刑罰を科す場としての刑務所における処遇として、いかにして矛盾なく両立または融和的に可能なのか、また、それが可能として、どの程度まで可能なのか。この点について、受刑者の人権という明確な視点を有さずに行刑改革を論ずれば、ともすれば、刑務所という名称を、単に「社会復帰促進センター」と変え、刑罰執行という目的に関する観点を忘却することから生ずるなおざりな政策しか出て来ないことになろう。果たして我々は、刑罰に何を求め、刑務所にどのような施策の実現を求め、受刑者に出所後どのようになることを期待しているのか。また、それはどのような根拠・理由によるのか。

　このような観点から、本書では、これまでのわが国の憲法理論が、受刑者人権を単に自由権的側面からのみ捉えがちであり、したがって、訴訟提起された諸問題について、単に個別事件としてレトロスペクティブにしか捉えてこなかった点を顧みながら、むしろ、受刑者の社会復帰と社会的包摂を念頭

に置いた未来志向型の権利として、つまり、国家および社会に対して受刑者が積極的な作用を求め、社会において社会の構成員として再度生存し活躍するために認められるべき社会権的な権利として受刑者の人権を再構成する方法はないか、考察する機会を得ようとするものである。

以下、本書の構成は、筆者の研究の順序によることとした。それは、研究の道筋において演繹法的な方法というよりは、帰納法的な方法を多くとったために、論述の順序として読者にとっても、様々な考察の経緯を順にたどっていく方が、全体的な構成を理解しやすいであろうと考えたためである。つまり、筆者の受刑者の人権の研究にあたっては、最初から、これがあるべき受刑者の人権である、という確固とした固定的な哲学的または基本的考えが存在したわけではなく、死刑、懲役刑等の刑罰制度が歴然と事実として存在する中で、あるがままのその制度の内において受刑者の人権を考えざるを得ず、したがって、様々な個別的な受刑者の人権に関して、例えば、本書第2章第2節で考察する、未決勾留中の被疑者の閲読の自由が問題となった「よど号判決」や、同第3節および第4節で検討する通信の秘密に関する事件など、自由の制限の仕方に問題があると考えられる、個々の事案に関して考察を積み重ねる必要性をまず感じたのである。

しかし、そのような個別的課題の視点からだけで、あるべき刑罰の基本原理、あるべき矯正の制度、また、その中での受刑者の人権と呼ぶことができるものをすべて構築することができるかというと、そのような個別的視点から抽出できるのは、特定の自由の制限により、どの程度の苦痛や影響が受刑者に生じたのか、また継続しているのか、行刑の作用のどこに違法性が存在するのかしないのか、という点だけであって、果たしてその処遇が憲法36条に禁止される「残虐な刑罰の禁止」に該当するのか、仮に該当するのであれば、もちろんそのような行刑は禁止されるが、そのような制限につき爾後どのように改善されれば憲法違反とならないことになるのか、という憲法上の問いに答えを出すことはできない。ということは、個別的視点、つまり問題となった個々の受刑者のそれぞれ個々の別々の自由を巡って刑罰について考察するという方法だけでは、受刑者の置かれた現状の把握についてはある程度の解明が可能とはなるものの、より大きな刑罰制度全体、また、そこに

ける行刑の最重要目的とはいったい何であるのか、何であるべきなのか、したがって、それに基づく、あるべき制度の基本的原理についての考察を試みなければ、刑罰制度という、その制度的枠組みにおける受刑者の矯正処遇等が、あるべき受刑者の人権と、いかに適合しているのか、または逆に、いかに乖離しているのかという問題について、現実的に解明することはできず、したがって、個々の問題についても、最終的な判断を加えることは困難であるということに気が付いたのである。

　こうして、筆者の受刑者の人権をめぐる研究において、刑務所の行刑の現実や、受刑者の処遇の実態をはじめ、様々な広範囲の知見を取り入れることが必要となったが、刑事法学や犯罪学等を専門とするわけではないため、手探り状態で、内外の刑務所収容の状況、改革の状況、彼我の体制の根本的な相違について、自分なりに探究せざるをえなかった。したがって、その探求の順番として、第1部で、わが国でのこれまでの受刑者の人権に関する議論と判例を明らかにすることから始める。つまり、第1章で、現行刑事収容施設法制定以前、明治以来96年間にわたって存続してきた「監獄法」の下において、わが国で受刑者に対し、様々な自由に対する制限を含む様々な処遇を可能にしてきた憲法上の理論的根拠は何かを振り返り、それが近年どのような変容を遂げてきたかを確認する。そして、現行憲法の下においては、受刑者の新聞閲読に関する権利をめぐって「相当の蓋然性」の基準を確立した「よど号判決」が判例として常に挙げられるが、そのような判例によって「監獄法」の存命が図られる結果となった点について確認をしたい。そして、刑事収容施設法の下における受刑者人権の状況について、受刑者の社会復帰を収容の大きな目標として掲げる同法の重要部分である第30条等の条文理解を確認する。

　次いで同じ第1部の第2章では、これまでのわが国の憲法理論において自由権の制限として議論されてきた受刑者の「信書の自由」に関する筆者の問題関心について、具体的判決を事例としてさらに考察し、刑事収容施設法は、受刑者の社会復帰のために外部交通権を重要視しているのだが、裁判所の判断枠組みの変化は、「よど号判決」以後も、極めて微少であった点を明らかにする。

次の第2部では第3章として、わが国と時をほぼ同じくして、2007年から急ピッチで展開してきたカリフォルニア州刑務所改革について考察する。同州刑務所における最大の問題点は収容率約200％という過剰収容であることが、合衆国連邦裁判所の判決で認定され、同州刑務所改革に連邦裁判所の介入がなされることになった。そして、どのような改革が進められてきたのか概観する。1つには、受刑者人権の理解の仕方が社会復帰に向けたものに変化した事実、また、そのための施策を実施するための基礎作業として、過剰収容緩和が最大の課題であった事実について明確にする。過剰収容緩和策として受刑者の州外移送や一定の受刑者についての早期釈放等と共に、新たな受刑者処遇の改革のための要点として掲げられたのは、受刑者の社会復帰を促進する方策であった事実を概観する。

　次いで、第3部で考察するのは、行刑およびその改革の実施について監視するシステムである。わが国でも、刑務所が国民に開かれ国民に理解されるよう、イギリス、ドイツなど他国の例を参考にして、わが国史上初めて行刑に一般市民の目を入れるために刑事施設視察委員会が設置された。諸外国において、行刑における様々な課題がどのように対処され、どのような改革が実施され効果を上げているか、また、どのように刑務官と受刑者の関係が確保されているか、さらに社会復帰のために実施されている矯正指導等施策がいかに効果を上げているか等について確認するシステムには、どのようなものがあるか考察する。

　そのような行刑監視システムの実例としてより具体的に、第4章で、まずカリフォルニア州の例を概観し、刑務所オンブズマンだけでなく、刑務官の実力行使による受刑者の自由権への制限について監視する矯正更生局監視庁（OIG）の役割を概観する。また、社会復帰のための様々なプログラムのあり方について監視するカリフォルニア更生監視委員会（C-ROB）について考察し、単に同州の刑務所改革として、受刑者および刑務官の権利義務関係の明確化などにより、刑務官の実力行使に対する歯止めをかけるだけではなく、そのような社会復帰のための収容という原則が現実的に確保されていることを確認する監視体制の存在の重要性について検討する。

　第5章では、その他の監視体制のあり方として、人権擁護を国是とするカ

ナダの矯正捜査局（OCI）の例を取り上げその役割を検討することで、受刑者の人権、特に身体的自由権の保障のために、カナダ矯正捜査局がいかに貢献しているかを概観する。

さらに第6章では、わが国の行刑改革において、行刑改革会議が刑事施設視察委員会を設置するに当たり、直接的に参考にした、イギリスの刑務所監視体制について考察する。イギリスは、アメリカ、カナダおよび日本と異なり、「拷問等禁止条約」および同「選択議定書」の双方を批准している主要な国々の1つであるが、イギリスにおける多層化された監視体制のあり方を概観すると共に、それを基礎づける「拷問等禁止条約」および同「選択議定書」の内容を明らかにし、そのような監視機構の重要な要素として、独立性と国民代表機関に対する直接的な勧告権限等が含まれることを明らかにする。

第7章では、そのような監視体制のあり方はフランスにおいても同様で、否、それ以上の監視機構としてフランスが2006年に国内に設置した、「自由剥奪施設総合監視官」の概要、権限、役割等について概観する。「拷問等禁止条約」およびその「選択議定書」では、多層化された監視および救済機構の存在が、批准国に要請され、「自由剥奪施設総合監視官」は、それまでに存在した複数の監視機関と併せて、それら国際法上の義務の履行の一環として設置された。これは、自由を剥奪することを任務とする刑務所のような自由剥奪施設に収容されている、被収容者の処遇状況を監視する専門官である。また、2011年には、さらにこれと併せて、憲法上、「権利擁護官（Défenseur des Droits）」が設置され、その保護対象には、児童等社会的弱者と共に、刑事施設に収容されている人々が含まれることとなった。このように、少なくとも西欧主要国では、受刑者の人権保障のために多層化された監視機構の存在が標準になっている点を明らかにする。

こうして第4章から第7章までで、他国における独立した刑務所監視体制を検討するが、実はその裏には、国際法的に、より具体的には「拷問等禁止条約選択議定書」によって、そのような監視体制を設置することが国際標準として批准国に要請されているという事実が存在することを明らかにする。そして、それら諸国の監視体制に関する検討から浮き上がってきた受刑者の刑務所収容に関する現代の国際社会において通用する重大かつ重要な価値概

念は、「人間の尊厳」であることを、次の第4部「人間の尊厳と受刑者の人権に関する世界標準」で明確にする。

つまり第8章では、アメリカ合衆国憲法修正8条が禁止する「残虐で異常な刑罰」に関する議論から、行刑の内容として、単に受刑者を社会から隔離することにより刑罰を執行するだけでなく、矯正教育によって更生を図り受刑者の社会復帰の促進を重要な矯正の柱とする現代の刑務所と、その刑務所の役割に関する監視が、受刑者人権の適切な確保のための重要要素となっていること、また、社会から犯罪者を隔離する社会的排除の法則を克服し、逆に元犯罪者＝受刑者、および、元受刑者＝出所者の社会的包摂を目指すことが、今後の行刑および矯正の目標とされなければならず、そのための第一歩が、行刑の監視体制の設置と充実であること、そして、究極的な受刑者の人権保障の根幹は、刑務所における身柄拘束中の受刑者の「人間の尊厳」の確保と、それを基礎にした矯正教育の実効性の保障、また、身柄拘束終了時、つまり刑務所から出所する時の社会復帰、社会的包摂の確保であり、それは、公権力および他者から自らの社会復帰および社会的包摂を妨げられないという自由権的な人権であるばかりでなく、より重要となるのは、国家が社会の治安確保および社会構成員全員の安全確保に対して責務を負うべき存在であることに起因して、それらを、受刑者および犯罪者に認められるべき社会権の一環である受刑者の人権として再定位することから始めなければならないことを明らかにする。

そして第9章では、そのように受刑者の社会復帰を目標としつつ、「人間の尊厳」に配慮し、自主性を主眼とした処遇を重視し、かつ、社会復帰のためには具体的に社会と隔絶した生活を送ることよりも、社会との関連性を保持しながら矯正することを、わが国ですでに50年以上にわたって実践してきた、大井造船作業場を1つのモデルとして紹介する。その上で、社会権的な権利として受刑者の権利を再構築する必要性と、そのための社会権の今後の捉え方として、基本的な概念を考察する。

第10章では、戦後国際社会の最高価値、および、諸国の根本的価値と認められる「人間の尊厳」が、ドイツ基本法においてそのようなものとして認められているというすでに知られた事実を再確認しつつ、人身の拘束に関す

る条約等もそこに含まれる、世界的な人権文書に共通する価値であることを改めて確認する。そのために、ドイツ基本法における「人間の尊厳」の議論およびその発展、そして、わが国の憲法における受容と、「人間の尊厳」の議論の発展を整理する。その上で、受刑者の身体の拘束と自由の制限は、単に主権的な公権力の行使として、各国の独自性および各国の裁量に委ねられればよいものではすでになく、一定の世界標準に則って実行されなければならない共通の課題であり、「人間の尊厳」の保障を、受刑者に対して具体化することが求められており、それがあるべき行刑であるという結論を考察することになる。そして、最終的な考え方として、自由権の側面から受刑者収容を考えてきたこれまでの憲法理論によって受刑者の人権を捉えるだけではもはや不十分であり、社会を構成する一員として、受刑者の社会復帰は、社会の、そして、国家の重要な責務であり、受刑者はそのような体制を国家に整えさせ、さらに強化させる権利を有すること、つまり受刑者の人権を社会権的に把握し実現することが重要である点を強調する。

　このように、本書の各章で議論するのは、一見ばらばらの研究対象および考察対象とも見える様々な事柄——受刑者の閲読の自由、身体の安全、信書の発受の権利、刑務所監視体制、アメリカ憲法修正8条と判例法理、人間の尊厳と受刑者の人権など——であるが、これらを統一的に考える基軸が、人間である以上いかなる人間にも認められる「人間の尊厳」の価値理論であり、それを現代社会において実現するための人権としての再定位、再定義をすべきが社会権であり、それが新たな受刑者人権の捉え方であると考えるに至った経緯を説明するためには、このように、その考察の順を追って説明することが最適であると考えたのである。

　そして便宜上、第1章および第2章を第1部としてまとめ、わが国のこれまでの受刑者人権の議論を整理する。第2部では受刑者の社会復帰を目標にする刑務所改革のあり方として、第3章でカリフォルニア州刑務所改革を扱う。第3部では、様々な刑務所監視体制について、カリフォルニア州はじめ全4カ国の制度を第4章から第7章において検討する。第4部においては、人間の尊厳と受刑者の人権に関する世界標準として、社会復帰のための方策が考慮される点を明らかにするために、第8章で「人間の尊厳」の概念を基

礎とするアメリカ憲法修正8条「残虐で異常な刑罰の禁止」条項の議論を、そして、第9章でわが国における実践例としての大井造船作業場を考察する。第10章では、ドイツ基本法1条の「人間の尊厳」とわが国憲法13条の「個人の尊重」をめぐる議論、そして、国際法、特に2015年「国連被拘禁者処遇最低基準規則（マンデラ・ルール）」について考察し、それらを踏まえて、わが国憲法における受刑者人権の基本的条文である36条「残虐な刑罰の禁止」を、自由権的のみならず、社会権的にも理解することを可能にする考察を試みる。

第1部

わが国におけるこれまでの
受刑者の権利に関する議論と
刑務所改革

「問題の提起」で述べたように、本書ではまず、わが国において受刑者の人権をめぐって主に考察対象とされてきた事柄は、受刑者のどのような自由権がどの程度認められるのか、逆にどの程度どのような理由で制限されるのか、ということであった点を、憲法理論および判例法理を概観することで確認する。また、2006年に施行された刑事収容施設法によって打ち出された、近時の刑務所改革の基礎となる新しい受刑者処遇の基本的概念は、実は自由権の保障だけにとどまるものではなく、行刑の目的は同法によって矯正と更生による受刑者の社会復帰に認められることになったため、受刑者の憲法上の人権概念についても社会権的なものを取り込んでいく必要があることを確認したい。

　そのためにまず、第1章で、わが国における受刑者人権の問題として考察されてきたのはどのような自由権であったのか、法令および判例を参照しつつ考察する。より具体的には、明治憲法下の1908（明治41）年に制定され2006年まで、約100年間にわたって有効とされていた監獄法の下での憲法理論、および、2006年刑事収容施設法成立のきっかけとなった名古屋刑務所事件を概観すると同時に、そのような事態を克服するために同法が権利義務関係を明確にした点を明らかにする。さらに同法は、外部の視点を取り入れるために刑事施設視察委員会を設置すると共に、受刑者の社会復帰を処遇の重要目的とする事実を明確にする。

　そして第2章では、被拘禁者、未決の拘禁者の処遇に関して憲法違反が問われた、最高裁昭和58（1983）年6月22日「よど号ハイジャック事件最高裁大法廷判決」、および、その後の近時の判決を考察し、「よど号判決」で示された「相当の蓋然性」の基準が、未決の拘禁者だけでなく既決の拘禁者である受刑者について、それも「よど号判決」における新聞雑誌等の閲読の自

由の制限ではなく、信書の発受という憲法21条の保障する表現および通信の自由——そしてそれは、社会復帰に欠かせないとされる自由——の制限においても有効な判断基準として利用される事実を明らかにする。つまり信書の発受の制限は、刑事収容施設法において重要な処遇目的とされるに至った受刑者の社会復帰の促進という基本的な考え方に必ずしも適合的ではないはずである。そして、憲法36条の「残虐な刑罰の禁止」の規定は、これらの事例においては何ら作用しない、または議論の対象となってこなかった点を明らかにする。

# 第1章

# わが国における受刑者の権利の変容
——2006年刑事収容施設法の成立

　本章では、受刑者の権利に関する憲法理論および判例法理がいかに変化してきたかについて、明治憲法下の監獄法の下での憲法理論から、戦後の現行憲法体制における憲法原理と判例法理、そして、2006年の現行刑事収容施設法における基本的考え方、そしてそれを理解するために、同法制定のきっかけとなった2001年、2002年の名古屋刑務所事件について概観する。

## 第1節　懲役刑受刑者の処遇に関する憲法理論と判例法理

　ここでは、これまでの憲法理論の変遷を見ると同時に、古い理論から強い影響を受け、あるいは、それに未だに引きずられたまま受刑者処遇を考える傾向がある点を明らかにし、そのような理論が前提にするのは、自由の剥奪、つまり収容であり、収容を基本にする懲役刑にこそ、今後克服しなければならない課題があると考えられることを示したい。

### 一　「監獄法」と特別権力関係

　明治憲法のもとで一般的に容認されていた憲法理論は、言うまでもなく特別権力関係論である。これは、ドイツの立憲君主制の下で認められていた理

論を、明治政府の下に明治憲法の憲法理論に移植したもので、国家と、国家と一定の関係にある人々との間の関係は、国家と一般普通人との間の関係、つまり一般権力関係とは異なる特別の関係にあるから、そのような特別関係にある人々の自由や人権を制約するためには、法的な根拠は不要であるというものであった[1]。また、そのような制約を受けた人々は、それに不満があるとしても裁判に訴えることができない、または訴えたとしても、裁判所にはこのような関係の人々に関して司法審査権が認められていないとされていたために、裁判所はそれら訴えを受理する理由がなかった[2]。例えばこのような特別権力関係にある人々として、国家公務員が例示されるが、国家公務員は国家の官僚制のもとに、君主から特別の地位を認められる代わりに、忠誠心を持って職務に当たることが期待されていたために、その自由と権利の制限については、特別の法的根拠は必要ないとされていたのである。さらにこのような特別権力関係論は、国家公務員だけではなく、国立大学とその学生との関係、刑務所と受刑者との関係にも適用されていたから、刑務所長は、法的根拠なしに裁量により、受刑者の自由や権利を制限することが認められるものとされていた。

　もちろん明治憲法下において、刑務所と受刑者との間を規律するための法律として監獄法が存在したが、75箇条しかなかったことからもわかるように、受刑者の権利・利益を明確にするためにも、刑務所の行刑を規律するためにも、不十分なものであった。そして、その不十分さを補うために、省令や、矯正局長などから出される数多くの通達、訓令など、行政機関による実質的立法が利用されることになったのは、いわば宿命であった。これら実質的意味の立法のほとんどは、国会で制定される法律と異なり、公開されることがなかったから、国民の目の届かないルールに従って、日々の行刑が行われることとなったのである[3]。

---

1　佐藤幸治『憲法〔第三版〕』（青林書院、1995年）430頁、芦部信喜『憲法学Ⅱ 憲法総論』（有斐閣、1994年）246-250頁、266-279頁。
2　同前。
3　菊田幸一『日本の刑務所』（岩波新書、2002年）48-107頁、木村裕三・平田紳『刑事政策概論〔第3版〕』（成文堂、2006年）169頁など。

## 二　「監獄法」の下における自由権の制限に関する判例

　監獄法によって、大まかに一定の規律はなされていたものの、明治憲法の下で、特別権力関係論が一般的に通用しており、行刑のほぼすべてが行政機関のルールと刑務所長の裁量によって実施され、また、司法審査はそのような行政権の行使には及ばなかったが、同じ監獄法の下であっても、現行憲法が施行されて後は、少なくとも形式的には、特別権力関係論はもはや通用しなくなるはずのものであった。しかし、監獄法という法律自体は、2007年まで有効な法律であったから、監獄法の基本的な精神の少なくとも一部は払しょくできず、必然的に受け継がれることになった。現行憲法は、どのようにして監獄法をそのまま受け継ぎつつ、現行憲法の下での行刑を可能にしたのであろうか。その疑問を解く鍵は、刑務所や拘置所など刑事施設における被拘禁者の自由の制限に関する判例である。

　いくつかの判例により、監獄法に基づく行刑に関しても、施設長の裁量に一定の枠がはめられるようになったことで、現行憲法上、一定の人権保障が受刑者にも可能とされたのである。この点を明らかにするために、未決で勾留されていた被拘禁者に関する重要判例の一つである「よど号ハイジャック記事抹消事件判決」を確認しよう。

　最高裁昭和58（1983）年6月22日大法廷「よど号ハイジャック記事抹消事件判決」（民集37巻5号793頁）では、「よど号ハイジャック事件」の新聞記事全部を黒く塗りつぶして抹消の上、被拘禁者X等に配付したことが、X等の知る権利を侵害するか否かが問題とされた。判決において、最高裁は、制限が許されるためには、「その閲読を許すことにより監獄内の規律及び秩序の維持上放置することのできない程度の障害が生ずる相当の蓋然性があると認められることが必要であり、かつ、その場合においても、右の制限の程度は、右の障害発生の防止のために必要かつ合理的な範囲にとどまるべき」とした。しかし、結論的には、そのような「相当の蓋然性」があったと認めて、X等の請求を棄却した。

　この判例が示すところは、被拘禁者の自由の制限は、施設長の裁量に全面的に委ねられているわけではなく、被拘禁者にその自由を認めた場合には、「放置することのできない程度の障害が生ずる相当の蓋然性」が存在することに

なる場合に限って自由の制限が可能であり、かつ、そのような制限をする場合でも、制限は「必要かつ合理的な範囲」においてのみ可能である、ということである。そしてこの判決で示された「相当の蓋然性」の基準が、その後、その他の場面においても広く採用されていくことになったのである[4]。

## 三 刑事収容施設法の成立と法治主義

　さて、周知のごとく、監獄法に代わるものとして、2006年5月24日から新たに「刑事収容施設及び被収容者等の処遇に関する法律」(刑事収容施設法)が施行されることになった。同法の施行に伴い監獄法は、2007年6月1日に廃止され、刑事収容施設法に基づき、行刑の場においても、より完全な法治主義が可能になった。しかし、この刑事収容施設法の制定のきっかけは、名古屋刑務所において2001年と2002年に発生した、刑務官による受刑者に対する死傷事件であったため、同法の要点を理解する上で必要となる限度で、これら事件の概要を振り返ることから議論を始めたい。

　名古屋刑務所で発生した事件は、1人の刑務官だけによるものでもなければ、1人の受刑者に対する1回きりの事件でもなく、複数の刑務官による、複数回にわたる、複数の受刑者に対する事件であった。したがって、犯行に関わった複数の刑務官の間に意思の疎通が見られたと考えられる。その意味では、集団的な犯行であったことは否定の余地がない。かつ、一度のみならず、また2名の受刑者に対する犯行であった点も考慮すると、特定の刑務官の、純粋に、特定の受刑者に対する個人的な理由に起因するものであるとは断言できないであろう。したがって、ある意味で根の深い、構造的な何かに原因を有する可能性も払しょくできなかったのである。以下、一般的に名古屋刑務所事件と呼ばれる2つの事件、革手錠事件および放水事件の概要と、それに対する判決を概観し、その構造的課題の一端を直視したい。

### (一) 第一の事件

　2001年12月男性受刑者1名が革手錠(革製腰ベルトの前後につけられた

---

4　佐藤・前出注1、431頁、芦部・前出注1、275-276頁、高橋和之他『憲法判例百選Ⅰ〔第5版〕』(有斐閣、2007年)38-39頁など。

革製手錠に両手首を固定することで身体の自由を拘束するもの）を装着された後に急死する事件が発生した。この受刑者は前日、同じ刑務官によって全裸にされ、強烈な勢いの消防用ホースで下半身に放水されていたことも発覚した。直接の死因は、放水により直腸裂傷が生じていたことであるとされた。

(二) 第二の事件

2002年5月と9月にも、革手錠で腹部を締め上げられた受刑者2名が死傷する事件が起き、特別公務員暴行陵虐致死事件（刑法195条）として、刑務官8名が2002年11月から2003年2月の間に起訴された。

(三) 裁判所の判断

下級裁で判決が確定したものとしては、関わった8名の刑務官の内2名について、看守であった佐藤孝雄に対する無罪判決、副看守長であった岡本弘昌に対する懲役2年執行猶予3年の判決がある。そのほかの6名については、上告され、2012年に確定した。これら一連の裁判を事件ごとに判決の順にまとめると、以下のようになる。

（1）2004年3月31日名古屋地裁[5]

8名のうちの1人（副看守長岡本弘昌）について名古屋地裁判決は、必要がないのに革手錠を使用し、「反抗的な態度を示さないよう懲らしめの意図」をもってこれを行ったと認定した。また、放水についても、放水で死因となった直腸の傷が生じた事実を認定し、「正当な職務ではなく違法」とし、懲役2年執行猶予3年の有罪判決を言い渡した。元副看守長は控訴せずにこれを受け入れて判決は確定した。

（2）2005年11月4日名古屋地裁[6]、2008年10月21日名古屋高裁

無罪を主張していた乙丸幹夫副看守長と髙見昌洋看守部長に対して、「犯行は危険かつ悪質で、矯正行政に対する信頼を損なった」として、それぞれ懲役3年執行猶予4年と懲役1年2月執行猶予3年を言い渡したが、両者

---

[5] 平成14年（わ）第2921号、平成15年（わ）第589号特別公務員暴行陵虐致傷、特別公務員暴行陵虐致死幇助被告事件

[6] 平成15年（わ）第422号、平成15年（わ）第590号特別公務員暴行陵虐致死被告事件、同幇助被告事件

とも控訴した。2008年10月20日に控訴審判決は、1審の有罪を維持するとともに刑罰を重きに変更し、それぞれ懲役3年執行猶予5年および懲役1年6月執行猶予3年とした。これに対して両被告人は、同年10月22日に上告した。

(3) 2011年6月28日最高裁

両被告人に対する上告を棄却し、上記有罪判決が確定した。

(4) 2007年3月30日名古屋地裁（判例集未搭載）[7]

受刑者の死傷原因を「刑務官が革手錠のベルトをきつく締めたため」とし、革手錠の施用は「苦痛を与えて従わせ規律を維持する目的だった」と認定し、前田明彦副看守長に懲役3年執行猶予5年、小沢宏樹看守に懲役2年執行猶予3年、池田一看守に懲役1年執行猶予3年、渡辺貴志看守長に懲役2年執行猶予3年を言い渡し、佐藤孝雄看守に対しては無罪を言い渡した。佐藤の無罪については、ここで確定したが、他の4人は控訴した。その後、2010年2月26日にようやく控訴審で公訴棄却の判決が下された。その後、この4人は上告した。

(5) 2012年5月21日最高裁

上記4人の上告が棄却され、上記有罪判決が確定した。

つまり、新人であり、かつ見張り役でしかなかった佐藤孝雄についてのみ無罪で、他の7人についてはすべて執行猶予付きの有罪判決が確定している。これら判決の事実認定では、有罪判決を受けた刑務官は、受刑者に対する「懲らしめの意図」をもって、行き過ぎた違法な実力行使を行ったものであったことを認め、特別公務員暴行陵虐致死等を認定したのである。これらは、もちろん、憲法36条の「残虐な刑罰の禁止」の中身について争われた事案ではなく、単に、特別公務員暴行陵虐致死に該当するかどうかが問われた刑事事件であったから、職務の内容として正当性が担保されるか否かが重要な論点であり、裁判所はこの点につき、「懲らしめの意図」の存在を認定し、かつ実力行使として合理的な範囲や方法を逸脱するものと認定しさえすれば事

---

[7] 岡上雅美「名古屋刑務所事件その後──革手錠事件に関する名古屋地判2007年3月30日を契機として」法学セミナー52巻7号（631号・2007年7月）8-10頁参照。

は足りた。したがって、前述「よど号」判決の「相当の蓋然性」の法理が問われたものではなく、受刑者の人権としての憲法理論において何ら進展をみることはなかった。この点について、第2章で概観するカリフォルニアの事件における連邦裁判所の判決が、正面から「残虐な刑罰」の範囲の問題として扱い、暴行ではないにもかかわらず、一定の処遇につき、憲法上禁止されている「残虐」に該当すると認定し、是正を命令したストレートな判決とは対照的である。

さて、この事件で問題となった革手錠は、その後廃止され、存在しなくなったため、現在では使用することも見ることもできない。今日では革手錠に代わり、標準手錠およびベルト手錠が指定されている。これら手錠は、腹部等を締め付けることができる構造にはない[8]。

以上のような、あってはならない事件をきっかけに、監獄法が見直され刑事収容施設法が成立した[9]が、その中でどのような点が改正されたのか、次に概観していこう。

ここで注意しなければならないのは、名古屋刑務所事件のような事件の発生は、監獄法という明治41年に成立した法律にのみその原因があったとは決して言えるものではなく、それ以上に、例えば刑務所にその収容定員以上の受刑者が収容されるという過剰収容の問題[10]があった事実を見過ごすべきではないことである。したがって、法改正によって万事が解決するものではそもそもなく、また、だからと言って、上述のように過剰収容が、事件の重

---

8 平成19年5月25日内閣府令第42号「国家公安委員会関係刑事収容施設及び被収容者等の処遇に関する法律施行規則」第23条並びに別表および図1・図2（同日官報号外第107号53頁）。

9 「刑事収容施設・被収容者等処遇法の成立と課題」刑事法ジャーナル5号（2006年10月）2頁以下参照。

10 『犯罪白書（平成18年版）』『犯罪白書（平成19年版）』『犯罪白書（平成20年版）』および『犯罪白書（平成21年版）』によると、2005年の成人刑務所収容人員および定員収容率（既決）は、それぞれ68,319人および116.0％、2006年は69,301人および115.0％、2007年は70,625人および104.4％であった。2008年には67,672人および97.6％で、はじめて100％を下回った。

要な要因ではあったかもしれないが唯一の原因であると断言できるものではなく、関連した刑務官それぞれの個人の資質および刑務所という収容を基礎とする構造的な部分に起因することも考えられる。要するに、多くの要因が重なって発生したものと考えられる。

したがって、それらが相互に複雑に関連しているために、原因を特定することは不可能であると仮定しても、この事件を契機にして、長い時間をおかずに実行された法改正や過剰収容の問題、矯正教育を含む受刑者処遇の問題、そして、より根本的な、収容という問題について、別個に検討する必要性がなくなることはないであろう。

## 第2節　受刑者の権利の変容

第1節「懲役刑受刑者の処遇に関する憲法理論と判例法理」において、明治憲法下における監獄法においては、受刑者処遇に関しては特別権力関係論によって相当の裁量が刑務所長に認められていた事実、そして、戦後の現行日本国憲法の下においても2007年の廃止まで監獄法は効力を有したために、現代風に行刑を実行するためには内部の文書によって規律せざるを得なかった事実、また、問題が生じ訴訟となった場合には判決によって解決がなされるようになり、「相当の蓋然性」法理が最高裁判例として現在でも通用する法理として確立されている事実、さらに、2001年から2002年に名古屋刑務所において発生した刑務官による受刑者死傷事件を契機に、法改正が行われ、2006年刑事収容施設法が成立した事実を概観した。

そこで次に、この新法、刑事収容施設法が監獄法の何をどのように改めたのかについて、検討しておこう。

### 一　刑事収容施設法による受刑者の権利の明確化

明治憲法下の特別権力関係論の下に存在した監獄法においても、確かに受刑者の一定の権利とその制約については規定されており、制限等が刑務所長のまったくの裁量に委ねられていたわけではなかったものの、それが広範に

認められる規定であったことは否定できなかった。

刑事収容施設法がこのような点について、限定的かつ明確に規定することで刑務所長の裁量の幅を狭くしたことは、以下のようないくつかの具体的規定から明らかである[11]。

1) 受刑者の権利義務（2編2章7・8節）・職員の権限の明確化（2編2章9・12節）

宗教上の行為、儀式行事、教誨の自由、書籍・新聞の閲覧、規律・秩序維持のための措置の要件が明確化されるとともに、懲罰の要件・種類・閉居罰の内容・懲罰の手続が規定上、明確化された[12]。

2) 処遇の充実（2編2章10節）

一般的な刑務作業以外に、改善指導・教科指導の義務化（覚醒剤・暴力団離脱指導）、外部通勤作業が新設されるとともに、処遇を受刑者ごとに個別化し、処遇要領を作成することとされた[13]。

3) 受刑者の生活水準の保障（2編2章4・6節）

衣類・食事などの給貸与、自弁物品の使用範囲・要件が明確化されるとともに、保健衛生・医療上の措置（特に指名医制度（同法63条））が明文化された[14]。

4) 外部交通の保障・充実（2編2章11節）

面会・信書発受の保障（114条②、130条②）が明文化され、場合によって電話による通信が可能とされた（146条）。

5) 不服申立制度の整備（2編2章13節）

施設の長による措置に不服ある場合の審査の制度（矯正管区長あて）（157条）、法務大臣への苦情の申立（166条）が法律上認められ、明文化された。

6) 行刑運営の透明性の確保（1編2章）

刑事施設視察委員会の設置および視察・受刑者との面接の権限（協力依頼

---

11 「特集　行刑の現状と課題——刑事収容施設法施行後の検証」法律時報80巻9号（2008年8月）の諸論説参照。
12 同法67条、68条、69条〜72条、73条〜83条、149条〜156条。
13 同法84条〜108条。
14 同法40条〜43条、56条〜66条。

権限、9条②③)、「意見・提案書」および書面について施設による無検査が保障された（9条④）。

　このような法制上の大きな変化の中で、例えば名古屋刑務所事件でも問題となった保護室収容に関して、どのような法的根拠が存在することになったのか検証しよう。
　職員または他の受刑者に対する暴言・暴力など、受刑者に遵守事項等に対する違反があった場合、一時的にその者を隔離するために、保護室に収容する必要が生じることがある。その保護室の使用要件については、以下のように、刑事収容79条1項で明文規定が設けられた。すなわち、「一　自身を傷つけるおそれがあるとき。二　次のイからハまでのいずれかに該当する場合において、刑事施設の規律及び秩序を維持するために特に必要があるとき。イ　刑務官の制止に従わず、大声又は騒音を発するとき。ロ　他人に危害を加えるおそれがあるとき。ハ　刑事施設の設備、器具その他の物を破損し、又は汚損するおそれがあるとき」に限定されている。
　他方、監獄法の下の行刑上、「保護房」と呼ばれていた現在の「保護室」に該当する施設は、その用語すら「監獄法」には存在せず、したがって当然、「保護房」の使用に関する規定も存在しなかった。そこで、「保護房使用について」という1967年の「矯正局長通達」[15]によってその存在が根拠づけられていたのである。したがって、形式論的にも、「刑事収容施設法」が人身の自由を極度に侵奪する「保護室」の存在につき、法律的な根拠を定めたことは評価に値するであろうが、同時に、実体的にも多少の厳格化が図られたと言える。
　つまり、上記の「矯正局長通達」では、7日以内の「保護房」収容が認められ、その後の更新については3日毎にできることになっていたが、現行、刑事収容79条3項は、「保護室への収容の期間は、72時間以内とする。」つまり原則3日間を収容可能期間と定め、更新について同条項は、「ただし、

---

15　昭和42年12月21日付　矯正局長通達「保護房には、7日を超えて拘禁してはならない。」「但し、必要があるときは3日ごとにその期間を更新することができる。」

特に継続の必要がある場合には、刑事施設の長は、48時間ごとにこれを更新することができる。」とし、2日毎の更新としている。したがって、刑事収容施設法の方が、収容する側である刑務所長に対して多少厳格になっていると言えよう。また同条5項は、刑事施設の長に対して、保護室収容時および更新時に「速やかに、その被収容者の健康状態について、刑事施設の職員である医師の意見を聴かなければならない。」とし、被収容者の健康状態の確認を義務付けている。このように、名古屋刑務所事件で問題となった当時の「保護房」の使用について、刑事収容施設法は一定の歯止めをかける意図を有すると考えられる。

　さらに、外部交通については、出所後の社会生活にスムーズに復帰することができるよう、家族だけでなく、基本的には誰とでも手紙のやり取りが認められることになった（同法126条）。また、1カ月あたりに認められる手紙の発信通数についても、130条2項で、最低でも4通が保障されることになった。また、受刑状況が優れている受刑者である、優遇措置1類の者については、省令[16]で、「信書の通数を1月につき十通以上に定めること」（54条6号）が認められ、「受刑者の改善更生の意欲を喚起する」（法89条）ことに役立つようにされている。他方「監獄法」においては、処遇に関して通達により「累進処遇」という方式がとられており、受刑者を入所時に自動的に4級に位置づけ、そこから一定の期間問題なく過ごすと、一つずつ級を上げていくという方法で分類していた。そして、4級の者には月に1通の手紙しか発信が認められないのに対し、3級の者には月2通、2級の者には週1通、1級の者には随時、という具合に、級が上がるごとに通数を順次増やすという方法がとられていた[17]。この点を、外部交通を通じての社会復帰可能性の向上を重視する刑事収容施設法では、月に4通の発信を法的権利として保障している（法130条2項）。

　以上、2006年刑事収容施設法における改善点として、保護室への隔離に

---

16　刑事施設及び被収容者の処遇に関する規則（平成十八年五月二十三日法務省令第五十七号）
17　菊田・前出注3、78-79頁。

関する要件の明確化について、また、外部交通の重視による社会復帰可能性の向上について例示したが、基本的には、監獄法における収容重視の観点から、矯正教育による更生と社会復帰の視点を取り入れた点が、刑事収容施設法の要点であると考えられる。また、外部の視点を中に入れるために、各刑務所に市民で構成される視察委員会を設置した点についても、一定の前進であったと評価できよう[18]。

## 二　透明性の確保と受刑者の社会復帰のための処遇

　こうして、名古屋刑務所の事件をきっかけとして、刑事収容施設法が成立した経緯および監獄法が廃止された事実、そして、刑事収容施設法の内容の重要な一部分を概観した。監獄法の下において、通達によって認められていた「保護房」の使用などを法律の条文に改めた事柄もあり、また、すでに監獄法下で実施されていた矯正教育などについて義務化も含めて明確化した事柄もある。しかし、法律によってオープンな形で、かつ、より詳細に、それら受刑者の権利が明確にされ保障されたことには、大きな意味がある。

　さらに重要なのは、外部交通の保障の拡充や、新たな保障としての改善指導等のプログラムの導入である。これらは、監獄法の下では、受刑者の身柄拘束と処罰が、刑務所に犯罪者を収容することの中心的理由であったものを、刑事収容施設法の下では処罰と同程度に、または、場合によってはそれ以上に、再犯防止のための矯正教育と円滑な社会復帰が重要とされるようになったという事実に基づくものである。

　かつてのように、再犯率が60％以上であれば、いくら犯罪防止に社会が努めても、受刑者の数が急激に減少することはないであろう[19]。また、社会

---

18　その他、「刑事収容施設法」の内容と規定趣旨等については、林真琴・北村篤・名取俊也『逐条解説　刑事収容施設法〔第3版〕』（有斐閣、2017年）参照。

19　ちなみに、前出注10に示したように、収容率は減少しても、実際の収容人員は、2005年から2007年までに2,306人増加している。これは、新たな刑務所の建設により収容定員（既決）自体が、例えば2006年12月31日から2007年12月31日までの1年間で、62,077人から67,996人に増加（5,919人増）しているためである。いずれにしても、再犯率の低下および実際の収容人員の減少を実現することが重要であることに異論はないであろう。

にとっても、犯罪者にとっても、犯罪がない、犯罪を起こさない、起こさせないことのほうが良いということは、論ずるまでもない。したがって、社会に戻ってから二度と犯罪を起こさないようにするための、矯正教育や就労支援プログラムは高く評価されるべきであろう。もちろん、そのようなプログラムの実効性・有効性を検証する必要はある。そのような試みの一つとして、例えば名古屋刑務所でかつて行われていた、受刑者の「更生期待度」をポイント化し、「再入率」との関連を調査する試みなどによって、どのような特性を有する受刑者には、どのような矯正プログラムをどの程度実施することが最も有効なのかを明らかにし、限られた時間的人的資源を無駄にしないように努めることも重要となろう[20]。そのような統計学的、また科学的な見地からの調査も、今後は全国的に繰り広げられていくことが期待されよう。

　このように、刑事収容施設法においては、監獄法と異なり、犯罪者を社会から隔離すること自体を刑務所収容の主要目的とするのではなく、刑事収容30条が明記するように、受刑者ごとに個別に、社会に復帰するための能力を育成することを重要な目的として掲げているのである。すなわち、「受刑者の処遇は、その者の資質及び環境に応じ、その自覚に訴え、改善更生の意欲の喚起及び社会生活に適応する能力の育成を図ることを旨として行うものとする。」そしてそのためには、受刑者ごとにその「資質及び環境に応じ」て処遇しなければならないから、同84条2項は、受刑者ごとの「処遇要領」を定めてそれによって処遇するとして、次のように規定している。「矯正処遇は、処遇要領（矯正処遇の目標並びにその基本的な内容及び方法を受刑者ごとに定める矯正処遇の実施の要領を言う。…）に基づいて行うものとする。」このような、受刑者ごとの処遇要領を定めるためには、受刑者それぞれについて、個別に「資質及び環境」を知る必要があるため、同条3項は、調査を実施するとする。「処遇要領は、法務省令で定めるところにより、刑事施設

---

20　同所における「再犯防止促進プロジェクト」および「再犯要因研究・更生期待度スケール作成」などについては、井上和則「犯罪前歴受刑者の処遇の現状と課題——名古屋刑務所における再犯防止に向けた取組について（特集　累犯者の処遇と交通犯罪）」犯罪と非行157号（2008年8月）52-68頁参照。

の長が受刑者の資質及び環境の調査の結果に基づき定めるものとする。」また、その際には、「必要に応じ、医学、心理学、教育学、社会学その他の専門的知識及び技術を活用して行うものとする」(同5項)として、個人ごとの資質及び環境を重視しながら社会復帰のための矯正処遇を実施するが、受刑者本人にその意思がなければ何らそのような「処遇要領」に基づく矯正処遇も効果を生じないため、「その自覚に訴え」なければならない。つまり、押しつけの矯正教育では意味がないため、同4項は、「処遇要領は、必要に応じ、受刑者の希望を参酌して定めるものとする。これを変更しようとするときも、同様とする」として、本人の「希望を参酌」することをも条文上可能としている。このようなプロセスではじめて前述の、「改善指導・教科指導」の義務化も一定の意味を持つようになることであろう。

　具体的にどのような改善指導・教科指導が用意され、実施されているかについての詳細には立ち入らないが、要するに、刑罰としての懲役刑は、隔離と強制的な役務（刑務作業）という「監獄法」における基本的あり方から、個別の処遇要領に基づく矯正教育による、「改善更生の意欲の喚起及び社会生活に適応する能力の育成」によって、スムーズに社会復帰を果たさせ、再犯を防止することに、その目的を大きく変化させたのである。これは、ただ単に犯罪者の身柄を拘束し、一定期間、処罰のために刑務所に入れて刑務作業をさせ、刑期が満期になったら社会に戻す、というだけの刑罰制度では、単に国家が、犯罪者および犯罪に対して、その権力を誇示することで満足しているだけで、逆に犯罪発生の根本的原因、また、その根本的解決を見出すことにはならないという事実に気が付いたからではないだろうか。犯罪者には罰を、つまり刑罰は基本的に処罰・苦痛である、またそうでなければならない、とする伝統的な観念からはかけ離れた、受刑者に関する普遍化された人権観念に基づく、新たな受刑者人権および刑罰概念を構築し、そのような新たな概念の受容がわれわれに求められているのではないだろうか。

　以上、本章では、監獄法から現行刑事収容施設法への変遷を概観したが、次に章を改めて、これまでの受刑者の権利に関する問題関心は、自由権に偏っており、現行刑事収容施設法が制定され、受刑者処遇に関する原則の変化

によって、自由権について考察する以上に、社会権的な捉え方を導入していく必要があるのではないかという、本書の問題関心をより鮮明に打ち出すために、昭和58年「よど号最高裁判決」[21]以降の近時の判例を概観する。そして、やはり近時においても自由権に関する議論および事件が考察の中心である点を明らかにしたい。

---

21 最高裁昭和52年（オ）第927号同58年6月22日大法廷判決・民集37巻5号793頁。評釈については、稲葉実香「未決拘禁者の閲読の自由」『憲法判例百選Ⅰ〔第6版〕』（有斐閣、2013年）36-37頁。

第2章

# 被収容者の通信の自由に対する制限
—— 東京地裁平成 21 年 4 月 20 日判決を中心に

　第 1 章で概観したように、監獄法に代わって、2006 年に「刑事収容施設及び被収容者等の処遇に関する法律」（刑事収容施設法）が施行された。これに伴い、受刑者の自由・権利のあり方や内容が変化することになったのである。特に面会、信書の発受および電話による通信など、外部交通については、受刑者の出所後の社会復帰に有用であるとの認識から、刑事収容 110 条は、刑事収容施設に「禁止し、差し止め、若しくは制限する」権限を認めつつも、「…適正な外部交通が受刑者の改善更生及び円滑な社会復帰に資するものであることに留意しなければならない」とし、受刑者の外部交通を積極的に認めることを原則としている。

　これにつき、『逐条解説』では次のように述べる。「本条は、…適切な外部交通が受刑者の改善更生及び円滑な社会復帰に資するものであること、すなわち、面会しようとする相手方が暴力団員である場合など、外部交通により、好ましくない社会関係が維持され、改善更生の妨げとなるような場合でない限り、…相手方との関係が維持されること自体が改善更生と円滑な社会復帰に資することに留意して、広く外部交通が認められるようにすべきことを規定している。」[1]

　つまり、何らかの必要性から外部交通に制限を課す場合には、外部交通が受刑者の「改善更生及び円滑な社会復帰に資する」という事実に「留意」す

ることを要求し、制限につき一定の制約を公権力側にも課しているのである。このように、刑事収容施設法は、それまでの監獄法では外部交通について消極的かつ否定的な姿勢や考え方が前面に押し出されていたところ、その肯定的な側面を評価し、信書の発受に関する考え方も実務も肯定的に変化することが期待されるようになったのである[2]。

　そこで、本章では、憲法21条「表現の自由」、特に同条2項が保障する「通信の秘密」をめぐり、刑事収容施設法制定前と後の新旧の裁判例を検討することで、裁判所の、被収容者、特に受刑者の通信の秘密の制限に関して、その判断枠組に変化がもたらされたのか否かを探りたいと思う。そのためにまず、被収容者の「通信の秘密」に関する、監獄法の下での最高裁判例を概観し、その判断枠組みがどのようなものであったのかについて明確にし、次いで刑事収容施設法の下における裁判所の判断枠組みが、どのように変化したのかを検討するために、最近の事例を検討する。そこで明確になるのは、下級審の間で揺らぎが生じている事実であるが、そのことについていかに考えるべきか検討する。これらの検討を通じて、刑事収容施設法における受刑者の「通信の秘密」、特に「信書の発受」に対する制限について、今後、どのような姿勢が望まれるのか考察する。それと同時に、このような自由権を中心に受刑者の人権は捉えられてきた事実についても、把握したい。しかし、実は、信書の発受等、外部交通権は単に公権力からの侵害に対抗するための権利として捉えられるだけでなく、先述、刑事収容110条について『逐条解説』が言うように、社会との「関係が維持されること自体が改善更生と円滑な社会復帰に資する」という事実を前提にした、受刑者の社会復帰のための権利なのである。

　そこで以下では、まず、監獄法および現行の刑事収容施設法の下における、「通信の秘密」に関する条文の相違を確認し、次いで監獄法の下で被収容者の通信の秘密が問題となった、1983（昭和58）年「よど号最高裁判決」以

---

1　林真琴・北村篤・名取俊也『逐条解説　刑事収容施設法〔第3版〕』（有斐閣、2017年）549頁。
2　同前、548-549頁。

後の判例を整理する。その後、現行刑事収容施設法の下で、受刑者の信書発受制限が問題となった裁判例を検討し、その後に受刑者の通信の秘密の保障に関する基本的判断枠組みは、今後どのようなものであるべきかについて考察する。

## 第1節　監獄法と刑事収容施設法における受刑者の「通信の秘密」

　監獄法は、46条において、受刑者の信書の発受について以下のように規定し、未決を含む「在監者」一般の信書発受は「許可」するとしつつ（1項）、「受刑者」については、特別の必要性がある場合以外、その信書の発信の相手方および発信者を親族に限定する制限を課すこと（2項）を明文で示していた。すなわち、

　　46条①　在監者ニハ信書ヲ発シ又ハ之ヲ受クルコトヲ許ス
　　②　受刑者及ビ監置ニ処セラレタル者ニハ其親族ニ非サル者ト信書ノ発受ヲ為サシムルコトヲ得ス但特ニ必要アリト認ムル場合ハ此限ニ在ラス

　さらに、同法47条では、受刑者が、基本的に親族との間においてやり取りをする信書について信書検査を行い、内容等が不適当であると認められる信書については、発受を不許可とすると定めていた（1項）。すなわち、

　　47条①　受刑者及ビ監置ニ処セラレタル者ニ係ル信書ニシテ不適当ト認ムルモノハ其発受ヲ許サス

　このように、監獄法における、通信に関する上記2箇条は、受刑者の信書発受に関して、まず、相手方等対象者の範囲を極度に限定的にすると同時に、それらの者との間での信書のやり取りについても、検査を経てその内容に着目して制限することを可能としていた。
　他方、現行刑事収容施設法は、126条以下で信書発受について規定する。

126条では、明示的な禁止事項に該当する場合を除き、原則として、親族のみならず、それを含む「他の者」との信書のやり取りの自由を認めるとする。ただし、規律・秩序の維持、受刑者の矯正処置の適切な実施のために、例外的に、信書の検査を行い、受刑者の通信の秘密およびプライバシーを制約することを認めている（127条）。

（発受を許す信書）
126条　刑事施設の長は、受刑者（未決拘禁者としての地位を有するものを除く。以下この目において同じ。）に対し、この目、第148条第3項又は次節の規定により禁止される場合を除き、他の者との間で信書を発受することを許すものとする。
（信書の検査）
127条①　刑事施設の長は、刑事施設の規律及び秩序の維持、受刑者の矯正処遇の適切な実施その他の理由により必要があると認める場合には、その指名する職員に、受刑者が発受する信書について、検査を行わせることができる。

さらに、信書の検査について、以下のように、列記された特定の性質を有するものについては、「必要な限度」を越えてはならないことを明示し、それら信書に関する保護を、法律上承認している（127条2項）。

127条②　次に掲げる信書については、前項の検査は、これらの信書に該当することを確認するために必要な限度において行うものとする。ただし、第3号に掲げる信書について、刑事施設の規律及び秩序を害する結果を生ずるおそれがあると認めるべき特別の事情がある場合は、この限りでない。
一　受刑者が国又は地方公共団体の機関から受ける信書
二　受刑者が自己に対する刑事施設の長の措置その他自己が受けた処遇に関し調査を行う国又は地方公共団体の機関に対して発する信書
三　受刑者が自己に対する刑事施設の長の措置その他自己が受けた処遇に関し弁護士法第3条第1項に規定する職務を遂行する弁護士（弁護士法人を含む。以下この款において同じ。）との間で発受する信書

また、同法128条および129条は、信書の発受を禁止する場合および差し止める場合について、限定的に明示または列挙し、この法律によって定められた特定の場合にしか、禁止等の処分を行うことができないとすることで、受刑者の通信の自由について、少なくとも法律の文言上は、監獄法の趣旨と比較すると、相当広範囲に容認するようになったと言うことができよう。特に、128条但書きは、「婚姻関係の調整、訴訟の遂行、事業の維持その他の受刑者の身分上、法律上又は業務上の重大な利害に係る用務の処理のため」の信書発受について、禁止できないと明示する。また、129条2項は、同条1項の限定的列挙に該当し、差し止め、削除、抹消が認められる場合でも、「国又は地方公共団体の機関との間で発受する信書であってその機関の権限に属する事項を含むもの及び受刑者が弁護士との間で発受する信書であってその受刑者に係る弁護士法第3条第1項に規定する弁護士の職務に属する事項を含むもの」については1号から3号に該当する場合に限定するなど、信書の扱いには相当の慎重さを要求している。

（信書の発受の禁止）
128条　刑事施設の長は、犯罪性のある者その他受刑者が信書を発受することにより、刑事施設の規律及び秩序を害し、又は受刑者の矯正処遇の適切な実施に支障を生ずるおそれがある者（受刑者の親族を除く。）については、受刑者がその者との間で信書を発受することを禁止することができる。ただし、婚姻関係の調整、訴訟の遂行、事業の維持その他の受刑者の身分上、法律上又は業務上の重大な利害に係る用務の処理のため信書を発受する場合は、この限りでない。
（信書の内容による差止め等）
129条①　刑事施設の長は、第127条の規定による検査の結果、受刑者が発受する信書について、その全部又は一部が次の各号のいずれかに該当する場合には、その発受を差し止め、又はその該当箇所を削除し、若しくは抹消することができる。同条第2項各号に掲げる信書について、これらの信書に該当することを確認する過程においてその全部又は一部が次の各号のいずれかに該当することが判明した場合も、同様とする。

一　暗号の使用その他の理由によって、刑事施設の職員が理解できない内容のものであるとき。
二　発受によって、刑罰法令に触れることとなり、又は刑罰法令に触れる結果を生ずるおそれがあるとき。
三　発受によって、刑事施設の規律及び秩序を害する結果を生ずるおそれがあるとき。
〔四および五は省略〕
六　発受によって、受刑者の矯正処遇の適切な実施に支障を生ずるおそれがあるとき。
②　前項の規定にかかわらず、受刑者が国又は地方公共団体の機関との間で発受する信書であってその機関の権限に属する事項を含むもの及び受刑者が弁護士との間で発受する信書であってその受刑者に係る弁護士法第3条第1項に規定する弁護士の職務に属する事項を含むものについては、その発受の差止め又はその事項に係る部分の削除若しくは抹消は、その部分の全部又は一部が前項第1号から第3号までのいずれかに該当する場合に限り、これを行うことができる[3]。

## 第2節　監獄法の下における判例

　以上のように、新旧の法律条文を確認すると、条文数においても内容においても相当の相違が生まれることになり、現行刑事収容施設法の下での信書の発受に関しては、監獄法の下でのそれに比して、相当広範囲に発受の自由が認められ、逆に制限を受ける場合が明示的に法定されているから、その意味で、施設長の裁量範囲が狭められたものと考えられる。
　それでは次に、監獄法の下における受刑者の通信の秘密に関連するいくつ

---

[3] この点に関しては、「行刑の現状と課題──刑事収容施設法施行後の検証」法時80巻9号（2008年）、名取俊也「刑事施設及び受刑者の処遇等に関する法律の概要」ジュリ1298号（2005年）11頁など参照のこと。

かの判例を確認し、刑事収容施設法の下における裁判例と比較するための前提作業を行いたい。その上で、裁判所における受刑者の通信の自由に関する問題の捉え方の変化を検討していきたい。

## 一 「よど号ハイジャック記事抹消事件」最高裁判決後の判例

「よど号最高裁判決」以降の最高裁判決として、1998（平成10）年4月24日第二小法廷判決[4]では、受刑者がその兄との間で発受した信書の一部が抹消された事案について、「監獄内の規律及び秩序の維持に障害を生ずること並びに受刑者の教化を妨げることを理由とする新聞記事、機関紙の記事、上告人の受信した信書及び上告人の発信した信書の一部抹消が違法なものとはいえないとした原審の判断は、是認することができ、その過程に所論の違法はない」とし、問題となった信書の一部抹消を認めている。そして、この結論は、前述、最高裁大法廷判決、いわゆる「よど号ハイジャック記事抹消事件判決」（最高裁昭和52年（オ）第927号同58年6月22日大法廷判決・民集37巻5号793頁）の趣旨に徴して明らかであるとする。ところがこの「よど号最高裁判決」は、元々、未決拘禁者の新聞記事閲読に関する判決であり、受刑者に関するものではなく、また、親族間の信書発受に関するものでもない。したがってまた、適用条文も、信書発受に関する監獄法46条ではなく、「文書図画の閲覧」に関する監獄法31条2項である。すなわち、

　同法31条①　在監者文書、図画ノ閲読ヲ請フトキハ之ヲ許ス
　　　　　②　文書、図画ノ閲読ニ関スル制限ハ法務省令ヲ以テ之ヲ定ム

そして同2項を受けて定められた法務省令（監獄法施行規則（明治41年6月16日司法省令第18号））の該当箇所である86条は、次のように定める。

　規則86条　文書図画ノ閲読ハ拘禁ノ目的ニ反セズ且ツ監獄ノ紀律ニ害ナキモノニ限リ之ヲ許ス

---

4　平成5年（オ）第2005号損害賠償請求事件、最高裁判所裁判集民事188号141頁。

② 文書図画多数其他ノ事由ニ因リ監獄ノ取扱ニ著シク困難ヲ来タス虞アルトキハ其種類又ハ箇数ヲ制限スルコトヲ得

そこで本件、受刑者と親族の信書に関する事案と新聞記事閲覧に関する「よど号最高裁判決」とを接続する判例として、最高裁がこの判決で引き合いに出しているのは、最高裁 1991（平成 3）年（オ）第 804 号 1993（同 5）年 9 月 10 日第二小法廷判決・裁判集民事 169 号 721 頁である。ところがこれは、確かに未決拘禁者ではなく受刑者に関する事案ではあるが、図書の閲読制限を容認した判例であって、やはり、受刑者と親族との間の信書の制限に関する判決ではない。しかし、「信書の一部抹消が憲法 21 条に違反するものではない」のは、1965（昭和 40）年のいわゆる「被拘禁者の喫煙の禁止事件」最高裁判所大法廷判決（最高裁昭和 40 年（オ）第 1425 号同 45 年 9 月 16 日判決・民集 24 巻 10 号 1410 頁、前示昭和 58 年 6 月 22 日判決）の趣旨に徴して明らかであるとする。しかし、この最高裁大法廷判決は、未決拘禁者の、それも喫煙の自由（憲法 13 条）に対する制限に関するものであって、信書発受または広く文書図画閲読を含む表現の自由に関するものではない。以上要するに、この 1998（平成 10）年最高裁判決は、単に前記 2 つの最高裁大法廷判決に「徴して明らか」である、とするだけで、それ以上の論理的な理由付けはなされていないということになる。

こうして最高裁は、受刑者の外部との接触について、信書と図書新聞などの出版物とを区別することもなく、その制限の正当性審査について、昭和 58 年「よど号最高裁判決」で採用した「相当の蓋然性」の基準を用いている。この「相当の蓋然性」の基準は、「監獄内における規律及び秩序の維持に放置することができない程度の障害が生ずる相当の蓋然性」が存在する場合に限って、閲読を不許可とすることが認められるとするもので、「よど号最高裁判決」では、次のような文言でこれを採用した。「閲読を許すことにより右〔刑事施設〕の規律及び秩序が害される一般的、抽象的なおそれがあるというだけでは足りず、被拘禁者の性向、行状、監獄内の管理、保安の状況、当該新聞紙、図書等の内容その他の具体的事情のもとにおいて、その閲読を許すことにより監獄内の規律及び秩序の維持上放置することのできない程度

の障害が生ずる相当の蓋然性があると認められることが必要であり、かつ、その場合においても、右の制限の程度は、右の障害発生の防止のために必要かつ合理的な範囲にとどまるべきものと解するのが相当」である。

つまり「よど号最高裁判決」は、「相当の蓋然性」基準を採用して、監獄法46条を限定解釈することで、新聞記事抹消の制限について違憲との判断を避けたわけだが、この基準を、未決の被収容者に関してだけでなく、受刑者に対しても及ぼすとともに、新聞記事等の閲覧に関する制限だけでなく、受刑者と親族との間の信書の発受に対する制限についても採用し、一定の審査基準、つまり「相当の蓋然性」がある場合のみ制限が可能として、現実には監獄法46条を救済したのが本判決であった[5]。

## 二　その後の判決

次いで、最高裁2006(平成18)年3月23日(第一小法廷)判決[6]は、受刑者から新聞社への信書の発信につき不許可とされた事案について、当該熊本刑務所長の裁量権の範囲を逸脱し、または裁量権を濫用したものとして、監獄法46条2項の規定の適用上違法であるのみならず、国家賠償法1条1項の規定の適用上も違法とした。その理由について、先の「よど号最高裁判決」の「相当の蓋然性」の基準に酷似した基準を、受刑者と親族以外の者と

---

[5] 平成10年4月24日判決に関する評釈として、竹中勲「受刑者の新聞・信書等の一部抹消と憲法21条」民商法雑誌121巻2号、西尾憲子「受刑者の受信した信書及び発信した信書の一部抹消について憲法21条に違反しないとされた事例」法学新報109巻3号203頁、土井政和「受刑者の受信・発信した信書の一部抹消と憲法二一条」ジュリスト臨時増刊1157号199頁など。

[6] 平成15年(オ)第422号、平成15年(受)第428号　損害賠償請求上告事件、最高裁判所裁判集民事219号947頁。この判決に関する評釈として、正木祐史「受刑者の信書発信に対する不許可処分と憲法・監獄法の解釈」法学セミナー618号119頁、井上禎男「刑務所からの信書発信制限の違憲・違法：熊本刑務所訴訟上告審判決」法学セミナー619号115頁、榎透「監獄法46条2項の憲法適合性」法学教室318号別冊附録(判例セレクト2006)10頁、神橋一彦「監獄法における信書発信制限の合憲限定解釈」民商法雑誌135巻4・5号812頁、阿部和文「受刑者が新聞社等に宛てた信書発信を刑務所長が不許可としたことが裁量権の濫用に当たるとして国家賠償請求が認められた事例」自治研究84巻9号146頁、平城恭子・判例タイムズ1245号81頁(平成18年度主要民事判例解説)など。

の通信の自由の制限にも適用している。すなわち、「受刑者の性向、行状、監獄内の管理、保安の状況、当該信書の内容その他の具体的事情の下で、これを許すことにより、監獄内の規律及び秩序の維持、受刑者の身柄の確保、受刑者の改善、更生の点において放置することのできない程度の障害が生ずる相当のがい然性があると認められる場合に限って、これを制限することが許されるものというべきであり、その場合においても、その制限の程度は、上記の障害の発生防止のために必要かつ合理的な範囲にとどまるべきものと解するのが相当である」と。そして本件において、熊本刑務所長は、そのような「相当の蓋然性」の有無について何ら判断することなく不許可としたため、裁量権の逸脱または濫用があったことを最高裁は認めたのである。

　本件では、1983（昭和58）年「よど号最高裁判決」で採用された「相当の蓋然性」の基準は、受刑者の親族以外の者との間での信書発受についても適用が認められるものと判断したのである[7]。

### 三　名古屋地裁2007(平成19)年7月13日判決[8]

　この、2007年名古屋地裁判決においては、名古屋刑務所へ移送された受刑者が、移送前の収容施設である名古屋拘置所に対して、自己の日用品の滞留に関する問い合わせを、二度にわたって信書ですることについて、名古屋刑務所長は二度目の問い合わせを不許可とし、それとともに、この件に関連して発送しようとした友人宛ての信書についても発信不許可としたが、そのことについて、原告であるこの受刑者の性向等具体的情況の下で、原告の信書の発信を許すことにより、刑務所内の規律及び秩序の維持等の点において、放置することのできない程度の障害が生ずる「相当の蓋然性」があるかどうかについて考慮せずに信書の発信を不許可とする処分をしたことは明らかであり、名古屋刑務所長が行った不許可処分は、その裁量権の範囲を逸脱し、

---

7　正木・前注。
8　判例集未搭載。参照、緑大輔「刑務所からの信書発信の制限が監獄法および国家賠償法上違法と判断された事例」『速報判例解説〔2〕〔法学セミナー増刊〕』（日本評論社、2008）245-248頁。

または裁量権を濫用したものであるとし、原告の請求を一部認容した。この判決において名古屋地裁は、明示的に、前述、最高裁2006（平成18）年3月23日（第一小法廷）を引用し、「相当の蓋然性」を基準に判断するとしている。すなわち、「受刑者のその親族でない者との間の信書の発受は、受刑者の性向、行状、監獄内の管理、保安の状況、当該信書の内容その他の具体的事情の下で、これを許すことにより、監獄内の規律及び秩序の維持、受刑者の身柄の確保、受刑者の改善、更生の点において放置することのできない程度の障害が生ずる相当のがい然性があると認められる場合に限って、これを制限することが許されるものというべきであり、その場合においても、その制限の程度は、上記の障害の発生防止のために必要かつ合理的な範囲にとどまるべきものと解するのが相当」であると。

　以上のように、監獄法の下における信書等の発受に関する諸判決では、昭和58年「よど号最高裁判決」で採用された「相当の蓋然性」の基準を、未決拘禁者から受刑者に広げると同時に、新聞や書籍等の閲覧制限においてばかりではなく、親族や友人その他の者との信書の発受に関する制限の基準としても適用することが可能であるとして、適用範囲を広げてきた。これにより、監獄法46条の信書発受の原則許可制（1項）、および、発受の相手方を親族のみに限定する制限規定（2項）を合憲的に限定解釈することを通じて、同法46条の合憲性を確認してきたのである[9]。つまり、1908（明治41）年施行の監獄法が、現行日本国憲法の下においても久しく有効でありえたのは、判例が打ち立てた「相当の蓋然性」の基準によって、一定の自由権制限の違法性について判断すれば事足りるのであって、法改正の必要性の問題としては認識されてこなかったことに寄るものと考えられる。

　その真偽はともかくとして、次に刑事収容施設法の施行後に提起された事案を検討し、監獄法の下で確立された「相当の蓋然性」の基準の適用状況がどのように変化しているのか考察したい。

---

9　もっとも、学説には、このような合憲限定解釈について批判的な立場もある。正木・前出注6、井上・前出注6、および、阿部・前出注6、154頁など参照。

## 第3節　刑事収容施設法の下における裁判例

　監獄法の改正を受けて、受刑者の信書発受に関して刑事収容施設法は、126条で、親族に限らず広く「他者」との信書による通信を認める一方、127条1項では、「刑事施設の規律及び秩序の維持、受刑者の矯正処遇の適切な実施その他の理由により必要があると認める場合に」信書検査を認めている。さらに、「信書検査」の結果、129条に定める6つの号いずれかに該当する場合には、「発受を差し止め、又はその該当箇所を削除し、若しくは抹消することができる」と定め、これら明示的な項目に該当する場合に、発受の差し止め、削除、抹消の制限の可能性を認める。また、128条においては、特に、「犯罪性のある者その他受刑者が信書を発受することにより、刑事施設の規律及び秩序を害し、又は受刑者の矯正処遇の適切な実施に支障を生ずるおそれがある者」について規定し、これらに該当する者の信書発受を「禁止する」ことができるとし、「禁止」という強力な制限について、法的根拠を付与している。

　いずれにしても、制限の対象および要件などを明文化し、主として、「刑事施設の規律及び秩序の維持、受刑者の矯正処遇の適切な実施その他の理由により必要があると認める場合」を、諸制限の要件としている。これをめぐっていかなる事件が争われてきたか、以下見ていこう。

## 一　「書信表」に関する事件その1

① 東京地裁2008（平成20）年4月18日（平成19年（ワ）22822号　損害賠償請求事件）

〈事実の概要〉

　懲役刑受刑者である原告Xは、収容されている刑務所における、同刑務所職員の違法行為を理由として国賠法1条1項に基づき損害賠償請求（訴額300万円）を提起するとともに、「訴訟上の救済の付与申立て」（民訴82条）をした（訴訟提起手数料2万円）。被告国Yは、同申立事件について、裁判所に対して、2007（平成19）年7月9日付で「意見書」を提出し、Xには

訴訟に必要な資力のある旨主張すると同時に、それを疎明するため「書信表」を、必要個所以外のすべてを黒塗りにしたうえで意見書に添付した。この行為により、Xは訴訟上の救済を受けられず、200万円の損害を蒙ったとして、Yに損害賠償請求を提起した。なお、「書信表」とは、同刑務所が受刑者の信書発受に関して作成するA4サイズの十数行の表であり、①検査の通し番号、②原告発送に係る信書の発送日又は原告受信に係る信書の交付日、③信書の要旨、④発受信書の身上及び原告との関係、⑤信書の種類等が記載された文書である[10]。

〈Xの主張〉

Xが父に宛て、2006（平成18）年8月10日に発信した信書（以下「本件信書」という。）の要旨を記載した本件「書信表」の内容をみだりに公開されない利益は、憲法21条2項後段で定める通信の秘密により保障されている。また、本件「書信表」に記載された内容は、Xのいわゆるプライバシーに当たり、本件「書信表」の記載内容をみだりに開示されないことは、憲法13条により保護された利益である。

さらに、刑事収容施設法127条1項における「信書検査」に関して、刑事収容施設の規律及び秩序の維持、受刑者の矯正処置の適切な実施のために、例外的に被収容者の通信の秘密及びプライバシーを制約する信書の検査をすることを認めているが、上記以外の目的で通信の秘密を侵すことは、職権を逸脱した行為である。そして、仮に、上記目的で検査がされたとしても、検査によって知り得た事実を民事訴訟において自らが有利となるような目的をもって流用することは、上記目的を明らかに逸脱するから、本件行為は、同項により与えられた権限を逸脱する職権濫用行為である。

〈裁判所の判断〉

（1）ア　Xの信書に対する検査が、刑事収容施設法127条1項所定の目

---

10　なお、本件において問題となった「書信表」の「許否その他」欄に、「平成18年8月10日発送」との記載、「書信の要旨」欄に「領置金30万円送金会計扱」、「刑務所内で使用するためのお金ではありません。三井住友の方へ入金して下さい。」との記載、「発受信者の身上及び本人との関係」欄に「父」、「現金書留」との記載がある。

的以外の目的で行われたことを認めるに足りる証拠はないため、信書検査自体が違法であるとすることはできない。

　イ　そこで、本件行為自体が違法となるかどうかを検討すると、刑事収容施設法127条1項は検査した信書の内容に関する情報をどのように用いるべきかについては規定していないから、同項によって本件書信表の公開が禁止されているとはいえない。したがって、本件行為が同項に違反する職権濫用行為であるとするXの主張は理由がない。

　(2) 憲法21条2項が通信の秘密を保障していることからすれば、刑事収容施設法127条1項に基づく検査によりYが取得した情報は、自由に公開することが許されるものではなく、その公開が国家賠償法1条1項上違法とされる場合もありえると解されるのであって、違法性を有するか否かは、その事実又は情報が公開されないことによって守られる法的利益と、これを公開する行為の目的、必要性、関連性、態様等を総合考慮して判断するべきである。

　ア　原告の利益について

　本件「書信表」が公開されることによって明らかにされる情報は、Xが、Xの父に対し、2006（平成18）年8月10日、30万円を現金書留で郵送し、その際、同30万円は刑務所内で使用するための金ではないので、三井住友銀行の口座に入金するよう依頼した信書を同封したことであると認められる。同情報は、Xの私生活上の情報ではあるが、それを知った一般人が、同情報から他のXの私生活上の事実・情報を推知したり、当該情報を悪用したりするなど、Xが何らかの不利益を受ける可能性は極めて低い情報であるといえ、Xの私生活上の平穏が害されるおそれのある情報とはいえない。そうであれば、本件「書信表」の記載内容が原告のいわゆるプライバシーに当たるものとしても、これを公開されない原告の利益は、極めて軽微な利益であるといえる。

　イ　被告の行為について

　(ア) Yは、別件申立事件〔＝訴訟上の救助の申立事件〕において、Xが訴えの提起の手数料相当額の金員を領置金として有していたにもかかわらず、これを宅下げすることで領置金を減らして無資力を装う一方で、刑務所外に

おいて資金を蓄え、訴訟上の救助の制度を濫用している事実を主張し、これを疎明することを目的として本件「書信表」を提出した。

本件書信表の記載は、原告に資力があることを疎明するために必要な部分に限られており、その他の部分にはマスキングがされ、記載内容を判読することができないようにされていた。本件意見書においては、本件「書信表」のうち判読することができる部分の一部のみが引用されていた。

(イ) 目的の正当性

民事訴訟法137条1項は、訴えの提起の際に手数料を納付することを原則とするが、憲法32条により保障された裁判を受ける権利を保障し、訴訟費用の支出が困難な当事者においても訴訟手続を利用できるようにするため、民事訴訟法82条以下には訴訟上の救助の制度が定められている。かかる民事訴訟法の趣旨にかんがみれば、上記認定した被告の目的は正当なものと認められる。

(ウ) 必要性

本件全証拠によっても、原告が宅下げをした目的は不明である。しかし、前提事実及び上記認定した事実によれば、本件「書信表」は、原告が2006(平成18)年8月10日に少なくとも30万円を有していたこと、それを何らかの目的をもって父に宅下げし、三井住友銀行の口座への入金を依頼した事実を窺わせる証拠であるといえ、本件行為は、原告の資力の有無に関する判断の一資料となるものといえる。したがって、本件行為は、本件申立事件において、原告の資力の有無を判断し、ひいては訴訟上の救助の制度の濫用事実の有無を判断するために必要なものであったといえる。

(エ) 関連性

訴訟上の救助付与がされることは、訴えの被告とされた者に対して直接の不利益を与えるものではないが、訴えの提起の手数料納付の有無は訴えの適法性にかかわるものであり、訴訟の追行を可能にするものであるから、訴えの被告とされた者においては、訴訟上の救助の決定が適法にされたかどうかについて重大な利害関係を有しているといえる。したがって、別件事件の被告でもあった被告には、別件申立事件においても、原告に資力があることを争うため、幅広く疎明資料を提出することが認められなければならず、関連

性があるといえる。

　（オ）態様

　前提事実及び上記認定した事実によれば、本件「書信表」及び本件意見書は、原告のいわゆるプライバシーに配慮した態様で提出されたものということができる。

　ウ　以上によれば、本件意見書及び本件「書信表」を公開されないことによって守られる原告の利益は極めて軽微であるといえる一方、本件行為は、目的が正当であり、必要性及び関連性も認められ、その態様も相当なものであったといえる。

　したがって、本件行為は、違法であるとすることはできない。

　〔そのほかに、Xは、本件行為が国家公務員法100条1項に違反し違法な行為であると主張しているが、裁判所はこれには理由がないとして退けているので、その部分は割愛する。〕

　②　東京高裁2008（平成20）年11月27日（①の控訴審）棄却

　原審（2）イ（イ）目的の正当性の部分を次のように修正している。

　民事訴訟法82条1項本文は、「訴訟の準備及び追行に必要な費用を支払う資力がない者又はその支払により生活に著しい支障を生ずる者に対しては、裁判所は、申立てにより、訴訟上の救助の決定をすることができる。」と規定している。そして、申立人は、このような訴訟救助の要件について疎明することを要し、相手方は訴訟救助の決定がされるか否かについて法律上の利害関係を有するから、上記疎明について意見書を提出したり、疎明資料を提出したりして争うことができ、訴訟救助の決定がされた場合には即時抗告をすることもできる（民事訴訟法86条）。

　被控訴人が行った本件行為は、別件申立事件が、控訴人のそれまでの訴訟提起及び訴訟救助付与申立ての状況、本件「書信表」の記載内容などから、訴訟救助の要件を欠くのではないか、訴訟救助制度の濫用に該当するのではないかなどと考え、行ったものであり、その目的は正当であると認められる。

　③　最高裁2009（平成21）年4月17日（上告棄却）

## 二 「書信表」に関する事件その2

　上記「その1」の事件について最高裁で上告が棄却された2009（平成21）年4月17日と時を前後して、同じ原告Xによる、ほぼ同様の事件について、判断が逆となる地裁判決が確定したので、次にそれを検討する。

### ④ 東京地裁2009（平成21）年4月20日（平成20年（ワ）3089号損害賠償請求事件）棄却・確定

　前述の①東京地裁2008（平成20）年4月18日（平成19年（ワ）22822号損害賠償請求事件）と同じ受刑者Xによって、同じような事件で損害賠償請求が提起され、同じ東京地裁において審理されたが、結論は逆に、刑務所が裁判所へ「書信表」を提出した事実につき違法性を認定した。事件の概略は以下のとおりである。

　原告Xは、自己に対する刑務所看守による暴行事件によって負った傷害につき、別に東京地裁に損害賠償請求（東京地裁平成19年（ワ）第14126号・棄却）を起こしたが、その訴訟について、民訴法82条に基づき、同裁判所に対して訴訟上の救助を申し立て、これが認められた（東京地裁2007（平成19）年6月22日平成19年（モ）第1789号）。これに対して、Xを収容する国（Y）は、民訴86条に基づき、その訴訟上の救助について即時抗告を申し立て、これが認められたため、訴訟上の救助付与の原決定は取り消された（東京地裁2007（平成19）年7月3日平成19年（ラ）第997号即時抗告事件）。この即時抗告申し立てにおいて、Yは、Xが訴訟を提起するために必要となる費用を有することを疎明するために、疎明資料として、「書信表」を、前述事件と同様に、不必要な部分にはマスキングなど施したうえで、裁判所に提出した。

　Xは、このような行為は違法であり、本件行為により精神的損害として100万円を賠償請求したのが本件損害賠償請求事件である。以下、この事件における当事者の主張および裁判所の判断を、判決から引用する。

### 第2　事案の概要
　〈中略〉

3 当事者の主張

(1) 原告

本件行為は、受刑者処遇法94条1項〔＝現行「刑事収容施設法」127条第1項〕の定める刑事施設の規律及び秩序の維持等の信書検査の目的を逸脱し、Xの通信の秘密を侵害する違法行為である。Xは、本件行為により、裁判所から自身の資力に関し誤った判断をされ、記録閲覧制度の下、訴訟救助決定を得るために資力を偽る人物としての評価を受けることによって社会的信用を毀損された。また、本件行為は、Xに資力があると誤信した債権者から、Xの社会復帰後執拗な取立てを受けるおそれを招来するものであり、Xは、私生活上の平穏が害された。Xの被った精神的損害に対する慰謝料は、100万円を下らない。

(2) 被告

通信の秘密により、職務上知り得た通信に関する情報の漏えいを禁止されるのは、通信業務従事者だけであり、通信業務従事者には当らない公権力がこれを行っても、直ちに通信の秘密を侵害したとはいえない。

受刑者処遇法94条1項による信書の検査は、同条項に規定する目的を達成するため、憲法21条2項による通信の秘密の保障の例外として許容されるものであるところ、その結果、刑事施設の長が適法に取得した情報は、受刑者に対する適切な処遇の実施等の目的を達するため、刑事施設の長の裁量の範囲内で用いることが可能である。

本件行為は、別件訴訟救助申立事件において、訴訟救助制度の濫用を防止するという正当な目的の下、必要な部分を限定するなどの相当な方法によって、判断〔機関〕である裁判所に対して情報を開示したにすぎないから、受刑者処遇法の趣旨を逸脱するものでない。

第3 当裁判所の判断

1 本件行為が原告の通信の秘密を侵害する違法行為か

(1) 通信の秘密は、表現の自由及び個人のプライバシーの保障の一環として、憲法21条2項後段によって保障された法的利益である。公権力は、原則として、通信の存在、内容を調査してはならず、また、職務上知り得た通信に関する情報を外部に漏らしてはならないのであって、これに違反する行

為は、同利益を侵害された個人との関係で、違法との評価を免れない。

　受刑者処遇法94条1項は、刑事施設の規律及び秩序の維持、受刑者の矯正処遇の適切な実施等の必要性から、受刑者の上記利益を制限し、刑事施設の長の指名した職員に信書の検査を認めるが、かかる規定は、上記のような拘禁及び処遇上の目的を達成する限度において認められた特別の規定というべきであって、同検査は、上記目的の範囲内でのみ適法となり、かかる検査によって取得した情報の使用もまた、同条項が規定する目的の範囲内でのみ適法となると解するべきである。

　(2) 前提事実〔(4)及び(5)〕のとおり、被告は、本件書信表上の情報を取得し、これを本件即時抗告事件において、裁判所に対してその一部を明らかにした[11]。

　ところで、訴訟救助決定は、訴え提起手数料等の支払猶予等の効力を有し、訴え提起手数料等の支払義務を履行することなく訴訟の追行を可能にするものであり、これに対する即時抗告が容れられ原決定が取り消された場合、原告がかかる利益を受けることができず、訴訟上不利な結果がもたらされる。このことは、訴訟上、被告に有利な結果となる。

　そうすると、本件行為の目的が被告の訴訟上の利益を図ることにあることを否定することはできず、同目的は、刑事施設の規律及び秩序の維持、受刑者の矯正処遇の適切な実施等とは無関係であって、本件行為に訴訟救助制度の濫用の防止という側面があることを考慮しても、本件行為が受刑者処遇法94条1項の目的に適うものと解することはできない。

　したがって、本件行為は、通信の秘密に対する侵害行為として、違法と評

---

11　本件で裁判所に提出された「書信表」においては、判決中で明らかにされているところだが、次のような記載であった。「ア　①発第187号、②平成18年8月3日発送、④父、⑤郵便書簡　イ　①受第129号、②平成18年8月4日交付、③「現金40万円、会計扱い、お前からのやんやの催促で」、④父、⑤現金書留　ウ　①発第188号、②平成18年8月4日発送、④東京地方裁判所、⑤封書　エ　①発第189号、②平成18年8月10日発送、③「領置金30万円送金会計扱、刑務所内で使用するためのお金ではありません。三井住友の方へ入金してください。」、④父、⑤現金書留」（なお、①～⑤の番号は、本稿本文の「その1」の〈事実の概要〉において、「書信表」記載内容を説明した番号に対応する。）

価せざるを得ない。

　なお、被告は、通信の秘密が保障する漏えい行為の禁止は、その対象を通信事業従事者とするもので、通信事業従事者に該当しない公権力は、直ちに同行為を禁止されるわけではない旨主張するが、憲法がその対象から公権力を除外していると解する合理的理由は何ら存しないのであって、上記主張は被告独自の見解というほかなく、採用することができない。

　2　損害

　上記のとおり、本件行為は違法なものであるが、被告が本件写し及び本件申立書を提供した先は裁判所だけであり、本件書信表上の情報が広く公衆の知るところとなるわけではないこと、被告が裁判所に対して提供したのは、信書そのものや信書の記載事項をそのまま引用した文書ではなく、その要旨等を記載した書信表の写しに一部マスキング加工を施したもの及びその記載事項の一部を引用した即時抗告申立書にすぎないこと、本件写し及び本件申立書から明らかになる事実は、原告がその父親に金銭を要求した結果、父親から原告に対して現金40万円の差入れがあったこと、原告が父親に対して現金30万円を宅下げし、銀行へ入金するよう依頼したこと及び原告が父親と東京地方裁判所に対して何らかの内容の信書を発送したことでしかなく、これらが外部に明らかになったとしても原告が著しい精神的苦痛を受けるとは認め難いこと、原告の主張する裁判所から資力に関し誤った判断をされるおそれは、真に原告に資力がなければ原告自身が適切に反論することによって解消することができるし、記録閲覧制度の下、訴訟救助決定を得るために資力を偽る人物としての評価を受けるおそれや原告に資力があると誤信した債権者から原告の社会復帰後執拗な取立てを受けるおそれは、いずれも抽象的で実現可能性の低いものにすぎないことにかんがみれば、原告の受けた精神的損害は、ごく軽微であって、金銭的な評価に値しないというべきである。

## 第4節　監獄法と刑事収容施設法の下における事案の相違

　第3節「書信表」その1、および、その2の両事件においては、監獄法の

下における裁判例として検討したいくつかの事件とは態様が相当異なる。つまり、監獄法の下の判例として見た事件は、受刑者の発受に係る信書自体の一部が抹消されたり、発受自体が禁止されたりする制限に関するものであったが、前節「その1」「その2」事件では、受刑者の信書自体の発受はすで完了しているが、信書検査時に刑務所職員が作成した、信書に関する一定の情報と信書内容の要旨を、「書信表」の写しとして裁判所に提出した点において、大きく異なるのである。しかし、信書検査の正当性および同検査から得られた情報の取り扱いにおいて、刑務所によるこれら行為が、Xの「通信の秘密」に対する侵害と認められるか否かが問われている点は、先の諸事件と同様である。

　監獄法の下の諸判決では、裁判所は「相当の蓋然性」の基準を用いて、受刑者の通信などに対する制限について、監獄法が当初求めていたと考えられる基準よりもかなり厳格な審査を行っていたが、刑事収容施設法施行後は、127条1項で「刑事施設の規律及び秩序の維持、受刑者の矯正処遇の適切な実施その他の理由により必要があると認める場合」に例外的かつ限定的に、「信書検査」という方法で、信書の秘密に対する制限が可能とされることになったため、本件の「信書検査」においても、この要件を満たすか否かが問われることになった。そこでXは、127条1項の目的以外で信書検査が行われたと主張したが、判決においては、信書検査自体が所定の目的以外の目的で行われたと認めることはできないとしてこれを退けている。そもそも信書検査に関する同条は、受刑者が発受する信書がどのようなものか、つまり「施設の規律及び秩序の維持、受刑者の矯正処遇の適切な実施」に差し障りがあるかないかについては、信書を開けてみなければわからないという性質上、一般的な信書検査の必要性を認めるために存在する規定であると言えよう。したがって、むしろ重要になるのは、検査の結果、問題があるとされた信書をどのように扱うのか、つまり発受禁止、削除または抹消とするのか、また、同検査で得られた情報を「書信表」にまとめたうえで、それをどのように扱うかということである。本件において提起されている問題は、そのうちの後者、「書信表」の扱いに絞られることになる。

## 一　信書検査と書信表の区別

　そこで次に、この点を検討しよう。信書検査によって得られた情報は、信書というものの性質から、当然相当に個人的なものであり、「その1」事件の「平成20年4月18日判決」で裁判所が言うように、127条1項がたとえ「検査した信書の内容に関する情報をどのように用いるべきかについては規定していない」としても、ただちに同判決のように、「本件書信表の公開が禁止されているとはいえない」とまで言い切ることができるか否かは、疑問を禁じ得ない。もっとも、「禁止されているとはいえない」と述べたすぐ後に、判決は、「憲法21条2項が通信の秘密を保障していることからすれば…自由に公開することが許されるものではな」いとし、「違法性を有するか否かは、その事実又は情報が公開されないことによって守られる法的利益と、これを公開する行為の目的、必要性、関連性、態様等を総合考慮して判断」すべきとして、憲法21条2項の「信書の秘密」の憲法的要請を受けて127条を解釈する必要性を述べ、信書に関する情報を記載した「書信表」の公開の正当性を認めるに当たっては、ある程度厳格な基準を満たすことを要求しているのである。そしてこの基準について同判決は、「違法性を有するか否かは、その事実又は情報が公開されないことによって守られる法的利益と、これを公開する行為の目的、必要性、関連性、態様等を総合考慮して判断」するとして「総合考慮」の手法を採用した。こうして、信書検査によって得られた受刑者に関する情報を公開することについては、ある程度厳格な判断基準を条件に、公開が認められる場合があることを示唆したのである。

　ところが「その2」事件の「平成21年4月20日判決」においては、現行刑事収容施設法127条1項の信書検査およびそこで得た情報については、同条項で規定する「刑事施設の規律及び秩序の維持、受刑者の矯正処遇の適切な実施等の必要性から、受刑者の上記利益〔＝信書発受〕を制限し、刑事施設の長の指名した職員に信書の検査を認めるが、かかる規定は、上記のような拘禁及び処遇上の目的を達成する限度において認められた特別の規定というべきであって、同検査は、上記目的の範囲内でのみ適法となり、かかる検査によって取得した情報の使用もまた、同条項が規定する目的の範囲内でのみ適法となると解するべき」として、「刑事施設の規律及び秩序の維持、受

刑者の矯正処遇の適切な実施等の必要性」という目的を、憲法21条2項の通信の秘密の保障から、「平成20年4月18日判決」よりも相当厳格に解釈し、その目的に該当しない場合には、目的を逸脱した行為として違法性を帯びるとする。それでは、「その2」事件における国、刑務所が、即時抗告の疎明資料として書信表の一部の写しを裁判所に提出する行為は、どのような目的によるものであると認定したかというと、Xが訴訟上の救助を認められず、その利益を得ることができないことによって「被告の訴訟上の利益を図ることにあることを否定することはできず、同目的は、刑事施設の規律及び秩序の維持、受刑者の矯正処遇の適切な実施等とは無関係であ」ると言う。つまり、Xがこの制度から利益を得られなくなることに伴う相対的（または反射的）利益をYは得ると言うのである。なお、訴訟救助の問題については、次に言及したい。

## 二　「平成21年4月20日判決」の特異性

　この判決で注目すべき点は、結果の相違だけではなく、「その1」事件での地高裁判決（および最高裁で確定）の判断枠組みを崩し、新たなそれを設定している点である。仮に、憲法21条2項の趣旨から、法127条1項の目的を厳格に解釈して、できる限り受刑者の通信の秘密を保障することが正当な解釈であるとしても、同一時期の先例をほぼ無視することは正当と考えられるのか、疑問を払拭することは困難である。また、「その1」事件の「平成20年4月18日判決」は、信書検査それ自体と、信書検査から得られた情報の扱いについては別の問題として、区別して議論し、後者について総合考慮を用いたが、「平成21年4月20日判決」は、そもそも区別することなく「書信表」を裁判所に手続として提出するという行為が、「信書検査」の目的に適合しないので違法である、と断じている点も、はたして妥当なのか検討をしなければならない。以下、この点を検討する。

### （一）　信書検査自体と書信表の提出

　監獄法の下において確立していた「相当の蓋然性」の基準は、「監獄内の規律及び秩序の維持、受刑者の身柄の確保、受刑者の改善、更生の点において放置することのできない程度の障害が生ずる相当の蓋然性があると認めら

れる場合に限って」信書発受の制限が可能であるとし、監獄法の規定における原則と例外とを入れ替えるような厳しい基準を刑務所に課すとした。しかし刑事収容施設法においては、原則的に信書発受を認め、一定の場合に制限を課すのみとしている。このことからすると、信書発受については「相当の蓋然性」の基準よりもさらに厳しい基準が設定され、刑務所の裁量はさらに狭くなったと理解するのが正当であろう。したがって、信書の発受に関する制限について、その要件等を定めた規定を厳格に解すること自体に問題はない。

しかし、注意しなければならないのは、そのような基準の適用は、信書の発受についての制限に関してであって、「その1」「その2」の事案のように、それら発受の禁止や削除、抹消などの制限の前段階としての、信書検査およびその検査の果実としての「書信表」に関するものとは、態様や性質を異にしている点である。つまり、「その1」「その2」の事案において、Xの信書は、信書検査を受ける以外、何ら制限を受けることなく発受されている。したがって、発受と、信書検査および書信表の扱いについては異なるものとして考えるべきであろう。

ところが、この「その2」事件「平成21年4月20日判決」は、信書検査と、そこから得た情報の使用に関する違法性に関して、信書検査は、127条1項の「目的の範囲内でのみ適法となり、かかる検査によって取得した情報の使用もまた、同条項が規定する目的の範囲内でのみ適法となると解するべき」として、信書検査自体と、そこから得られた情報、つまり「書信表」の使用についてとを、まったく区別していない。そして、書信表を即時抗告の疎明資料として裁判所へ提出する行為は「信書検査の目的」からの逸脱が認められるから、違法だとする。もっとも、この点について、先の「その1」の「平成20年4月18日判決」のように、「検査した信書の内容に関する情報をどのように用いるべきかについては規定していないから、同項によって本件書信表の公開が禁止されているとはいえない」とまでは断言できないにしても、信書検査自体とまったく同様の目的の範囲内でなければただちに違法となるほど、厳格であるべきと言えるかについては疑問が残る。そのため「その1」の「平成20年4月18日判決」では、書信表を裁判所に提出することにつ

いて、「公開する行為の目的、必要性、関連性、態様等を総合考慮して判断」するという、妥当と思われる基準に至ったのである。

(二) 即時抗告のための疎明資料としての「書信表」提出

「その1」の事案において国Yが「書信表」の写しを裁判所に提出したのは、「意見書」という形式で、即時抗告という正式な手続においてではなかった。他方、「その2」の事案では、国は「意見書」としてではなく、即時抗告の疎明資料として「書信表」の写しを提出している点が、「その1」事案とは異なっている。

そこで、本来であれば、正式な訴訟手続であり民訴86条の規定に従って即時抗告として提起されてきた「その2」の事件においてこそ、裁判所は、その国の行為の適否について、より慎重に議論をすべきところ、先のように刑務所の「本件行為の目的が被告の訴訟上の利益を図ることにあることを否定することはでき」ないとして、かなり簡単に法127条1項の目的に適合しないとした。また即時抗告によって国が得る利益について、即時抗告が容れられれば、「原告〔X〕がかかる利益〔＝訴え提起手数料等の支払義務を履行することなく訴訟の遂行ができること〕を受けることができず、訴訟上不利な結果がもたらされる。このことは、訴訟上、被告に有利な結果となる」として、国の即時抗告の意図を推測して補強的に「書信表」提出が目的外であると言う。しかし、即時抗告によるXの訴訟上の救助付与決定取り消しによって、国が得ると判決が言うこの「訴訟上の利益」自体さしたるものではないから、そのために国がわざわざ即時抗告をするべきなのか疑問が生じる。というのも、弁護士費用等はこの訴訟上の救助の対象にはならないので、仮にXが自らの主張を有利にするために弁護士の支援を得ようとすれば、通常通り自費で弁護士費用を支払わなければならない。しかし、もし弁護士費用を支払うことができるというのが事実であれば、Xに訴訟救助は認められない。なぜなら、Xは弁護士費用どころか、訴訟費用を支払えないから訴訟救助を求めているので、訴訟救助が認められた場合、Xは弁護士を雇うことはできず、本人訴訟をせざるを得ないのだから、訴訟上Yが利益を得ることはないのである。もっとも、善意から無料でXを支援する弁護士がいる場合は別である。

では、Yが即時抗告を申し立てることの意味は何か。その理由をあえて挙げるとすれば、次のようなことであろう。つまり、Xに訴訟救助が認められれば、Xに対して訴訟費用は当面猶予されるから、Xは訴訟費用を工面する面倒を回避しつつ訴訟を遂行し、それに勝てば国から賠償を得ることができる。他方、仮に負けたとしても、敗訴したXに、国が訴訟費用を請求することは実質的にできず、恐らくXはこれを免除されることになるため、Xは失うものがそもそも何もない。このような論理で、さらに別の訴訟をXは提起することができるので、通常一般人が国を相手に争う場合との比較において、不平等にXに有利となるが、このような方法に国としては目をつぶることはできない。そこでせめて即時抗告によって、Xは現金の宅下げという方法で、実は訴訟費用を支払うことができる状況にあるにもかかわらず、それを支払わずに訴訟を遂行しようとするが、それは不正であると主張するということである。そして恐らくそのような事態について、裁判所もある程度は認識していたがために、判決は次のような表現となったのであろう。「本件行為に訴訟救助制度の濫用の防止という側面があることを考慮しても」やはり、「〔127条1項の〕目的に適うものと解することはできない」と。

（三）　民訴86条即時抗告の可否に関して

次に、Yが裁判所に対して「書信表」を提出した目的の正当性および必要性に関連して、民訴82条の訴訟上の救助の制度、および、その付与決定に対する同法86条の即時抗告について、若干触れておきたい[12]。

民訴82条は、

①訴訟の準備及び追行に必要な費用を支払う資力がない者又はその支払により生活に著しい支障を生ずる者に対しては、裁判所は、申立てにより、訴訟上の救助の決定をすることができる。ただし、勝訴の見込みがないとはいえないときに限る。
②訴訟上の救助の決定は、審級ごとにする。

---

12　民事訴訟法についてはもとより門外漢であるから、受刑者の通信の自由が即時抗告に関連して問題となっている限りにおいて言及するに留める。

と定め、憲法32条の裁判を受ける権利を経済的な側面から支える制度として訴訟上の救助の制度を用意している。ただし、この制度の濫用を阻止する目的から、民訴84条は、

> 訴訟上の救助の決定を受けた者が第82条第1項本文に規定する要件を欠くことが判明し、又はこれを欠くに至ったときは、訴訟記録の存する裁判所は、利害関係人の申立てにより又は職権で、決定により、いつでも訴訟上の救助の決定を取り消し、猶予した費用の支払を命ずることができる。

とする。また、86条は、「この節に規定する決定に対しては、即時抗告をすることができる。」と規定し、82条訴訟上の救助付与の決定を含む同節の諸決定について不服のある者が申し立てる手段を用意している。そして、即時抗告ができる者の範囲を同条は特に限定してはいない。

しかし、この86条の即時抗告の申し立てに関して、訴訟の相手方当事者は、訴訟上の救助の決定により何らかの負担を命じられたり、直接的な経済的不利益を蒙ったりするわけではないので、訴訟救助の決定に対して即時抗告が許されるかどうかについて、学説・判例において見解が分かれてきた[13]。判例の動向については当初積極説が占め、昭和59年代から制限説が多くなったが、平成には積極説が大半となっている[14]。最近の判例では、最高裁第2小法廷平成16年7月13日決定が、①民訴86条が即時抗告の対象から訴訟上の救助決定を文言上排除していない、②民訴84条は、利害関係人に救助の決定の取消しについて申立権を認めている、③訴訟の相手方当事者は、訴訟上の救助の決定が適法にされたかどうかについて利害関係を有する、という3つの理由から、相手方当事者の抗告権を認める積極説を取ることを明ら

---

13 小島浩「訴訟上の救助の決定に対し訴訟の相手方当事者が即時抗告をすることの許否」判タ1215号（2006.9.25）、我妻学「訴訟上の救助の決定に対して、訴訟の相手方当事者は、即時抗告をすることができる（平成16.7.13最高二小決）」私法判例リマークス〔32〕104頁、岡田幸宏「訴訟救助の決定に対する訴訟の相手方による即時抗告の可否」平16重判解（ジュリ1291号）134頁など。

14 小島・前注、209頁。

かにしたため、実務上、積極説が定着するものと考えられている[15]。

このような判例の動向の中で、「その2」事件において、Xに対する訴訟上の救助付与決定について、Yが民訴86条に基づき即時抗告を申し立てること自体に問題はないであろう[16]。そこで問題になりえるのは、即時抗告をするに当たって、Yがどのような情報を疎明資料として提出することが、許容されるかという点である。

これに関して、積極説の立場からは、訴訟救助申立人からの一方的な情報に基づいて裁判所は判断するため、誤った判断に導かれる可能性があり、それを避け、裁判所が「正当に判断するためにも、相手方に意見陳述の機会を与え、疎明資料の提出を求めることを積極的に行なうことを考えてもよいのではなかろうか…そして、このようにして両当事者から提供された情報を基に、裁判所は訴訟救助の要件の有無をより正確に判断しうることになると思われる」[17]とされる。

このような積極説の考えを前提にすると、「その2」事件「平成21年4月20日判決」において、判決が「書信表」の提出は、刑事収容127条1項の信書検査の「目的」から逸脱するから違法であると単純かつ一刀両断的に判断した点は、むしろ批判されるべきで、資力があるにもかかわらず訴訟救助の申し立てをするXの行為に対して、当事者としてYは、必要な疎明資料を提出することが認められるし、またそれが求められると言わなければならないであろう。ただし、疎明資料として何の制限もなくあらゆるものを提出できるか否かは検討の余地がある。次にその点を検討しよう。

---

15 我妻・前出注13、104頁、岡田・前出注13、134頁。また岡田135頁は、「訴訟上の救助が、裁判を受ける権利の1つの具体化であることを積極的に評価すれば、制限説にとどまる必要はなく消極説に与すべきと考えられよう」として、消極説を採る。なお、古い文献としては、松山恒昭「訴訟救助に関する若干の問題」判タ668号（1988）8頁が、訴訟救助の問題を網羅的に分析して積極説を採っている。

16 もちろん、消極説の立場からは、そもそもこのような抗告をすることが問題だが、それについては当面考察の対象とせず、平成16年最高裁判決の見解に従って抗告が認められることを前提とする。

17 松山・前出注15、20頁。

(四) 疎明資料の提出に関して

即時抗告について、最高裁の判例に従い積極説に立って検討する限り、Xの訴訟上の救助の申し立てに対して、Yは即時抗告することが認められ、それが認められる以上、Xの申し立てに関して有する情報を疎明資料として裁判所に提出することは、即時抗告を申し立てる当事者としてむしろ必要なことである。この点については、「その1」事件の控訴審である東京高裁平成20年11月27日も、前記のとおり、Yの「意見書」に関して認めているところである。もちろん、疎明資料提出の際に、Xの信書に関する情報について、何の配慮もすることなく、漫然とすべての資料、つまり「その2」事件にあっては、Xに関する「書信表」にまったくマスキングすることなく、すべてを提出するなどの状況であれば、違法の疑いは免れないであろう。しかし、「その2」の事案においては、「その1」の「意見書」においてと同様に、即時抗告の疎明資料として必要な限度においてのみ情報を提出するべく、「書信表」上、不必要な部分についてはすべてマスキングを施しているのであり、その態様は適切であったと評価できよう[18]。

(五) その他の論点に関して

さらに、憲法32条の裁判を受ける権利との関係では、訴訟費用の負担が困難な者に対して、これを実質的に経済的観点から支えるための制度が民訴82条の訴訟上の救助の制度であるから、訴訟救助の対象は、訴訟費用等の支払いが困難な者に限定され、支払いが可能な者は、支払わなければならないのは当然である。したがって、訴訟救助の申し立てに対して、相手方当事者が即時抗告を行い、仮にそれが認められて申立人が訴訟救助を受けられないことになったとしても、それは裁判所が、申立人に支払い能力があると判断したからであり、即時抗告をしたことが、訴訟救助申立人の裁判を受ける権利を侵害したことにはならない。

また、通信の自由について、信書の発受を認めない、または、信書の一部

---

[18] また、「代替性がないこと」についてもYは主張し、Xの他の資力についてYは知りえないため、「書信表」によって得られる情報を疎明資料とする以外の方法はなかったとしたが、判決ではこれについて触れられていない。

を抹消・削除するなどの制限と、その内容の要旨をごく簡単に再構成したものとを区別し、後者についても信書の自由または秘密の保障が仮に及ぶとしても、それはまったく無制限のものではなく、一定の条件の下で制限が及ぶと解するべきであろうし、実際にそのように理解されてきたはずである。そして、その条件の一つが、「その1」事件の東京地裁平成20年4月18日および控訴審東京高裁平成20年11月27日が示した、ある程度厳格な総合考慮である。つまり、「事実又は情報が公開されないことによって守られる法的利益と、これを公開する行為の目的、必要性、関連性、態様等」を考慮するというものであり、刑事収容127条1項等の下で得られた信書に関する情報の取扱いとして、妥当な基準であると思われる。

　最後に、それでは「その2」事件の平成21年4月20日東京地裁判決がなぜこのようにやや不可解な議論をしたのかについて、触れておきたい。この判決において裁判所は、次のように現実的紛争解決を図ったのであろう。つまり、刑務所の行った「書信表」の裁判所提出行為の違法性を認めれば、Xは自己の最大の命題は達成されたと考えるであろう。もっとも、損害賠償請求自体については、「原告の受けた精神的損害は、ごく軽微であって、金銭的な評価に値しない」として棄却するので、Xは控訴することが可能な立場となるが、「その1」事件が最高裁で確定していることを原告として当然知っており、控訴〔またその後上告〕しても自分に勝ち目はないと判断するから、おそらくは控訴しない。他方、刑務所側は損害賠償について勝訴を得るから、控訴できない。したがって、双方とも控訴することなく紛争自体は終結し、地裁判決が確定するから、判決で「その1」事件の地高裁判決の枠組みに従う必要はなく、独自の見解と言われてもそれを通すことが可能である、と[19]。

## 三　小括

　以上、受刑者の通信の秘密をめぐる監獄法および現行刑事収容施設法の下における判例を検討し、以下のような課題が浮かび上がった。すなわち、特に監獄法の下で合憲性が問われた信書の発受および削除・抹消など信書自体に対する制限と、それらの前提となる信書検査によって得られた情報とを峻

別した上で、後者については、通信（＝信書）そのものではなく、通信の周辺（＝信書の内容を第三者が要約したもの）に関するものと位置づけ、通信の周辺の自由が訴訟等の司法手続上何らかの制約を受ける場合の制限要件の審査に当たっては、前者に対する制限の基準とは異なる基準（＝総合考慮）も妥当とされるのではないか、ということである。またこのことは、受刑者の外部交通に関する一般条項である刑事収容110条の文言「適正な外部交通が受刑者の改善更生及び円滑な社会復帰に資するものであることに留意しなければならない。」および、信書の制限に関する同法129条1項6号「発受によって、受刑者の矯正処遇の適切な実施に支障を生ずるおそれがあるとき」に照らし合わせると、さらに妥当すると思われる。つまり、信書発受は「改善更生及び円滑な社会復帰」および「矯正処遇の適切な実施」に役立つことが重要であり、かつそのための制度であると考えられるから、それに反するようなものについて明文で列記した上で制限可能である。

　本章で検討した信書検査を巡る事件では、恐らくは訴訟上の救助を付与される資格がないにもかかわらず、損害賠償請求訴訟を遂行するためにこれを申し立て、その制度を濫用する恐れのある受刑者の信書発受に関し、刑務所は「書信表」の必要個所のみを裁判所に提出したのであり、それはとりもなおさず、司法制度の1つである訴訟上の救助を濫用させず、本人に将来の出所後の社会復帰を目指して「更生改善」を促し、「矯正処遇の適切な実施」を受けさせるために必要であるとの判断によるものである。もっとも、それでも「書信表」を信書自体の秘密の保障と同一レベルで捉え、「矯正処遇の

---

19　または、これも推測の域を出ないが、Yに訴訟戦略上誤りがあったのかもしれない。たとえば、判決の「事実及び理由」「第2事案の概要3当事者の主張（2）被告」において要約されているところでは、Yは次のように主張している。すなわち、「通信の秘密により、職務上知り得た通信に関する情報の漏えいを禁止されるのは、通信業務従事者だけであり、通信業務従事者には当たらない公権力がこれを行なっても、直ちに通信の秘密を侵害したとはいえない。」と。もちろん、一般の通信業務従事者が通信の秘密を侵してはならないことは、郵便法9条2項、電気通信事業法4条2項などで法律上禁止されている以上、論ずるまでもないが、憲法21条の規定が公権力を対象にしていることも、一般的には、議論の余地はない。それにもかかわらず、このような主張をすることに、どれほどの意味があるのだろうか、疑問に思う。

実施に支障を生ずるおそれの認定には、その現実的危険の存在を具体的な根拠に基づいて行う必要がある」として、「現実的危険の存在」という相当厳格な要件が必要であるとすれば、裁判所への提出であっても問題性は残ることになろう[20]。

---

20 緑・前出注8、248頁。また、佐藤幸治によると、「『通信の秘密』とは、封書の内容および開封の書状・葉書などの秘密のみならず、…さらに、通信の存在自体に関する事柄、すなわち信書の差出人・受取人の氏名・住所、信書の差出個数・年月日など…も『通信の秘密』の内容をなす」(『憲法〔第三版〕』(青林書院、1995年) 576頁)。つまり「封書の内容」も「信書の差出人」その他も、同一レベルで憲法21条2項により保障されるかのようである。しかし、「書信表」を含む受刑者各人の情報を綴った『身分帳』は、弁護士法23条の2第2項、刑事訴訟法279条、民事訴訟法186条などを根拠にして、弁護士会および裁判所からの照会に応じて、資料提示することが認められているようだが、このような手続との関係でも、即時抗告に必要な範囲に限定して「書信表」にマスキングを施し、その一部分を裁判所に提示することだけを、問題としなければならないとは考えにくい。なお、『身分帳』の記載事項は、以下のように多岐にわたる(「書信関係」は、下記55) (電子政府「被収容者身分帳簿」http://gkjh.e-gov.go.jp/servlet/Ksearch?CLASSNAME=KJNMSTDETAIL&seqNo=0000000675&fromKJNMSTLIST=true, last visited September 16, 2017)。
(1) 表紙・身体等調査表・指紋原紙等関係
1本籍、2住所、3職業、4氏名 (性別)、5生年月日、6犯数、7入所度数、8直近前科、9施設名、10称呼番号、11入所年月日 (未決の入所事由)、12勾留請求年月日、13勾留状発布年月日、14担当検察庁、15公判請求年月日、16事件名、17確定判決言渡年月日、18判決確定年月日、19確定判決言渡裁判所、20判決罪名、21刑名刑期、22通算裁定日数、23通算法定日数、24共犯符号・人員、25刑期起算日、26刑期終了日、27仮釈放法定期間末日、28釈放年月日、29釈放施設、30釈放事由、31被疑勾留期間及び延長関係、32勾留期間及び更新関係、33接見等禁止決定関係、34裁判経過等、35指紋原紙関係、36入出所調査票関係、37緊急時の連絡先、38入所及び移送受送関係、39入出所時指紋押捺関係、40写真、41写真撮影年月日 (当年齢)、42身体特徴
(2) 処遇調査票・評価票・作業工場居室指定表・視察表・面会表・書信表等関係 (以下52、53、54、55、56、59、61を除き受刑者のみ)
1称呼番号、2通称・別名、3氏名 (性別)、4年齢、5犯数、6入所度数、7入所年月日、8入所事由、9施設名、10処遇指標等、11処遇指標等決定年月日、12写真、13処遇調査関係、14特記事項、15身上調査書送付年月日・送付庁名・宛先、16年齢 (生年月日)、17本籍、18帰住予定地、19引受人の状況、20確定判決言渡年月日、21判決確定年月日、22確定判決言渡裁判所、23罪名、24刑名・刑期、25通算法定日数・裁定日数、26執行済刑期、27罰金の額・納未納、28刑期起算日、29刑期終了日、30応当日、31執行関係の特記事項、32参考事項、33犯罪の概要及び動機・

いずれにしても本節では、憲法21条で一般的には保障される通信の秘密に関して、受刑者にどのような制限がなされてきたか、その根拠法とされてきた監獄法および現行刑事収容施設法の下での判例を考察し、刑事収容施設法制定後、同法により、それ以前よりも、制限のための明確な要件および基準が示されることとなったが、それでもさらに、書信表の裁判所への提出をめぐる問題など、通信の秘密に関連する詳細な点についての紛争は絶えない。恐らくこれはほんの一例にすぎず、受刑者と刑事施設との間で繰り広げられる紛争は、その他の自由権を含めると、おびただしい数量であることが予想される。施設内秩序の維持の重要性は、監獄法の下においても、現行刑事収容施設法の下においても変わるものではないから、秩序維持の観点から受刑者の自由の制限は、相変わらず必要となる。しかし、そのことによって社会復帰に支障が出てくる、また、自由制限の違法性を勝ち取ろうと刑事施設と訴訟で争うことによって、さらに社会復帰に支障が出てくるという悪循環が生じるのであれば、後に見るように、刑事収容施設法30条によって大原則であるとされた、受刑者の更生と社会復帰のための処遇という、より高次の目的および価値が見失われることになってしまうであろう。

　以上本章では、刑務所において行われる自由権の制限に関する問題の一例として、受刑者の信書の発受という、一般市民の我々にはほぼ完全に自由が保障されているにもかかわらず、受刑者には日常的に制限が容認されている事柄について、その自由が制限された、いくつかの事件について、詳細かつ具体的な部分を取り扱った。刑事収容施設法施行後の事件では、監獄法の下で正面切って争われた事案のような、信書の発受やその他削除・抹消など、信書自体に対する直接的な制限には焦点を当てず、いわばその周辺的な自由

---

原因、34 犯罪性の特徴、35 共犯者の状況、36 被害者の状況、37 精神状況、38 身体状況、39 将来の生活設計、40 家族その他の生活環境、41 生活歴（生育歴・教育歴・職業歴・非行歴・犯罪歴）、42 総合所見、43 処遇情報、44 処遇経過関係、45 保護関係、46 処遇調査票に編てつする資料等、47 処遇要領関係、48 矯正処遇の評価関係、49 生活評価関係、50 優遇措置評価関係、51 作業工場居室指定表関係、52 動静関係、53 懲罰関係、54 面会関係、55 書信関係、56 入所時感想録、57 誓約書、58 健康診断簿、59 受刑者出所調査票の写し、60 その他

が、特別抗告という裁判手続において制限された事案を考察した。今後、現行の刑事収容施設法の下で、そのような直接的な制限について問題となり争われる場合において、どのような判断を裁判所がするかという課題は残るものの、本書の関心事である受刑者の人権として、自由権の制限という側面からの考察のみではなく、社会復帰を達成するための社会権的な側面にも配慮し、それを深化伸長させるべきではないかとの問題関心を浮き上がらせるための事例としては、十分ではないかと考える。

## 第1部のまとめと考察

　第1部の最後に、特に第2章で扱った自由権について、本書の問題関心との関連において付言しておきたい。

　第2章では、受刑者の自由権の制限を巡る問題として、憲法21条が保障する通信の秘密または表現の自由の基礎的な部分と考えられる新聞・書籍の閲読・閲覧などの事案を扱い、表現の自由の保障の基礎となる資料収集の一つを取っても、新聞記事の閲覧・閲読、書籍の閲読、信書の一部抹消による発信または受信、発信自体の不許可、書信表作成と裁判所への疎明資料としての提出等、様々な局面と態様において問題が発生していることが理解できた。

　また、その他の自由権として憲法13条を基礎とすると考えられる喫煙の自由に対する制限も問題とされたことがあったが、それら自由権の制限についてこれまで裁判所は、「相当の蓋然性」を判断基準として、公権力による制限の違法性を判断してきた。この点においては、監獄法、刑事収容施設法という新旧の法律において、異同は微少であったことが理解された。ただ、今後、喫煙事件についても、抹消事件等憲法21条関連事件についても、同様に、「監獄内の規律及び秩序の維持、受刑者の身柄の確保、受刑者の改善、更生の点において放置することのできない程度の障害が生ずる相当のがい然性があると認められる場合」に該当するか否かという漠然とした総合的な判断基準ではなく、個々の事案と適用される基準の細目化および精緻化がなされていくことが期待される。

　というのは、例えば憲法21条に関連する、書籍・新聞の閲読にしても信書発受にしても、面会にしても、外部の社会および人との関係性を受刑中も維持し、受刑期間終了後の社会復帰を円滑に行うことが可能になるよう刑事施設が配慮することが、受刑者の外部交通権の本旨または内実であり、その

内実を外形的に現す部分として、憲法 21 条の表現の自由の基礎をなす閲読等の情報収集や外部との通信の秘密が認められ、また、憲法 13 条の幸福追求権または勉学を継続するという意味において憲法 23 条の学問の自由、同 26 条の教育権の保障が認められなければならないからである。重要なのは、受刑者の社会とのつながりを維持するための権利であり、それなくしては、出所後の社会復帰は困難なものとなり、再犯により再度入所に至る可能性が高くなるであろう。それを防止し、社会の構成員として社会復帰を可能にすることが国家の責務であり、そして、そのような支援や環境を社会および公権力に求めることが、受刑者の人権として重要なのではないだろうか。

　要するに、社会権的な観点を、受刑者の人権に取り入れることによって、受刑中の自由の制限の範囲やあり方も原則的に変わってくるであろう。したがって、制限に対する違法性の考え方も判断基準も、単純に「相当の蓋然性」の基準が妥当することにはならないはずであり、その観点から刑務所収容の合憲性、特に憲法 36 条が禁止する「残虐な刑罰」について再考察しなければならないはずである。ところが、これまで「残虐な刑罰」該当性については、死刑執行方法としての絞首刑に関して、昭和 23（1948）年最高裁判決が合憲との実質的な判断を下して以来、未決拘禁者の自由制限に対しても、既決の受刑者の自由制限に対しても重要な影響を及ぼしてこなかったばかりか、さしたる議論もされてこなかったのである。

　このような観点から以下本書では、他国の刑務所改革および行刑改革において、自由権の拡張のみならず、社会権的側面、特に適切な医療や社会復帰のための施策を求める受刑者の権利・利益の向上が重要視された例を参考に、受刑者収容に関する世界標準はどのように変化しているのか、また、わが国の今後の刑事収容施設法に関するあるべき理解を検討していきたい。

　そのためにまず、第 2 部で、2007 年に開始されたカリフォルニア州の刑務所改革において、どのような改革がなされてきたのか概観し、わが国憲法 36 条と同様の、または、それが基礎とした合衆国憲法修正 8 条「残虐で異常な刑罰の禁止」条項がいかに作用したのか検討したい。

# 第2部

カリフォルニア州の刑務所改革

第1部「わが国におけるこれまでの受刑者の権利に関する議論と刑務所改革」において、わが国における受刑者人権の変容を、監獄法およびそれに代わって成立した刑事収容施設法について概観し、後者では受刑者の社会復帰を大きな目標とする処遇が原則とされ、理念的には収容のみを目的とする処遇から脱却しつつあることを見た。そして、同法では受刑者および刑務官の権利義務関係を明確にし、外部交通の充実などを図るために、信書および面会等を保障する条文が多く設けられることになった事実を明らかにした。さらに、監獄法および刑事収容施設法それぞれの下における、自由権をめぐる判例につき、特に憲法21条に関連する表現の自由および通信の自由について概観し、判例法理としては「相当の蓋然性」が、現在でも合憲性審査基準として利用されている点を明らかにした。

　以下本書第2部では、わが国の刑務所改革および受刑者人権の変容だけでなく、他国の動向を理解し世界的な動向を把握するために、わが国と時をほぼ同じくして刑務所問題が、その過酷さのゆえにアメリカ全土でクローズアップされ改革を始めた、カリフォルニア州刑務所改革について第3章で検討する。

　第1節では、同州における刑務所改革の経緯とその内容を概観する。州刑務所の収容率が200％を超える収容状況においては、受刑者の改善更生のためのプログラムの実施に、人員も場所も割くことはできず、単に受刑期間の経過によって彼らを社会に戻すことしかできない、ペナルティーボックスにしかならなかった事実を明らかにする。したがって再犯率も高く、再度刑務所に収容されるから、刑務所収容率は思うように低下しない。そのような状況で受刑者からの提訴を受けた連邦裁判所は、介入を開始し、200％を超える収容率は合衆国憲法修正8条が禁止する「残虐で異常な刑罰」に該当する

とされ、同州は、収容率を低下させて医療サービス等、憲法適合的な処遇を回復することを要求された。当時州知事であったシュワルツェネッガー氏はこれを受けて、州刑法の改正により、2007年に受刑者の社会復帰を目的とする刑務所改革を断行するに至ったのである。

そして第2節では、その後2011年にシュワルツェネッガー知事の後継者となったブラウン氏による刑務所改革の継承を確認し、刑務所収容率のさらなる継続的低下の計画や、州刑務所から郡拘置所への受刑者の移管、そして、コミュニティーの協力を得て仮釈放者を社会に受け入れることで社会復帰の成功率を高め、再犯率を低下させることを推進していった点を明らかにする。

これらの改革についての様々な観点からの評価を第3節で検討し、第4節では、2016年の「第57提案」を概観し、刑務所改革の方向は依然として変更せず、むしろ加速度的に進行されるよう、州憲法の改正を含む様々な改革が提唱され、これが州民投票で受け入れられ、特に仮釈放審査にポイント制を導入すると同時に、彼等の様々なニーズに対応できる体制をコミュニティーにおいて整備している点を明確にする。

# 第3章

# カリフォルニア州の刑務所改革に関する考察
―― 2007年州議会下院法案 AB900 とその実現

　本章では、わが国における刑務所改革の流れが、世界の他国との比較において、どのように評価できるのかを探るために、わが国の刑務所改革が進められたのと同時期の 2007 年前後に改革が始められたカリフォルニア州刑務所改革の全容を明らかにする。同州刑務所改革の発端は収容率約 200％の過剰収容であったが、その結果もたらされたのは、「残虐で異常な刑罰」を禁止する合衆国憲法修正 8 条違反という司法判断であった。このような憲法上の人権問題にまで発展したのは、刑務所内生活環境の悪化のみならず、不十分な医療ケアおよび不完全な更生プログラムの実施など、矯正施設としての機能が麻痺していたことによる。つまり、同州刑務所の受刑者からカリフォルニア州は提訴され、連邦裁判所が動き始める。連邦裁判所の命令によって、当時の同州知事、シュワルツェネッガーが刑務所改革に乗り出すことになるが、そこで確認されるのは、犯罪者の身体的自由を奪って収容するだけの懲役刑では、出所後に再犯を起こして刑務所に舞い戻る再犯を防ぐことはできないから、受刑期間中に再犯防止のための更生プログラム等を実施した上で、コミュニティーの理解を得ながら円滑な社会復帰を果たさせることで、二度と刑務所に戻ってこないようにすることの重要性であった。さらに、刑務所における受刑者の処遇状況および更生プログラムの有効性を監視する刑務所外の独立監視機関の充実と新設が重要であり、それが世界標準となっている

ことについても認識される。以下第1節で、カリフォルニア州の刑務所改革がどのようにして始まったのか、見ていきたい。

## 第1節　カリフォルニア州における刑務所改革の経緯とその内容

　カリフォルニア州知事であるアーノルド・シュワルツェネッガーが2007年5月3日に州議会下院法案AB900（the Public Safety and Offender Rehabilitation Services Act of 2007：Assembly Bill 900〔以下、AB900〕）に署名することで同法案第7章が施行され、州統治法および州刑法が部分的に改正された。これを皮切りに同州における刑務所改革および行刑改革が急ピッチで進行することになるのだが、まず、なぜそのような、広範囲にわたる刑事収容体制の改革が開始されたのか。本節ではその背景とAB900の審議について、「一　背景としての過剰収容問題」で明らかにし、次いで、「二　下院法案AB900と刑務所および行刑改革の要点」でAB900の内容を検討する。そして、「三　改革の進捗状況」において、この法律改正によって緒に就いた改革が、その後、どの程度進行してきているのかについて確認する。

### 一　背景としての過剰収容問題

　2007年に始まったカリフォルニア州における刑務所等の改革は、実はわが国においてと同様に、刑務所における過剰収容の問題が、すぐにでも対処しなければならない喫緊の課題となっていたために開始されたものであった。以下、その収容状況の推移を時間的に追ってみよう。

#### （一）　過剰収容問題

　1980年代から犯罪の増加が深刻であったカリフォルニア州においては、刑務所における受刑者数もうなぎ上りであった。受刑者数のデータによると、1989年における男女合わせた受刑者数84,338人は、翌1990年には94,122人、91年には98,515人、92年には105,467人と10万人を超えた。その後も増加傾向は続き、93年には115,573人、そして、94年には121,084人と、毎年記録は塗り替えられていった[1]。そのような中で、特に凶悪な犯罪の発生

数を減らすことを目的に、1994年11月には、三振法（Three Strikes Law）として知られるようになったカリフォルニア州法が施行された。この法律により、重大犯罪を繰り返す犯罪者に対して、より長期の懲役刑を科すことが可能となったのである。具体的には、過去に2つ以上の重大な重罪または暴力重罪（violent felony）で有罪の前歴がある者が、3度目に重罪を犯した場合には、懲役25年から終身刑までの刑を科すことが可能となり、また、過去に1つの重大な重罪または暴力重罪で有罪の前歴がある者が、再び重罪によって有罪になった場合には、その重罪について刑期を通常の倍の期間とすることが可能となった[2]。そして、実際にこの法律により、2度目または3度目の重罪犯罪のために、過重刑の対象となって2008年に受刑していた者の数は、41,114人であった[3]。つまり、同年の全受刑者数は171,161人であるから、三振法の対象となって受刑していた者の数はその24％を占めていたことになる。要するに、この三振法の施行により、それ以後の刑務所の受刑者数は、さらに増加することになったのである[4]。

---

1 CORRECTIONS MOVING FORWARD, Fall 2009（CDCR Office of Public and Employee Communications）at 5（hereinafter MOVING FORWARD）（Available at https://www.cdcr.ca.gov/News/Press_Release_Archive/2009_Press_Releases/docs/CDCR_Annual_Report.pdf?pdf=Annual-Report-2009）(last visited May 27, 2018). 2009年までのデータにおいては、2006年10月にその数はピークを迎え、173,479人に達した。2009年8月時点では、166,569人である。参考までに、156,860人収容時の1998年統計データでは、同州人口10万人当たり478人である。See, Incarceration rates for prisoners, under state or federal jurisdiction, per 100,000 residents, 1977-98, Bureau of Justice Satistics（https://www.bjs.gov/index.cfm?ty=pbdetail&iid=2040）(last visited May 27, 2018). 他方、未決を含めた昭和21年以降のわが国10万人当たり被収容者数のピークは昭和25年で、118.1人、平成になってからのピークは平成18年で、63.5人、最新の平成28年では、44.1人である（法務省総合研究所編『犯罪白書（平成29年版）』第2編第4章第1節1刑事施設の収容人員（2-4-1-1図（エクセル形式）刑事施設の年末収容人員・人口比の推移））（http://hakusyo1.moj.go.jp/jp/64/nfm/n64_2_2_4_1_1.html#h2-4-1-01）(last visited on May 27, 2018)。また、アメリカ合衆国およびカリフォルニア州における刑務所の概要に関する2005年の邦語文献として、藤本哲也「厳罰化政策とカリフォルニア州刑務所の現状」戸籍時報 No.592（2005年12月）78-83頁参照。
2 Ann. Cal. Penal Codes, sec.667 (e) [West Supp. 1998].
3 MOVING FORWARD, *supra* 1 at 19. また、41,114人の内訳は、2度目の有罪判決で過重処罰となった者の数が32,660人、3度目の者の数が8,454人である。

さらにこのような受刑者数の増加傾向に拍車をかけているのが、再入率の高さである。1994年から2007年までの14年間の統計によると、保護観察付きで初めて仮出所が認められた重罪犯が、出所後1年以内に刑務所に戻る再入率で最高だったのは、1996年および1997年で、その率は45％であった。また、逆に、同様に出所後1年間の再入率が最低だったのは2003年および2004年であったが、それでも38％である。さらに、この再入率は、出所後刑務所に戻るまでの調査対象期間を長くすれば当然高くなるが、出所後3年以内の再入率を見ると、最低は2003年の56％、最高は1994年と1996年の61％であった。これをわが国の状況と比較すると、平成13（2001）年の出所受刑者総数25,714人の平成16（2004）年末までの3年以内の再入率を見ると、39.7％である[5]。

　このような状況に、新規有罪判決による新入受刑者数の増加を考慮して、将来の受刑者数を予測すると、2009年の5年後の2014年には、カリフォルニア州刑務所受刑者数は、177,317人になると予測されていた[6]。

　要するに、カリフォルニア州においては、受刑者数の増加傾向により、刑務所全体の収容定員に対する実際の受刑者数、つまり収容率は2009年現在で、ほぼ200％となり、体育館や談話室（dayrooms）にも2段ベッド、3段ベッドを入れて、受刑者の就寝スペースを確保していた。このような状況のため

---

4　三振法に関する邦文の文献として、鮎田実「アメリカ合衆国における常習犯罪者対策としての"三振法"の概要と問題点―カリフォルニア州を中心に―」法学新報105巻10・11号（1999年）203-229頁、永井幹久「米国カリフォルニア州における常習犯罪者対策としてのいわゆる『三振法』について」警察学論集62巻1号（2009年）152-175頁など参照。また、概要説明および分析として、Brian Brown and Greg Jolivette, *A Primer: Three Strikes The Impact After More Than a Decade*, Legislative Analyst's Office, October 2005.

5　法務省法務総合研究所編『犯罪白書（平成19年版）』216頁。

6　CDCR Spring 2009, Adult Population Projections, 2009-2014, at 5, 8-9. この数値はその1年前、つまり2008年における2014年受刑者数予測値171,244人よりも、さらに6,073人増加している。ただし、現実には、刑務所改革により、2014年の受刑者数は135,484人に落ち着いた。*See*, CDCR Spring 2015 Population Projections, available at http://www.cdcr.ca.gov/Reports_Research/Offender_Information_Services_Branch/Population_Reports.html (last visited May 27, 2018).

に、刑務所では収容しきれず、重罪のために長い刑罰を刑務所で科せられるべき受刑者が、軽犯罪者を収容するカウンティー拘置所（jail）にも収容され、そのために、今度は拘置所に収容されるはずの受刑者が、玉突き状態で早期に社会に戻され、または、有罪判決を受けてもそもそも拘置所に入れられない状況となった。2005年の単年度で、そのような理由で233,388人が社会に戻された、あるいは拘置所に入ることを免れたとされている[7]。

　このような過剰収容状況が、多くの問題を引き起こすことは、わが国でも名古屋刑務所はじめいくつかの刑務所において発生した数々の問題を想い起こせば想像がつくことであろう。つまり、わが国における収容率が過去最悪の約120％になったのが2002年から2005年にかけてである[8]が、その直前の2001年および2002年に名古屋刑務所で刑務官による受刑者の死傷事件が発生し、2006年には刑事収容施設法が施行され刑務所改革が緒に就いたのである。収容率が120％でこのような状況であれば、収容率が約200％であるカリフォルニア州においては、刑務所内においてさらに数多くの、そしてさらに甚大な問題が発生してきたであろうことは想像するに難くない。それでは次に、カリフォルニア州刑務所の行刑の困難さを例証するいくつかの重要な裁判を概観し、それらが同州の刑務所改革にどのような影響を与えたのかを考察していこう。

　（二）　主要な訴訟

　2007年にAB900が可決され、刑務所改革および行刑改革が開始されたが、それより以前から、改革の動きを後押しした、あるいはそれを命じたとして知られている判決が下されている。AB900可決以後の2009年および2010年にも、これら2つの判決に関連して判決が出されているが、それらについては後に「改革の進捗状況」で触れることとし、ここでは、AB900可決までの経緯を確認する上で必要となる2007年よりも前の2つの判決を概観し、

---

7　REFORM & INFORM, MOVING FORWARD with PRISON REFORM in CALIFORNIA 2007-2008（CDCR Office of Public and Employee Communications）at 16（hereinafter REFORM & INFORM）.
8　法務省法務総合研究所編『犯罪白書（平成21年版）』59頁。

州知事は、ただ単に過剰収容が極端な限度までに達しているという事実的な状況によってだけでなく、司法の判断、つまり連邦裁判所の判決によっても、早急な対処をしなければならない状況に追い込まれていた事実を確認しておきたい。

(1) コールマン　対　ウィルソン（1995年）[9]

精神病患者である受刑者コールマンが、当時の州知事ピート・ウィルソンおよび州刑務所組織の長を相手に起こした訴訟で、精神的健康（mental health）に関するケアが、刑務所内でほぼまったくなされていない事実、および、精神病患者である受刑者を処遇する施策も手続もほぼ存在しない事実は、「残虐で異常な刑罰」を禁止する合衆国憲法修正8条、並びに、適正手続を保障する同修正14条に違反すると主張した。

これに対してカリフォルニア州東部地区連邦地方裁判所（United States District Court, E.D. California）は、コールマンの主張をほぼ認め、次のように判断した。すなわち、受刑者の意に反する薬物治療（involuntary medication）を刑事施設が実施するには、医療従事者（medical staff）がそれを決定し、「独立した治療決定権者（independent medical decisionmakers）によって〔その決定の正当性が〕審査されなければならず、その審査は治療実施前に開催される管理ヒアリング（administrative hearing）において行われ、そのヒアリングの開催について、並びにそこに出席する権利およびそこで証拠を提示し、かつ証人に反対尋問をする権利があることを、〔当該〕受刑者に通知しなければならない」にもかかわらず、「被告〔＝カリフォルニア州〕においては、72時間以内の意に反する薬物治療について、その実施を統制するための手続を何ら有しておらず、また、第一に、意に反する薬物治療の開始以前には手続的保護はなにも存在しない上に、意に反する薬物治療が72時間以上続くのでなければ、〔そもそも〕そのような手続はまったく〔用意されてい〕ない。…このような実務は、実体的・手続的権利を侵害している」[10]と。

---

9　*Ralph Coleman, et al. v. Pete Wilson, et al.*, 912 F. Supp. 1282 (E.D. Cal.), September 13, 1995.

10　*Coleman*, 912 F. Supp. 1282 at 1313.

また、「残虐で異常な刑罰」を禁止する修正8条については、「意図的な無関心（deliberate indifference）」の基準[11]を採用し、適切な医療ケアを重度の精神病受刑者に対して施すことについて「意図的に無関心」であることは、その受刑者に対する修正8条違反を構成するとした[12]。さらに、受刑者に対する対処の仕方についての個別の審査においても同様に、精神病受刑者について拘束器具（mechanical restraints）を利用した身体拘束および独居拘禁（Administrative Segregation/Segregated Housing Units）、並びに、〔高電圧〕テーザー銃（Tasers）および37ミリ銃の使用は、同条に違反するとした。すなわち、同裁判所は原審治安判事の認定をそのまま引用して、「精神病者である受刑者を適切に処遇（proper management）するために、時として拘束器具の使用は必要であるが、そのような拘束は、精神病受刑者によって他者や自分自身に対する身体的攻撃（physical assault）がまさに起こった場合にのみ使用されるべきであり、また、それは厳正なガイドラインに従ってのみ使用されるべきである。…精神病受刑者に対する身体拘束器具は、『心理的緊急事態が発生したとき』にのみ使用されるべきで、したがって、『拘束器具が使用された後には、その精神病受刑者に対する精神科フォローアップ・ケア（follow-up psychiatric care）がなされねばならない。』最後に、『これら拘束器具の使用のための手続は、同種の施設ごとに異なっており、そのような拘束器具の適切な使用を確保するための、施設全体における審査制度（systemwide review）がない。』…当裁判所は、本件の記録は合理的な議論の余地を残さず（beyond reasonable debate）、原告の修正8条〔違反であるとする〕主張〔を構成するところ〕の〔「意図的な無関心」の〕客観的構成要素（objective component）を実証している」[13]と。

　さらに、精神病受刑者の独居拘禁についても同様に、治安判事の認定をそ

---

11　*Wilson v. Seiter*, 501 U.S. 294 at 297, 115 L. Ed. 2d 271, 111 S. Ct. 2321（1991）.「意図的な無関心」については本書第8章第1節「アメリカ合衆国最高裁判例に見る受刑者人権の変容」参照。

12　*Coleman*, 912 F. Supp. 1282 at 1319.

13　*Coleman*, 912 F. Supp. 1282 at 1313, 1314 and 1315. なお、『…』は原審治安判事認定部分の引用を示す。

のまま肯定し、そのような拘禁を修正8条違反であると認定した。「精神病受刑者に対する独居拘禁または保護室収容は、彼らの精神的状況に関する評価をせずに行われ、またそのような拘束はさらなる代償機能不全（decompensation）をもたらし、さらに受刑者は、独居拘禁または保護室収容の間、必要なメンタルヘルス・ケアを受けることができていない以上、精神病受刑者を独居拘禁または保護室に収容することは、修正8条違反である」[14]と。

さらにテーザー銃使用に関しては、向精神薬治療を行っている受刑者に対する使用について、看守職員は使用に先立って医療スタッフ・チーフ（the chief medical officer）に連絡し、健康上、テーザー銃使用に問題がないかを確認するなど、いくつかの限定的制限が存在するものの、「特定のその場合において使用することの妥当性に関する熟慮を除外する（preclude）ような『急迫した状況（exigent circumstances）』に、〔テーザー銃の〕使用が制限されていない。反対に、看守と医療スタッフとの連絡、そして、医療スタッフによる〔その受刑者の〕治療歴および精神治療歴の審査という形において、受刑者に対するテーザー銃使用より前に、熟慮が要求されている〔のみである〕」[15]と。また、37ミリ銃の使用についても、「その受刑者が向精神薬治療を受けているかいないかにかかわらず、〔同銃の使用は、〕精神病受刑者に対して重篤で相当な危害（serious and substantial harm）を及ぼしえるし、また〔実際に〕及ぼしてきた」[16]として、「当裁判所は、これらの事実から、修正8条〔で保障されているところ〕の原告の権利が侵害されたことを認定するという結論にならざるをえない」[17]と判断した。

判決は最後に、精神病受刑者の処遇に関する改善策およびそれら受刑者の救済にとって必要とされる施策および手続を早急に定め、その執行を監視する「特別主事（Special Master）」を選任するよう、州知事に命令した[18]。

以上のコールマン判決が、精神病受刑者に対する適切な医療サービスの提

---

14 *Coleman*, 912 F. Supp. 1282 at 1320.
15 *Coleman*, 912 F. Supp. 1282 at 1322.
16 *Id.*
17 *Coleman*, 912 F. Supp. 1282 at 1323.
18 *Coleman*, 912 F. Supp. 1282 at 1323, 1324.

供のあり方および身柄拘束のあり方について問われた事案であったのに対し、次のプラタ判決は精神疾患等のない、一般受刑者に対する適切な医療サービスのあり方が問われた事案である。

（2）プラタ　対　シュワルツェネッガー（2005年）[19]

カリフォルニア州刑務所に収容されている原告プラタは、同刑事施設が適切な医療や治療を施していない事実が、合衆国憲法修正8条に違反するとして提訴した。

これに対するカリフォルニア州北部地域連邦地方裁判所は、プラタの主張を大筋で認容した。その前提として、数年に渡る制度改革にもかかわらず、同州の刑務所における医療の実施状況は改善されておらず、合衆国憲法修正8条によって受刑者に保障されている権利が侵害されていることを次のよう認定する。すなわち、同州矯正局職員たちの「懸命の努力にもかかわらず、真の進展はほとんど見られない。これまでの政権から受け継いできた、極度に無機能で、広範に老朽化し、過度に官僚的で、かつ政治的に翻弄された刑務所制度の抱える問題は、〔通常の〕伝統的な手法によってはもはや修正されえないほど、極端な程度（too far gone）に達している。刑務所の医療実施体制（medical delivery system）は、あまりにもはなはだしく危機的な状況であるために、被告〔＝カリフォルニア州〕は、最近では、憲法適合的な基準（constitutional standard）に合致するような解決策を自分たち自身で見出して実行する能力がないことを公的に認めているようなありさまである。同州の失敗は、リーダーシップの空白と、同州矯正局の医療体制の管理監督およびケア実施における混乱を単に引き起こした」[20]だけだと。さらに、今でも「およそ16万2,000人の受刑者が、医療上の無視や背任で充満した違憲状態の〔医療〕体制（an unconstitutional system）の下におかれている。〔また〕被告〔＝カリフォルニア州〕自身が認めているように、〔医療〕ケアの欠如を直接的原因として、多くの受刑者が死亡した。そして、この体制が直ちに詳細に修

---

19　*Marciano Plata, et al.* v. *Arnold Schwarzenegger, et al.*, 2005 U.S. Dist. LEXIS 8878 (N.D. Cal.), May 10, 2005.
20　*Plata*, at 2.

復されなければ、より多くの者が苦しみそして死亡するであろうことは、裁判所には明らかである」[21]と述べ、医療体制を修正する能力が同州にはすでにないと判断した。その上で、迅速な医療体制立て直しにより、憲法に適合的な医療の実施を受刑者に確保するよう進めるために、裁判所が介入する旨を宣言する。すなわち、「このような危機的状況に鑑み、そして、〔受刑者に対する〕憲法違反（the constitutional violations）は、この先長く矯正されることはないとする被告〔自ら〕の認容とに鑑み、裁判所はできる限り速やかにその〔憲法〕違反〔の状態〕を回復するべく、自らその任を取り、救済を図らざるをえない。…〔したがって〕裁判所は、矯正局の〔受刑者〕健康管理の実施を監督する、暫定的な『監督官（Receiver）』を指名することが必要であると信ずる」[22]と。

以上のように、1995年にはコールマン判決によって、精神病患者である受刑者に対する合衆国憲法修正8条および14条違反が連邦裁判所に認定され、2005年にはプラタ判決によって、一般受刑者に対する医療体制の不十分さが同憲法修正8条違反であると認定された。それと同時に、コールマン判決では、精神病受刑者のために憲法に適合的な医療体制を整え、その実施状況を監督するために、外部の監督官である「特別主事」を指名するよう州知事に命令した。また、プラタ判決では、もはや一般受刑者のための医療体制の立て直しは同州の能力では不可能とみて、「監督官」の指名の手続に入ったのである。

（三）　非常事態宣言

200％に達する過剰収容状況と、それを根本原因とする数々の医療体制の不備から発生した問題が連邦裁判所において審理され、カリフォルニア州は上述の2つの判決において敗訴を喫した。この状況をそのまま放置しておくことは、同州にとってもはや不可能であった[23]。そこで、州知事シュワルツ

---

21　*Plata*, at 3.
22　*Id*.
23　Donald Specter, *Everything Revolves Around Overcrowding: The State of California's Prisons*, FEDERAL SENTENCING REPORTER, Vol.22, No.3 at 194-199（February 2010）など参照。

ェネッガーがまず打ち出したのが、2006年10月4日「刑務所過剰収容非常事態宣言（Prison Overcrowding State of Emergency Proclamation, Oct.4, 2006)[24]〔以下、「非常事態宣言」〕」であった。これは、刑務所があまりに極度の過剰収容状況となっているために、有罪判決を受けた犯罪者であっても、もはやその者を入れる余裕が施設にはないため、そのままその者を社会で生活させる以外に方法がないという異常な状況に対応した措置であった。以下、その概略を示そう。

> 私、カリフォルニア州知事アーノルド・シュワルツェネッガーは、…過剰収容により、カリフォルニア州矯正更生局（the California Department of Corrections and Rehabilitation〔以下、CDCRまたは矯正更生局〕）の29の刑務所において、人身と財産の安全に対する極度の危険状態（conditions of extreme peril）が存在し、また、この状況の度合いは、地理的にこの州のいかなるところ〔にある刑務所〕でも、公務提供においても、人的にも、装置的にも、施設的にも、その能力を超えていると判断する。それに加え、州内の諸カウンティー〔の治安〕は、地域の拘置所（local jail）が受刑者を適切に収容する能力がないために、直ちに影響を受け、重罪犯を早期に釈放していることから、この状況によって害されている〔と判断する〕。この危機的状況は、この州の東西南北〔すべての領域〕に及んでおり、公共の安全を犠牲にしているが、地域当局がこの非常事態を処理することは適切でないと私は判断する。したがって、カリフォルニア州統治法（the California Government Code）第2編第1章第7節第8550条（Title 2, Division 1, Chapter 7, Section 8550)[25] 以下に定められた非常事態法（Emergency Services Act）に基づく権限の下、私はカリフォルニア州刑務所制度に非常事態が存在するものと宣言する。

---

24 Prison Overcrowding State of Emergency Proclamation, Oct.4, 2006, available at http://www.prisontalk.com/forums/showthread.php?mode=hybrid&t=229514 (last visited May 27, 2018). なお、2013年1月8日に、次のブラウン知事によって、終了宣言が出された。See, A Proclamation by the Governor of the State of California, at https://www.cdcr.ca.gov/News/docs/3JP-docs-01-07-13/Terminating-Prison-Overcrowding-Emergency-Proclamation-10-4-06.pdf (last visited May 27, 2018).

その上で、以下の５つの事柄を、同州矯正更生局の権限として実行することを認めるとする。

1. 自発的に州外の刑事収容施設への移送を申し出る受刑者を、他州の刑事収容施設に移送するための契約を、それら州外の刑事収容施設と締結すること。
2. それら自発的に移送を申し出る受刑者が尽きた後に、非自発的に移送する受刑者を、一定の基準[26]に基づいて選択し、州外の施設へ移送すること。その際、カリフォルニア州刑法11191条および2911条は、それらを厳格に順守した場合、過剰収容を緩和することを阻止し、妨げ、遅らせることになるため、それら規定は、矯正更生局が、受刑者をその同意なしに州外の施設へ移送するまでの間、停止する（suspended）[27]。
3. 矯正更生局長は、医療または精神健康上の必要がある受刑者を州外移送の対象者として選択する場合には、裁判所が指名した「監督官」と協議しなければならない。
4. 矯正更生局長は、受刑者の州外移送を行う際には、その受刑者が係争中で

---

[25] Section 8550. The state has long recognized its responsibility to mitigate the effects of natural, manmade, or war-caused emergencies which result in conditions of disaster or in extreme peril to life, property, and the resources of the state, and generally to protect the health and safety and preserve the lives and property of the people of the state. To ensure that preparations within the state will be adequate to deal with such emergencies, it is hereby found and declared to be necessary:… Section 8551. This chapter may be cited as the "California Emergency Services Act."

[26] 以下のように、非自発的移送対象者の５つの優先基準を設定した。1. (a) 連邦政府によりこれまでに国外退去処分となった者及び外国人刑事犯罪者で直ちに国外退去処分とされる受刑者、(b) 連邦法の定義による凶悪な重罪（aggravated felony）を犯し、国外退去処分とされる受刑者、2. カリフォルニア州外において保護観察中の者、3. 面会記録、その他矯正更生局長によって関係がありかつ適切と判断された情報によると、カリフォルニア州内に家族あるいは扶養関係者（supportive ties）がいない、または〔いても〕限定的でしかない受刑者、4. 移送先の州に、家族あるいは扶養関係者がいる受刑者、5. 矯正更生局長により適切であると判断されたその他受刑者、である（Proclamation, *supra* 24）。

[27] 同州統治法 sec.8567. (a) The Governor may make, amend, and rescind orders and regulations necessary to carry out the provisions of this chapter. The orders and regulations shall have the force and effect of law.…

あり、その移送によって影響を受けることがないかなど、「注意深くかつ完全に」評価しなければならない。

　5.　矯正更生局は、過剰収容を緩和するための「施設スペース、受刑者移送、受刑者スクリーニング、有資格者の職務、備品、物資、装置その他の提供」に関する契約を行う。その際、同州統治法および公共契約法（the Public Contract Code）は、それらを厳格に順守した場合、過剰収容を緩和することを阻止し、妨げ、遅らせることになるため、それら規定は、矯正更生局が、できるだけ早期に契約をするまでの間、競争入札の要件に関する規定についても、停止する[28]。

　以上のように、2006年10月4日にシュワルツェネッガー知事は、「非常事態宣言」を発布し、過剰収容の早期解消のために、まず、自発的に州外移送を希望する受刑者は当然のこととして（上記1.）、自発的ではなくても基準に適合的な受刑者は州外移送するとした（上記2.）。さらに、州内の刑務所等刑事収容施設の拡充および拡張を図ることを目的として、関係行政庁である矯正更生局に、早期かつ実効的な権限行使を認めるために、州刑法の一定の条文を停止することすら認めたのであった（上記2.および5.）。

　このように相当の決意をもって過剰収容の問題に取り組むこととした州知事が次に打ち出したのが、この問題に関する法整備であった。そこで2007年に、AB900が、民主党ソロリオ議員（José Solorio）によって用意され、議会で審議されることになったのである。それでは次に、AB900の議会における審議の状況と、その内容を概観していこう。

## 二　下院法案AB900と刑務所および行刑改革の要点

　2006年10月4日の「非常事態宣言」に続いて、2007年にはAB900が議会に提案され、瞬く間に可決され、刑務所改革および行刑改革は急ピッチで進行していくことになる。以下、AB900の上下両院での可決までの経過を確認しておこう。

---

28　Proclamation, *supra* 24,

2007年2月22日に、ソロリオ議員作成のAB900原案がはじめてカリフォルニア州議会の下院に提示された。その後、下院委員会での審議が3月、4月に行われ、4月23日には委員会修正後の原案が再読され、それをもとに4月26日に下院本会議において審議が行われた。審議の後、多数決が採られ、賛成70、反対1の圧倒的多数によってAB900が可決される。可決されると同日、直ちに、下院から上院に審議が付託され、早くもその日のうちに、上院でも、賛成27、反対10の多数で同法案は可決されたのである。その後、4月30日には州知事シュワルツェネッガーに送付され、これが2007年5月3日に承認され、その署名によって成立した[29]。

　このように、2カ月半という非常に短期間で審議・可決そして制定されたのが、AB900であった。しかし、当然のことながら、委員会審議の段階でも、いくつかの反対論が出されていた。ところが上述のように、異常なまでに高い収容率を早期に是正し、そこから発生していた諸問題、特に刑務所医療体制を直ちに改善することは、単に州の課題ということでは済まされず、すでに連邦裁判所の介入を招くまでになった、喫緊の人権問題であり、憲法問題であったため、多くの議員はこれを承認せざるを得なかった。反対論としては、例えば、カリフォルニア州の矯正関係において治安維持を担当する諸種の公務員で構成される矯正治安官協会（The California Correctional Peace Officers Association）による意見があるので、これを概観しておこう。

　同協会は、AB900が下院において可決される2007年4月26日に、カリフォルニア州議会に対して、次のような意見を述べている。第一に、同法案に示されている補充ベッド（in-fill beds）を過剰収容施設に入れて当座をしのぐとする計画は、何ら根本的な解決をもたらさず、問題を先送りにするのみであり、矯正教育を実施する場所の確保が補充ベッドの導入によりさらに困難になるとする。第二に、被収容者8,000人を州外の施設に移送するとする、「非常事態宣言」に端を発する計画は、その前日4月25日にインディアナ

---

29　Complete Bill History, Bill Number: A.B. No.900 (Chapter 7, Statutes of 2007). *See*, http://leginfo.legislature.ca.gov/faces/billNavClient.xhtml?bill_id=200720080AB900 (last visited May 27, 2018).

州ニューキャッスルで起きた刑務所暴動が示すように、刑務所職員にとっても、受刑者にとっても、また移送先の地域住民にとっても、非常に危険な問題であるとする。したがって、AB900を可決する前に、まず州政府がすべき重要なことは、不足する職員の補充であると結論付けている[30]。

このような反対意見にもかかわらず、刑務所および行刑改革を急務とするカリフォルニア州においては、それら改革を進めるための法的根拠を付与するAB900の早期成立が必要であり、実際に短期間で可決され、それに基づく法改正および法整備によって、改革が進められることになったのである。それでは次に、そのAB900において示された刑務所および行刑改革の要点を検討していこう。

AB900によって緒に就いた刑務所および行刑改革の要点は、以下の3点にまとめることができよう。1つめとして、過剰収容緩和、つまり収容率を改善する方策、2つめに受刑者の矯正および円滑な社会復帰のための施策、そして3つめに行刑の透明性確保および監視のための施策である。以下、これら3つのうちの前2者、つまり、過剰収容緩和のための方策と、矯正および社会復帰のための方策について概観し、3つめの行刑の透明性確保および刑務所監視の施策については、章を改めて第4章で、カナダ、イギリス、フランスの監視体制と併せて検討することにしたい。それでは以下、前2者に関するAB900の内容を順次確認しよう。

（一）過剰収容緩和のための施策

上述のように、過剰収容状況が悪化の一途をたどり、州刑務所内の体育館や教室などのあらゆる空間を利用して受刑者を収容する状況が長く常態化していた点を改善するために、第一にAB900が認めたことは、収容棟の増築等によるベッド数の確保である。州全体の刑事施設等において、第1期および第2期の全体で、53,000のベッドが認められた。そのうち、地域の拘置所に13,000が割り当てられたので、刑務所等としては40,000となる。そして、刑務所における補充ベッドとして、第1期に12,000、第2期に4,000の計

---

[30] AB900, Bill Analysis, at 9-10, http://leginfo.ca.gov/pub/07-08/bill/asm/ab_0851-0900/ab_900_cfa_20070426_103932_sen_floor.html (last visited May 27, 2018).

16,000床が、また矯正収容施設（Rehabilitation）および社会復帰促進施設のベッド（Secure Reentry Beds）数として、第1期に6,000、第2期に10,000の計16,000床が、さらに、矯正医療施設におけるベッド（Medical Beds）数として第1期に6,000、第2期に2,000の計8,000床が認められた[31]。

このようにして53,000人分のベッドとそのスペースを用意することで、過剰収容を緩和する方法を採ることを打ち出し、そのための費用として、補充ベッドに24億ドル、それに付随する施設整備に3億ドル、リエントリー施設用ベッドに26億ドル、医療施設用ベッドに11億4,000万ドルが議会に認められている[32]。

ベッド数を確保することによる過剰収容緩和以外にAB900が打ち出した方策は、2006年10月4日の「非常事態宣言」において州知事が提案していた、受刑者の州外移送である。移送に関して、受刑者の権利をある程度保障しつつ、他の州との移送の協約に基づき、移送を活性化することを目的として、州刑法に以下の条文を付加するとしている。

11191条[33]

(a)（州際矯正協約（the Interstate Corrections Compact）または西部地域州際矯正協約（the Western Interstate Corrections Compact）第2条dに規定されるように）受刑者を拘束するために、いかなる施設へも移送する権限を有する、いかなる裁判所、機関または職員も、州が、州際矯正協約または西部地域州際矯正協約第3条に適合する受刑者拘束のための契約を締結した場合、州内または州外のいかなる施設にも受刑者を移送することができる。ただし、カリフォルニア州法によって判決を言い渡された受刑者は、彼または彼女がその移送について書面で同意しない限り、州外の施設に移送されることはない。受刑者は、

---

31 AB900, Bill Analysis, at 1-6, AB900, Chapter7, Section2 and Section3, at 5-8, Government Code, CHAPTER 3.2.1, Section 15819.40. (a) (1), (b) and (c), CHAPTER 3.2.2, Section 15819.41. (a), (b), (c). *See also*, REFORM & INFORM, *supra* 7 at 16.
32 PRISON REFORMS: ACHIEVING RESULTS（CDCR Office of Public and Employee Communications）at 4 (hereinafter ACHIEVING RESULTS).
33 AB900, Chapter7, Section26, at 21.

この規定の下における権利と義務について、自ら選択する弁護士と、または資力がない場合には検事と、個別の相談（a private consultation）をする権利を有し、それら権利と義務につき書面で同意するより前に、情報提供を受けなければならない。受刑者は、移送されてから5年を経過したいつの時点においても、〔移送に関する〕同意を取り消し、〔カリフォルニア〕州内の施設に移送されることができる。そのような場合には、移送は30日以内に行われなければならない。

　この受刑者の州外移送について、州知事は、AB900に基づく施設の新設など建築工事が完了し、再犯防止プログラムの効果が得られるようになり、被収容者数が減少に転じることが予想される2011年7月1日の時点までという暫定的な施策としつつも、8,000人の受刑者の州外移送を2009年3月までに実施するとした[34]。

　以上のようにAB900は、受刑者を収容するためのベッド数を、拘置所を含めて53,000床増加すること、そして州外刑務所へ8,000人を移送することによって、過剰収容の緩和を実行しようとしたのであった。このような状況は、わが国で過剰収容状態を少しでも緩和するために、PFI刑務所を新設し、4つが稼働しており、犯罪傾向の進んでいない受刑者を収容するようになったことで、収容率が低下したことと酷似している。

　しかし根本的な課題は、収容率の低下そのものではなく、受刑者数全体を減らすことであり、犯罪者数を減らし犯罪被害者数を減らすことである。収容する施設数を増やして収容力を増大させ、それによって収容率を数字の上で低下させること自体を最終目標とすべきではない。つまり、再犯防止の方策を考え、受刑者の円滑かつ完全な社会復帰を図り、それによって受刑者、犯罪、犯罪被害者を減少させることこそが重要である。そのためにAB900が考案した、その意味では真の改革である、再犯防止のための新たな施策とは何だったのか、次に概観しよう。

---

34　Press release, Office of the Governor, May 16, 2007, by Bill Sessa, "Inmate Transfers Resume Outside California," REFORM & INFORM, *supra* 7 at 12-13.

### (二) 受刑者の更生 (Rehabilitation) と円滑な社会復帰 (Reentry) のための施策

　上述のように AB900 は、約 17 万人の受刑者を適切に収容することすら困難な過剰収容の状況から脱するために、留置施設を含め 5 万 3,000 人分の収容能力の向上を図ったのであるが、単に収容率の改善を図るだけでなく、それと併せて AB900 が打ち出した施策は、受刑者の矯正プログラムとスムーズな社会復帰を可能とするためのものであった。前者、矯正プログラムについては、刑務所に受刑者が収容されている間、刑務所等の新規 4 万人分のベッドと矯正教育をタイアップさせることとした。つまり、増設された補充ベッド 4 万床に収容された受刑者は、それぞれに適合的な矯正教育を施されることになった。また後者、つまり社会復帰のための施策として打ち出されたのは、コミュニティー・リエントリー施設 (Secure Community Reentry Facilities〔以下、リエントリー施設〕) の設置である。つまり、一定期間刑務所で矯正教育を受けた後、受刑者が社会へ復帰する前の段階で、このリエントリー施設での滞在と教育を義務付けられ、それによってコミュニティーへのスムーズな復帰が期待されるとするのである。また、そのようなスムーズな社会復帰は、元受刑者の再犯の防止に役立つとされる。それでは以下、順次、A. 受刑中の矯正教育、および、B. スムーズな社会復帰のための施策を実施する改正条文について、具体的に見ていこう。

　A. 受刑中の矯正教育

　受刑者に対する矯正教育を実施するために、AB900 は、その第 8 章において、州刑法に次のような 2062 条を付加するとした[35]。すなわち、

　(a) 矯正更生局は、受刑者および仮釈放者に対する追加的矯正・処遇プログラムを確保するための計画を開発し実施しなければならない。その計画は、以下の事柄すべてを含むが、それらに限定されない。
　　(1) 受刑者および仮釈放者に対し、直接的および間接的な矯正・処遇プログラムを提供する職員の空きポストを埋める計画

---

35　AB900, Chapter7, Section8, at 14-15.

(2) 受刑者および仮釈放者に対し、拘留および監視をする職員の空きポストを埋める計画

(3) 地域行政（local governments）および契約者から、治療を必要とする仮釈放者が地域社会にいる間、治療を確保するための計画、および、刑務所内の受刑者に対する同様の治療を得る計画

(4) コミュニティー・カレッジと、矯正・治療スタッフの訓練と教育を促進するための契約を結ぶ計画、また矯正・治療スタッフの就業可能性と就業促進とを可能とするために、州の免許局（state licensing agency）の免許および証明要件（the licensing and certification requirements）の修正の計画

(b) 矯正更生局は、この規定の実施の計画およびスケジュールを、2008年1月15日までに議会に提出しなければならない。

さらに、AB900は第10章において、州刑法に、2694条から始まる第5節を付加するとし、次の規定を置いた[36]。

第5節 薬物乱用治療（Substance Abuse Treatment）
2694条 矯正更生局は、薬物乱用の経歴を有する受刑者の少なくとも4千人に対し、刑務所内における薬物乱用治療を拡大しなければならない。これら追加的治療を行うべき刑務所を決定するに当たって、矯正更生局は、治療の能率および効率、職員の利用可能性、物理的空間の利用可能性、治療を補完するための周辺コミュニティーにおける追加的資源の利用可能性を考慮することができる。それに加えて、矯正更生局は、刑務所に収容されている間に薬物乱用治療プログラムに参加した受刑者が、仮釈放中に必要なフォローアップ治療を確実に受けることができるよう、コミュニティーにおけるフォローアップ治療を拡大しなければならない。

B. スムーズな社会復帰のための施策

次に、スムーズな社会復帰を可能とするためにAB900が州刑法に用意す

---

36  *Id.*

るとした規定を概観しよう。

3105条[37] 矯正更生局は、受刑者処遇および刑務所から就職へプラン（an Inmate Treatment and Prison-to-Employment Plan）を開発しなければならない。同プランは、既存の受刑者教育、処遇および矯正プログラムを評価し、それらプログラムが受刑者に十分なスキルを提供し、コミュニティーでの就職に成功する結果をもたらすようなものであり、かつ仮釈放の後に刑務所に戻ってくる機会を減少させるものであるか否かについて決定し、州知事および議会に改正を勧告するものとする。矯正更生局は、同プランの進展状況について、2007年10月1日までに、さらに再度2008年1月15日までに報告書を提出し、2008年4月1日までに最終プランを提出しなければならない。矯正更生局は、同プランを開発するために、必要に応じて、他州または地域の公的機関、研究機関、その他調査機関の資源を利用することができる。

つまり、社会復帰が早期に可能となり再犯を起こさないようにするための十分な就職支援が、受刑中に行われるようにすることを目標とするプランを準備することになったのである。また、リエントリー・プログラム施設の設置については、AB900は、州刑法に次のような6270条から始まる第9.8節を設けた。

6270条　議会は以下のことを認め宣言する。
(a) 仮釈放で出所する受刑者に対する、仮釈放の前および後の両方に渡る継続的支援は、仮釈放者が社会へ再同化（reintegration）することを成功させる機会を向上させるであろう。
(b) 仮釈放で受刑者をコミュニティーへと出所させる前に、そのコミュニティーにある安全な矯正施設（a secure correctional facility）に受刑者を滞在させることは、保護観察官および地域の法執行職員の双方に対して、その仮釈放者の監視をよりよくコーディネートする機会を提供する。

---

[37] AB900, Chapter7, Section13, at 16.

6271条

(a) 矯正更生局は、最大6,000人を収容する、リエントリー・プログラム施設（re-entry program facilities）を州内全域に建設し、設置し、稼働させる権限を有する。これら施設はそれぞれ〔最大〕500床までの安全な施設であり、可能な限り都市部（in urban locations）に位置し、拘留または再拘留から釈放されて1年以内の受刑者を寄宿させるものとする。

(b) リエントリー・プログラム施設は、市・郡内、または、リエントリー・プログラム施設を希望する市および郡内にのみ設置するものとし、同施設の設置場所は、市または郡、もしくは、市および郡によって定められるものとする。

つまり、スムーズな社会復帰を可能とするための継続的な支援を受刑者に対して可能とするために、リエントリー・プログラム施設を様々なコミュニティーに建設・設置するとした。

さらに、それらリエントリー・プログラム施設に対して、たとえリエントリー、つまり社会復帰に失敗したとしても、それらの者たちに対するサポートを継続し、個々の必要性に応じたプログラムを実施することを次のように義務付けている。

6272条[38]　リエントリー・プログラム施設は、受刑者および保護観察違反者に対し、社会への同化において直面した特定の問題に対処するために用意されたプログラムを提供しなければならない。これら施設に収容されている者は、収容と保護観察の間の継続的サポートの提供である「リスクおよび必要性評価（risk and needs assessments）」、「事件対処訓練（case management services）」、「総括（wraparound services）」を受けなければならない。

このように、これら新設のリエントリー・プログラム施設においては、受刑者が完全な社会復帰を果たすまで、彼らにプログラムを提供することが義務付けられている。このことからも理解できるように、単なる犯罪者収容施

---

[38] AB900, Chapter7, Section16, at 18.

設の新設・増築ではなく、施設内における矯正と更生、そして、効果的な仮釈放による円滑で完全な社会復帰を主眼とした、全体的・継続的な刑事政策システムが、AB900の根幹的な目標だったのである。

それでは次に、AB900による州法の改正によって開始された様々な改革が、現在までにどの程度まで進行してきているのかを確認し、その上で、改革の評価および課題について考察していこう。

### 三 改革の進捗状況

シュワルツェネッガー州知事は、AB900可決直後の2007年5月3日にはすでに、刑務所改革の早期実現のために、それぞれ20人程度の2つの「実行チーム（Strike Teams）」を設置した。1つは、「施設建設実行チーム（Facilities Construction Strike Team）」、もう1つは、「更生実行チーム（Rehabilitation Strike Team）」で、いずれも、大学やコミュニティー組織および政府機関から選任された専門家で組織されていた[39]。その後、これら実行チームを中心に、州政府として、どのような具体的改革に乗り出したのか、その進捗状況はどのようなものなのかについて、以下確認する。それによって、改革全体のどこに課題があるのかを考察するための手掛かりを得たい。

### （一） 過剰収容の緩和策に関して

過剰収容緩和のためにまず実施しなければならなかったのは、収容しきれない受刑者たちのベッドを確保し、矯正プログラムを実施することができるような空間的、施設的状況を整備することであった。そのためにAB900が第1期、第2期の2期にわたって、合計53,000床を準備するとした計画を実行に移すことが必要となった。その計画を早急に実現し、目標を一刻も早く達成するためには、州政府が計画の進捗状況を把握しなければならない。そのために、矯正教育のための指標も含め、全部で13の達成指標（Benchmarks）を用意した。そして、これら13の達成指標のうち、6の指標についてはすでに2008年7月までに達成し、残りのものについても遅くとも2008

---

39 REFORM & INFORM, *supra* 7 at 5, 7-8. また、2007年5月11日付、知事のプレスリリース参照。

年12月までに達成するという目標を設定した[40]。

　さらに、もう一つの過剰収容緩和策として、受刑者を州外へ移送するという計画については、2008年6月までに4,700人を移送する計画であったところ、同年3月中旬までに3,178人の移送を完了した[41]。これにより、それまで体育館や研修用の教室などに臨時に設置していた約3,500の臨時ベッド

---

[40] ACHIEVING RESULTS, *supra* 32 at 12. それらは、1. 4,000床の設置に2008年12月までにとりかかる…達成度：6,050床の設置を具体的に計画、2. 最初の4,000床は、矯正教育のための場所とプログラムを含むもので、2008年12月までに設置…達成度：3,000から6,050床の設置を具体的に計画、3. もともとあるリエントリー施設のベッド2,000床を新規に2008年12月までに設置…達成度：2,000のうち500を同定し、6月までに、残りの実施を行う他の施設を選定、4. 4,000件のうち2,000件の薬物乱用治療を2008年12月までにコミュニティーにおけるアフターケア付きとする…達成度：2,000件をいくつかの刑務所のベッドに割り当てた、5. 刑務所施設としての薬物治療講習への参加率75％を2007年中に達成する…達成度：2007年12月に達成（9,669件の実施。94％の参加率達成）、6. 入所センター（Reception Center）での入所者評価と6カ月間の継続的矯正プログラムへの割り当てを2008年12月までに実施…5,400人が2月1日までに完了した。7. 受刑者処遇と「刑務所から就職へ」プラン開発を2008年4月までに…達成度：「ニュー・スタート」と名付け、テキサス州のプログラムを参考に開発中、8. 2008年6月までに少なくとも300人の保護観察対象者がデイケアまたは緊急ケアの支援を受けられるようにする…達成度：300人の精神病保護観察対象者に対して総額400万ドルの支援を実施する、9. 矯正監視委員会（C-ROB：California Rehabilitation Oversight Board）を1年間稼働させ、矯正更生局のプログラムを審査させる…達成度：2008年7月に達成、10A. 矯正更生局内に、2008年6月15日までに管理不備を調査する計画を開発し実施する…達成度：2008年1月15日に計画を議会に提出し達成、10B. 管理職ポストの少なくとも75％を、最短でも6カ月間充足させる…達成度：2008年1月15日に達成、11. 受刑者の教科・職業教育プログラムへのフルタイムでの参加率を10％向上させる…達成度：2008年12月に達成予定、12A. さらに更生プログラムを開発し実施する…達成度：受刑者・保護観察対象者への矯正プログラムのプランを議会に提出した。2008年2月までに達成予定、12B. 更生・処遇部門における空きポスト率を、全刑務所の空きポスト率と同程度にする…達成度：2008年6月までに達成予定、13. 保護観察手続を見直す…達成度：フィールドにおける監視、人事面での説明責任およびフィールド職員のトレーニングを実施し、既存の手続を見直し、2008年2月に達成。

[41] ACHIEVING RESULTS, *supra* 32 at 2. また、2010年8月11日現在では、アリゾナ、ミシシッピー、オクラホマの3州の諸施設に、9,266人が移送され収容されている（Weekly Report of Population, Data analysis Unit, Estimates and Statistical Analysis Section, Offender Information Services Branch, Department of Corrections and Rehabilitation, State of California）。ちなみに、2017年10月4日現在は、4,353人（Weekly Report of Population as of Midnight October 4, 2017）。

を撤去することが可能となり、2008年3月19日時点で臨時ベッドの残りは15,744床となった[42]。さらに、臨時ベッドの撤去によってできたスペースと新規に4施設において導入した補充ベッドの設置によって、6,050床を確保し、矯正プログラムの実施および必要な医療ケアが可能となる[43]。

また、カリフォルニア州刑法に新設した6270条が可能にするリエントリー・プログラム施設の設置については、その後、矯正更生局は全58郡（counties）において説明会などを開催し、同施設の設置計画に協力を求めた結果、19郡において、2008年3月18日までの第1期計画として6,950床分の建築を開始することができることになった[44]。そこにおいては、刑期の残りが12カ月を切った受刑者が、刑務所から社会へのスムーズな移行を目指して生活をし、再犯率を大幅に減少させることが期待されていた。

（二）　矯正教育の充実によるスムーズな社会復帰と再犯率の低減策について

先に定めた13の達成指標のうち、2つは薬物関係の受刑者に関する指標で、そのうちの1つはコミュニティーにおけるアフターケアを可能とするプラン、もう1つは薬物乱用者への刑務所内における治療を可能とするプランを目的とする。その他、入所者に対する適切なアセスメントと矯正プログラムの設定を目的とする指標、教科教育および職業教育へのフルタイムでの参加を目標とする指標、「ニュー・スタート」と呼ばれる「刑務所から就職へプラン」（州刑法3105条）の実施を目的とするものなど、7つの指標が当てられている。また、社会復帰のための仮釈放および保護観察に関しては、保護観察中の昼間における治療や危機管理（crisis care）を可能とするプラン、および、仮釈放手続を見直すプランの2つを用意している。その他は、職員の充足や監視委員会の設置に関するものである。このうち、矯正教育に関するものについて概観しよう。

指標6では、カリフォルニア州にある12の「入所センター（Reception Center）」での入所者評価を、科学的根拠を基に（evidence-based）実施し、

---

42　ACHIEVING RESULTS at 2.
43　ACHIEVING RESULTS at 3.
44　ACHIEVING RESULTS at 3.

各受刑者に最も適切な矯正プログラムを受けさせることを目標としていた。2009年2月6日までに2万5,000人ほどの新受刑者が、この新しく導入されたCOMPAS（Correctional Offender Management Profiling for Alternative Sanctions）という、科学的根拠に基づく評価方法によって、それぞれ個別に最大限の効果を持つと考えられる適切なプログラムを見出して、それらを受けることになったのである[45]。こうして受刑者は、受刑期間において、最適の矯正プログラムを受け、社会復帰へ向けて準備することになる。

　次に指標7では、「ニュー・スタート」つまり「刑務所から就職へプラン」を目標として設定し、「地域労働市場投資委員会（Local Workforce Investment Board）」など、既存のプログラムや制度との連携を活用し、就職前に必要となる標準的書類の準備をすることで受刑者の就職の機会を広げるとともに、既存の教科プログラム・就業プログラムを再評価して、それらが、受刑者が外部の労働市場との就職調整を果たすに当たって、役立っているか否かを検証することとした[46]。より具体的には、個々の受刑者が出所後に生活する予定の地域に、どのような職業が存在し、またどれに応募できそうなのかを、労働市場のデータを利用して特定し、受刑者の特性を見ながら、受刑期間中にそれら職業に就くために最適な職業訓練を受けさせることで、就職支援をすると同時に、社会保障証（Social Security Card）や出生証明書の作成、その他の公的サービスへの登録など、就職に不可欠な書類を整える支援を実施し、かつ、履歴書等の必要書類を整えさせるなどする[47]。

　また、教科プログラムの参加者数等について増減を見ると、高校修了程度証書（GED：General equivalency diploma）の取得数は、2006～07年度の2,614から2007～08年度には3,690と格段に増加しているが、2008～09年度には元の水準程度の2,929に減少している。大学の学位の取得数も同様に、2006～07年度の187から2007～08年度には498と格段に増加しているが、

---

45　MOVING FORWARD, *supra 1* at 25. また、2007年5月11日付、知事のプレスリリース。その他、CALIFORNIA DEPARTMENT OF CORRECTIONS AND REHABILITATION, ADULT PROGRAMS, Annual Report, Division of Addiction and Recovery Services, June 2009 at 5, 13.
46　ACHIEVING RESULTS, *supra 32* at 6.

2008 〜 09 年度には元の水準程度の 236 に減少している。しかし、教科教育への参加者数自体は確実に増加している。すなわち、2005 〜 06 年度の 10,572 から 2006 〜 07 年度には 12,075 に増加し、2007 〜 08 年度にはさらに 14,347 に増加している。

さらに、職業プログラムの方は着実に伸びている。すなわち、2005 〜 06 年度の 7,953 から 2006 〜 07 年度には 8,782 と増加し、2007 〜 08 年度にはさらに 9,312 に増加している。それと同時に、職業プログラム修了証（professional vocational program certifications）の取得数も、2006 〜 07 年度の 2,193 から 2007 〜 08 年度には 2,071 とやや減少しているが、2008 〜 09 年度には 5,409 と格段に増加した[48]。

この教科プログラムおよび職業プログラムに関連する指標 11 では、これらプログラムへの参加者を増加させることを目標としていた。2007 年 4 月時点での参加率は、それぞれ 50％、42％であったが、それを 2008 年までにさらに向上させることを具体的目標とした[49]。そして、2008 年 12 月に、それぞれは 62％および 55％と上昇した[50]ため、目標は達成されたと言えよう[51]。

また、指標 12A は、新たな矯正プログラムを開発し実施するというもので、

---

47　MOVING FORWARD, *supra 1* at 25. これは、テキサスで成功しているプロジェクト RIO（Reintegration of Offenders）を模範にしており、1993 年以来、このプロジェクトに参加した受刑者の 40％は出所後就職することに成功してきたのに対し、参加しなかった受刑者で就職できたのは 24％でしかなかったという事実に示されるように、有意な差が生じるとされている。*See*, Joan Petersilia, *Meeting the Challenges of Rehabilitation in California's Prison and Parole System, A Report from Governor Schwarzenegger's Rehabilitation Strike Team*, at 15（December 2007）（hereinafter *Rehabilitation Strike Team Report 2007*）.

48　MOVING FORWARD, *supra* 1 at 26.

49　ACHIEVING RESULTS, *supra* 32 at 8.

50　MOVING FORWARD, *supra 1*, "CDCR Accomplishment."

51　*Rehabilitation Strike Team Report 2007*, *supra47* at 13 によると、2006 年の出所者約 134,000 人のうち、何らかの職業訓練を受けたのは 10％程度でしかなかった。また、教科教育については 18％でしかなかった。さらにこの報告書が作成された 2007 年当時の受刑者の約 50％は、受刑期間に何ら矯正教育も就業プログラムも課題も受けなかったとのことである。

具体的には、以下のもので構成されている。まず、矯正プログラムのマスタープランを策定すること、人的資源確保や場所確保などインフラを開発すること、薬物プログラムやメンタルヘルスの昼間治療など、需要の高い矯正プログラムを拡張すること、「カリフォルニア・ロジック・モデル（California Logic Model）」を基に矯正プログラムや治療プログラムを実施することによって、受刑者へのアプローチを変更すること、などである[52]。

　さらに、今回の矯正および更生に関する改革の中でも、中心的なものと位置付けられているのが、社会復帰、すなわち、「リエントリー」である。それまでは、釈放時に、施設の門を出る際に、ゲートマネー、つまり現金200ドルを受刑者に手渡して刑務所から送り出すという方法しかとられていなかったが、それを改め、出所予定の12カ月前からリエントリー・プログラム施設において、徐々に社会復帰のための訓練等の準備をしていく方法を策定し、これを実施することにしたのである[53]。これは、先に引用し紹介した州刑法6270条に示されているように、「仮釈放で出所する受刑者に対する、仮釈放の前後両方に渡る継続的支援」が、「仮釈放者が社会へ再同化すること」に成功するか否かを左右する重要な契機であるとの認識による。

　そして、リエントリー・プログラム施設は、受刑者が刑務所から戻っていくコミュニティーに存在しなければならず、そこでの集中的な教育は、「受刑者をコミュニティー・サービスおよびサポートプログラムに結び付け、継続的ケアを提供する」[54]ことを目標としている。特に社会復帰の準備段階のこの時期で重要なのは、「リスクおよび必要性のアセスメント（Risk and Needs Assessments）」で、それは、それぞれの受刑者に適合的なプログラムを策定するために決定的であるとされる。そのようにして提供される中心的なプログラムとしては、次のようなものがあげられる。「教科・職業・家計教育」、「薬物乱用治療」、「攻撃・敵対・激怒・暴力マネージメント」、「犯罪

---

52　ACHIEVING RESULTS, *supra* 32 at 8,「カリフォルニア・ロジック・モデル」は、同11頁を参照。
53　ACHIEVING RESULTS at 14.
54　ACHIEVING RESULTS at 14.

思考・行動および集団」、「家族・婚姻および関係支援」である[55]。

　以上のように、過剰収容の改善および社会復帰のための施策など、計画としては多くの工夫を凝らすことで、再犯の防止に向けた矯正と更生のためのプログラムが、少なくともこれまでに比して格段に重要視され、多くが実施されつつあることを確認した。
　さて、ここで指摘しておかなければならないことは、せっかくのこのようなプログラム等の計画と設置であったが、折しも全世界的に経済的混乱を誘発したリーマンショックが2008年に起き、カリフォルニア州においてもその影響は甚大で、同州政府も対応を余儀なくされたことである。シュワルツェネッガー州知事は、2009年7月1日付で、「財政上の非常事態宣言」を出すことになった。その非常事態宣言の最後は、次のような言葉で締めくくられている。

　　私、カリフォルニア州知事アーノルド・シュワルツェネッガーは、ここに財政上の非常事態（a fiscal emergency）が存在することを宣言する。
　　私、カリフォルニア州知事アーノルド・シュワルツェネッガーは、この財政上の非常事態の特質は、2009～10予算年度において予算上不均衡が生じ、かつ現金留保が不十分であると予測されること、また、2010～11予算年度において現金留保が不十分であり、かつ潜在的赤字予算が予測されることであると認識する。これは2008～09および2009～10会計年度における一般基金（General Fund）収入が、極めて減少した結果であると考えられる。
　　さらに、本日、カリフォルニア州憲法第4節第10条f項により要求されるごとく、州立法府はこの財政上の非常事態に対処するために特別会期を招集し、私は、そこに法律案を提出することとする[56]。

---

55　ACHIEVING RESULTS at 14. リエントリー施設内部の設計図等については、同15頁で見られるので参照。
56　Fiscal Emergency Proclamation, July 1, 2009. なお、同様の財政上の非常事態宣言は、前年2008年12月19日にも出されていた。

この宣言で知事は、カリフォルニア州全体で240億ドルの赤字を抱え、あらゆる方法でその赤字解消に努めなければならないとしたのである。そのため、CDCRに対しても12億ドルの予算削減がつきつけられた。この予算削減により、CDCRは、準備してきた行刑改革の計画に、大幅な修正を加えざるを得なくなったのは言うまでもない。12億ドル削減要求のうち、成人矯正部門においては、一部プログラム費用を除く年間矯正予算の3分の1に相当する2億5,000万ドルの削減が要求されることになった。この削減のために、矯正プログラムのほぼすべてにおいて、人員およびプログラム提供期間など、規模を縮小した新たなプログラムの作成が必要となったのである[57]。例えば、教科教育において30％の削減、薬物乱用治療において40％の削減、新入所者のアセスメントにおいて40％、行政部門（Headquarters）において63％の削減となる。より具体的には、2010年度においては、成人プログラムにおいて1億ドルの削減、女性受刑者向けのプログラムおよび成人仮釈放の経費などにおいて1億ドル削減、さらに5,000万ドルを2010～11年度予算において、同様に女性受刑者向けおよび仮釈放の部門から削減することとなったのである[58]。そしてこのような大規模な予算削減は、当然のことながら、これらプログラムに関連する職員数の削減を含むものとなる。CDCRの見積もりでは、空きポストの廃止を含めて600名から900名のレイオフが必要となった[59]。

　このようなカリフォルニア州の莫大な財政難の現実によって、刑務所をはじめとする様々な施設において実施される矯正プログラム全体に逆風が吹きつけたが、AB900による行刑改革の要点として、犯罪者を刑務所に隔離し

---

57　2010年5月20日付、CDCR FACT SHEET, ADULT REHABILITATION PROGRAM REDUCTIONS DUE TO FISCAL YEAR 2009-10 STATE BUDGET（http://www.cdcr.ca.gov/Adult_Programs/docs/Fact_Sheet.pdf）. *Also see*, C-ROB（California Rehabilitation Oversight Board）BIANNUAL REPORT, MARCH 15, 2010 at 11-12（http://www.oig.ca.gov/media/crob/reports/C-ROB%20Biannual%20Report%20March%2015%202010.pdf）（last visited June 3, 2018）.
58　C-ROB BIANNUAL REPORT, *id.* at 12.
59　CDCR FACT SHEET, *supra* 57.

収容することを中心に据える考え方から、彼らに矯正・更生のためのプログラムを用意し、彼らに社会復帰を達成させるという考え方に重心を移したことは非常に重要である。また、リーマンショックによる財政難にもかかわらず、またさらに、シュワルツェネッガー知事の後任となったジェリー・ブラウン知事の下においても、この基本的な考え方は変わらず、その後約10年経過した今日においてはほぼ定着したように思われる。この点については、本章第4節で確認したい。

　それでは次に、2011年に、シュワルツェネッガー知事の後任となったジェリー・ブラウン新知事の下で、このような危機的な財政状況の下で、刑務所改革がどのように進展していったかについて概観する。その上で、これら改革について、どのように評価がされているのか検討しよう。

## 第2節　ブラウン知事の刑務所改革継承
　　　　：治安再編成プラン（Public Safety Realignment）

　かつて1975年から1983年までの間カリフォルニア州知事を務めたジェリー・ブラウンが、240億ドルという巨額の財政赤字を抱える同州の知事に、再度2011年1月に就任した。同知事の下、同州では赤字削減のためのダウンサイジングを、各行政機関において実施することになったが、それは刑務所改革を実行してきたCDCRにおいても例外ではなかった。AB900で予定されていたリエントリー施設の新設など、新規の建築については凍結または規模の縮小を図らなければならないことになった。また、後に検討する刑務所監視機関も、そのような縮小の波を避けることはできなかった。

　ブラウン知事の就任後、まず、新たな下院法案AB109を通過させ、AB900で予定されていた施策の修正を図った。AB109は、刑務所に関する州権限を地域行政、つまりカウンティーへ移管することによって、刑務所の被収容者をカウンティー施設に移送することで、州刑務所の人数を削減しようした。AB109は具体的に、どのようにしてそのような施策を可能にしたのか、その主要部分について検討しよう。

## 一　2011年4月4日の下院法案 AB109 施行

　カリフォルニア州刑務所の収容人数を早急に削減し、刑務所の医療体制の改善と矯正・更生プログラムを実現すること、そして、同州の財政赤字を削減することの両方を、同時に迫られたブラウン知事が最初に手掛けたのは、州から地域へ、行刑の権限の一部を移管することであった。つまり、州刑務所に収容されてきた受刑者を精査し、刑期が数カ月で州刑務所に収容する必要性の低い、軽度違反者（Lower-level offenders）および成人仮釈放者（adult parolees）については、地域行政の主体であるカウンティーに権限を移譲することとした。前者、軽度違反者は、刑務所収容前の分類センターでの分類作業が終了する前に、数カ月の刑期が満了となるケースも少なからず存在した。また後者、仮釈放者については、極めて厳格に遵守事項の順守が求められていたため、軽微な違反行為であっても、即仮釈放の取り消しにより刑務所に再収容されていた。そして、このような状況が「回転ドア（Revolving-door）」、つまり刑務所から出所するとすぐに再入所してくるだけのシステムが刑務所体制であると批判されていたところであった。そこで、これを改革し、州刑務所の負担を軽減するためにAB109を施行し、2013年6月末までに州刑務所の人口を128,921に、2017年6月末までには124,039に削減するというのが、知事の計画であった。

　AB109の冒頭説明部分で次のように述べて、一定の条件の下で、違反者に自宅での生活を認める、自宅拘禁プログラムの拡大や、電子監視プログラムの活用によって、刑務所に身柄を拘束しない方法を拡大するとした。

> この法案は、任意的自宅拘禁プログラム（a voluntary home detention program）を、あらゆる受刑者および自宅拘禁プログラム不随意対象者にも提供することを、矯正行政官の権限として拡大するものである。〔また〕カウンティー監督者委員会（the board of supervisors）は、勾留されている被疑者に、保釈の代替として電子監視プログラム（an electronic monitoring program）を提案する権限を矯正行政官に認めるものである。保釈の代替としての電子監視プログラムへの参加基準は、この法案において設定される[60]。

さらに、次のように、コミュニティー監督（community supervision）の制度を導入することによって、同様に、刑務所での身柄拘束から受刑者を解放する方策を可能とした。
　この法案は、「2011 年釈放後コミュニティー監督法（Post-release Community Supervision Act of 2011）」を制定し、特に危険でも暴力的でもない、一定の重罪で刑務所〔に服役後、ある程度の〕刑期を経過し、2011 年 7 月 1 日以後に釈放される者はだれでも、カウンティー監督者委員会によって指定されたカウンティー機関によって提供されるコミュニティー監視に、3 年を超えない期間服することを定めた[61]。
　このように、可能な場合にはできるだけ自宅拘禁や電子監視を利用することで、また、州ばかりではなく、カウンティーなどコミュニティーに権限を移譲することで、州刑務所や州保護観察の負担を軽減し、州刑務所の過剰収容を解消する方向性を加速させようというものである。もちろんこれによって、カウンティーの負担は増加することになるため、州は、その補償として州委託金（state-mandate）という補助金を拠出することになる。そのための法整備が、次の下院法案 AB111 および AB94 である。

## 二　下院法案 AB111 および同法案 AB94

　前者、AB111 は、カウンティーの拘置所の収容能力を増大させるために必要となる資金を調達するために、柔軟性を持たせようとする。つまり、州の施策に協力するためのカウンティー施設増設などの経費の最低 25％を州が支援する[62]。また、後者、AB94 は、カウンティーの負担を 25％から 10％に縮小させると共に、拘置所の建設を中止し、リエントリー施設として支援

---

60　*See*, BILL NUMBER: AB109, January 10, 2011, LEGISLATIVE COUNSEL'S DIGEST (3)（http://www.leginfo.ca.gov/pub/11-12/bill/asm/ab_0101-0150/ab_109_bill_20110404_chaptered.html）. *Also see*, https://www.cdcr.ca.gov/realignment/ (last visited June 2, 2018). 現行、California Penal Code sec. 3450.
61　*Id*. AB109 (8). *Also see*, http://www.cdcr.ca.gov/realignment/Post-Release-Community-Supervision.html (last visited June 2, 2018). 現行、Cal. Pen. Code sec. 3451.
62　AB111, Ch.16, Sec.4.

するとしたカウンティーには、条件付きの補助金を拠出するとした[63]。

### 三　上院法案 SB89 および同法案 SB87

さらに関連して、州上院で提案され成立したのは、SB89 および SB87 であった。前者は、各車両免許料（Vehicle License Fee）のうちの 12 ドルについて、治安再編成プランのために当てることを承認した。また後者は、AB109 の実行において必要となる資金として、一時金 2,500 万ドルをカウンティーに認めるものである[64]。

### 四　仮釈放の取消に関する改正

以上のように、カウンティー拘置所に権限を移譲することによって、州刑務所の収容者数を減らすという直接的な方策以外にも、回転ドアの回転を止めるための方策が考えられた。それが、仮釈放の取消に関する改正であった。仮釈放となった受刑者が、宿泊を伴う旅行届の懈怠や就労先変更の届けの懈怠など、極めて軽微な遵守事項の違反によって仮釈放を取り消され、州刑務所に戻されることを阻止しなければ、仮釈放による社会復帰の促進が阻害されるばかりか、州刑務所の負担もさらに増大するだけである。したがって、この点につき、主として以下のような 2 点の改正が行われた。

1 つは、2013 年 7 月 1 日をもって、仮釈放取消については、これまでのパロール聴聞委員会（the Board of Parole Hearings）の管轄から、カウンティー裁判所を基礎とする手続（a local court-based process）に移行するというものである。これにより、第 3 者として公平・客観的に仮釈放取消の必要性を判断する体制にし、同委員会の硬直的・機械的な違反者に対する取り扱いを変更する。もう 1 つは、それでも仮釈放取消の判断がなされた場合、終身刑受刑者の仮釈放以外の仮釈放取消については、州刑務所ではなくカウンティ

---

63　AB94, Ch.23, Sec.3. 2011 Public Safety Realignment. *See*, CDCR FACT SHEET, December 19, 2013, at 2. https://www.cdcr.ca.gov/realignment/docs/Realignment-Fact-Sheet.pdf (last visited June 2, 2018)

64　*Id*, CDCR FACT SHEET.

ー拘置所で収容することとし、期間も最長180日と制限を設けた。このことによって、刑務所への出戻りによる収容者数の増大を防止すると同時に、ごく軽微な違反で刑務所に再収容されることで、それらの違反者の社会復帰意欲が減殺されることも防止ししようとしたのである[65]。

　以上、本章第1節および第2節では、過剰収容を主たる原因として、カリフォルニア州の刑務所における行刑が、ほぼ全面的に機能不全を起こしたために、連邦裁判所の介入を招くに至り、2007年から本格的に刑務所改革に乗り出した経緯を概観した。その改革の重要な点は、第一に過剰収容を解消すること、第二に、それにより受刑者の医療ケアを確保し、また矯正教育の実効性を高めること、第三に、さらにそのことで受刑者の社会復帰の可能性を高め、再犯率を低減させることであった。そして、第一の過剰収容の解消は、第二、第三の改革の前提となる以上、過剰収容の解消が何よりも根本的な行刑改革の前提的条件であったが、一つには州外への受刑者の移送によって、もう一つには州刑務所からカウンティー拘置所へ権限を大幅に移譲することで達成しようとした。つまり、矯正教育および社会復帰のための訓練などをカウンティーおよびコミュニティーで実施し、社会復帰の可能性を高めると共に、GPSなど電子機器の利用などによって仮釈放の可能性を拡大し、また、仮釈放の取消についても慎重を期する方策を取ることになった。この間、財政状況の悪化が大きな課題となったが、州のリエントリー施設の新設を断念し、既存のカウンティー拘置所の利用拡大とカウンティー施設の新設を含むカウンティーおよびコミュニティー機能の活用によって、大部分をカバーしつつある。

　さて、このような刑務所改革の動向に対する評価はいかなるものか、次の第3節で概観する。

---

65　*Id.* at 3-4.

## 第3節　カリフォルニア州刑務所改革に関する評価

　前節までで概観したカリフォルニア州刑務所改革について、数々のNGO/NPO団体および研究者らによって評価がされている。それと同時に、先述のコールマン判決およびプラタ判決において連邦裁判所による介入がすでに始まっていたが、その介入状況は近時、さらに具体性を増してきている。以下、団体および研究者の評価のいくつかについて、そして、連邦裁判所の最近の介入について概観し、今後の課題は何かについて検討する。

### 一　外部団体による評価
#### （一）「立法分析オフィス（Legislative Analysis Office: LAO）」による評価
　LAOは、これまで70年以上に渡り、財政的な側面と実効的な政策執行の観点から、州議会に助言をしてきた超党派団体であり、刑事政策のみならず教育問題その他多くの重要政策に関して多くの提言をしている。刑務所改革に関しては、2008〜2009年の時期における状況について、「AB900の補充ベッド実施：進展と危惧」という題名で分析をしている。そのなかで、主な危惧として挙げているのは、補充ベッドをAB900で予定されている通りの規模や数で導入しようとしても、予定される24億ドルの予算ではそもそも不足で、さらなる金額が必要となるであろうことであった。すでにみたように、この補充ベッドには、更生のための様々なプログラムが割り当てられることになっており、各受刑者に適切なプログラムを受講させるために、入所当初、個別に評価等を行う「入所センター」の機能を拡充するためにも、必然的に予算の増額が伴う。また当然のことながら、それらプログラム実施のための場所の確保やスタッフの充実も必要であるから、そのような事柄を総合して考えると、この予算が十分であるという確信は得られないとする[66]。そこでLAOが提案するのは、必要となる予算の計算を、再度、独立的な民

---

66　"Capital Outlay, Implementing AB900's Infill Bed Plan: Progress and Concerns"JUDICIAL & CRIMINAL JUSTICE, LAO (The Legislative Analysts' Office), 2008-09 at 138-151.

間企業に行わせ、諸プログラムをさらに少数のいくつかの施設へ集中化するなど効率化を図り、それにより州議会はさらなる予算削減に努めなければならないということである[67]。

### （二）「責任ある予算のためのカリフォルニア州民連合（Californians United for a Responsible Budget: CURB）」による評価

CURB は、2003 年に設立され、主に予算的な分析から、刑務所改革に反対している NGO 団体である。CURB は、その機関誌において、「過剰収容の緩和に関する施策および矯正と社会復帰に関する施策についての評価」を次のように行っている。すなわち、刑務所における過剰収容状況を緩和することが、受刑者の矯正教育や社会復帰にとって重要であるにしても、すでにカリフォルニア州では累積赤字が莫大となっている上に、同州の刑務所体制はすでに世界最大規模であるから、さらに 150 億ドルもの巨額の予算を費やして、刑事収容施設を増設・拡張することには反対であると[68]。しかも、そのうち約半分の 75 億ドルについては、今後、公債を発行することによって賄うというのが計画であるが、それに関する手続的な側面をまったく無視していると批判する[69]。すなわち、更なる巨額の借金を前提とする、同州の刑事政策における大々的な変革と方向転換を軸とする重要な法案が AB900 であるにもかかわらず、州民の住民投票はおろか、パブリック・ヒヤリングなどの住民参画の機会がまったく保障されないうちに可決されたという手続違反を批判するのである。さらに、実質面についても、刑務所等の新設や拡張により収容率を低下させようとするこの法案では刑務所改革にはならないのであって、被収容者数を減少させることこそが重要であるとする。また、世論調査によれば、カリフォルニア州民の 3% しか、AB900 が推進しようと

---

67 *Id.* at 147-148.
68 Fact Sheet on AB900: California's Massive Prison Expansion Deal, Updated February 2009, available at http://curbprisonspending.org/wp-content/uploads/2010/05/ab900factsheet.pdf （last visited June 3, 2018）
69 AB900 borrows $7.5 billion to build new prisons: Fact Sheet on the use of Lease Revenue Bonds to Build Prisons, Updated May 2008, available at http://curbprisonspending.org/wp-content/uploads/2010/05/Fact-Sheet-on-Lease-Revenue-Bonds-Updated-May-08.pdf （last visited June 3, 2018）

している刑務所の新設や増設に優先順位付けをしていない。そしてその新設および増設のために州の公債を発行して賄うとするが、建設費だけで74億ドルに達し、将来的にはその倍の150億ドルを実際に支払うことになる[70]、と。

　上記2団体は要するに、その費用と効果の面について、特に懐疑的な意見を提示しているのだが、研究者の議論はいかなるものか、次に概観しよう。

## 二　研究者による評価
### （一）　過剰収容緩和施策についての評価

　約200％の過剰収容状況が諸問題の最大の原因であり、その解決が先決であると考えるのが、非営利公益（nonprofit public interest）法律事務所、「刑務所法オフィス（Prison Law Office）」の所長かつ先述プラタ事件の原告代理人を務めたドナルド・スペクター（Donald Specter）である。AB900による改革が未だに効果を発揮していないのは、連邦裁判所の介入が必要となっているほどに、過剰収容の緩和が予定通りに進んでいないことを最大の理由として挙げる。すなわち、「過剰収容は受刑者を極度な危険に陥れており、刑務所人口は安全に削減することができるとしながら、〔連邦〕裁判所は、心ならずも、また堅固にも、州知事に対して、2年間で受刑者を4万人削減する計画を提出するように命じた。…〔これに対する州知事の最終的な計画は〕裁判所により認められたが、以下のような、様々な措置を混合させたものであった。すなわち、量刑改革、州外の民間や連邦移民施設への受刑者移送、仮釈放改革、地域社会における更生、そして、さらなる行動評価〔＝受刑者の良好な行動について高く評価し特典等を付与する conduct credits〕などである。」[71] そして、スペクターが特に重視するのは、「量刑や仮釈放に関する〔いくつかの〕法律が、同州に対して、安全に収容することができる以上の数の違反者を収容させていること」[72] だとし、三振法などのように、微罪でも刑

---

70　Fact Sheet on AB900, *supra* 68.
71　Donald Specter, *supra* 23 at 194 at 197.
72　*Id.* また、David Muradyan, *Review of Selected 2007 California Legislation: Government: California's Response to its Prison Overcrowding Crisis*, 39 McGEORGE L. REV. 482（2008）.

務所へ収容することを要求したり、仮釈放中の者を単純な遵守事項違反によってでも再収容することを要求したりする法律の改正を、刑務所改革と併せて行っていく必要性を主張する。このように、犯罪者の収容プロセスの見直しと改革により、過剰収容の解消を加速させ、医療および矯正教育に対する州の政策の効果を発揮させることが急務であるとの認識には、注目する必要があろう。

### （二）　刑務所内での医療ケアの充実および人種統合に向けた施策についての評価

　連邦裁判所により指定された「監督官」ケルゾー（Clark Kelso）の見積もりによると、受刑者に対して、憲法上要求される医療ケアの水準をカリフォルニア州刑務所において実現するためには、70億ドルの初期費用が必要となり、そのうち60億ドルは、通常とは異なる特別な医療収容施設に入れる必要のある受刑者等を収容するために新規7施設を建設することに、また残りの10億ドルは、既存の33の州刑務所内における医療施設の改善のために使われる。これは2008年に連邦裁判所ヘンダーソン裁判官によってすでに認められているものの、同年5月に財政的な困難に直面し、医療ケアについての改善が進展しなくなった[73]。そこで2010年3月にケルゾーは、受刑者のうち昏睡状態にあり自分自身が受刑中であることすら認識できない者や、その他極度の重病を患い刑務所外の医療施設において公費で治療を受けている受刑者について、医療的仮釈放（medical parole）を導入し、そのような32名の受刑者を仮釈放にすれば、今後5年間で2億1,300万ドルの節約になると試算し、議員に法案の準備を呼び掛けた[74]。

　以上の医療ケアの充実と並んで解決するべき重要な事柄に、人種統合の問題がある。2005年2月23日、ガリソン・ジョンソン対カリフォルニア（Garrison S. Johnson v. California, 543 US 499）において、連邦最高裁は、同一人種を

---

[73] *California Annual Review: Summary: An Update on the California Prison Crisis and Other Developments in State Corrections Policy*, 14 BERKELEY J. CRIM. L. 143 at 152-153（Spring 2009）.

[74] "Plan would parole the gravely ill, shifting a few inmates could save millions," The Sacramento Bee, March 28, 2010, A16.

同一の居室に収容するというそれまでのカリフォルニア州の運用を、合衆国憲法修正14条（平等保護条項）のもとで厳格審査するべきであるとし、州に不利な見解が示されたことから、両当事者間に和解が成立した。つまり、「修正14条の人種差別禁止に従うことは、適切な行刑に合致するばかりでなく、刑事政策全体の正当性にてこ入れすることでもある」[75]から、人種ごとに収容を分けることは、今後しないという了解が原告ジョンソンと州との間に成立した。これを受けて、今回の刑務所改革においても、人種統合の収容を徐々に実施すべく、2008年からの受刑者については、人種に関係なく収容することになった[76]。しかし、ギャンググループの多くが人種やエスニックごとに構成されているカリフォルニア州においては、刑務所内においてもグループごとに自分たちの規律を順守しており、他グループに属する者と居室を共にすることはできず、そのような人種やエスニックを基礎とする諸ギャンググループを人種統合の名のもとにばらばらにして収容することに対しては、彼らが暴力で抵抗する可能性が高い。そのような緊迫した状況が、ただでさえ過剰収容によって生じている刑務所内でさらに悪化するのでは、矯正教育や充実した医療ケアの実施など、AB900の理想の実現がさらに遠くなるとし、時間のかかる取り組みではあるが、適切な人種統合に向けた施策がまず必要であるとする[77]。

（三） 円滑な社会復帰を促進するための施策についての評価

AB900は、受刑者が円滑な社会復帰を達成することによって、再度刑務所に収容されることがなくなり、その結果、再犯率全米第1位の汚名を返上することを期待している。そしてそのような円滑な社会復帰のための方策として、リエントリー・プログラム施設を各コミュニティーに用意し、刑務所から出所した直後の一定期間、そこで様々なプログラムを受けながら生活させることを計画していたが、財政難による2億5,000万ドルの予算カットの影響とともに、コミュニティーにおけるリエントリー・プログラム施設の受

---

75　*Garisson S. Johnson v. California*, 543 US 499, 510-511.
76　*California Annual Review*, supra 73 at 161.
77　*California Annual Review*, supra 73 at 166.

け入れ状況も芳しくない[78]。そのようなハード面における困難さに輪をかけて受刑者の社会復帰を難しくしているものに、社会的な障壁が存在するという主張も存在する。すなわち、「多くの〔受刑〕者は、カリフォルニア州刑務所に入所した時と同様の精神的健康状態および薬物乱用問題を抱えたまま、自分のコミュニティーに戻ってきている。…彼らは刑務所からすでに、『〔コミュニティーへの〕再統合を成功させるために必要なツール』を持たないまま出所してしまっているのだ」[79]と。したがって、社会において、付帯的な帰結（Collateral consequences）が彼らには待っている。つまり、「公的・政府支援による住居施設への申請不能、雇用や許可における制限、公的利益申請への一時的または永久的不能」[80]である。また、このような法的に不利益な状況に加えて、他の「隠された社会的障壁」が社会復帰の成功を困難にしている。「…多くの場合、雇用主は元受刑者を雇おうとはしないし、大家は彼らに不動産を貸すことをためらう。…そして、これらの障壁はお互いに増強し合う。安全で安定した住居を得ることができないことで、元受刑者は住所がなく電話番号もない、したがって、仕事に就く可能性に〔それらが否定的に〕影響するのである」[81]と。したがって、「AB900によって創設されたリエントリー・プログラムは『真の改革の中心存在（Centerpiece of Real Reform）』になっていないことは明白である。…意味のある改革のための真の中心項目は、そのような社会的かつ法的な変革である」[82]と結論付け、同州が実施している刑務所改革等、一連の重要改革の推進の前に、コミュニティーおよび社会の受け入れ態勢を整備することの重要性を指摘するのである。

### （四）　量刑改革論

以上のような個別の政策に関する評価以外にも、全体的な行刑改革に広く

---

78　Eumi K. Lee, *Commentary: The Centerpiece to Real Reform? Political, Legal, and Social Barriers to Reentry in California*, 7 HASTINGS RACE & POVERTY LAW JOURNAL 243（Winter, 2010）at 250-251.
79　*Id.* at 251-252.
80　*Id.* at 253.
81　*Id.*
82　*Id.* at 260-261.

焦点を当てた次のような評価にも注目すべきである。つまり、AB900は確かに過剰収容状況を改善するために、既存施設の拡張や新たな施設の建設を推進し、過剰収容が緩和された施設において矯正教育を重点的に実施していることを指摘し、それを完全に否定せずとも懐疑的に評価する。つまり、AB900は2007年までのカリフォルニア州の現状を、基本的には維持するだけのものであると[83]。その上で、特に、収容しきれないほどの数の受刑者を刑務所に送りこんできたカリフォルニア州の有期刑に関する法律（determinate sentencing law: DSL）を改革することが急務であると主張する。すなわち、カリフォルニア州刑法（Cal. Penal Code 1170 (b)）が、それまで特定の要件なしに、それぞれの犯罪類型に応じた確定的最高刑（upper terms）を、陪審にではなく、裁判官に判決できるようにしていたことが、連邦最高裁によって、陪審裁判を受ける権利を保障する合衆国憲法修正6条および適正手続を保障する同14条に違反するとされた[84]が、これを受けてカリフォルニア州議会は2年間の時限立法を行い[85]、裁判官は、一定の理由を示さなければ、そのような確定的最高刑を下すことはできないとした。しかし、このような立法はほぼ現状維持（status quo）の立法でしかないと批判し[86]、より重要なのは、カリフォルニア「州全土において統一的かつ正当な量刑基準を設定するために研究し、量刑データを収集するための独立の量刑委員会（a sentencing commission）を設置する」[87]ことであるから、それこそを早急に考察し、行刑改革全体を「意味のある改革」[88]とすべきであるとする。

---

[83] Warren Ko, *SUMMARY: 2007 California Criminal Legislation: Meaningful Change, or Preserving the Status Quo?* 13 BERKELEY J. CRIM L. 97 at 115 (Spring 2008).

[84] *Cunningham v. California*, 549 U.S. 270; 2007 U.S. LEXIS 1324, January 22, 2007, Decided.

[85] Senate Bill 40, 2007-08 S., Reg. Sess. (Cal. 2007). *See*, http://leginfo.legislature.ca.gov/faces/billNavClient.xhtml?bill_id=200720080SB40 (last visited June 9, 2018).

[86] *SUMMARY*, *supra* 83 at 106, 109.

[87] *Id*. at 110.

[88] *Id*. at 115. また、Lopez, *Coleman/Plata: Highlighting the Need to Establish an Independent Corrections Commission in California*, 15 BERKELEY J. CRIM. L. 97 (Spring, 2010) は、独立の監視委員会を提唱する。

以上、研究者による評価を概観したが、次のように要点をまとめることができよう。まず、過剰収容については、AB900 の過剰収容緩和策それ自体を否定するものではないにせよ、その効果の緩慢さについて批判が加えられている。また、刑務所内の医療ケアについては、過剰収容の緩和が進むことによってはじめて改善が可能となるものであるところ、過剰収容の緩和が、予算の削減等の現実的な足かせによって、それほど進展していない点が、現実に即した批判として提示される。さらに、刑務所内における人種統合の困難さが、過剰収容と並んで矯正プログラムの効率的な実施を妨げている点も批判される。これは AB900 が解決しようとした点とは異なり、CDCR に対する別の観点からの批判ではあるが、両者が密接に関連していることも事実である。また、スムーズな社会復帰を目指す AB900 の中心的な施策であるリエントリー・プログラム施設の準備に関して、カウンティーにおける施設受け入れ状況や、一般州民の心理的な受け入れ態勢が不十分であることなど、先に改善すべき点がいくつも見出されるとする。さらに、最後の量刑改革についても、過剰収容の緩和を実現するために、施設の拡充や新設と併せて、急ピッチで実行していかなければならない問題であるとされる。

　要するに、単に AB900 という新しい改革立法が 2007 年に成立し、その後の予算の問題は別にしても、新しい刑務所改革の第一歩を歩み出したこと自体を否定すべくもないが、それだけですべてが円満解決するというものではない現実について、個別の施策および全体についてすでに研究者は指摘しているのである。それでは次に、連邦裁判所による、カリフォルニア州へのその後の介入の状況を概観し、同州刑務所改革についてどのような評価がなされているのか考察する。

## 三　連邦裁判所による評価

　上記、一および二において、カリフォルニア州における 2007 年からの刑務所改革に関する諸団体および研究者による評価を概観したが、先に刑務所における医療体制の立て直しに関し、コールマン判決では「特別主事」が、プラタ判決では「監督官」が選任されるなど、同州の行刑のあり方について、すでに二度にわたって介入を試みていた連邦裁判所は、さらに 2009 〜 10

年の判決において具体的な改善を命令している。それら判決を概観し、連邦裁判所はカリフォルニアの行刑改革について、いかなる評価をしているのか検討する。

（一）　2009年8月4日　連邦地方裁判所命令[89]

連邦裁判所は、合衆国連邦法28編2284章（Section2284, Title 28 United States Code: 28 U.S.C. §2284）に基づき、3名の連邦裁判官による法廷、3名判事法廷（Three-Judge Court）を構成し、カリフォルニア州刑務所における過剰収容状況について、「命令」という形式で改善を要求した。184頁に及ぶその「命令書」において、次のように、過剰収容に根本的な原因があるにもかかわらず、カリフォルニア州は現実的な対策を講じてこなかったことを批判し、同州にその改善を早急に実現することを求めている。

> 犯罪に厳しく対処する政策（Tough-on-crime politics）がカリフォルニア州の刑務所〔受刑者〕人口を、必要とされる改革が不可能となるまでに、劇的に増加させた。…カリフォルニア州における現行の刑務所体制は公共にとっても受刑者にとっても役に立っていないにもかかわらず、同州は長年にわたって、その継続的な悪化を反転させるために必要な改革を実施することができず、あるいは、その意欲すら欠いてきた。…悲劇的なことに、カリフォルニア州の受刑者は、最低限の医療ケアもメンタルヘルスのケアも、長年に渡って否定されてきたために、その結果は重大で、しばしば致命的なものであった。…同州が、憲法的に適切な医療ケア（constitutionally adequate medical care）の提供を怠った結果、相当な数の受刑者が命を落としてきた。2005年中期現在、カリフォルニア州の受刑者は6～7日に1人〔の割合で〕不必要に（needlessly）〔＝死ななくても良いにもかかわらず〕亡くなっている。…端的には、カリフォルニア州の刑務所はガタガタ（bursting at the seams）で運営不可能である[90]。

---

[89] *Coleman v. Schwarzenegger*, 2009 U.S. Dist. LEXIS 67943, NO. CIV S-90-0520 LKK JFM P THREE-JUDGE COURT, NO. C01-1351 TEH, THREE-JUDGE COURT, UNITED STATES DISTRICT COURT FOR THE EASTERN DISTRICT OF CALIFORNIA, August 4, 2009, Decided.

[90] *Id.* at 6-9.

このように「ガタガタ」の状態にあるカリフォルニア州刑務所体制の根本原因である過剰収容解消のために同州が取るべき途として、同連邦地裁は次のように、仮釈放改革や量刑改革などを示唆する。すなわち、

　　仮釈放の改革から、仮釈放〔遵守事項〕の形式的（technical）違反者や低危険度違反者（low-risk offenders）に対するダイバージョン、さらに量刑改革や行状良好に対するポイント制（good time credits）の拡大や矯正プログラムまで、州が刑務所受刑者数を削減する方法は多数存在する。我々の削減命令に従うために、現在収容されている受刑者を、州が無差別に釈放する必要はない[91]。

　その上で、連邦制における各州の独立性に配慮し、連邦裁判所は決して軽々に州の行刑運営に介入するものではなく、州の受刑者の最低限の医療ケアなどを確保するために必要な場合にのみ介入するとの言及を忘れない。

　　我々は、我々がここに発する受刑者数削減命令の重大さについて認識している。我々は軽々しく〔州の〕受刑者数の問題に介入するのではない。しかしながら、連邦裁判所の介入が、憲法によって〔受刑者に〕保障された権利を実現するための唯一の手段となった場合には、連邦裁判所はやむなく行動しなければならない。…カリフォルニア州の受刑者には、憲法的に適切な医療ケアおよび精神健康ケアを、長きに渡り否定されてきたため、しばしば悲劇的な結果がもたらされた。また、カリフォルニア州の刑務所における過剰収容は、犯罪を助長するものとなってしまったが、憲法遵守（constitutional compliance）を達成した刑務所体制にしようとするのなら、〔過剰収容を〕削減しなければならない[92]。

　そして、結論として同連邦地方裁判所は、以下のような命令を下す。

　　被告〔＝カリフォルニア州〕は、受刑者数を2年以内に、矯正更生局の成人刑事施設の定員の137.5％に削減する削減プランを、45日以内に当裁判所に提出

---

91　*Id.* at 9.

するものとする。…被告は、その案の中に、実行しようとする様々な行動の効果的日程（effective dates）、および、6カ月後、12カ月後、そして24カ月後に達成しようとする削減数の予測を示さなければならない[93]。

　以上のように、連邦地裁は、カリフォルニア州の受刑者が憲法上保障されなければならない最低限の医療ケアや精神的健康ケアを認められてこなかった事実を認定し、その状況の根本原因は定員の200％を超える過剰収容状況であり、それを2年以内に137.5％まで削減するよう命じた。要するに、先のコールマン判決およびプラタ判決において裁判所が示した、カリフォルニア州の受刑者に憲法上の権利が保障されていないとする認識に基づきつつ、その根本原因は過剰収容にあると評価したのであった。

（二）　カリフォルニア州の対応

　上記、2009年8月4日の連邦地裁命令の後、カリフォルニア州はどのような動きをしたのか、それに対して連邦地裁はどのような対応を取ったのかについて、順次概観する。

（1）　2009年9月18日・10月21日

　連邦地裁の命令において、カリフォルニア州は45日以内に、受刑者数削減プランを同裁判所に提出しなければならないとされたが、45日目にあたる2009年9月18日に削減プランを提出した。このプランにおいてカリフォルニア州は、2年以内に166％まで、また、削減のための方策案すべてを州議会が承認すれば、155％まで削減できるとした[94]。しかし、8月4日の

---

[92] *Id.* さらに、同「命令書」182頁の結論部分では、連邦裁判所の役割を次のように、繰り返し限定している。「連邦裁判所は州の事柄に軽々に介入するものではない。連邦制の原則、礼節、そして権力分立は、連邦裁判所に対して州政府の事柄に関与することから、最も差し迫った状況以外では、自重するよう要請している。その場合においても、連邦裁判所は慎重に〔手続を〕進行し、州に対して連邦憲法および連邦法上の義務を自発的に果たすようあらゆる機会を付与しなければならない。…〔州の〕政治プロセスが、マイノリティー〔＝受刑者〕の憲法上の権利を保障することに全く失敗した場合、〔連邦〕裁判所はそれら権利を擁護することができ、またしなければならない」と。

[93] *Id.* at 183.

命令において示された137.5％に到達しないプランを裁判所は認めることはできず、この「削減プラン」を拒絶した[95]。また、その後10月21日に同裁判所は、再度命令を発して、カリフォルニア州に対して削減プランの修正を要求した。

（2）2009年11月12日

10月21日の再提出命令を受けてカリフォルニア州は、その後「修正削減プラン」を準備し、11月12日に裁判所に提出した。この修正プランにおいては、2011年12月までに定員の137.5％までに受刑者数の削減が可能とされていた。そのため同プランを、原告コールマンおよびプラタは、12月7日に了承した[96]。

修正プランにおいていかにして137.5％への削減が可能とされたのか。特定の重罪について刑期の上限を366日とし、州刑務所ではなくカウンティーの拘置所に収容する、仮釈放の取消を削減する、行状良好な受刑者に対する追加的ポイント制を導入する、などの方策を取ることによってこれが可能となるとしたのである[97]。

（三）2010年1月12日　裁判所命令

上記、原告コールマンおよびプラタの了承により、連邦裁判所は、6カ月以内に167％まで削減すること、12カ月以内に155％まで削減すること、18カ月以内に147％まで削減し、24カ月以内に137.5％まで削減することを命ずる命令を発した[98]。そこにおいても、連邦裁判所は、連邦制に基づく州政府の独立性への配慮を忘れていなかった。すなわち、

先回の命令を我々が発した時と同様、我々は、特定のどの削減措置の実施を選

---

94　*Coleman v. Schwarzenegger*, 2010 U.S. Dist. LEXIS 2711 at 31. NO. CIV S-90-0520 LKK JFM P THREE-JUDGE COURT, NO. C01-1351 TEH, THREE-JUDGE COURT, UNITED STATES DISTRICT COURT FOR THE NORTHERN DISTRICT OF CALIFORNIA, January 12, 2010, Decided.

95　*Id.*

96　*Id.* at 32.

97　*Id.* at 33.

98　*Coleman v. Schwarzenegger*, *supra* 94, 2010 U.S. Dist. LEXIS 2711, January 12, 2010.

択するかを州の裁量に委ねる。その際に州は、治安の確保の必要性に留意するのが適切であると考える。我々は、ここに命令した刑務所受刑者数の削減が、安全に実行できることに満足している。また、我々は、州が憲法上要求される削減を実行するに際し、治安を確保するというその義務を履行すると信じている。…

　ここで強調しておきたいのは、州の〔削減〕プランに含まれているいかなる特定の措置をも、我々は承認しているものでもなければ、命令しているものでもないということである。この命令に示された範囲と時期において、刑務所受刑者数を削減するのは州である、ということのみ〔強調しておきたいの〕である[99]。

　以上のように、連邦裁判所は、連邦制の原理から州の行刑体制に関して介入することは最終手段であるとしつつも、過剰収容の削減を第一に実施することを、明確な数字を盛り込みつつカリフォルニア州に求めたのである。つまり、AB900による施設の増設および新設の実現による過剰収容緩和のための各種政策が実施されつつあるにもかかわらず、また、どのような方策を実施するかは州の自主的判断に委ねると譲歩しながらも、連邦裁判所は、裁判所として明確な意思を示し、同州がこの問題に適切に対処することを時間的な設定も明確にしつつ介入するほど、喫緊の問題として過剰収容状況を認識しているということである[100]。

---

99　*Id.* at 33-34. また3名の裁判官の1人、ヘンダーソンによる以下の講演録も参照。Thelton Henderson, *Symposium: Confronting the Crisis: Current State Initiatives and Lasting Solutions for California Prison Conditions: Keynote Address: Confronting the Crisis of California Prisons*, 43 U.S.F. L. REV. 1 at 6 (Summer, 2008). 州の判断に敬意を払うとするのと同時に、裁判所の役割として、特に行刑に関わる矯正局のような官僚体制に切り込むためには何が必要かについて、ヘンダーソンは、コロンビア大学ロースクール Susan Sturm 教授の言う「触媒アプローチ（Catalyst Approach）」を提唱する。このアプローチは、裁判所がいわば触媒となって変化を当事者に起こさせる方法であるとする。すなわち、これは「裁判所が命ずる憲法的救済を発展させ、かつ実施するという両面について、主要な役割を被告〔＝カリフォルニア州〕に担わせることを目標にしている。また必要であれば、そのような憲法に違反する状況をそもそも作り出した組織内に横たわる文化を変革させることをも〔被告に担わせる〕。」(*Id.* at 8.)

（四）　ブラウン　対　プラタ 判決（連邦最高裁、2011年）[101]

シュワルツェネッガー知事の後任として州知事に就任したジェリー・ブラウンが、先述プラタ判決の有効性を州の代表として争った事案につき、連邦最高裁は、2011年5月23日に、その主張を以下のような2つの理由から退け、カリフォルニア州の刑務所過剰収容の状況改善を前進させることに同意した。

第一に、連邦裁判所が州刑務所の人数を制限することは、受刑者の憲法上の権利侵害に対する救済として必要であり、1995年刑務所訴訟改革法（PLRA）がそれを根拠づけていることである。つまり、修正8条の権利が侵害されていることについて、連邦裁判所はその救済に責任があり、PLRA3626条（a）（3）によれば、3名判事法廷のみが州刑務所の人数に制限を掛けることができるが、それには「過剰収容がその権利侵害の主たる原因」であり、「その

---

100 さらに、2010年4月14日の判決（*Coleman v. Schwarzenegger*, 2010 U.S. Dist. LEXIS 49510, April 14, 2010.）では、1995年のコールマン判決で任命された「特別主事」が2009年12月24日に提示した「報告および勧告（Report and Recommendations）」において、精神病患者等の受刑者自殺率が他州と比較して有意に高いとしていることに関連して、次のような命令を発している。「1、特別主事の2009年12月24日勧告は、今回は採択しない。2、今後120日以内に、特別主事の指導のもと、被告〔＝カリフォルニア州〕は、〔以下の事柄を〕再点検（review）しなければならない。〔即ち、〕あらゆる自殺防止策および慣行、あらゆる自殺調査および報告過程、それら方策、慣行および過程の実施。また、この再点検の一環として、被告は、自殺防止策および慣行、〔その〕調査および報告過程、さらにそれらの実施に対する、いかなるそしてあらゆる特定の修正をも、受刑者自殺問題に取り組むために必要なものとして確認しなければならない。その後45日以内に、特別主事は、当裁判所にこの再点検について報告をしなければならない。3、精神健康局（Department of Mental Health）は、特別主事の自殺調査過程にとって本質的な情報を提供することに関して、特別主事と打ち合わせを行い、必要であれば、その提供のための適切な方針および手続を策定しなければならない。これは、この命令によって定められた120日間の再点検期間内に行われなければならない。」（*Id.* at 24-25.）

101 Edmund G. Brown, Jr., Governor of California, et al., Appellants v. Marciano Plata et al., 131 S. Ct. 1910, on appeal from the united states district courts for the eastern district and the northern district of California ［May 23, 2011］．大沢秀介「Brown v. Plata, 131 S. Ct. 1910（2011）——キャリフォーニア州刑務所の過剰収容により、受刑者に対する医療実施が極端に悪化していることは、残虐で異常な刑罰を禁じる第8修正に違反しており、連邦法の下で刑務所受刑者の減員命令が認められる」アメリカ法 2012-1、197-201頁。

他のいかなる救済もその権利侵害を救済できない」ことが「明白かつ確信を抱くに足る証拠によって認められなければならない。」そして、これら要件を充足していることを連邦最高裁は肯定したのである。

　第二に、州刑務所の過剰収容を適切な環境へと改善する方法を模索する州権限に、上記3名判事法廷の命令が違反しないことについても、同最高裁は確認した。第一に137.5％という基準は、連邦行刑局専門家による証言および同州矯正独立審査委員会の勧告の枠内であり、次に、2年以内にそれを達成せよとする命令についても、州が延長願を提出することを認めており、それまでにその前提条件を達成していれば延長が認められる可能性があるから、容認できるとした。

　こうして連邦最高裁の判決によって有効性が確認されたカリフォルニア州刑務所の過剰収容削減の計画は、その後着々と実現に向けて進められ、2013年2月現在で13万2,000人余りの収容状況で、最終的な命令の人数である11万人まであと2万人余りとなった。このような改善状況の下、ブラウン州知事は、同年1月8日に、7月31日をもって、2006年10月4日に当時の知事であるシュワルツェネッガーが発出した過剰収容に関する前述「非常事態宣言」を終結させることとした[102]。

　2007年に本格的に始まった以上のようなカリフォルニア州における刑務所改革は、2011年1月にシュワルツネッガー知事が任期満了を迎え、ジェリー・ブラウンが後任となったが、基本的な改革の方向性については、それほどの変化は生じなかった。つまり、受刑者の基本的人権を擁護しつつ社会復帰を促進するという方向を、カリフォルニア州刑務所改革は提示したが、それは継続されていると考えられる。

　また、研究者らが指摘しているように、量刑や仮釈放の制度を改革する必要があろう。この点について検討することが、重要な課題となるので、最近

---

[102] A Proclamation by the Governor of the State of California (January 8, 2013). *See*, https://www.gov.ca.gov/2013/01/08/news17886/ (last visited June 10, 2018).

の、つまり 2016 年におけるカリフォルニア州刑務所改革の状況について、次の第 4 節で確認したい。その上で、受刑者の更生とスムーズな社会復帰とを基本的視点とした、今回のカリフォルニア州刑務所改革に関して、もう 1 つ注目しなければならないのは、そのような矯正教育および更生のためのプログラムの進捗状況および効果について監視していく、独立的組織である「カリフォルニア更生監視委員会（California Rehabilitation Oversight Board: C-ROB）」を、AB900 が用意したことである。同委員会はどのような機能を有するのか、また、刑務所をめぐるその他の諸問題を迅速に処理解決するために、C-ROB 以外に、矯正更生局から独立して存在するその他の機関についても考察し、刑務所体制およびそこでの行刑の執行についての監視体制全体が、受刑者の人権保障に関してどのように機能しているのかについて考察しなければならない。そして、それとの対比において、わが国において、現行刑事収容施設法において設置されることになった「刑事施設視察委員会」の役割と機能を検討し、「憲法的に適切な」行刑のあり方を維持発展させるために、カリフォルニア州の制度が示唆するところは何かを考察することが課題となるが、それについては、第 4 章以下で概観する。

## 第 4 節　カリフォルニア州刑務所改革と 2016 年「第 57 提案」

　2007 年に当時のシュワルツェネッガー知事によって始められたカリフォルニア州刑務所改革は、その後約 10 年を経過した。2016 年には州憲法の改正まで行って新たな動きを見せているが、どのように展開しているのか、その概要を把握したい。以下、本節では、2016 年 11 月 8 日の州民投票によって可決された「第 57 提案」[103] の経緯および内容を考察することで、犯罪者を社会から隔離し収容するための刑務所から、受刑者個々人の矯正と更生を図り社会復帰を目指す施設に変革するという 2007 年当時の基本的な考え方および改革の方向性が、今現在も根本的には変わらないという事実を明らかにする。そして、それは同提案の中のカリフォルニア州憲法の改正の提案としても表現されていたことを確認したい。

## 一　2016年「第57提案」の経緯と内容

　すでに見たように、カリフォルニア州刑務所の収容率を137.5％まで削減し、矯正教育等を通じて犯罪者を更生した上で社会復帰させ、再犯を防止することで、同州の治安を改善することにつなげようとする基本的な刑務所改革の方向性を示した州法AB900が2007年に可決され、これに基づき様々な施策が策定されたが、2008年のリーマンショックによって、カリフォルニア州にも経済的混乱が生じ、州予算の削減が避けがたい状況となった。そして2009年7月1日にはシュワルツェネッガー知事は、「財政上の非常事態宣言（Fiscal Emergency Proclamation）」を出すに至り[104]、これを受け、同州刑務所改革も計画通りに進めることが難しい状況に陥った。予算の削減による計画の遅延が、特にリエントリー・プログラム施設の新設計画において見られたのである。このような状況下、いかにして目標の収容率まで収容人員を削減し、受刑者の社会復帰を図ろうというのか。刑務所改革開始後約10年を経過しようとした2016年11月8日に、後任ブラウン知事が州民投票で64％の支持を得て可決した「第57提案」を概観し、今後の同州における刑務所改革の行方を考察したい。

　まず、2016年に可決された「第57提案（Proposition 57）」の提案の経緯と内容とについて概観する。それによって、2007年にシュワルツェネッガー知事によって開始され、その後任のジェリー・ブラウン知事によって引き継がれたカリフォルニア州刑務所改革が、当初の基本的精神を失っていないこと、つまり受刑者の社会復帰を促進することで再犯を防ぎ、それによって社会の治安の回復を図るための模索が、改革開始後リーマンショックによる予算削減を経て約10年経過した現在でも継続されていることを確認したい。

---

103 カリフォルニア州「第57提案（Proposition 57）」（The Public Safety and Rehabilitation Act of 2016）については、See, http://www.cdcr.ca.gov/proposition57/ (last visited June 10, 2018). この提案が2016年11月8日の州民投票によって受け入れられ、The Public Safety and Rehabilitation Act of 2016として成立した。これを受けて、以下本文で見るように、同州憲法の関連条文および諸刑事法令等の改正がなされ、受刑者の社会復帰へ向けての処遇が大きく変容することになった。

104 Fiscal Emergency Proclamation, July 1, 2009, *supra* 56.

## （一）「第 57 提案」の背景

　2009 年 8 月 4 日の連邦地裁判決、および、それを支持した 2011 年 5 月 23 日の連邦最高裁判決により、カリフォルニア州は同州刑務所の過剰収容を解消していくために、収容率を 137.5％に削減することを求められた。その後、様々な方策を講じたものの、予算削減などもあり、2 年以内に目標に到達するには程遠い状況となったため、同州は 2 年間の延期を連邦地裁に求めることとした。これを受けて 2014 年 2 月 10 日、連邦地裁の 3 名判事法廷は 2 つの文書を出した。それらは、「命令（Order）」と「意見（Opinion）」である。「命令」は裁判所として同州に課す具体的な数値および行動を明示するものであった。「意見」は、その「命令」についての説明で、その前提を示し、2 年間の延期の申請を認めるにあたって、いくつかの条件を付すと同時に、カリフォルニア州のそれまでの対応に明確な苦言を呈するものであった。そして、そこで裁判所に付された諸条件が、「第 57 提案」に結びつくことになったと考えられるので、まず連邦地裁 3 名判事法廷の「意見」を、「第 57 提案」の背景要因として概観し、次いで同法廷が 2 年間の延期を認める諸条件として具体的に明示した「命令」の中身を確認したい。

　2014 年 2 月 10 日の 3 名判事法廷の「意見」は、2009 年 8 月 4 日連邦地裁および 2011 年 5 月 23 日連邦最高裁が命じた目標値である収容率 137.5％の達成を 2 年間延長することを認めるとともに、そのための一般的諸条件を示した。そして、そのような結論に至る前提として、カリフォルニア州の矯正更生局を次のように糾弾する。つまり、受刑者を早期に釈放せよという数度にわたる連邦裁判所の命令に同州が従ってこなかったこと、また、収容率が予定通りに削減されてこなかったことについてである。

　　2009 年以来、より多くの州が次のことを認識するようになった。つまり、収容の目的を達成するために必要な時間を〔刑務所で〕過ごした受刑者は、釈放されても、〔社会で〕適切に対処されれば社会に危険な結果はもたらさず、逆に受刑者および社会の双方に、実際に利益をもたらすということである。このような事実にもかかわらず被告〔＝カリフォルニア州〕は、カリフォルニア州の刑務所収容人員を削減する措置を取ることを継続的に拒否してきた。我々〔連

邦地裁の〕2009年の命令と、この意見の日〔＝ 2014年 2 月 10 日〕との間の 4 年半において、被告は、カリフォルニア州刑務所の過剰収容に対処するために、有意義な措置を〔ほんの〕一つ採用したのみであった。〔それは〕再編成（Realignment）である。これは、重大でない犯罪、暴力的でない犯罪または登録を要しない〔軽微な〕性犯罪（non-serious, non-violent, and non-registerable sex crimes）を起こした犯罪者に対する責任を、州刑務所から郡拘置所（county jail）に移すプログラムである。…〔それ以外、〕被告は、〔それらを適切に実施したのであれば〕カリフォルニア州の刑務所収容人員を安全に削減し、刑務所内の医療およびメンタルヘルス・ケアが違憲状態（unconstitutional conditions）である状況を軽減したであろう当裁判所および最高裁判所が認めたいかなる措置をも実施することを、継続的に怠ってきたのである[105]。

このように裁判所は、受刑者を適切かつ早期に釈放することによって過剰収容を改善するよう命令してきたにもかかわらず、カリフォルニア州の受刑者の釈放に関する認識が他州とは異なりあまりにも慎重であるために、裁判所の命令通りに事が進んでこなかったそれまでの同州の対処を批判した。その上で、以下のように、今後の収容人員削減のための方策として、これからの時期を 3 つの期間に区分し、それぞれにおける指標（benchmarks）を定め、それぞれの時期のそれぞれの指標を確実に達成することを約束させることとした。そして、それを同州が守ることができなかった場合には、「遵守官（Compliance Officer）」という、連邦裁判所の下に置かれる新たな機構を設置し、その遵守官が決めた人数だけ、同州刑務所から受刑者を釈放することとした。

〔受刑者の〕収容人員は〔今後〕3 段階で削減される。すなわち 3 つの指標〔を

---

[105] *Coleman v. Brown, Case3:01-cv-01351-TEH Document2767*, at 2 of 5. http://www.cdcr.ca.gov/News/docs/3jp-Feb-2014/Three-Judge-Court-opinion-2-20-2014.pdf (last visited June 10, 2018). また、2011 年に導入された「再編成」については、*See*, "The Cornerstone of California's Solution to Reduce Overcrowding, Costs, and Recidivism," http://www.cdcr.ca.gov/realignment/ (last visited June 10, 2018).

それぞれの期間ごとに達成しなければならないの〕である。最初は本年6月、2番めは2015年2月、そして、最後の3番めは2016年2月である。この命令の下に始めて、これら指標〔の達成〕を確実にするために有効な機構である「遵守官」を設置する。彼〔＝遵守官〕は、被告〔＝カリフォルニア州〕が、〔3つの〕指標の一つでも達成できなかった場合、受刑者を釈放する権限を有する。釈放する〔受刑者の〕人数は、被告が達成できなかった指標に達するために必要な〔＝指標の数と現実の数との差の〕人数とする[106]。

このように、連邦裁判所はかなり強力な強制力をもって、今後カリフォルニア州が計画通りに刑務所収容人員を削減しなければ、連邦裁判所に任命された「遵守官」が、連邦裁判所として受刑者の釈放に乗り出すと宣告したのである。そのような状況で、同州は、この裁判所の意見の中に次のような条件が明記され、収容人員の確実な削減を約束させられた。

〔被告カリフォルニア州は〕収容人員削減措置を直ちに実施することに同意した。すなわち、暴力的でなく〔三振法での収容〕2回めの違反者（second-strike offenders）、および、最低警備収容（minimum custody）の受刑者に対して、良好ポイント（good time credits）を今後増大させること、2回めの違反者について刑期の半分のみの経過後、仮釈放の対象となるように新たな仮釈放決定プロセスを導入すること、および、高齢者や医療的脆弱者（medically infirm）にも仮釈放を拡大することである[107]。

より具体的な数字および方策等は、同日の同裁判所から発せられた「命令」[108]によって明らかにされている。その命令の要点は以下の通りである。

---

106 *Id., Coleman v. Brown* at 3 of 5.
107 *Id.*
108 *Coleman v. Brown, Case3:01-cv-01351-TEH Document2766.* http://www.cdcr.ca.gov/News/docs/3jp-Feb-2014/Three-Judge-Court-order-2-20-2014.pdf (last visited June 10, 2018)

(1) 137.5％の収容率達成を 2016 年 2 月 28 日まで延期する。
(2) 3 期間の指標は、
　　(a) 2014 年 6 月 30 日までに 143％、
　　(b) 2015 年 2 月 28 日までに 141.5％、
　　(c) 2016 年 2 月 28 日までに 137.5％とする。
(3) 州外刑事施設に移送して収容しているカリフォルニア州受刑者の数を、その時点での約 8,900 人以上には増加させず、むしろ削減することを模索する。
(4) それまでに行ってきたいくつかの措置以外に、以下の措置を直ちに実施する。
　　(a) 暴力的でない 2 回めの違反者および最低警備収容の受刑者について、良好ポイントをそれまでの 20％から 33.3％に増加させるとともに、更生プログラムを完了した場合に、達成ポイント（milestone credits）を獲得できるようにし、刑期 12 カ月のうち 6 週間の刑期を短縮することができるとする。また、最低警備収容の受刑者については、良好ポイントを 2 倍とする。
　　(b) 暴力的でない 2 回めの違反者については、刑期の半分を終了した時点で仮釈放の審査を受けることができるようにする。
　　(c) 仮釈放がすでに認められ日程が決まっている無期懲役刑受刑者のうち一定の者については、その日程以前に速やかに仮釈放する。
　　(d) 医療的無能力者（medically incapacitated inmates）である受刑者についても、仮釈放を拡張するプロセスを、「監督官（Receiver）」に協議の上準備する。その上で、必要な医療処置を受けることができる社会内施設に移送する。
　　(e) 60 歳以上の受刑者および最低 25 年の刑期期間を経過した受刑者が、仮釈放に適するか否かを、仮釈放審査委員会（the Board of Parole Hearings）に審査される新規のプロセスを準備し実施する。
　　(f) 1 年以内に、指定された 13 の刑務所において、新規のリエントリー・ハブ（new reentry hubs）として活動させる。
　　(g) 郡やコミュニティーと共に、パイロット・リエントリー・プログラムの追加的な拡張を追求する。

(h) 女性受刑者に対する拡張的収容外プログラム（an expanded alternative custody program）を実施する[109]。

　2014年2月10日に連邦地裁から、以上のように相当具体的で細部にわたる命令を受けたカリフォルニア州は、これらを実行に移し、決められた時期に決められた収容率にまで削減するために施策を練る必要が出てきた。また、それを可能にするための州法を用意しなければならないこととなった。そしてそれが、2014年から約2年後の2016年「第57提案」に結実したのである。それでは次に「第57提案」の中身を見ていこう。

### （二）「第57提案」の概要

　「第57提案」の主な内容は、1つめに犯罪者の更生に力を入れること、2つめに連邦裁判所の命令により無差別無基準に受刑者を釈放することを阻止すること、3つめに未成年による一定の犯罪の場合に、その少年を成人裁判（adult court）の審理に付すか少年裁判（juvenile court）の審理に付すかについては、検察官ではなく裁判官に判断をさせること、であった。本書の関心は、1つめと2つめであるが、これらは緊密に関連する事柄であるから、1つの事象としてそれぞれを関連付けながら考察するべきである。つまり、1つめの更生に力を入れるという点については、2007年の刑務所改革の中心的な課題であり、すでに様々なプログラムが準備され実施されていたから、その時点の更生のための施策と今回の「第57提案」とでは何が異なるのかを示さなければならない。2つめの、連邦地裁によってカリフォルニア州刑務所の受刑者を釈放されるという事態は、同州にとっては州主権に関わる大変な屈辱を意味することであるから、是が非でも阻止しなければならない。そのためには、同州が自主的に定めた方法で同州の権限によって同州刑務所の受刑者を釈放する手続を整備し、同州の主権の実行として釈放する必要がある。したがって、以下では、第一に、受刑者の更生のための施策として

---

[109] 前注裁判所命令本文と共に、矯正更生局による次の文書を基に筆者が要約した。*See*, CDCR Fact Sheet, Three-Judge Court Population Reduction Measures (http://www.cdcr.ca.gov/News/docs/3JP-Pop-Reduction-Measures-9.29.pdf) (last visited August 14, 2017).

2007年当時からこれまで実施してきたものを（1）で概観し、第二に、2016年「第57提案」が打ち出したもの、つまり更生プログラム等をしっかりと終えた受刑者は、早期の仮釈放によって早期に社会復帰を可能とするべく、ポイント制を導入して更生プログラム等の受講を奨励し、早期仮釈放を実現しようとしている点について、（2）および（3）で概観する。

（1）矯正教育と更生のための施設「リエントリー・ハブ」

　充実度が低かったにせよ、かねてからカリフォルニア州においても、受刑者の更生のための様々なプログラムがこれまでにも実施されてきた。しかし、前述のように過剰収容によって刑務所でのプログラムは施設的にも規模的にも不十分な状況に陥った。今日、同州矯正更生局の一部門である更生プログラム部（Division of Rehabilitative Programs）は、更生により受刑者の社会復帰を促進することで再犯率を低下させることをミッションとして掲げている[110]。

　同部によって現在実施されているプログラム等は、刑務所内サービス（In-Prison Services）と刑務所外のコミュニティー・リエントリー・サービス（Community Reentry Services）とに分けられている。前者は、更生プログラムが、釈放前に収容中の受刑者に提供されるものであるのに対し、後者は、更生プログラムが、釈放後に居住するコミュニティーにおいて提供されるものである。

　刑務所内サービスとしては、認知行動療法に基づいたプログラムが性犯罪者や薬物乱用者に対して実施される[111]ほか、教科教育として、高校教育への導入および修了のためのプログラム、キャリア技術教育、カリフォルニア州IDカードプログラム、その他9つが列記される。また、これら刑務所内サービスは、次の、コミュニティー・リエントリー・サービスに引き継がれるとされている。

---

[110] *See, "Welcome to the Division of Rehabilitative Programs（DRP），"* http://www.cdcr.ca.gov/rehabilitation/index.html (last visited June 10, 2018).
[111] 性犯罪者および薬物乱用者に対するプログラムの詳細は、前注URLから、Sex Offender Management Program, Substance Use Disorder Treatment Programs および Long-term Offender Program についての説明を参照されたい。

コミュニティー・リエントリー・サービスは、社会内において、それぞれの受刑者のニーズに適合するサービスを提供するもので、特に次の4つに力を入れている。刑務所内サービスにも列記されていた薬物乱用治療の他、住居・生活スキルおよび家族統合（Housing, Life Skills and Family Unification）、教科・学業および職業訓練（Educational including GED, Academic and Vocational training）、ならびに、就職支援およびプレイスメントである。その他に有用なものと思われるプログラムは、強制的でなく自主的に希望する者に任意に提供される、男性向けのコミュニティー・リエントリー・プログラムで、刑期満了まで約1年となった仮釈放者を対象に薬物乱用、メンタルヘルス、医療ケアがあり、また、就職などに関して支援が必要な者を対象にしたプログラムもある。ただし、これらもそうだが、これら以外のプログラムについても、予算的に、すべての郡において提供できるものではないため、これらについては5つの郡および都市に限定して実施されており、参加者も、除外対象者カテゴリーを限定列記するという形式ではあるが、数多くのカテゴリーが除外列記されているため、参加可能な対象者は限定されているのが現状である[112]。

　施設面に関しては、かねてよりカリフォルニア・リハビリテーション・センター[113]が存在してきた。これは、1960年代に薬物常習者の治療施設として軍の病院が再建されたのち、過剰収容が深刻になってきた1980年代に、薬物常習者以外にも重罪犯罪者の収容施設として指定されるようになったもので、通常の刑務所以外に上記刑務所内サービスを専門的に提供する施設としてこれまで利用されてきた。現在、4段階ある警備レベルの上から2段階め、つまり最多層の受刑者が占める第2段階警備レベルの約2,800人を収容している。当然のことながら、過剰収容の同州刑務所では、更生プログラムの提供はこのリハビリテーション・センター1カ所だけでは対処できないため、

---

112 *See*, *"Information Sheet, Office of Offender Services, Community Reentry Services, Male Community Reentry Program, Updated: April 2017,"* http://www.cdcr.ca.gov/Rehabilitation/docs/Factsheets/info_MCRP_APR2017.pdf（last visited August 28, 2017）.

113 *See*, *"California Rehabilitation Center,"* http://www.cdcr.ca.gov/Facilities_Locator/CRC.html（last visited August 15, 2017）.

2007年以降刑務所改革が行われてきたのである。その刑務所改革で考案されたのが、コミュニティーにおける、リエントリー・プログラム施設の設置であった。リエントリー・プログラム施設に1万6,000床を用意し、それまでリハビリテーション・センターが中心に担ってきた更生プログラム等を専門的に実施する施設と位置付けた[114]。ところが、2008年のリーマンショックによって、12億ドルの予算削減が矯正更生局に求められることになったため、リエントリー・プログラム施設を新規に建築するために予算を回すことは困難となり、新規の建設は更生プログラムのための施設ではなく、コールマン判決やプラタ判決においてカリフォルニア州に課された、医療ケア・サービスの再建と充実という喫緊の課題を達成するために、医療センターの建設に留めざるをえなくなった。そして、2013年にカリフォルニア・ヘルスケア施設（California Health Care Facility）が、約8億4,000万ドルをかけて開設されることになったのである[115]。ここでは、3,000人弱の重大かつ長期間にわたる医療ケアの必要がある受刑者を収容して処遇している。

　しかし、受刑者に対する医療ケア・サービスの再建と充実は、彼らに対する矯正教育と更生プログラムを通じた社会復帰の促進とは、近接したサービスではあるものの、まったく同じものではないから、後者、社会復帰促進のための矯正教育と更生プログラムの充実等を断念することを正当化するわけではない。確かに州予算の削減により、緊急性の観点から、または、司法的な観点から、医療ケア・サービスの優先順位は矯正教育と更生プログラムに優ると判断されたものの、これまでの矯正教育と更生プログラムについて、限られた予算の範囲内で進展・拡充させるなどの工夫を迫られた。そのような工夫の1つが、リエントリー・ハブ（Reentry Hubs）である。

　2017年現在でカリフォルニア州内の刑務所等のうち、リエントリー・ハブの指定を受けた13の施設が、先述のリハビリテーション・センターが担

---

114 REFORM & INFORM, *supra* 7 at 6.
115 *See*, "*Master Plan Annual Report for Calendar Year 2013 Submitted July 2014*" (California Department of Corrections and Rehabilitation). http://www.cdcr.ca.gov/FPCM/docs/2013-Master-Plan-Annual-Report.pdf (last visited August 15, 2017) at ES2.

っている様々な支援を実施している。リエントリー・ハブでは、4年以内に出所する見込みのある受刑者に対しては、教科教育、キャリア技術教育を、また、例えば半年から1年以内に出所予定の薬物乱用で入所中の受刑者に対しては、認知行動療法プログラムとして150日間の治療を提供するなどしている。その他に、同プログラムの内には、犯罪的思考（Criminal Thinking）、感情コントロール（Anger Management）、家族関係（Family Relationships）などがある。さらに、移行プログラム（Transitional Programs）に用意されているのは、就職に向けた支援として、履歴書の書き方、面接の受け方、就職準備スキル（job readiness skills）などが含まれる[116]。

しかし、リエントリー・ハブは、刑務所に入所中の受刑者に対する支援プログラムであり、出所後の元受刑者が社会内において、徐々にそして確実に社会復帰を達成することを目指す元々のリエントリーの考え方とは少々異なるもので、刑務所内サービスの矯正教育と更生プログラムの延長線上にあるものでしかない。また、その実施数も、相当限定的である[117]。その意味では、社会内においても矯正教育と更生プログラムが、刑務所内においてと同様に提供されるコミュニティー・リエントリー・プログラムの充実が重要である。

これからのコミュニティー・リエントリー・プログラムについて、2016年1月発行の『カリフォルニア州矯正の将来へのアップデート（An Update to the Future of California Corrections）』[118]によると、以下の通りである。

---

[116] *See, "Rehabilitation Today,"* (Issue 5, April, 2013), http://www.cdcr.ca.gov/Rehabilitation/docs/Newsletters/Rehabilitation_Today_Newsletter_2013_04.pdf (last visited August 16, 2017).

[117] *See,* COMPSAT, Statistical Report（SB601）, 05/10/2017, http://www.cdcr.ca.gov/Facilities_Locator/docs/SB601/CIM-SB601-Quarterly-Statistical-Report.pdf (last visited August 16, 2017). 例えば、2017年5月10日の統計報告では、2017年3月の1カ月間のリエントリー・ハブにおける薬物乱用治療実施件数は149件、犯罪的思考は77件、感情コントロールは77件、家族関係は82件、そして、移行プログラムは27件でしかない。

[118] *"An Update to the Future of California Corrections,"* http://www.cdcr.ca.gov/Blueprint-Update-2016/An-Update-to-the-Future-of-California-Corrections-January-2016.pdf (last visited June 10, 2018).

予算 3,210 万ドルは、コミュニティー・リエントリー・プログラムの継続を含む。…今日までに、〔矯正更生〕局は、220 人の受刑者を、コミュニティー・リエントリー施設に収容する〔ために各施設と〕契約を交わした。予算は、2016～17 年において、全 680 床を確保することを含み、かつ、〔今現在は〕出所の 120 日前から〔コミュニティー・リエントリー・プログラムに参加可能であるところ〕180 日前に参加〔できるよう〕基準を変更することを提案している[119]。

　このように、これまで実施してきた出所前に社会内において徐々に社会生活へと慣らしていくことで、漸進的な社会復帰を目指し、再犯防止を達成しようとするコミュニティー・リエントリー・プログラムについても、当初の目標とは異なり、現在まで限定的なレベルの取り組みでしかない。しかし、受刑者を早期に仮釈放によって社会に戻すことで、刑務所収容率を 137.5％まで削減するという命題がカリフォルニア州には課されており、受刑者の釈放を実現するのであれば、コミュニティー・リエントリー・プログラムを拡大し充実させることが何よりも急務であると思われる。そこで、いかなる方法によって「第 57 提案」は、受刑者を早期に仮釈放し社会復帰させようというのか、以下概観しよう。

**（2）仮釈放実現のためのポイント制**
　「第 57 提案」における最大の改革点は、一定の要件を満たした受刑者が早期に仮釈放を得て社会に復帰する可能性を高める方策を考案したことである。単に収容率を低下させるために、いかなる受刑者でも無審査で釈放するという方法では、確かに収容率は一気に低下するが、また再犯を犯して刑務所に戻って来る可能性は高いから、再犯率は下がらず社会の治安の回復にはつながらない。そこで、以下に述べるポイント制を取り入れることによって、受刑者の更生プログラム等への参加を促すと共に、単に参加だけではなくそのプログラムを最後まで修了させることにもポイントを付与することで、さらに更生の効果を高めようとした。このポイント制の目的について、カリフォ

---

[119] *Id.* at 48.

ルニア州矯正更生局は次のように説明する。

> 〔受刑者は〕持続的な良好生活態度（good behavior）や、更生プログラムまたは教育プログラムの達成によってポイント（credits）を獲得することができる。現在〔＝これまで〕のポイント獲得制度は、犯した犯罪を基礎にしていた。この新しい〔ポイント〕制は、行状（conduct）と〔更生〕プログラムへの参加を基礎にする。「第 57 提案」の下で、〔矯正更生〕局は、受刑者に自分自身の更生に責任を持つよう動機付けをしようとする。つまり、受刑者に教育や職業、また自己啓発活動（self-improvement activities）を追求するよう勧奨することで公共の安全を促進し、さらに、受刑者が私たちのコミュニティーにうまく移行し戻って来る見込み（likelihood）を高めることで、再犯率を低下させようとしているのである[120]。

　過剰収容の解消のために、連邦地裁の 3 名判事法廷は、先述のように「遵守官」を設置するとし、カリフォルニア州が、定められた各期間に目標の収容率を達成するに至らなかった場合には、遵守官が一定の要件の下で任意に決めた受刑者を釈放する権限を持つとした。しかしそれでは、釈放後、同州の治安が確保され再犯が減少するという保証はまったくないため、釈放の前にある程度の更生プログラムを受講させ、再犯の可能性を低下させることを同州は考えたのである。

　さて、このように受刑者に早期社会復帰を達成させるために提案された「第 57 提案」の主要な政策として新設された、仮釈放に向けたポイント制の具体的中身を概観しよう。このポイント制には 5 種類のものが考えられている。A. 良好ポイント、B. マイルストーン完了ポイント、C. 更生プログラム達成ポイント、D. 教育メリット・ポイント、E. 偉業ポイントである。以下、それぞれの概略を見ていこう[121]。

---

[120] See, "Proposition 57: Credit Earning for Inmates — Frequently Asked Questions (Updated May 1, 2017) at 2. http://www.cdcr.ca.gov/proposition57/docs/faq-prop-57-creadits.pdf (last visited August 19, 2017).

A. 良好ポイント（§3043.2. Good Conduct Credit）[122]

日常的かつ満足に（on a regular and satisfactory basis）刑務所の規範を遵守し義務を履行している受刑者に付与されるポイントで、2017年5月1日以降、有期刑受刑者の出所を早め、また、仮釈放の可能性のある無期刑受刑者の仮釈放審査を早める効果を有するものである。死刑囚および仮釈放の可能性のない終身刑受刑者にはポイントは付与されない。

より具体的には、暴力的重罪（a violent felony）で有期または無期懲役とされている受刑者には、4日ごとの良好な生活態度に1日分のポイント（＝20％）が付与される。また、三振法の下、暴力的重罪でない受刑者には、2日ごとの良好な生活態度に1日分のポイント（＝33.3％）が付与される。

そして上記の者以外には、1日ごとに1日分のポイント（＝50％）が付与される。また、暴力的重罪で有期懲役の者でも、森林火災部門の訓練を受け修了した者、または、矯正更生局の消防署に指定された者は、同様に1日ごとに1日分のポイントを得ることができる。さらに、「上記の者以外」に該当する者で、軽警備施設AまたはBに収容されている者は、1日ごとに2日分のポイント（＝66.6％）が付与される。また、暴力的重罪ではなくて収容される有期懲役の者のうち、森林火災部門の訓練を受け修了した者、または、矯正更生局の消防署に指定された者は、同様に、1日ごとに2日分

---

121 概要については、次のURLを参照されたい。"Proposition 57: Credit Earning for Inmates — Frequently Asked Questions (Updated August 1, 2017). http://www.cdcr.ca.gov/proposition57/docs/FAQ-Prop-57-Creadits-Earning.pdf (last visited August 19, 2017). また、A. 良好ポイント制については2017年5月1日から、その他のポイント制については同年8月1日に施行される（後述、(3) 非暴力犯罪者仮釈放審査プロセスについては同年7月1日施行）が、これは「事前緊急法令制定手続（a prior emergency rulemaking proceeding）」による。2017年7月14日に「第57提案」関連法案等につき公示され、パブリック・ヒヤリングは同年9月1日に実施、かつ、パブリック・コメントは2017年9月1日午後5時までとされた。See, "Notice of Change to Regulations, Number: 17-05, Publication Date: July 14, 2017, Effective Date: April 13, 2017," http://www.cdcr.ca.gov/proposition57/docs/Prop-57-Public-Comment-Regs.pdf (last visited August 19, 2017).

122 *15 CCR 3043.2* (2017). (State of California, California Code of Regulations, Title 15. Crime Prevention and Corrections, Division 3. Adult Institutions, Programs and Parole, Chapter 1. Rules and Regulations of Adult operations and programs, Article 3.5. Credits.)

のポイントを得ることができる。

　B.　マイルストーン完了ポイント（§3043.3 Milestone Completion Credit）[123]

　このポイントは、様々な更生プログラムが有する明瞭な目的を受刑者が達成することによってその受刑者に付与されるポイントで、有期刑受刑者の出所を早め、また、仮釈放の可能性のある無期刑受刑者の仮釈放審査を早める効果を有する。更生プログラムには、教科プログラム（academic programs）、薬物乱用治療プログラム（substance abuse treatment programs）、社会生活スキルプログラム（social life skills programs）、キャリア技術教育プログラム（Career Technical Education programs）、認知行動療法プログラム（Cognitive Behavioral Treatment programs）、強化外来プログラム・グループ・モジュール治療プログラム（Enhanced Outpatient Program group module treatment programs）などが該当する。2017年8月1日以降、原則的に上記A.良好ポイントに適合的な受刑者のすべてが対象となり、12カ月間に1週以上12週以下の範囲のポイントが付与される。その付与基準は、受刑者が課題の完成によって示すコースカリキュラムに関する熟達度や理解度（the mastery or understanding）、プログラム担当者の評価および標準テストなどである。

　C.　更生プログラム達成ポイント（§3043.4 Rehabilitative Achievement Credit）[124]

　上記B.マイルストーン完了ポイントが、基本的に更生矯正局が提供するプログラムを修了した者に付与されるものであるのに対し、この更生プログラム達成ポイントは、受刑者自らの活動について付与されるポイントである点が大きな特徴である。当然、受刑者たちのそれら活動は、あらかじめ刑務所に、そのようなポイント付与の対象となる活動であることが是認された個人またはグループの活動で、教育、行動、または、更生の向上（educational, behavioral or rehabilitative development）を推進するものでなければならない。また、受刑者の参加は、その者の収容区分や刑務作業課題、その他、安全と

---

[123] 15 CCR 3043.3 (2017).
[124] 15 CCR 3043.4 (2017).

秩序に関する配慮に適合的な場合に認められることになる。52時間のこれら活動への参加が1週間分のポイントとなり、12カ月間に208時間の参加が認められる。つまり年間に最大4週間分のポイントを得ることが可能である。また、これを超えた時間分のポイントを翌年へ持ち越すことはできないことになっている。

D. 教育メリット・ポイント（§3043.5 Educational Merit Credit）[125]

良好ポイントの対象者である受刑者が、生涯にわたり更生の利益を得るような、学業における重要な業績を達成すること（the achievement of a significant academic accomplishment）によって取得することができるポイントが、この教育メリット・ポイントである。例えば、高校卒業証書や大学の学位、または、アルコール・薬物カウンセラーなどの専門資格の取得である。このポイントも2017年8月1日から有効となるが、それ以前に得たものであっても、入所後に取得したのであればポイントは付与される。以下のように、カテゴリー別に、90日分のポイントと180日分のポイントの2種類に分けられる。カテゴリー1は高校卒業証書およびそれ相当で、90日分のポイントが、カテゴリー2から5はすべて180日分のポイントが付与される。カテゴリー2はアルコール・薬物カウンセラー資格など、カテゴリー3は文系または理系の準学士号、カテゴリー4は文系または理系の学士号、そして、カテゴリー5は大学院の学位である。また、これらカテゴリーの1つについて、収容期間中に一度のみポイント付与が認められる。さらに、一度付与された教育メリット・ポイントは、他のポイント付与システムと異なり、懲罰が科されても没収されないポイントとされている。

E. 偉業ポイント（§3043.6 Extraordinary Conduct Credit）[126]

この偉業ポイントは、2017年8月1日以降に、生命の危険がある状況で英雄的行為（a heroic act in a life-threatening situation）を行った受刑者または刑務所の治安と安全を維持するために格別の支援（exceptional assistance in maintaining the safety and security of a prison）を行った受刑者に、最大12カ

---

[125] 15 CCR 3043.5 (2017).
[126] 15 CCR 3043.6 (2017).

月分のポイントを州司法長官（the Secretary）の指揮監督の下、成人施設局長（the Director of the Division of Adult Institutions）が付与するものである。死刑囚および仮釈放の可能性のない終身刑受刑者は対象外である。また、懲罰によってこの偉業ポイントが没収されることはないとされる。

　以上の5種類のポイント制度の導入により、受刑者の更生を促進することができると同州規則は期待する。

　　受刑者は、いずれ社会に戻る〔ときの〕ために準備するべく〔刑務作業において〕仕事をし、更生プログラムおよび更生活動に参加することが期待されている。矯正更生局の規則を遵守し、自分自身に課されている義務を果たす受刑者は、良好ポイントを得ることが認められてしかるべきである。さらに、是認された更生プログラムおよび更生活動に参加する受刑者は、マイルストーン完了ポイント、更生プログラム達成ポイント、そして、教育メリット・ポイントが認められるべきである。これらポイントの付与は、偉業ポイントと同様に、有期刑であればその受刑者の釈放の日を早めることになるであろうし、仮釈放の可能性のある無期懲役刑受刑者であれば仮釈放審査の日を早めることになるであろう[127]。

　その他、「第57提案」の特徴的な政策としては、非暴力犯罪者仮釈放審査プロセスの新設がある。次にそれを概観する。

### （3）非暴力犯罪者仮釈放審査プロセス（nonviolent offender parole consideration process）[128]

　2017年7月1日施行の非暴力犯罪者仮釈放審査プロセスは、暴力的でない犯罪によってカリフォルニア州刑務所で懲役刑を受けている受刑者が、その「主要な犯罪（primary offense）」の刑期を終了した時点で、仮釈放の審査が可能になるとするものである。つまり主要でないその他の犯罪についての刑期は、仮釈放によって実質的に免除となり、早期の社会復帰が可能になる

---

127 *15 CCR 3043*. Credit Earning, (a) General (2017).

制度である。ただし、以下の種類の受刑者はこのプロセスから除外されている。すなわち、死刑囚、仮釈放の可能性の有る無しにかかわらず終身刑受刑者、暴力的重罪の受刑者、性犯罪者として登録されている、または、その登録が必要な受刑者である。

　仮釈放審査委員会（Board of Parole Hearings）の審査官（hearing officer）は、この仮釈放審査プロセスの対象者となった受刑者から仮釈放申請書を受け取った後、これまでの犯罪歴、刑務所での更生プログラムおよび非行行為（misconduct）など行状に関する情報、ならびに、被害者および検察庁からの情報など、状況の全体（the totality of the circumstances）を考察し、コミュニティーに対する不合理な暴力のリスク（unreasonable risk of violence to the community）をもたらすか否かを審査する[129]。その上で、そのようなリスクがないと審査官が判断するのであれば、審査会はその受刑者の仮釈放を決定する。その決定を受けて、成人施設部（Division of Adult Institutions）および成人仮釈放実施部（Division of Adult Parole Operations）は、決定の日から60日以内にその受刑者を釈放することとされている[130]。そして、仮釈放となった受刑者は、成人仮釈放実施部によるコミュニティーでの保護観察の対象となる。

　以上のように、「第57提案」は直接的には連邦裁判所の命令に基づき、過剰収容を解消するためにカリフォルニア州が細部を詰めて実施に移した具体

---

128 「非暴力犯罪者仮釈放審査プロセス」の概要は、"Proposition 57: Nonviolent Parole Process — Frequently Asked Questions (Updated July 1, 2017)" を参照されたい。See, http://www.cdcr.ca.gov/proposition57/docs/FAQ-Prop-57-Nonviolent-Parole-Process.pdf (last visited August 19, 2017). 関連法令は以下のものである。*15 CCR 3490 (2017) Definitions, 15 CCR 3491 (2017) Initial Eligibility Determination, 15 CCR 3492 (2017) Public Safety Screening and Referral, 15 CCR 3493 (2017) Processing for Release, 15 CCR 2449.1 (2017) Definitions, 15 CCR 2449.2 Notification Process, 15 CCR 2449.3 (2017) Jurisdictional Review, 15 CCR 2449.4 (2017) Review on the Merits*、および、*15 CCR 2449.5 (2017) Decision Review*.
129 *15 CCR 2449.4 (2017)*.
130 *15 CCR 3493 (2017)*. 60日までの間に釈放前の手続として、被害者、検察庁その他法執行機関への通知などが行われると同時に、釈放のための法的手続が採られる。

的な施策の一部分であるが、これ以上の連邦裁判所の介入を阻止するために、同州が独立の立場でそれらを実施することを示そうとする積極的なものであった。例えば「第57提案」の「趣旨目的」を明記した第2項の3号では、同提案の目的の1つとして、「連邦裁判所が無差別に〔カリフォルニア州〕受刑者を釈放することを防止するため」[131]としていた。そして、そのような重要な趣旨目的を有する同州の「第57提案」による仮釈放制度の改革によって、2021年までの釈放人数予測が建てられた。2017年に45,501人（前年比3.9％増）の釈放、2018年に48,828人（同7.3％）、2019年50,693人（同3.8％）、2020年51,333人（同1.3％）、そしてその後は減少し、2021年48,597人（同－5.3％）となるとの予測である。これら今後の仮釈放数を計算に入れた同州収容人員予測は、2017年に129,872人（前年比1.0％増）、2018年125,322人（同－3.5％）、2019年123,165人（同－1.7％）、2020年121,942人（同－1.0％）、そして、2021年122,732人（同0.6％増）である[132]。毎年の入所者数は一定ではありえないため、収容人員全体としての変化は漸減でしかないが、着実に減少する見込みのようである。

　また、このような刑務所改革および受刑者処遇の変更について、同じ2016年11月の「第57提案」は、カリフォルニア州憲法の改正をも提案していた。次に、この点に関する同州憲法の改正について概観しよう。

## 二　カリフォルニア州憲法の改正

　2016年11月の「第57提案」において重要な課題と考えられたものは、2007年の刑務所改革において重要と位置付けられたものと基本的には同じで、

---

131 The Public Safety and Rehabilitation Act of 2016, Sec.2. Purpose and Intent."In enacting this Act, it is the purpose and intent of the people of the State of California to: …3. Prevent federal courts from indiscriminately releasing prisoners." *See*, https://www.gov.ca.gov/docs/The_Public_Safety_and_Rehabilitation_Act_of_2016_(00266261xAEB03).pdf#search=%27the+Public+Safety+and+Rehabilitation+Act+of+2016%27 (last visited August 20, 2017).

132 *See*, "*California Department of Corrections and Rehabilitation Spring 2017 Population Projections,*" Office of Research, May 2017 at 5, 21-22. http://cdcr.ca.gov/Reports_Research/Offender_Information_Services_Branch/Projections/S17Pub.pdf (last visited August 27, 2017).

受刑中に矯正教育等を通じて受刑者を更生させ、リエントリー・プログラムなどを用意して、社会とのつながりを復活させつつ受刑者を徐々に、かつ完全に社会復帰させることによって再犯を防止し、社会の治安を回復し、結果として刑務所の過剰収容を解消するということである。そのために様々な施策を矯正更生局は準備したのである。しかし、矯正教育等を実施する大前提として達成しなければならなかったのは、収容人員の多さであり、就寝のためにベッドを入れざるをえない状況となっていた教室や体育館その他の教育のための施設や空間が、その本来の目的と機能とを回復することができるようにしなければ、更生のための様々なプログラムを実施することが不可能な状態がそもそも継続する。確かに、2007年から徐々に収容率は改善されてきたものの、10年経過した2017年にようやく目標値の137.5％をかろうじて達成することができそうな状況である。このような背景から、「第57提案」は137.5％の達成を確実にするべく、様々な条件を設けて、それらを満たすことになった受刑者を仮釈放にすることを提案したのであった。

　このようにして、カリフォルニア州では、刑務所制度を含む刑事司法の根幹部分が、刑務所の過剰収容をきっかけに大きく変更されることとなった。そして、過剰収容による受刑者の人権侵害が、特に医療制度に関して際立っていたことから、連邦裁判所の命令等を介して有効な医療制度の復活を見据えて刑務所改革が2007年以降行われてきたのだが、このような改革を通じて、受刑者の人権に関する考え方自体にも変化が生じてきたと言える。つまり、懲役刑は身体の自由を拘束することを主とする刑罰であり収容を伴う。その収容は単なるペナルティーとしてではなく、受刑者を更生し社会に復帰させ、一市民に戻すための重要な機会として捉え直され、2016年には州民投票で多数を獲得することによって、そのような機会を制度的に準備することとなったのである。これは同州の基本的な制度の変更であり、受刑者人権に関する基本的な考えの変更でもあるから、単に同州矯正更生局に関連する法令を新規に制定したり改正したりするだけで足りる問題ではなく、州全体の制度変更と捉えなければならなかった。つまり、カリフォルニア州憲法の改正を伴うものとなったのである。

　カリフォルニア州憲法は、1条（Article 1）に全31項（Sections）の人権

保障規定（Bill of Rights）を置き、基本的人権を保障する。今回の「第57提案」は、その1条の最後に新たに32項（Section 32）を設け、受刑者に対する上記のような処遇を憲法上保障すると同時に、矯正更生局の様々な規則等に基づく施策について、憲法的な根拠を付与しようとするものであった[133]。そしてこの提案が、2016年11月8日の州民投票において賛成64％、反対35％の投票結果によって州民に認められ、憲法は改正されるに至ったのである。

　以上本節では、2016年に州民投票によって可決されたカリフォルニア州「第57提案」を中心に、2007年に開始された同州刑務所改革の約10年後の状況を確認した。その概要を要約すると以下のようにまとめることができる。
　刑務所の過剰収容を軽減することで、受刑者の医療環境および基本的な生活環境を合衆国憲法修正8条に適合的にするよう求める、特に2014年の連邦地裁の判決を受けて、遅延しがちであった収容率の改善を、早急に137.5％にまで低下しなければならない状況となったカリフォルニア州は、刑務所

---

133 SEC. 32.
　(a) The following provisions are hereby enacted to enhance public safety, improve rehabilitation, and avoid the release of prisoners by federal court order, notwithstanding anything in this article or any other provision of law:
　(1) Parole Consideration: Any person convicted of a nonviolent felony offense and sentenced to state prison shall be eligible for parole consideration after completing the full term for his or her primary offense.
　(A) For purposes of this section only, the full term for the primary offense means the longest term of imprisonment imposed by the court for any offense, excluding the imposition of an enhancement, consecutive sentence, or alternative sentence.
　(2) Credit Earning: The Department of Corrections and Rehabilitation shall have authority to award credits earned for good behavior and approved rehabilitative or educational achievements.
　(b) The Department of Corrections and Rehabilitation shall adopt regulations in furtherance of these provisions, and the Secretary of the Department of Corrections and Rehabilitation shall certify that these regulations protect and enhance public safety.
　(Sec. 32 added Nov. 8, 2016, by Prop. 57. Initiative measure.)
　*See*, http://leginfo.legislature.ca.gov/faces/codes_displaySection.xhtml?lawCode=CONS&sectionNum=SEC.%2032.&article=I（last visited August 20, 2017）.

改革だけではなく、仮釈放およびコミュニティーにおける保護観察のあり方を含む刑事司法全体の改革を必要としていた。そこで、同州憲法の改正において、大筋次のような方向性を「第57提案」において同州民に確認した。1つは受刑者の更生に力を入れること、2つは連邦裁判所の命令で無差別無基準の受刑者釈放を阻止すること、3つは未成年による一定の犯罪につき、成人裁判または少年裁判に付すかを裁判官に判断させることであった。そして「第57提案」は、1つめと2つめを関連付け、更生による社会復帰の促進によって再犯率を低下させることで刑務所収容率を改善する方向を取った。そのために刑務所内でのプログラムを充実させることはもちろん、社会におけるコミュニティー・リエントリー・プログラムを、13のリエントリー・ハブにおいて実施し、現在では未だ限定的であるものの、今後重点的に充実させることとした。そして、そこでの薬物乱用治療、住居・生活スキルおよび家族統合、教科・学業および職業訓練、就職支援などの実施を通して、受刑者の更生を図るのである。さらに、そのようなプログラムの参加および修了を促し、更生した受刑者の刑期を短縮し、仮釈放を早期に実現することへの受刑者の意欲を高めるために採用したのが、5種類のポイント制であった。良好ポイント、マイルストーン完了ポイント、更生プログラム達成ポイント、教育メリット・ポイント、そして、偉業ポイントである。さらに、受刑の原

---

仮訳（筆者）
(a) 以下の条項（provisions）は、公共の安全を向上させ、〔受刑者の〕更生を増進させ、また、連邦裁判所の命令によって受刑者が釈放されることを防止するために、本条(article)または他の法律条項（provision of law）にかかわらず、ここに制定される。
(1) 仮釈放審査　非暴力的な重罪を犯したとして州刑務所に収容されているいかなる者も、その主要な犯罪に関する刑期の満了の後に仮釈放審査を受けることができる。
(A) 本項（section）に関してのみ、主要な犯罪に関する刑期の満了とは、いかなる犯罪であれ裁判所によって科された最長の収容刑期をいう。ただし、加重〔刑〕、逐次執行刑および選択刑は除くものとする。
(2) ポイント制　矯正更生局は〔受刑者の〕良好な生活態度に対して、また、更生および教育上の達成に対して、ポイントを付与する権限を有する。
(b) 矯正更生局は、これら条項を促進するために諸規則を制定し、矯正更生局長はそれら規則が、公共の安全を保護し向上させるものであることを保証しなければならない。

因となった犯罪がもともと非暴力事件である受刑者には、同提案で新設された非暴力犯罪者仮釈放審査プロセスを適用し、その者の「主要な犯罪」の刑期終了時点で仮釈放申請を認めることとした。

このように、2007年に当時のシュワルツェネッガー知事によって開始された刑務所改革の基本的な方向性、つまり受刑者の更生による社会復帰と社会の治安の回復を図るという方向を変更することなく、それをむしろスピードアップし、できるだけ早期に収容率137.5％を達成することによって連邦裁判所のそれ以上の介入を阻止し、本来の自治的な刑事司法体制を同州で復活させるべく、「第57提案」は提案され可決された。そこには、同州憲法の改正の提案を含む、更生した受刑者に仮釈放を早期に認め社会復帰へ向けて大きな一歩を踏み出させる様々な施策が示されていた。

しかし、憲法の人権保障規定である1条にそのような基本的施策を定めたということをもって、同州では受刑者の人権の一部分として、例えば非暴力犯罪受刑者の早期の仮釈放審査に対する権利や、各種ポイント制導入による諸プログラムに対する権利が認められたと理解することができるのだろうか。これについて検討する余裕はここではないが、少なくとも同州にそのような制度を構築する憲法上の根拠、または、そのような施策を受刑者に実施する憲法上の根拠が、この改正によって同州知事、矯正更生局長等に明らかに付与されたということは言えよう。しかし、単に収容率を137.5％に低下させることだけが最終目標となり、その本質的な理由が看過されることになっては元も子もないので、1995年コールマン判決および2005年プラタ判決によって示されたように、受刑者の医療上のサービスを受刑中にも受ける権利および最低限の生活環境を受刑中も確保される権利が、人間の尊厳を基本的に据える合衆国憲法修正8条によって確保されなければならないがゆえに、適切な収容率が維持される必要があるということを、常に念頭に置かなければならない。そしてこの理は、カリフォルニア州だけに限定されることではなく、わが国の刑事収容施設に関しても当てはまることを示唆している。そのことも含めて、次に、第2部「カリフォルニア州の刑務所改革」についてまとめと考察を行いたい。

## 第2部のまとめと考察

　以上、第2部では、2007年に始まったカリフォルニア州における刑務所改革の原因、改革の内容、その後の進展状況等について概観した。そこで明確になったのは、以下の事柄である。
　刑務所改革開始の相当前から同州において導入されていた、「犯罪に厳しく対処する」（タフ・オン・クライム）政策に基づき、三振法に典型的に表現されるように、犯罪者を社会から隔離し、しかもできるだけ長期間にわたって隔離する方針を現実に実行してきた。このような犯罪に対する厳格な姿勢は、一旦刑務所から仮釈放されて社会に戻った後においても同様で、仮釈放者が単純な遵守事項違反を起こせば、すぐに仮釈放は取り消され、再度収容される状況であったことなどから、刑務所の過剰収容が確実に悪化していった。また隔離するためだけの刑務所においては、犯罪者が再犯に至らないための矯正教育は重要視されず、それがあったとしても実効的ではなく、同州は全米で最悪の再犯率となっていた。
　そのような状況下で、カリフォルニア州は、刑務所内における医療体制およびメンタルヘルス・ケアに関して、受刑者コールマンおよびプラタから連邦地方裁判所に提訴され、それぞれ1995年および2005年に敗訴した。それら連邦地裁判決において、同州は医療体制およびメンタルヘルス・ケアの体制に関して改善を命じられ、コールマン判決では「特別主事」、プラタ判決では「監督官」が任命されるなど、連邦裁判所の介入が開始された。そのような介入と併行して、2007年に当時の知事、シュワルツェネッガーは刑務所改革を実施するための下院法案、AB900に署名し、ようやく重い腰をあげることになった。
　このAB900による刑務所改革の中心的な考え方は、社会から犯罪者を隔離することを主眼とする刑務所および行刑ではなく、受刑者を矯正し更生さ

せて彼らの社会復帰を実現して再犯を防止することであった。そして、その目的を実現するべく、矯正教育、その他必要なプログラムを実施する体制を整え、また、受刑者の心身の安全にとって不可欠で基本的なメンタルヘルス・ケアを含む医療ケアを整備し、さらにそれらを実施するための施設やスタッフ等のインフラを確保するべく、既存の施設を拡張、新築し人材の確保を進めた。また短期的には、過剰収容を緩和するため、何千もの受刑者の州外移送を実行した。

　当然このためには莫大な予算が必要になるが、州議会はこれも認め、州としての意思の強さは、AB900 に表現されていた。しかし、州財政は、リーマンショックの煽りを受けて悪化の一途をたどり、多くの財政上の問題を抱える中、当初認められていた AB900 の予算も削減を余儀なくされることになった。そして、人件費の削減および医療体制の充実のための予算削減を含む、いくつもの施設整備に関する予算削減、プログラム数削減やプログラム規模縮小、実施延期などが行われることとなった。

　そのような中で、2010 年 1 月の連邦地裁命令は、2 年以内に、収容定員の 137.5％にまで受刑者数を削減することを要求した。その後のカリフォルニア州では、その命令書に示された、収容率に関する 6 カ月毎の段階的数値を達成するべく、現実的かつ具体的な方策をとることが急務となった。2014 年 2 月 10 日の連邦地裁「命令」および「意見」において、さらに効果的な方策としてポイント制などが示され、それを同州は受け入れることとしたが、それを受けて 2016 年に同州憲法を改正し、受刑者および矯正更生局の権利義務に関して明文化する新規の条文を追加したのである。

　次に、このようなカリフォルニア州刑務所改革が、わが国の行刑改革に対して示唆する点はどのようなことか、若干の考察を試みたい。

　第一に、同州とわが国が共通に有する課題として挙げられるのは、過剰収容の緩和である。もちろんカリフォルニア州の過剰の度合いは比較にならないほど大きい上に、わが国においては 2004 年以降、犯罪認知件数が減少を始め、そこから自然に刑務所の過剰収容状況が緩和されてきており、2004 年当時の約 120％に対して 2017 年現在では 70％代に低下している。わが国では十分に緩和されたから、この問題をこれ以上考える必要はないという道

理にはならず、受刑者の収容を懲役刑等刑罰として維持するのであれば、そして、自由に対する制約が多々存在する受刑者の人権を考えるのであれば、過剰収容を解決するための方策としてカリフォルニア州が考察した事柄は参考になると思われる。

　まず、AB900 においては、受刑者の社会復帰の促進による再犯防止が重要課題として掲げられたが、それは短期間で結果が表れるものではなく、相当長期の視野で考察しなければならないものであるから、短期での改善の数値を求められる場合には、連邦裁判所判決や研究者の論説にあったように、仮釈放までに要する期間を、その受刑者の良好な行状にポイントを付与することで短縮する、そして、仮釈放の取消要件を厳格化し、単純な遵守事項違反で刑務所に再収容することを回避する、また量刑の緩和の方法を考察するなどが有効となる。そしてそれをカリフォルニア州は正に実行し、徐々に過剰収容緩和に成功したのである。

　わが国においては近時、仮釈放中の再犯が問題視されたために、少なくとも平成 17（2005）年から 6 年連続で仮釈放実施率は低下し、同時に刑執行率は上昇した[1]。また、刑期長期化の立法がなされ、長期刑が現実のものとなっているが、何らかの原因で犯罪認知件数が増加すれば、再度刑務所の過剰収容が問題となるであろう。であれば、過剰収容問題が十分に緩和された今だからこそ再発防止について、そしてより根本的には、受刑者の収容を基軸とする懲役刑それ自体について、受刑者人権の観点から再考する良い機会である。

　第二に、共通する改革の方向性としては、再犯防止、そのための矯正教育の充実と円滑な社会復帰が重視されている点である。それは、それまでの行刑のあり方とは 180 度方向が異なる考え方に基づく施策である。つまり、改革開始前の基本的な行刑が、犯罪者を単に塀の中へ一定期間隔離し、それをもって刑罰の実施および終了とするという考え方に基づいていた。そして、一旦犯罪者を塀の中に収容すれば、その中は一般社会からは不透明であった

---

[1] 法務省法務総合研究所編『犯罪白書（平成 28 年版）』第 2 編第 5 章第 1 節 1 仮釈放参照。http://hakusyo1.moj.go.jp/jp/63/nfm/n63_2_2_5_1_1.html#h2-5-1-01

し、不透明でこそなければならなかった。というのは、隔離するということは犯罪者を社会から見えない所へ遠ざけ、一般人の認識から排除する、つまり忘れようとすること、または忘れることである。したがって、中から外が見えてはならないのと同様に、外からも中が見えてはならないのが基本的な考え方となる。さらに、隔離する以上、同様の論理で、塀の中の行刑も不透明で不明確であって構わない、または不透明で不明確でこそなければならなかった。ところが、そのような一般的な考え方および行刑のあり方は、すでに見たように様々な現実的な問題を生じさせた。カリフォルニア州では、コールマン判決やプラタ判決が明らかにしたように、受刑者への医療ケアやメンタルヘルス・ケアが憲法的水準を満たさなくなった。そして、そのための自殺など悲劇的事件が多数生じた。また、日本では、名古屋刑務所において発生した刑務官による受刑者の死傷事件などが示したように、塀の中の出来事であるがゆえに、一般市民は関心も注意も払わなくても良いとはもはや言えない程度に重大な人権問題になった。要するに、カリフォルニア州においても日本においても、塀の中で何が起きているのかについて、そして、行刑とは何か、どうあるべきか、つまり犯罪者は有罪判決の後にどのように扱われ、その後どのように更生し、またはしないのかについて、もはや社会が無関心ではいられなくなったのである。

　こうして、塀の中へ犯罪者を隔離すればそれで良しとする考え方を改め、今後の行刑のあり方として必要なことは、医療ケアであれメンタルヘルス・ケアであれ、憲法が保障する基本的人権を受刑者に保障しながら、彼らを更生させること、否、逆に、彼らを更生させるためには、彼らの基本的人権を保障することこそが不可欠であるという事実を理解し、その上で行刑を再構築しなければならないことに、ようやく気がついたのである。そして、その保障するべき基本的人権は、これまで喫煙の自由や閲読の自由など自由権を中心に考えれば良いとされてきたが、これからは更生させ社会復帰をさせることを主眼とするのであるから、それを基礎づける受刑者人権の捉え方、理解の仕方にも変化が生じざるを得ない、また、そのように変化するべきであるということになる。

　そこで、刑罰として刑務所に収容されている期間を利用して、矯正教育と

それによる更生、そして円滑な社会復帰のための方策が、カリフォルニア州においてはAB900によって、また、わが国においては刑事収容施設法によって、ようやく緒に就いたのであるが、そのような法律およびそれに基づく施策の上位規範または上位概念として、憲法上の権利として、社会権的な受刑者の人権を取り込んでいく必要があるのではないかというのが、本書の基本的考え方である。それについては、終章で考察する。

さて、わが国とカリフォルニア州の更生と社会復帰のための施策には、基本的に多くの共通するものがある。つまり、薬物離脱指導や性犯罪再犯防止プログラムなどの矯正プログラム、職業訓練など社会復帰プログラム、また、リエントリー・センターやハーフウェイ・ハウスなど、社会復帰への準備のための施設の新設などである。また、収容されている期間に社会とのつながりが断ち切られてしまっては、社会復帰が逆に困難になるため、社会との関係を継続し堅実に確保していくために、面会や信書発受など外部交通を法的に保障することも、わが国でも刑事収容施設法により、それまでになく重要視されることになった。

さらに、第三に共通的な認識として、このような行刑の実施には莫大な予算が必要となることが挙げられる。カリフォルニア州においてはすでにそれまでに抱え込んでいた巨額の赤字に加えて、100億ドル単位の予算が必要となり、その捻出が困難な状況に至った。わが国では被収容者数の減少により、現在のところはカリフォルニア州ほどの財政困難に直面してはおらず、また、短時間での明確な成果の証明を裁判所等外部の機関から求められる状況ではないため、緩慢であるとの批判はされつつも、新しい施策について着実に進行していくことが可能な環境にあると言うことができよう。

そして最後に、カリフォルニア州の状況がわが国に対して、最重要の示唆として提示しているのは、三振法などに典型的に表現されたように、犯罪に厳しく対処する厳罰化と犯罪者の隔離がもたらした結果が、逆に、刑務所を麻痺させ、受刑者の矯正ばかりか適切な医療の提供も麻痺させたことである。当然、自力での改革も困難な状況となった。犯罪に厳しく対処することをこの数十年にわたって最優先の政策に掲げてきたカリフォルニア州が、最終的には犯罪者を州刑務所に収容することができず、カウンティー拘置所に収容

せざるをえなくなったり、他州の刑務所へ移送しなければならなくなったり、果ては、有罪判決が下された犯罪者に自宅待機や自宅収容を命ずることしかできないこととなり、とても犯罪に厳格に対処しているとは言うことができない現実を生み出してしまったのである。単に、「犯罪に厳しく対処する」ということが、犯罪者を社会から隔離することに尽きると誤解したために生じた最悪の結末であったと言えよう。このような状況を回避するべく、わが国が考えなければならないことは多岐に及ぶが、その根本には、犯罪者を刑務所に隔離することで治安を維持しようという単純な考え方を捨て、仮に隔離するとしても彼ら受刑者の基本的人権を確保することこそが、彼らに社会復帰を促し、再犯を減らし、過剰収容を予防し、社会の治安を安定させ、かつ莫大な予算を削ることにつながるという理解がなければならない。

　それでは次の第3部で、章を改めて、カリフォルニア州の刑務所監視体制について概観する。なぜなら、刑務所改革等によって犯罪者や受刑者に対する認識や捉え方等が変化したことで、受刑者の自由権が確保され、また更生プログラムおよび社会復帰のための施策を求める権利等が社会権的なものとして徐々に認められ充実したものになってきたとしても、現実の行刑において、それら権利の保障やプログラム等施策が相変わらず実施されていない、実施されていてもおざなりにしかなされていないということでは意味がないから、適切に管理監督していかなければならないからである。そこでカリフォルニア州では、刑務所改革と並行して刑務所行刑を監視する機構が、あるいは充実せられ、またあるいは新たに設けられたのだが、それがいかなるものであったのか概観することによって、我々が学ぶことは多々あると思われる。さらに、他の国々、例えばカナダ、イギリス、フランスなどにおいて、どのような刑務所監視体制が、どのような根拠によって設置され、運営されているのか、また相互の相違点はどのようなところに見られるかについても併せて考察する。

# 第3部

## 刑務所監視体制と受刑者の人権に関する世界標準

第3章では、カリフォルニア州の刑務所改革について概観した。その結果、三振法などの厳罰化によって、受刑者の数が増加したため、刑務所では収容率200％を超える極度の過剰収容の状況が発生し、刑務所内の医療サービスその他のプログラム提供が不可能となり、同州は連邦裁判所によって、「残虐で異常な刑罰」を禁止する合衆国憲法修正8条に違反するとの判決を受け、過剰収容を緩和するための様々な方策を取らねばならないこととなった点が明らかになった。また、その過程で、それまで「回転ドア」との批判を受けてきた刑務所体制を見直して、多くの更生プログラムを受刑者に提供すると共に、出所後のスムーズな社会復帰を実現するために、刑務所と社会との間に中間的な施設であるリエントリー施設を設置するなど、犯罪者を社会から隔離する、つまり刑務所に長く収容する「タフ・オン・クライム」を主眼とする行刑ではなく、むしろ彼らの社会復帰を目的として再犯を防止する方が、過剰収容そして社会における多くの犯罪発生の問題について、より現実的な対処方法を見出すことができ、またそれが根本的な解決方法であることを理解するに至ったことが判明した。

　以下第3部では、そのような方向転換を図ったカリフォルニア州刑務所改革が、実際に定められた目標に向かって行刑を展開しているか、また引き続き受刑者に対する不当な人権侵害がなされていないか等を、独立の機関として監視する同州の制度として、刑務所改革と同時に整備を進めていった刑務所監視体制を概観する。また、そのような刑務所監視体制はカリフォルニア州に特有のものではなく、実はそれ以前から他の国々においても設置されており、今や世界標準になりつつある制度であることを確認しよう。

　ところで本書第1章において概観したように、わが国でも、刑務所改革の重要な柱の一つとして、行刑の透明化が謳われ、平成18（2006）年から「刑

事施設視察委員会」が、刑務所を中心とする全国の各刑事収容施設に設置された[1]。刑事収容施設法 7 条は次のように規定する。「刑事施設に、刑事施設視察委員会を置く（1 項）。委員会は、その置かれた刑事施設を視察し、その運営に関し、刑事施設の長に対して意見を述べるものとする（2 項）。」刑務所内における受刑者処遇に関して、また社会復帰のために実施されている矯正教育等に関するプログラムについて、一般国民にも理解され、国民に支持される行刑を心掛けるために透明化が必要なのは論を俟たないが、そのためには、受刑者の人権保障が、受刑者の社会復帰を実現するための基礎的要件であるという観点を忘れることはできない。事実、刑事収容施設法は 1 条で次のように同法の目的を規定している。「この法律は、刑事収容施設（…）の適正な管理運営を図るとともに、被収容者、被留置者（…）の人権を尊重しつつ、これらの者の状況に応じた適切な処遇を行うことを目的とする」と。その上で 30 条では、次のように、更生と社会復帰のための処遇を規定する。「受刑者の処遇は、その者の資質及び環境に応じ、その自覚に訴え、改善更生の意欲の喚起及び社会生活に適応する能力の育成を図ることを旨として行うものとする。」つまり、2001 年と 2002 年に名古屋刑務所で発生した刑務官による受刑者に対する死傷事件のような事件が二度と起きることのないように「適切な管理運営を図」り、「被収容者…の人権を尊重」し、「適切な処遇」を実施する体制を整備し、受刑者の「改善更生」と「社会生活に適応する」

---

[1] 平成 29（2017）年 7 月 28 日現在、日本全国に 76 の委員会が設置されている。また、刑事収容施設ではないが、少年院視察委員会が 47、少年鑑別所視察委員会が 51 設置されている。http://www.moj.go.jp/kyousei1/kyousei08_00076.html (last visited June 17, 2018) 参照。

ための矯正教育を実施し促進することは、今回の刑務所改革における最大の目的なのである。したがって、受刑者の身体の安全を確保し、最低限の生活水準を保障することで「人権を尊重」することが、改善更生のための処遇の前提である。
　しかし、刑罰執行中の受刑者に対する人権保障は、行刑の実施と管理、施設内秩序の維持との関係で、非常に評価困難な均衡を要求する。というのは、一般市民と同様の人権と自由とを受刑者に享有させるわけにはいかず、むしろさせないことが、刑罰の中に含められていると考えられるからである。ところが、最低限の基本的な身体的安全と権利を保障された後にようやく受刑者は、更生のための矯正教育を真剣かつ真面目に受けることができるような、物質的・精神的環境が整えられることになる。なぜなら、常に身体の危険を感じ、不安の中で日々生活しなければならない状況に置かれているとしたら、受刑者は、心身ともに余裕を持ちながら、将来への展望を思い描き、自己の犯した犯罪行為に思いをいたし、反省し、それを克服して社会復帰を目指すという、更生にとって必要不可欠な意欲が生ずるはずはないからである。つまり、人権保障と刑罰という一見矛盾する観念が、行刑には初めから同居していることになる。また、彼らが更生し、社会復帰を無事に達成し、再犯を起こさないことは、受刑者本人にとってはもちろんのこと、社会にとっても、国民にとっても大変有益なはずであり、その意味でも、刑事施設内における環境整備は、全国民の人権保障に間接的にも貢献することを意味する。したがって、受刑者の人権と、その更生・社会復帰、そして、一般国民の人権保障とが、少なくとも間接的には関連するということを前提に、受刑者の人権を考察することもできる。
　それでは、受刑者に保障されるべき最低限度の心身の安全の保障、および、

改善更生のための行刑の最低水準とは何か、またそのような水準が実際に保たれ、心身の安全保障がなされているか否か、また有効な矯正教育が実施されているか否か、誰がどのようにして確認し評価することが適切かつ望まれるのだろうか。

　第一に、わが国の最低水準について、憲法36条は「残虐な刑罰」を絶対的に禁止しているが、同条文が示すのは最低限度の保障に過ぎず、それも「残虐」でなければ問題はない。そして同条が、より積極的に、行刑等の実質的中身として、何が最低限のものか述べることはない。また国際法上、「世界人権宣言」や、「市民的及び政治的権利に関する国際規約〔＝自由権規約〕」、そして、わが国も批准する「拷問及び他の残虐な、非人道的な又は品位を傷つける取扱い又は刑罰に関する条約〔拷問等禁止条約〕」は、一般原則として憲法36条と同様に、「拷問及び残虐な刑罰」、「非人道的な若しくは屈辱的な取扱い（世界人権宣言5条）」、「非人道的な若しくは品位を傷つける取扱い若しくは刑罰（人権B規約7条）」を禁ずるのみである。また、国連で1955年に採択された「被拘禁者処遇最低基準規則（the United Nations Standard Minimum Rules for the Treatment of Prisoners）〔＝最低基準規則〕」は、受刑者の権利として、例えば居住設備、個人衛生、衣類および寝具、医療、規律および懲罰、外部との交通など、多くの分野に関して最低基準を相当詳

---

2　これら条約等については、『国際人権条約・宣言集〔第3版〕』（東信堂、2005年）参照。また、「最低基準規則」に法的拘束力がないとする点については、森本益之「刑事人権の国際化―国際準則の動向を中心として―」国際公共政策研究4巻1号75頁、また裁判例として、浦和地裁平成4年3月23日（昭和62（ワ）1472号）判タ798号154頁、仙台高裁平成5年4月14日（平成2（ネ）455・472号）訟月40巻930頁。これらも含めて、本書第10章第2節で検討する。

細に示している。しかし、少なくともわが国では、これは法的拘束力のないものと考えられているため、わが国の刑務所等刑事施設の具体的な行刑運用等においては、参考程度のものでしかなく、行刑の内容も実施も、ほぼすべて法務省および現場施設長に委ねられているのが実態である[2]。

　第二に、刑事施設内の処遇全般および個別の処遇の妥当性判断について、刑事収容施設法の各条項およびその下位規則等が示すところを一応の基準として、わが国では、どのような機関が点検および確認をしているのか。刑事施設視察委員会には、外部の視点として、行刑の適切性を判断することが期待されていることであろう。また、各刑事施設の上級庁である矯正局は、刑事収容施設法によって視察委員会に提出が義務付けられている、年に一度の「意見」によって、同委員会の意見を知ることができるが、それのみならず受刑者からも、同法157条以下（2編2章13節）に設けられている不服申立制度を通じて、多くの情報を直接的に得ることができ、それによっても刑事施設の状況を把握することが可能となることであろう。しかし、そのような方法で把握された様々な状況を踏まえてなされた何らかの行刑上の改善等が、どのような変化を現場にもたらしたのか、その効果はどのようなものなのかについて、どのようにして視察委員会および国民は確認できるのだろうか。また、刑事施設内で実施されている矯正教育の有効性、さらに必要な変革等について、誰がどのように把握し評価するのだろうか。単に、受刑者の人権の尊重と、更生のための矯正教育の充実とを謳い文句にするだけでは不十分であろう。そのような行刑に関する評価の体制が確立されており、そのフィードバックを通じて行刑の改革と改善とが実効的であることが確保されて初めて、受刑者の人権尊重と更生・社会復帰施策も実効的なものとなりうるはずである。

そこで第3部では、以上のように、行刑において必要十分な人権保障を確保することが受刑者の更生にとって、また社会にとって重要であるという観点から、実際の刑務所行刑を監視し評価する体制がどのようなものなのか、そして、それが実効的なものなのか否かについて考察するために、カリフォルニア州における刑務所監視体制を第4章で、カナダについて第5章で、イギリスについて第6章で、そして、フランスについて第7章で概観する。それによって、独立性および透明性など一定の基準を満たすような刑務所監視体制の整備が、世界標準となっていることを把握したい。

# 第4章

# カリフォルニア州の刑務所監視体制
──2007年の刑務所改革による
　　更生監視委員会（C-ROB）を含む

　カリフォルニア州の監視体制を考察対象とするのは、次の理由からである。同州における監視体制には、これまでにも、いくつかの国において伝統的な仕組みとして実践されていた刑務所オンブズマン、その他の監視機関などが存在していたが、それらに加え、2007年の州議会下院法案900（AB900）の可決に始まる刑務所改革の一環として、「カリフォルニア更生監視委員会（California Rehabilitation Oversight Board）〔以下、更生監視委員会またはC-ROB〕」が設置された。C-ROBは、行刑の中でも特に、矯正教育および社会復帰更生プログラムに焦点を当て、その実施状況と有効性などについて評価・検討する独立の機関として誕生した。

　つまり、日々の受刑者処遇を担当する刑務所等に関する監視だけでなく、行刑の重要な目的である更生および矯正教育についての監視・監督の機能も同州では実行されるようになり、矯正教育を中心とする行刑の中身についての評価が重要視されるようになった。そのような、諸プログラムに特化した監視機関は珍しいが、矯正教育等を受けることが受刑者の権利として重要であると考える本書の視点からは、そのような監視機関の存在および役割は注目に値する。

　もう1つの理由は、次章で概観するカナダの刑務所監視体制もそうであるが、カリフォルニア州は、世界標準となりつつある2002年の「拷問等禁止

条約選択議定書」[1]を採択しておらず、その動きもないことである。第6章および第7章で概観するイギリスおよびフランスにおいては、すでに同選択議定書の批准を完了し、それによって要求されている刑務所等刑事施設の監視メカニズムを、同施設およびその上級庁から完全に独立した、複数の多層的な監視機関を設置することによって、完備している。イギリスおよびフランス両国との対比においては、カリフォルニア州もカナダも、多層的な独立監視機関を未だ有するわけではなく、同選択議定書を採択できないという事情はあるにしても、一定の独立監視機関は設置しているのである。つまり、わが国と同様に、同選択議定書を採択していないアメリカのカリフォルニア州およびカナダも、独立の刑務所監視機関を有しており、それらを概観し、わが国の刑事施設視察委員会との対比で検討することによって、一定の有益な示唆を得ることができるであろう。

　また、同選択議定書を採択したイギリスおよびフランスの監視メカニズムを検討することは、さらにわが国の監視体制の将来を見据えた視点から、カリフォルニア州およびカナダのそれと同様、またはそれ以上に重要である。したがって以下本書において、まずカリフォルニア州の刑務所監視体制を概観し、その後順に、その他の刑務所監視体制を検討したいと思う。

　以下、本章第1節においては、「カリフォルニア更生監視委員会（C-ROB）」を中心に、それ以外の機関も含めた同州の刑務所監視体制の概要を検討し、次いで第2節で、このような同州の体制がどのように評価されるのかを考察する。その上で、最後に、これらの検討が、わが国の刑事施設視察委員会に期待される役割に関して、どのような示唆を与えるのかについて考察する。

---

[1] Optional Protocol to the Convention against Torture and other Cruel, Inhuman or Degrading Treatment or Punishment (2002). 2017年10月現在の加盟国は84カ国、署名まで進んでいる国が15カ国、何ら行動に移していない国が日本含む98カ国である。ヨーロッパおよび南米の相当数の国がすでに加盟している。*See,* http://indicators.ohchr.org/

## 第1節　カリフォルニア州の刑務所監視体制の概要

　刑務所における行刑を監視する仕組みとして、カリフォルニア州が刑務所改革を始める 2007 年以前から有していたのは、主に受刑者の苦情等に対処するために 1997 年に設置された「刑務所オンブズマン（Prison Ombudsman）」と、より一般的に、刑務所のみならず同州矯正更生局の政策一般および行刑改革に関する監視機能も有する 1994 年設立の「矯正更生局監視庁（the Office of the Inspector General）〔以下、OIG〕」である。それらの概要を見た上で、今回の改革において 2007 年に新設された「カリフォルニア更生監視委員会」について検討する。

### 一　刑務所オンブズマン（Prison Ombudsman）
#### （一）　刑務所オンブズマンの設置とその性質

　刑務所オンブズマンは、1997 年に、カリフォルニア州刑法 6267 条[2]によって、矯正更生局（当時の矯正局）[3]に設置された。設置当初は、「看護業務を委託された民間の施設（the department-contracted skilled nursing facilities）」に限定的に設置されたのみであったが、その後、以下に引用する同州刑法 5066 条により、オンブズマンの活動は、重警備施設（the maximum security institutions）にその役割の焦点を集中することとされた。しかし実際には、同 5066 条が要求する、機能の「拡張」により、少年施設を含むすべての刑事施設が対象とされており、その活動領域は州内の刑事施設全体に及んでいる。

---

2　Penal Code 6267. (f) The Department of Corrections ombudsman program shall provide ombudsman services to prisoner residents of the department-contracted skilled nursing facilities.

3　California Department of Corrections and Rehabilitation: CDCR の前身は、Department of Corrections だったので、"Corrections" と "Rehabilitation" の訳し分けを明確にした。"Correction" は、「正す」という動詞 "to correct" の名詞形なので、「正」が入る「矯正」を当て、"Rehabilitation" は、「再生する」という動詞 "to rehabilitate" の名詞形なので、「生」が入る「更生」を当てた。「矯正」によって「更生」するという関連になる。

5066条[4]　矯正局長は、既存のオンブズマン・プログラムについて、重警備施設に殊更に焦点を当てつつ、州刑務所全体にオンブズマンの総合的展開を確保すべく、拡張しなければならない。

　こうして2017年現在35あるすべての州刑務所および少年施設等すべてをカバーする刑務所オンブズマンであるが、そこに任命されているのは7名に過ぎない[5]。また、設置の経緯から、オンブズマン・オフィスは、同州矯正更生局内の一機関であり、完全に独立したものではない[6]。
　また、このような職務を担う刑務所オンブズマンの資質として重要となるのは、言うまでもなく、渉外関係、つまり多くの一般の市民との良好な関係の構築に精通しており、受刑者およびその家族、さらに被害者との関係はもちろん、州議会の議員およびそのスタッフ、行政の諸職員とも緊密な関係をスムーズに展開する能力を有する者でなければならない。

### （二）　その役割

　1997年に矯正更生局（当時の更生局）に設置された「刑務所オンブズマン」の役割としては、主として次の2つが期待されている。1つは、カリフォルニア州矯正更生局長に対して、刑務所等成人矯正施設において発生する事件や問題について報告すること、もう1つは、それら事件や問題をめぐって同局が有する課題の明確化とその解決について、前向きに提案をすることである。そのために、次のような任務を果たす[7]。

---

4　Penal Code 5066. The Director of Corrections shall expand the existing prison ombudsman program to ensure the comprehensive deployment of ombudsmen throughout the state prison system with specific focus on the maximum security institutions. *See*, http://leginfo.legislature.ca.gov/faces/codes_displaySection.xhtml?lawCode=PEN&sectionNum=5066.&highlight=true&keyword=prison%20+ombudsman

5　Arthur L. Alarcon, *A Prescription for California's Ailing Inmate Treatment System: An Independent Corrections Ombudsman*, 58 HASTINGS L. J. 591, 597, また、http://www.cdcr.ca.gov/Ombuds/OOContact.html に、7名のオンブズマンの連絡先が示されている（last visited June 12, 2018）。

6　Alarcon, *id*. at 595. 独立した組織として再構成すべきであるとするのが、Alarconの主張であるが、それについては、本章第2節において検討する。

・矯正局の行政上の決定が実行されていること、またそれが同局の政策に適合的であることを監視する。
・州立法府その他の擁護団体等に対して、同局の政策や機能について理解を促進する。
・起こりうる問題について刑務所長等に警告を発する。
・訴訟を回避するために、制度的な課題を発見し特定（identify）する。
・制度的な課題を発見し特定するために、受刑者その他の関係者からの手紙その他通信を検討する。

しかし、2009年当時には、17万人近くいたカリフォルニア州受刑者、および、その他の関係者から寄せられる「手紙その他通信」を検討し、矯正更生局の政策等が適切であるか否かを監視し、同局長に報告するという上記の主目的を達成するためにオンブズマン・オフィスに割かれている予算は、年間100万ドルに過ぎない[8]。

（三）　その限界

カリフォルニア州刑務所オンブズマンの職務の限界として、オンブズマン・オフィス自らが挙げている事柄は、以下のようなものである。すなわち、正式な捜査・調査を行う権限がないこと、法律やルールを変更する権限がないこと、矯正更生局の判断・決定等を覆す権限がないことなどである。つまり、受刑者およびその家族、犯罪被害者等からの指摘を受け、施設または制度として抱える問題点や課題を発見し、それらについて検討し、政策や手続などについて、必要と思われる変更や修正をするよう、関係各機関に勧告する権限を有する[9]のみである。つまり、施設および制度としての問題点について熟知し、それを解決するための政策や手続、その他運用の変更を勧告することが、カリフォルニア州刑務所オンブズマンの最大の任務であるから、その

---

7　当時のオンブズマン・チーフ、ケン・ハードル（Ken Hurdle）氏からの聞き取りによる（2009年9月8日）。
8　Alarcon, *supra* 5 at 597.
9　http://www.cdcr.ca.gov/Ombuds/ (last visited June 12, 2018)

目的で受刑者から、さらには受刑者の家族や受刑者によって被害を受けた被害者からも事情を聴取することにより、多くの情報を得ることができ、またそのようにすることが期待されている。しかし、独立の機関として、一定の法的な権限をもって、必要とされる変更や修正を、積極的かつ能動的に実行することが許されているわけではない。

それでは次に、同州において、独立機関として刑務所体制を監視する、「矯正更生局監視庁」について検討しよう。

## 二　矯正更生局監視庁（The Office of the Inspector General：OIG）[10]
### （一）「矯正更生局監視庁」の設置とその下位機関および役割

矯正更生局監視庁は、カリフォルニア州矯正更生局内の不正を発見、調査し、必要に応じて適切な処置を取ることを目的に1994年に同州刑法6125条によって設置された。現職員数151名という大規模な組織である同監視庁の最高責任者、監視庁長官（the Inspector General）は、州知事の指名と州議会上院の承認により、6年間の任期で任命され、その職は独立官職[11]である。また、当時から2013年の法改正までは、同州刑法6126条a項1号により、大きく次の3つの権限と職務を付与されていた。すなわち、カリフォルニア州矯正更生局の政策・手続が適切であるか否かを審査すること、会計検査（audit）を実施すること、そして、矯正更生局全体の政策および執行に関する調査を行うことである[12]。その後、2013年の改正によって、6126条は、a項からh項までの8項に渡って、同長官の権限を列記することになった。大きな変化は、会計検査の権限が削除され、代わりに、主に次の2点が加えられたことである。1つは、各刑務所の医療ケアが期待通り実施されているかを監視す

---

10 カリフォルニア州矯正更生局監視庁については、http://www.oig.ca.gov/ を参照（last visited June 12, 208）。単に "Office" という語に対して、「庁」という語を当てることに躊躇するところがあったが、職員数151名（2009年末）という規模および公訴提起する権限を有するという事実等に鑑み、敢えてこのように訳すことにした。その歴史については、参照、Diane M. Hartmus, *Inspection and Oversight in the Federal Courts: Creating an Office of Inspector General*, 35 CAL. W. L. REV. 243（1999）.

11 Penal Code 6215. …the independent Office of the Inspector General which shall not be a subdivision of any other governmental entity…

ること（f項）、もう1つは、2012年4月に発付された「カリフォルニアの矯正の将来」と題するいわゆる青写真（Blueprint）に示される5つの様々な改革が、計画通り行われているか否か監視すること（g項）である[13]。

これらの権限と職務を執行するために設けられた下位の部局としては、2007年当時には以下の3つが存在した。1つは、2013年の改正で廃止されたが、刑務所等刑事施設に対して実施する会計検査によって経理上の不正監視を行う「会計検査調査局（The Bureau of Audits and Investigations）」、2つめに、矯正更生局における行政的・刑事的な側面から不正を監視する「刑事捜査局（The Bureau of Criminal Investigations）」である。そして、3つめには「独立審査局（The Bureau of Independent Review）」である。「独立審査局」は、矯正更生局における内部捜査の実施を監視すると同時に、懲戒処分や訴訟に関する監視を行う。また、刑務所等における看守など職員による実力行使についての監視も「独立審査局」が実施する。本章の目的である刑事施設の行刑監視システムの視点から最も関心が持たれるのは、この「独立審査局」であるから、その職務およびその実施状況について、同局が毎年ほぼ1回のペースで発行する報告書を概観しながら検討する。なお、会計検査調査局は、先述のように2013年の法改正で、州政府全体の会計検査を行う通常の会計検査局が、CDCRの会計についても検査するように再編成されたことに伴い、廃止された。

---

12　Penal Code 6126. (a) (1) The Inspector General shall review departmental policy and procedures, conduct audits of investigatory practices and other audits, be responsible for contemporaneous oversight of internal affairs investigations and the disciplinary process, and conduct investigations of the Department of Corrections and Rehabilitation, as requested by either the Secretary of the Department of Corrections and Rehabilitation or a Member of the Legislature, pursuant to the approval of the Inspector General under policies to be developed by the Inspector General. The Inspector General may, under policies developed by the Inspector General, initiate an investigation or an audit on his or her own accord.

13　大部なので省略するが、次のURLで、条文を確認できる。http://leginfo.legislature.ca.gov/faces/codes_displaySection.xhtml?sectionNum=6126.&lawCode=PEN　また、Blue Printについては、https://www.cdcr.ca.gov/2012plan/docs/plan/complete.pdf (last visited June 12, 2018)。

## （二）「独立審査局」の職務の概要

　筆者が調査の対象とした、同局の 2010 年 4 月 15 日発行の全 174 頁の報告書において、実際に前回報告書からそれまでの時期に取り扱ったいくつかのケースの調査等の顛末が記されている。その報告書の一部を以下概観し、その職務と調査の実態を把握しよう。

　「モニタリング活動の概要（SUMMARY OF MONITORING ACTIVITIES）」とする項目の冒頭で述べられているところを以下に引用し、同局の任務を明確にする。すなわち、「独立審査局の第一の職務は、矯正更生局の懲罰過程をモニタリングすることである。これは、職員の不正行為を組織内で調査する内部捜査（internal affairs investigations）の実施について、および、不正行為とされる行為に関する懲戒処分の決定について、モニタリングすることを包含する。それに加えて独立審査局は、矯正更生局の「重大事件（critical incidents）」に対する対処と、「実力行使事件（use-of-force incidents）」についてもモニタリングする。」[14]

　つまり、①職員に対する懲戒過程が適切であることの監視、②矯正更生局における重大事件への対処が適切であることの監視、そして、③職員による実力行使が適切であることの監視、という 3 つが同局の主たる任務ということである。

　さて、その 2010 年 4 月 15 日付報告書では、2009 年 7 月から同年 12 月までの約半年間にカリフォルニア州矯正更生局が管轄する刑事施設等において発生した、死亡事件 8 件を含む 271 の事件、および、139 件の重大事件をモニタリングの対象としている。ここで言う重大事件とは、「矯正更生局の即時的対応を必要とする暴動や殺人」などである[15]。また、この件数は 2009

---

14　BUREAU OF INDEPENDENT REVIEW, SEMI-ANNUAL REPORT, July-December 2009, OFFICE OF THE INSPECTOR GENERAL, at 3（April 2010）available at https://www.oig.ca.gov/pages/reports.php#（hereafter SEMI-ANNUAL REPORT）(last visited June 12, 2018).

15　SEMI-ANNUAL REPORT at 3, footnote 1. 現時点で最新のものは、2017 年の Annual Report である。https://www.oig.ca.gov/media/reports/Reports/annual/2017_OIG_Annual_Report.pdf (last visited June 12, 2018)

年9月発行の報告書作成時に比して減少しているが、それは予算削減による職員の勤務時間カットにより、対象事件数を絞り込む必要があったためで、事件数自体が減少したためではないということである[16]。

(1) 職員の懲戒処分に関する監視

独立審査局が職務とするモニタリングのうち、第一の「職員に対する懲戒過程」に関するモニタリングにおいては、同審査局は内部捜査官と相談し、重要な事情聴取に立会い、証拠を審査し、捜査報告に関し勧告を行う。それに基づき、矯正更生局の雇用委員会（hiring authorities）が懲戒処分に関して決定をするが、その決定に関して審査局が同意しない場合には、雇用委員会幹部による再審査が行われ、最終的な処分が決定される。当然ながら、懲戒対象となった職員はその処分について異議の申し立てを、州人事委員会（the State Personnel Board）に提起することができ、独立審査局は、その後の手続をモニタリングする。その異議申し立ての結果、当初の懲戒処分から大きな変化が生じた場合には、それを報告書に記載し公表することができる。そのような公表がなされた懲戒処分は、今回の報告書の対象期間においては20件存在し、そのうち7件に関して審査局は「不適（deficient）」と判断している[17]。

(2) 重大事件への対処に関する監視

第二の「重大事件への対処」に関するモニタリングは、2009年7月から同年12月までの対象期間において、139件の事件を対象に実施された。前回調査期間の2009年1月～6月期の件数は147件であったから、5％の減少となるが、「重大事件」に該当する7つのカテゴリーのうち、最多である「受刑者の身体的重傷（Inmate Great Bodily Injury）」に関しては、前回期間の50件に対して今回は60件と増加している。また、より重度の、「致命的実力の行使（Use of Deadly Force）」に関しても、7件から9件へと増加した[18]。したがって、その他のカテゴリーにおいてはいずれも減少している。

---

16　SEMI-ANNUAL REPORT at 3.
17　SEMI-ANNUAL REPORT at 4.
18　SEMI-ANNUAL REPORT at 12.

さて、これら重大事件とされた139件のすべてについてモニタリングの結果、矯正更生局によって取られた処置は適切であったと判断された。モニタリングの結果は、1件ずつ、「事件の事実（FACTS OF CASE）」、「事件の処理（DISPOSITION OF CASE）」および「〔独立審査〕局の評価（BUREAU ASSESSMENT）」の3項目につき、それぞれ数行ずつ記載し、「表」としてまとめられる。例えば、この期間の「表」の最初に出てくる事件（Case No. 09-0725）では、「事件の事実」として、「2009年12月17日に、それより14日前に同室者によって性的暴行を受けたとする内密情報が職員に寄せられた。医療的評価が当事者双方に実施され、傷害には否定的な結果であった。職員が他の受刑者に面談をしたが、その情報を支持する目撃者も証拠も存在しなかった。」と記載され、「事件の処理」の項目では、「本件…は、検事局の送致基準に合致しないため、検事局に送致されなかった。また、職員の不正行為の証拠もなく、本件は内部事項捜査局（the Office of Internal Affairs for Investigation）にも送致されなかった。」と記載されている。それに対する「〔独立審査〕局の評価」の項目では、「本件に対する〔矯正更生〕局の全体的対応は、すべての重大局面において適切であった。同局は、十分な相談を〔関係各所と〕行っている。しかしながら、本件に関する初期情報を〔独立審査局に対して〕時間的に早急に（in a timely manner）伝達していない。〔しかし、独立審査〕局は、人事委員会が内部事項捜査局へ送致しないとする決定に同意する。」と判断し、問題性がないことを確認している[19]。

（3）職員による実力行使に関する監視

　最後の「職員による実力行使」の適切性に関するモニタリングは、職員が「銃器など、致命的実力の行使」をした場合、または、「死を結果するような実力の行使」をした場合に、直ちに矯正更生局は、独立審査局に通知することとなっており、その通知を受けて同局は直ちに事件の現場で調査を開始する。今回の報告期間においては、8件の「致命的実力の行使」がモニターされ、3件において刑事捜査が、5件において行政的捜査が実施された。それらに関してこの報告書では、たとえば、「2009年11月1日、2名の受刑者が喧嘩、

---

19　SEMI-ANNUAL REPORT at 99.

職員の停止命令に従わず。職員は事件を制止するために、致命的ではない3発を発砲。最初の2発は、目標を外れたが、3発目は2名のうちの1名の手首に命中し、喧嘩は停止した。その命中で負傷した受刑者は地域の病院に搬送された。」という「事件の事実」（Case No.09-0728）について、矯正更生局は受刑者を送検せず、また職員の不正行為も存在しないと判断したため、内部事項捜査局に送致しなかった。またこれら一連の事件の顚末について、独立審査局も、問題がないと判断している。すなわち、「〔独立審査〕局は〔矯正更生〕局が、すべての重大局面において適切に対処したと判断する。本件に関し、〔矯正更生〕局は〔独立審査〕局に適切に通知し相談をした。人事委員会は、本件を内部事項捜査局に送致しないことを選択したが、〔独立審査〕局はその決定に同意する」[20]と。

　以上のように、「独立審査局」は、受刑者と日常的に接する機会のある職員の様々な不正行為に対する懲戒処分の適切性や、職員による実力行使の適切性、また実力行使の後の矯正更生局の処置の適切性などについて、独立機関として捜査・調査した上で評価し、それを毎年1回以上、報告書として公表する。こうすることにより、施設で何が起きており、それについて誰がどのように対処し、どのような処理がなされたのか、また独立審査局の評価はいかなるものかについて、外部の一般の市民も知ることができ、理解することが可能となる。このような方法で、同州では、刑務所等における行刑の運営についての適切性を確保するよう制度的に保障しており、また、一般の人々に対しても透明性を確保することができるような方法を設けていると考えられる。

　それでは次に、カリフォルニア州における刑事施設の行刑、特に受刑者に対する矯正教育ならびに社会復帰を実現する更生のための施策およびその実施に関する監視体制について、検討しよう。

---

20　SEMI-ANNUAL REPORT at 100.

## 三　カリフォルニア更生監視委員会（The California Rehabilitation Oversight Board：C-ROB）

### （一）「カリフォルニア更生監視委員会（C-ROB）」の設立と役割

　C-ROB は、2007 年に可決された下院法案 AB900[21] によって改正された、カリフォルニア州刑法 6141 条が設置する監視委員会で、受刑者および保護観察中の者に対して矯正更生局が実施する矯正プログラムに関して、定期的にそれらプログラムの有効性や実施状況の審査を行い、州知事および州議会に、毎年、報告書を提出することを任務としている。同条は、以下のように C-ROB の権限等について明示している。

> 第 6141 条　C-ROB は、少なくとも年に 2 回会合を開き、矯正更生局が受刑者および仮釈放中の者に対し実施するメンタルヘルス・ケア、薬物乱用防止、教科教育および職業訓練に関する諸プログラムを定期的に審査しなければならない。2015 年 1 月 1 日からは、同委員会は、受刑者および仮釈放者が釈放後にも健康ケア保証（postrelease health care coverage）を受けられるよう、〔矯正更生〕局が支援する取り組みを、審査しなければならない。9 月 15 日に同委員会は、州知事および州議会に対し、〔報告書の提示によって〕報告をしなければならない。また、必要と考えるならば、その他の報告書を提出することができる。報告書は、次の事項に限定されるものではないが、それらを含むものでなければならない。〔すなわち〕治療（treatment efforts）の効果についての調査結果、受刑者の更生需要（rehabilitation needs）、局内での諸矯正プログラム間の格差、受刑者のプログラムへの参加状況および成功状況である。同委員会は、また、更生・治療プログラム（rehabilitation and treatment programs）の修正、追加および廃止について、州知事および州議会に勧告をしなければならない。…[22]

---

21　AB900、および、それによるカリフォルニア州刑務所改革・行刑改革については、本書第 2 部「カリフォルニア州の刑務所改革」を参照のこと。
22　Penal Code 6141. *See*, http://leginfo.legislature.ca.gov/faces/codes_displaySection.xhtml?sectionNum=6141.&lawCode=PEN (last visited June 12, 2018).

この条文に示されているように、C-ROB の任務は、単に 2007 年の AB900 に基づく新規のプログラムの実施状況を監視することだけではなく、「メンタルヘルス・ケア、薬物乱用防止、教科教育および職業訓練に関する諸プログラム」を審査する、とされていることから分かるように、矯正更生局が実施する様々な種類のプログラムをその対象としている。つまり、C-ROB が実施状況を監視し評価するプログラムには、矯正プログラムだけでなく、その他教科教育や職業訓練などが広く含まれているのである。

　さて、2007 年 6 月 19 日に初めての会議を開いて以来、C-ROB は年に 6 回のペースで会議を開いてきた。これら会議はすべて公開となっており、市民の誰でも傍聴することが可能であり、各会議の開催日時場所、議題等および議事録について、ホームページで見ることができる[23]。同委員会のメンバーは 11 名で、同州矯正更生局監視庁長官が議長を務め、そのほかには、矯正更生局長、成人プログラム責任者、カリフォルニア州コミュニティー・カレッジ副学長、同州アルコール・薬物プログラム局長、精神健康局長、カリフォルニア大学（アーバイン校）教授、カリフォルニア州立大学（サクラメント校）教授、ソラノ・カウンティー保安官（知事指名）、成人保護観察官チーフ（上院臨時議長指名）、ロサンゼルス・カウンティー精神健康局地域医療所長（下院議長指名）がメンバーに加わっている[24]。さらに、先述、同州刑法 6141 条にあるように、C-ROB は、毎年、様々な矯正教育プログラム等に関する審査の結果について、「州知事および州議会に対し報告」しなければならないとされており、2007 年から毎年 2 回の発行が義務付けられていたために、数多くの報告書が作成され、州知事および州議会に対して提出され、同時に一般にもホームページで公開されてきた[25]。

　次に、筆者が調査した報告書（2010 年 9 月 15 日付、本文 42 頁および資料等付録 12 頁）[26] に基づいて、様々な矯正プログラムに関する C-ROB によ

---

23　http://www.oig.ca.gov/pages/c-rob/mnam.php（last visited June 12, 2018）
24　C-ROB の構成メンバーについて、次のウェブ頁で公開されている。http://www.oig.ca.gov/pages/c-rob/board-members.php 参照（last visited June 12, 2018）。
25　これまでの報告書について、http://www.oig.ca.gov/pages/c-rob/reports.php 参照。

る審査の結果を概観し、その活動と矯正プログラム実施における課題等について見てみよう。カリフォルニア州矯正更生局にも突き付けられた巨額の予算削減によって、多くのプログラムの規模縮小および期間短縮が否応なく強いられていることから、様々な課題が提起されてきていることが理解される。

### (二) C-ROB 活動報告書が指摘する課題

(1) 矯正プログラム受講率について

カリフォルニア州矯正更生局が矯正プログラムとして実施しているものには、大きく次の3つがある。つまり、教科教育プログラム（Academic Program）、職業訓練プログラム（Vocational Program）、および、薬物乱用プログラム（Substance abuse Program）である。そして、課題は、それらプログラムの実施状況について、特に参加率が低迷であることを、C-ROB は指摘する。すなわち、教科教育については35.9％の参加率に過ぎず、職業訓練は75.6％、そして、薬物乱用プログラムは97.5％でしかない[27]、と。

これに対する矯正更生局からの説明は、各種プログラムが新規に開始されたばかりの時期であるために、参加率が低いというものだが、C-ROB はその説明の妥当性も含め、特に教科教育については、受刑者を最初にプレイスメントするための基準に問題がないかなどについて、今後、継続してモニターしていき、次回2011年3月の報告書においてその結果を公表するとした[28]。

(2) 矯正プログラム担当者の確保について

さらに、これら矯正プログラムを具体的に実施する教員および指導員の充足数および空白率についても、次のように、C-ROB として検討した結果を報告書にまとめている。つまり、2010年7月1日現在として、524のポストに対して53の空きポストがあるために空白率は10％であり、補助教員ポスト173に対して117の空きポスト、つまり空白率は67％という状況である。

---

26 2010年9月15日付報告書 "BIANNUAL REPORT SEPTEMBER 15, 2010" は、以下を参照。http://www.oig.ca.gov/media/crob/reports/C-ROB%20biannual%20report%20September%2015%202010.pdf (last visited June 12, 2018)

27 BIANNUAL REPORT SEPTEMBER 15, 2010, *id.* at 3.

28 *Id.*

そのため、これら空きポストを充足させるための募集を続けているとの説明が矯正更生局からなされているが、これに対するC-ROBの見解は、昨冬に800人という多くの教員および指導員をレイオフしておきながら、現時点でこのように空きポストがあるということ自体が不自然である、というものである。また、新規の教育プログラムを含む諸プログラムの評価を、教員等を中心に構成される評議会（leadership councils）が6カ月ごとに実施し、必要な改善を諸機関に求めるとしている点につき、半年ごとに変化するような教育プログラムでは、逆に受講者である受刑者にとって不利益になることも考えられるとして、これらの課題につき継続的にモニターを行い、2011年3月の報告書においてその結果を報告するとしている[29]。

（3）薬物乱用プログラムの実施期間について

薬物乱用プログラムは、受刑者の受講者が約8,500名、仮釈放中の受講者が約4,900名、その受講率は97.5％と好調のようであるが、C-ROBによると、長期間の中毒経験を有する成人に対してのプログラム期間として、90日間というのが、十分な効果をあげることが期待できる期間なのか否かについて、検討の余地があるとする[30]。さらに、実体的な問題として、仮釈放が1年以内に控えている受刑者に対しては、薬物乱用プログラムを受講できる施設に移送することに矯正更生局は努力するとするが、仮釈放までさらに長期間待たねばならない受刑者については、そのようなプログラムの受講が不可能な施設に収容される傾向があることを指摘し、改善を求めている[31]。

（4）C-ROB評価データのタイムラグについて

さらに、さまざまな矯正プログラムについて評価を行うことを求められているC-ROBに対する、データ提供のタイミング等について、データが半年遅れのものであるため、次回報告書期限の2011年3月には、2010年4～9月のデータに基づく評価とその報告になることに対する不満をC-ROBは、同報告書において次のように表現している。すなわち、「当委員会は、『正確

---

29 *Id.* at 3, 14-20.
30 *Id.* at 4, 14, 22-24.
31 *Id.*

でタイムリーなデータなしでは、プログラムの実施とその成功について評価することができない』ということを〔先回に続き〕再度、確認しなければならないのは、絶大な不満（with great frustration）を持ってのことである」[32]と。

　以上のように、C-ROB は、刑務所オンブズマンのように、受刑者およびその家族、または、被害者およびその家族などから、受刑生活や被害後の生活など、様々な面からの苦情や提案を処理するのとは異なり、矯正更生局により受刑者および仮釈放中の者に対して実施されている、様々な矯正教育およびプログラムの実施状況および効果等をモニターし、データを基に科学的に評価し、改善点や課題などについて州知事および州議会に対して報告書という形式で提案することを任務としている。

　その特徴としてまず挙げられるのは、原則的に公開ということである。当初は年 2 回（その後、2015 年から年 1 回）C-ROB が作成する報告書はもとより、当初は年 4 回以上の開催が法的に義務付けられ、実際には年 6 回開催されていた会議は、2014 年からは年 3 回のペースとなったものの、本質的に重要なことは、その会議自体が公開され、矯正プログラムにおいて何が問題として議論されているのか、課題は何かなどについて、一般市民が傍聴によって知ることができるように、透明性を確保していることである。また、2 つめには、矯正更生局およびその関連職員だけでなく、大学教員を中心に第三者である 3 名をそのメンバーに入れ、オープンな機関として一般的な良識を基にした公平性および公正性を確保しようとしているということである。同局内部における評価機関であれば、そのような一般的な公開性および公平性を保つ理由も動機付けも生じず、2007 年の AB900 によって緒に就いた行刑改革以前と変わらない、内部的な監査ですべてが終わってしまう可能性もあるであろうが、このように公開性と第三者性を確保することで、受刑者の更生および社会復帰について、矯正更生局全体として説明責任を負わなければならないシステムができあがったと言えよう。

---

32　*Id.* at 5.

## 第2節　カリフォルニア州の刑務所監視体制に関する評価

　第1節でカリフォルニア州における刑務所監視システムを概観した。本節では、そのような監視システムに対する評価を概観し、特にどのような課題が指摘されているか、前述の主たる3つの機関について検討していこう。

### 一　刑務所オンブズマンについて

　1997年に設置された「刑務所オンブズマン」に関する課題として指摘されていることのうち、特に重要と考えられるのは、その独立性の欠如である[33]。連邦控訴審第9巡回区裁判所裁判官アーサー・アラーコン（Arthur L. Alarcon）はその論説[34]において、独立性欠如の問題を扱っているので、これについて検討しよう。

　「刑務所オンブズマン」に独立性が確保されていないことから、受刑者の権利侵害に対する救済に失敗した例として、アラーコン判事が挙げるのは、担当の連邦控訴審第9巡回区裁判所に2005年に係争した「ローズ 対 ロビンソン事件（*Rodes v. Robinson*）」である。原告のカリフォルニア州刑務所受刑者ケビン・ローズが、刑務所内での処遇について苦情の申し立てをしたことが原因で、繰り返し刑務所から報復を受けたとしてローズが訴訟を提起したものであった[35]。その訴訟の被告には、刑務所刑務官および刑務所長以外に、「刑務所オンブズマン」も含められていた。なぜなら、ローズは、刑務官の彼に対する取り扱いに関して、オンブズマンに苦情を申し立て救済を求めたにもかかわらず、オンブズマンは迅速かつ適切に処理することなく、むしろ受刑者で構成される「勧告協議会（the Men's Advisory Council）」に苦情を転送しただけで、その「勧告協議会」は受刑者救済の権限を持たないため、結局、ローズは何ら実効的救済を得ることがなかったからである。それでは

---

[33] Alarcon, *supra* 5 at 597.
[34] Alarcon, *supra* 5.
[35] *Rodes v. Robinson*, 408 F.3d 559 (9th Cir.2005).

なぜ「刑務所オンブズマン」は、ローズの苦情についてそのように不適切と考えられるような処理をしたのか。アラーコン判事は、そこにオンブズマンの独立性の欠如があると指摘する。つまり、独立機関として事件を調査し受刑者の救済をする権限がオンブズマンに認められていれば、その権限を行使して、事案の真偽を調査・確認の上、ローズの救済を図ることが可能であったであろうが、その権限がないために、オンブズマンは「勧告協議会」という他の組織にローズの事件を転送し、処理を託すしかなかったと考えたのである[36]。

　アラーコン判事の主張は、「刑務所オンブズマン」に独立性を持たせることによって、数多くの事案を未然に解決することが可能となり、それによって訴訟を回避することができ、訴訟のために必要となる莫大な経費を州は節約することができる、というものである。同判事によれば、カリフォルニア州検察庁（the California Attorney General's Office）が矯正部門における訴訟のために割いている予算は年間1450万ドル、受刑者からの訴訟を取り扱うためだけに雇用されている弁護士は22名、それに加えて矯正更生局も外部から弁護士を雇うために300万ドルの予算を割いている。そして、2004～2005年には、受刑者からの訴訟提起と解決のための示談、または、判決によって総額276万ドル余りを、また、クラスアクションの判決において774万ドル余りを、同州は支払ったというのである[37]。

　このような出費が「刑務所オンブズマン」の存在によって不必要となった例としてアラーコン判事が挙げるのは、同州刑務所コーコラン（Corcoran）における2004年の事例である。コーコラン刑務所においては、特定の宗教に属する受刑者が、毎月の宗教的行事において、特定のタイプの胡麻を使用することから、同刑務所に胡麻の使用許可を求めたところ不許可とされたため、その受刑者は連邦地裁に提訴した。その連邦地裁判事が、「刑務所オンブズマン」に連絡し、同判事は、その事件においては受刑者に分があり、懲罰的賠償として50万ドルを認める考えであることを伝えたのである[38]。こ

---

36　Alarcon, *supra* 5 at 595-596.
37　*Id.* at 604.

の提訴および判事の連絡をきっかけに、オンブズマンは調査を行い、確かに当該受刑者がその主張の通りに、ある特定のタイプの胡麻を利用する宗教を信仰しており、その行事にその胡麻が必要であることを確認した。そしてオンブズマンは、胡麻を一定量預かることとし、必要な時に当該受刑者に使用させることとし、この事案は終了したのである。

　アラーコン判事によれば、この事例が示すことは次の事柄である。「この事件は、オンブズマンが、いかに苦情を解決することができるかを示す明確な事例を提供している。しかしながら、理想的には、このような苦情が独立的オンブズマンのもとに提示され、訴訟〔提起〕なしに（without litigation）解決されることである。…連邦控訴審第９巡回区裁判所で、人権〔侵害〕について苦情を申し出た受刑者が勝訴した事件の多くにおいて、オンブズマンもその紛争を解決できたことであろうと思われた」[39]と。

　このように、現行の「刑務所オンブズマン」に独立性を付与し、訴訟を回避する作用を担わせることで、受刑者に対する、より迅速で実効的に権利を保障しつつ、同時に、州にとっても訴訟費用など不必要な支出を回避できるというメリットの存在には、強い説得力がある。また、そのために、アラーコン判事は、自ら提示する改正法案で、オンブズマンをより高位の公務員とし、その任命権者を現在の矯正更生局長から、州議会両院の過半数の承認によるものとしてその独立性を付与するとともに、任期を、再任の可能性を有する６年とし、「刑務所オンブズマン」の継続性および専門性を確保することを提案している[40]。

## 二　矯正更生局監視庁（OIG）について

　非営利公益団体であるプリズン・ロー・オフィス所長のドナルド・スペクターが2006年に公表した論説に基づき、矯正更生局監視庁（OIG）の評価を試みてみよう。スペクターは、OIGの機能について、具体的な事例の検

---

38　*Id.* at 607-608.
39　*Id.* at 608, 609.
40　*Id.* at 613.

討において、次のように積極的な評価をしている。

　1990年代に、カリフォルニア州ペリカン・ベイ刑務所およびコーコラン刑務所において発生した、刑務官および受刑者の死傷事件について、OIGが捜査を行った。そして、その結果、明らかになったことは、スペクターによれば、刑務所内の暴力事件発生の原因は、受刑者自身の暴力的な行動のみに存在するのではなく、刑務所の「文化の機能、そのマネージメントの有効性、そして時として、受刑者の誤った取り扱いを擁護する政治的現実」[41]に大きく依存しているとのことである。結論としてスペクターは、刑務所など「刑事矯正施設における安全の鍵は、受刑者ではなく制度として（as an institution）の刑務所にある」[42]とする。

　このような結論に至るための基礎的な判断材料を与えたのが、公表されているOIGの捜査結果である。スペクターは次のように言う。「カリフォルニア矯正更生局監視庁（OIG）は、同州男子刑務所における、忌み嫌うべき状況（deplorable conditions）と貧相な運営マネージメントによって、刑務官が〔受刑者によって〕殺害されたことを見いだし、〔そのことから、刑務所の〕状況と暴力との間の関係を明確にした。OIGの発見によると、警官を殺害しようとし〔て有罪となり〕、近時の経歴でも重度の攻撃的行動を有するために収容された受刑者を、刑務所が、一般被収容者の中にとどめることを認めるという、基本的〔受刑者〕分類手続違反を犯していたのである。つまり、〔作業用〕工具に関するお粗末な管理とお粗末な統制手続から、受刑者は武器を手に入れ隠し持つことが可能となったのだ。OIGの捜査結果は、うまく運営されている刑務所は比較的安全であるが、お粗末な運営の刑務所は安全ではないという、ほとんどの矯正行政官にとって良識であることを、詳細に表明している」[43]と。

　このように、OIGが捜査権限を持ち、その結果を公表することが義務付

---

41　Donald Specter, *Prison Reform: Commission on Safety and Abuse in America's Prisons: Making Prisons Safe: Strategies for Reducing Violence*, 22 J. L. & POLITICS 125（2006）at 134.
42　*Id.*
43　*Id.* at 130-131.

けられていることにより、刑務所内における事件について知ることが可能となり、それに基づき評価と改革の機会を得ることができるために、積極的にOIGを位置付けることができよう。

## 三　カリフォルニア更生監視委員会（C-ROB）について

　C-ROBは、2007年に設置された機関で、先述の2010年9月発行のC-ROB報告書の中で示されているように、矯正更生局からの様々なデータや資料提供が約半年ほど遅れ、それを基にC-ROBは同局の矯正プログラム等の施策を評価するために、さらにそれ以上の時間が必要とされる。そして、その評価に基づきC-ROBが州議会および知事に対して、改善勧告等をするのはさらに後になり、その改善勧告等を基に立法および行政的措置が取られるとすると、そのようなC-ROBの評価や提案が現実に実行されるのは、問題が露見されてから相当先のことになる。そのような点が、C-ROBの欠点ではなくても、実効性についての評価として、マイナスに作用する可能性はあるであろう。

　また、C-ROBの構成メンバーの中には、確かに大学教員等の第三者が入っており、第三者性をある程度有することは事実であるが、その第三者の中には、弁護士などの法律専門家は含まれていない。つまり、刑務所内での人権侵害等に関する受刑者からの苦情を、実際に訴訟において処理している法律家の視点から、矯正更生局の行刑および矯正施策との関係で検討評価し、訴訟回避に資する行刑および矯正施策とすることが必要であろう。であれば、C-ROBのメンバーの中に法律家を入れることが重要であろうと考えられる。したがって、今後の課題の1つとして、C-ROBのメンバー構成の再検討が挙げられよう。

　以上本章では、カリフォルニア州の刑務所等刑事施設における、矯正教育を含む行刑に関する監視体制がいかなるものなのかを概観してきた。その結果、主として3つの機関が存在し、それぞれの役割に応じた監視機能を果たしていることが理解された。まず、受刑者およびその家族等から、苦情を直接的に受け付け、処理する組織として、矯正更生局の内部機関と位置付けら

れる「刑務所オンブズマン」である。次に、刑務官等矯正更生局職員に対する懲戒処分手続をモニターすると同時に、それら職員の実力行使を監視し、時として、適切性を欠いた疑いのある行為について捜査を行い、その結果に基づき必要に応じて検察庁に送検する機関で、矯正更生局から独立して存在する「矯正更生局監視庁」の一機関である「独立審査局」である。そして、3つめに、矯正更生局が主として受刑者に対して実施する矯正教育や諸プログラムの実施状況およびそれらの有効性について監視し評価する、2007年のAB900により設置された「カリフォルニア更生監視委員会（C-ROB）」である。上記「刑務所オンブズマン」を除く2つの機関は、少なくとも年に1回は1年間の活動について報告書を作成し、州知事および議会に提出しなければならず、同時に一般にも公開されるので、関係機関および市民に、何が矯正更生局の施設で起きており、何が問題なのかについて、明らかにされるということである。

　このようなカリフォルニアの3つの監視機関に相当する組織は、わが国にあるのだろうか。詳しくは、他の国の刑務所監視機関について次章以降で行う検討を踏まえて、第3部の最後にまとめるが、ここでは簡単に、これらカリフォルニアの3つの機関に限定してわが国の制度と比較しておきたい。

### 四　考察

　わが国で2006年に設置された「刑事施設視察委員会」と、第一の「刑務所オンブズマン」の機能とを比較してみよう。2017年現在、全国で76存在する「刑事施設視察委員会」は、それぞれが担当する刑務所の所長から、その施設の行刑に関する情報の提供を受け、また、それぞれの施設の受刑者から数多くの「意見提案書」を受理し、さらに、様々な行刑の実態を自ら視察し、それら見聞に基づき、「視察委員会」としての意見をその施設の長に、年に一度、「意見」として提出し、それがさらに法務省矯正局にあげられている[44]。これにより、矯正局はそれぞれの施設の実態と課題などについて理解し、改善を実施することができるようになると考えられる。

　他方、カリフォルニア州の「刑務所オンブズマン」は、個々の刑務所ではなく、州内すべての刑務所の受刑者からの苦情等を取り扱っている。さらに、

わが国の「刑事施設視察委員会」と異なり、受刑者家族や犯罪被害者からの苦情や相談も取り扱う。そのために全施設の状況を、他の施設との比較において、さらにまた、受刑者のみならず被害者を含む犯罪の関係者からの苦情や意見を得ることにより、より広い視野から立体的に、様々な状況と課題とを把握することが可能となり、その分、問題解決策や刑事施設が実施すべき施策に関する提言も、総合的視点からのものとなりうるであろう。しかし、逆に、その取り扱う多数の苦情処理が「刑務所オンブズマン」の過大な負担となり、機能不全に陥る可能性が内在するというマイナスの要素も実際に存在する。

　これに対して、わが国の「刑事施設視察委員会」は、それぞれ個々の施設しか見ておらず、また、苦情等もその施設の受刑者から受け付けるのみで、その家族、被害者および被害者家族や被害者遺族は対象にならないため、実態の把握に関して総合的および全体的な視点からのものとはならず、したがって施設の長に対する意見の内容も、その施設に限定された事柄、つまり、その施設の視察およびその施設の受刑者からの意見提案書や面接等に基づく、個別具体的な意見や提案となりがちである。また、「刑事施設視察委員会」の組織の独立性欠如および乏しい権限は、カリフォルニア州「刑務所オンブズマン」においても、わが国「刑事施設視察委員会」においても、問題となる事実を正確に把握する活動において十全の機能を果たすことができない原因となっていると考えられるため、今後、独立性および権限確保について、さらに検討されるべきであろう。

　次いで、「矯正更生局監視庁」の「独立審査局」の機能は、主として、矯正局職員の公権力行使の適切性を監視することであり、職員に対する懲戒処

---

44 刑事収容施設法 7 条以下参照。公表については、10 条が次のように規定する。「法務大臣は、毎年、委員会が刑事施設の長に対して述べた意見及びこれを受けて刑事施設の長が講じた措置の内容を取りまとめ、その概要を公表するものとする。」つまり、全国に 76 ある同委員会の各年の意見を「とりまとめ」、それらを受けて講じた措置の内容の「とりまとめ」とその「概要」を「公表する」のみで、個別の委員会意見自体は公表の対象となっていない。これまでの公表文書は、http://www.moj.go.jp/shingi1/kyousei_katsudou_index.html で確認できる（last visited June 12, 2018）。

分の適切性や実力行使の適切性をモニターする。このような権限はわが国においては、一次的には当該刑事収容施設の長が有し、必要に応じて上級庁である矯正局が担当することになる。したがって、あくまで上級庁による調査と審査であり、独立的に第三者として問題となった事案を検討評価するものではないから、その調査および審査の公正性および透明性の確保には必然的に限界があるということになる。また、「刑事施設視察委員会」には、調査権限等は付与されていないから、調査の必要があると同委員会が判断するのであれば、施設の長にその旨依頼することになり、上級庁の調査以上のものが期待できるとは思われない。

　最後の、C-ROBによる矯正教育等、社会復帰のためのプログラムの実施状況の確認およびその効果の評価については、毎年C-ROBが作成する報告書の公開および各会議の公開によって、公開性および透明性が確保されている。わが国では、様々な更生プログラム等に関しては、第三者を含まない矯正局の内部調査と評価があるのみで、外部に対しては「刑事施設視察委員会」に対する情報提供にとどまる。もちろんそれを受けて、「刑事施設視察委員会」は施設の長に意見を提出することは可能とはなるが、前述のように、その意見は「とりまとめ」られて、法務省矯正局のホームページに掲載されるのみで、個々の委員会の意見提案等の全文が掲載されるわけではない。つまり、公開性・透明性については限界が存在すると言えよう。また、更生プログラム等について、専門的知見から評価する能力を有する視察委員が十分確保されているのか否かについても定かではない[45]。

　このような問題意識を持ちつつ、以下で、その他の国における刑務所監視体制について検討を進めていこう。次章では、受刑者の更生と社会復帰促進の基礎的条件として、刑務所における人権保障を位置付け、それを確保する

---

45　法務省ホームページ「刑事施設視察委員会の活動状況について」は、この点につき、平成29年度の報告として、委員会数76、委員数367人（報道発表、平成30年8月3日現在）〔前年同〕職種別内訳：弁護士78人〔前年80〕、医師74人〔前年74〕、地方公共団体の職員67人〔前年69〕、地域の住民など148人〔前年149〕と記すのみである（http://www.moj.go.jp/kyousei1/kyousei08_00091.html 参照。2018年9月21日確認）。

ための監視システムを構築している、カナダ連邦政府の行刑監視機関、「矯正捜査局（OCI）」を検討する。

# 第5章

# カナダにおける受刑者人権保障と
# 連邦刑務所監視体制
## ——矯正捜査局（OCI）の機能を中心に

　第4章では、わが国でも2006年に新設された「刑事施設視察委員会」に関連して、カリフォルニア州刑務所の監視体制について概観した。つまり、同州の監視体制は、次の3つの組織から構成されている。州の行刑実施機関である矯正更生局内に位置づけられる「刑務所オンブズマン」、また、その矯正更生局を独立の立場から監視すると共に、必要に応じて捜査権限を行使する「矯正更生局監視庁（OIG）」、そして、2007年の同州刑務所改革を法的に根拠づけた下院法AB900により設置され、刑務所内で受刑者に対して実施されている矯正プログラムおよび社会復帰プログラムの実施状況と有効性に焦点を当てて監視する「カリフォルニア更生監視委員会（C-ROB）」の3つである。

　同州においては、これらの機関が、それぞれ異なる観点から、異なる事柄について監視し、改善点などについて、州議会および州知事に対して勧告する役割を担っている。また、完全に独立的なOIGについては、同局の職員の非行・違法行為等について、捜査権限および起訴権限をも有する。

　本章においては、カリフォルニア州と同様に、拷問等禁止条約選択議定書〔以下、OPCAT〕を批准していないにもかかわらず、刑務所独立監視体制を構築している、カナダの例を概観し、受刑者の人権保障のために、監視機関としてどのような役割を果たし、どのような機能を備えていることが重要と

なるのかについて示唆を得ようと考える。また、OPCATを批准しているイギリスおよびフランスの例については、第6章および第7章で検討し、カリフォルニア州やカナダの例と、どのような点が異なるかについて明らかにする。

　さて、カナダの連邦刑務所に収容される受刑者の身体の自由を保障するべく、独立の監視機関が設置されている。周知のように、カナダは国是として人権擁護を掲げているが、刑務所等刑事施設の目標を、受刑者の円滑な社会復帰としている。この目標を実現するためにカナダが設置する刑務所監視体制とはいかなるものか、以下概観したい。

　カナダ連邦政府における刑務所監視体制には、受刑者の人権保障を主眼に設置された機関がある。政府のいかなる部門からも独立的な機関として設置されている、「カナダ矯正捜査局（The Office of the Correctional Investigator）〔以下、OCI〕」である。このOCIの役割および任務の遂行は、定期的に公表され、それを通じてカナダの連邦刑務所において今現在何が問題となっているのか、そして、それはどのように処置されているのかについて、議会はもとより、広く国民が知ることができるようなシステムになっている。その意味において、OCIは、後に明らかにするように、カリフォルニア州の体制との対比においては、先述の同州における3つの監視機関を併せたような機関であると考えられよう。つまり、カナダ矯正捜査局OCIは、主として受刑者から苦情という形で情報を得た上で、捜査権限など、認められている権限を行使して、事案の事実を明らかにし、事実を確定し、その解決のために諸機関に対して勧告および調整を行う。

　以下本章では、このOCIについて明らかにするために、第一にその設立と発展、第二にその果たす機能、第三にその評価と課題を考察し、最後に、わが国の刑事施設視察委員会に対していかなる示唆を提供するかを検討する。

## 第 1 節　矯正捜査局 (OCI) の設立と発展

### 一　設立の経緯

　カナダ連邦矯正捜査局（OCI）設置のきっかけとなったのは、1971 年にオンタリオ州キングストンの刑務所において発生した、カナダ史上最悪の刑務所暴動であった。その暴動において、刑務所職員 5 人が人質に取られると同時に、何人もの受刑者がその他の職員から暴行を受けた結果、そのうちの 2 人が死亡、13 人が負傷、また、刑務所施設の一部が破壊されるという事態に至った。その後、その暴動に関与した受刑者の多くが、キングストン刑務所から、それほど遠くないミルヘーブン（Millhaven）刑務所に移送されたが、今度はミルヘーブンの刑務所職員が、キングストンから移送されてきた受刑者 86 人に対して、報復として暴行を働き、彼らを重傷から軽傷までの様々な程度の負傷を負わせるという事件が発生した[1]。これらの事件を重く受けとめた王立調査委員会（Royal commission of inquiry）は、スワックハマー判事（Justice Swackhamer）を一連の事件の調査委員会委員長に任命し、事故の調査と改善策について検討させた。そして、翌 1972 年にスワックハマー判事は、調査報告書を提出した[2]。報告書で同判事は、キングストン刑務所における受刑者の処遇が、「抑圧的かつ非人間的（repressive and dehumanizing）」であったとし、そのことが、暴動に発展するような非社会的な傾向を、受刑者の間に醸造したものであると断定したのである。その上で、刑務所内での生活に関して、受刑者が苦情を申し立てようとする場合に、その方法として、当時のキングストン刑務所に唯一存在したのは、その同じ〔キングストン〕刑務所に対して、一定の形式の文書を提出するというものであったが、そのような固定的な苦情申立方法に着目し、受刑者の暴動などに発

---

1　35th Anniversary, ANNUAL REPORT OF THE OFFICE OF THE CORRECTIONAL INVESTIGATOR 2007-2008 at 9 (2008).
2　REPORT OF THE COMMISSION OF INQUIRY INTO CERTAIN DISTURBANCES AT KINGSTON PENITENTIARIES DURING April 1971 (1972).

展する前に、彼らの不満を吸い上げ、問題を認識し、それを事前に解決または是正する方法として、外部への救済申立のルートを設けることを推奨した。すなわち、「受刑者の唯一の苦情申立の方法が、しばしばその不満の根源であるところの正にその刑務所に対してであるがために、受刑者に欲求不満が生じ、またそれが増大するのである」[3] と。

## 二　1973 年「調査法」による「矯正捜査局」の設立

　上述のような経緯から、それ以後、カナダ連邦刑務所においては、受刑者の不平不満を苦情処理という形で事前に処理することによって、受刑者の人権を擁護すると同時に、暴動などといった究極の事態へと発展することを防止するために、1973 年、既存の「調査法（Inquiries Act）」[4] 第 2 編によって各省大臣に与えられていた調査権限に基づき、法務省（Department of Justice）に「矯正捜査局」が設置された。しかしこれは、あくまで、大臣の権限によって設置されたものであったから、その意味では法的に明確な独自の根拠を有するものではなく、また、必要に応じて設置されるいくつもの他の調査機関と同様に、恒久的なものでも、独立的なものでもなかった。そして、その約 20 年後の 1992 年 11 月、「矯正および条件付釈放に関する法律（Corrections and Conditional Release Act）〔以下、CCRA〕」の制定により、「矯正捜査局」は、ようやく恒久的な機関として、法的に確固たる地位を得ることになったのである[5]。同法の制定により、次に概観するように、「矯正捜査局」は、全約 1 万 3,000 人の連邦刑務所受刑者が有する、個々の問題や不満について調査し、それらの原因を究明し、その課題や不満に関連する「カナダ矯正庁（Correctional Service of Canada）」の、機関としての政策および手続について審査し、改善策などを勧告する権限を有することになった。しか

---

[3] *Id.* at 62.
[4] Inquiries Act (R.S., 1985, c. I-11), PART II, DEAPARTMENTAL INVESTIGATIONS.
[5] Corrections and Conditional Release Act (S.C., 1992, Chap.20). (An Act respecting corrections and the conditional release and detention of offenders and to establish the office of Correctional Investigator.) その間、約 20 年間の経過の概略については、*supra* 1 at 11-16 を参照。

し逆に言えば、カナダ矯正庁自身も、このような方法で、組織的な問題が何であるのか明確に知り、その問題の解決に向けて適切かつ迅速に取り組むことが可能になったのである[6]。

## 三　1992年CCRAとその後の展開

1992年にカナダ「矯正捜査局」は、CCRAの制定によって、立法上しっかりとした存在根拠を有することになったが、ここで、第一に、そのCCRAにおいて、「矯正捜査局」がいかなるものとして規定されたのか確認し、第二に、そのような法律上の位置づけを得た上で、その後どのように発展してきたのかについて、概観しよう。

### （一）　1992年CCRAによる「矯正捜査局」の設立

CCRAにおいて「矯正捜査局」は、カナダ矯正制度全体の目的の中に位置づけられることになった。それでは、その「矯正制度全体の目的」とはどのようなものなのか。CCRAの条文に沿って概観する。

CCRA3条において、カナダ「矯正制度の目的」が規定されている。すなわち、

> 3条　連邦矯正制度の目的は、以下〔の事柄の実施〕により、公正で平和かつ安全な社会の維持に貢献することである。
> （a）裁判所により科された判決を、違反者〔＝受刑者〕に対する安全で人間的な拘束と監督（the safe and humane custody and supervision）によって実施すること。
> （b）プログラムの規定に従って、刑務所及び地域社会において、違反者〔＝受刑者〕を更生させ、遵法的な市民として、地域社会に再同化できるよう支援すること[7]。

つまり、カナダ連邦矯正制度においては、受刑者の「安全」そして「人間

---

[6] Howard Sapers, Ivan Zinger, *The Ombudsman as a Monitor of Human Rights in Canadian Federal Corrections*, 30 PACE L. REV. 1512（2010）at 1518.

的な拘束と監督」、また、彼らの「更生」と「地域社会への再同化」が重要であると考えられ、それらを最大の目的として、明文において掲げている。

　さらに、このことから導き出される矯正制度の基本原理について、続く4条が規定する。4条が定める10の基本原理のうち、特に「矯正捜査局」との関係で重要と思われる4つの原理についてのみ引用すると、以下のようである。

　　CCRA4条「矯正を導引する原理」
　　3条で規定される目的を達成するために、矯正庁（the Service）を導引するべき原理は〔以下のようである。〕
　　(a) 矯正の過程においては、社会の保護が最重要の考慮事項（the paramount consideration）であること。…
　　(d) 矯正庁は、社会、職員、及び、違反者〔＝受刑者〕の保護に適合的な、最も制限的でない措置（the least restrictive measures）を取ること。
　　(e) 違反者〔＝受刑者〕は、判決の結果として必然的に剥奪又は制限される権利及び特権を除いては、あらゆる社会構成員の〔有する〕権利と特権を保持すること。…
　　(g) 矯正に関する決定は、率直かつ公正な仕方で（in a forthright and fair manner）なされ、当該違反者〔＝受刑者〕には効果的な苦情〔処理〕手続へのアクセスが〔認められ〕なければならないこと[8]。…

　このように矯正の基本原理として、「社会の保護」を最重要の目標としつ

---

7　CCRA, S.C., 1992, c. 20, s. 3. Purpose of correctional system
3. The purpose of the federal correctional system is to contribute to the maintenance of a just, peaceful and safe society by
(a) carrying out sentences imposed by courts through the safe and humane custody and supervision of offenders; and
(b) assisting the rehabilitation of offenders and their reintegration into the community as law-abiding citizens through the provision of programs in penitentiaries and in the community. http://lois-laws.justice.gc.ca/eng/acts/C-44.6/page-2.html#docCont 参照（last visited September 21, 2018）．

つ（a）、受刑者の権利制限は「最も制限的でない措置」でなければならず（d）、「判決の結果として…剥奪又は制限される」以外の「権利と特権」は違反者〔＝受刑者〕に保持され（e）、彼らには、「効果的な苦情〔処理〕手続」が認められなければならない（g）ことが、明示された。

この4条、特に（g）の規定によって、「矯正庁」は苦情処理の手続を設置

---

8　CCRA, S.C., 1992, c. 20, s. 4. その他の原理を含む全文は、次の通り。現行の規定は注7のURL参照。
4. The principles that shall guide the Service in achieving the purpose referred to in section 3 are
(a) that the protection of society be the paramount consideration in the corrections process;
(b) that the sentence be carried out having regard to all relevant available information, including the stated reasons and recommendations of the sentencing judge, other information from the trial or sentencing process, the release policies of, and any comments from, the National Parole Board, and information obtained from victims and offenders;
(c) that the Service enhance its effectiveness and openness through the timely exchange of relevant information with other components of the criminal justice system, and through communication about its correctional policies and programs to offenders, victims and the public;
(d) that the Service use the least restrictive measures consistent with the protection of the public, staff members and offenders;
(e) that offenders retain the rights and privileges of all members of society, except those rights and privileges that are necessarily removed or restricted as a consequence of the sentence;
(f) that the Service facilitate the involvement of members of the public in matters relating to the operations of the Service;
(g) that correctional decisions be made in a forthright and fair manner, with access by the offender to an effective grievance procedure;
(h) that correctional policies, programs and practices respect gender, ethnic, cultural and linguistic differences and be responsive to the special needs of women and aboriginal peoples, as well as to the needs of other groups of offenders with special requirements;
(i) that offenders are expected to obey penitentiary rules and conditions governing temporary absence, work release, parole and statutory release, and to actively participate in programs designed to promote their rehabilitation and reintegration; and
(j) that staff members be properly selected and trained, and be given
　(i) appropriate career development opportunities,
　(ii) good working conditions, including a workplace environment that is free of practices that undermine a person's sense of personal dignity, and
　(iii) opportunities to participate in the development of correctional policies and programs.

することを義務づけられたのである。つまり、その他の原理である受刑者の権利制限が必要最低限であること、判決により剥奪されたもの以外の権利と特権は、受刑者に保障されなければならないとする規定（e）に違反するような出来事が施設内で発生すれば、それに関して受刑者から苦情を受け付け、事実の確認および適切な処理と解決を図るような制度を設ける必要が生ずることになった。これが、オンブズマンとしての役割を担う「矯正捜査局」だったのである[9]。

したがって、矯正捜査局およびその矯正捜査官を法的に根拠づけるために、同法 CCRA は、その第3編（PART Ⅲ）において、その設立、任命、職務等について規定する。まず、その設立および任期・解職等については、以下の規定による。

> CCRA158条　議会の承認に基づきカナダ総督（the Governor in Council）は、カナダ矯正捜査官（the Correctional Investigator of Canada）を任命する。
> 160条1項　矯正捜査官は、罪過なき限り、5年を超えない期間においてその職務を行う。但し、議会の承認に基づきカナダ総督は、いつでも〔矯正捜査官を〕停職にし、又は罷免することができる。
> 　2項　矯正捜査官は、その最初の任期、又その後のいかなる任期の満了時においても、さらなる任期を再任命されることができる[10]。

このように、矯正捜査官の任命は、刑務所の行刑等を管理監督する矯正庁の長官や法務大臣によるものではなく、カナダ総督が議会の承認に基づき行うこととされている。このようにすることで、矯正捜査局の独立性は、実質的に立法府である議会により担保され、1973年「調査法」によって設立された当時に比して、はるかに高められていることが窺える。また、矯正捜査官の任期等について、基本的に5年間としつつ、再任を可能とし、地位の安定性を確保する。但し、任命権者のカナダ総督に、停職および罷免の権限を、

---

9　*Supra* 1 at 17.
10　CCRA, S.C., 1992, c. 20, s. 158, s. 160 (1) (2).

任意のものとして認めることで、一定のコントロールの可能性を残していると言える。

次に、矯正捜査官の職務は、次の規定により定められている。

> 167条1項　矯正庁長官（the Commissioner）の、又は、矯正庁長官の統率及び管理の下に、あるいはそれ〔＝矯正庁長官〕に代わり、又はその代理として職務を遂行する者の〔行った〕決定、勧告、行為又は不作為で、違反者〔＝受刑者〕個人に対して、あるいは集団に対して影響を及ぼすものに関連する違反者〔＝受刑者〕の問題について、捜査を行うことは、矯正捜査官の職務（the function）である。
> 2項　前項に言うところの職務を遂行するに当たり、矯正捜査官は〔次の事項を〕捜査することはできない。
> (a) 次の〔機関が行う〕あらゆる決定、勧告、行為又は不作為
> 　（ⅰ）本法に基づく排他的管轄権を行使するカナダ保護観察委員会（the Parole Board of Canada）
> 　（ⅱ）排他的管轄権を行使するあらゆる地方保護観察委員会
> (b) 連邦政府と当該州矯正施設が位置する州政府との間の合意に適合的な拘束であろうとなかろうと、州矯正施設における違反者〔＝受刑者〕の拘束に関するあらゆる問題
> (c) 連邦政府と州政府との間の合意に適合的な、監督又は必要的監督の下の一時外出（temporary absence）、保護観察、法定釈放（statutory release）で、すでに当該州のオンブズマンによって捜査されたことがある、〔又は〕捜査されている、〔又は〕捜査されるであろう違反者〔＝受刑者〕を監督する州職員の行うあらゆる決定、勧告、行為又は不作為

つまり、矯正捜査官は、矯正庁長官の決定等について、広く捜査する権限をCCRA167条1項で認められているが、例外的に、カナダの連邦制に由来する事柄、すなわち州政府の管轄に属するとされる事柄については、同条2項の列挙条文において権限が制限されている[11]。

次に、矯正捜査官の捜査の開始について、同法170条1項は、受刑者か

らの苦情に基づき捜査を開始することも、法務大臣の要請により開始することも、また自己のイニシアティブで開始することもできることを認め、その捜査の方法および中止について、広範な裁量（full discretion）を同条2項が認めている。

さらに、捜査権限について、171条はヒヤリング権限を、172条は情報収集および書類の収集権限、173条は宣誓の下での事情聴取および調査権限を、174条は捜査のための施設内への立入権限を認めている。例えば、立入権限を定める174条は、次のように規定する。

> CCRA174条　この編〔＝第3編〕の目的を達成するために、矯正捜査官は、必要とされる安全条件を充足した上で、何時でも、矯正庁長官によって占有されている、又はその統率及び管理の下にある、いかなる施設にも立入り、同施設を調査し、又、そこにおいていかなる捜査又は調査も実施することができる[12]。

その地位の独立性と捜査に関する独立性を法的に認められている矯正捜査官には、さらにその捜査を自由かつ実効的に遂行することを保障するために、以下のような、実質的免責特権が認められている。

> CCRA187条　報告書及び勧告を含む、矯正捜査官によってなされたいかなる事柄も、管轄の欠如という理由以外によって、いかなる裁判所においても、異議を申し立てられ、審査され、抑制され、又は、問題とされない。
> 188条　矯正捜査官並びにその代理及びその指揮の下のいかなる者も、矯正捜査官の職務、権限又は義務の執行、遂行及び職務の目的を持つ執行、遂行の過

---

11　CCRA, S.C., 1992, c. 20, s. 167 (1) (2). 但し、この列挙除外規定には、さらにそれを除外する例外が同条3項によって規定されている。つまり、「保護観察委員会が任命されていないいかなる州においても、当該州の矯正施設に拘束されている違反者の、保護観察の準備に関連する問題を捜査することができる」（CCRA, S.C., 1992, c. 20, s. 167 (3)）と。

12　CCRA, S.C., 1992, c. 20, s. 174.

程においてなされた、いかなる誠実な事柄、報告又は発言に関して、刑事手続も民事手続きも課されない[13]。

　このようにして、1992年CCRAによって、矯正捜査局は明確な独立性と権限を有する機関として、新たな出発を果たした。その基本には、CCRA3条に記されているように、被収容者の権利保護と社会の安全保護を両立的に実現するための、効果的な機関とする目的が存在する。さらに、本章の最後で確認するように、OCIのマニュアルには、同局職員の心得として、被収容者の人権保障について、捜査官としての職務との関係で詳細な説明がなされている。このことから理解できるように、OCIは社会の安全保護のためにこそ、被収容者の権利保障を十全に刑事施設で実施することが大切だとする思想に裏打ちされた機関となったのである。

　それでは次に、このような捜査権限に基づく成果をどのようにして将来の行刑の改善に結び付けていくのか、OCIの独立性との関係で問題となった「年次報告書」の取り扱い、つまりその提出先に関する議論を概観し、今日に及ぶ、矯正捜査局の課題の1つを検討する。

### （二）　矯正捜査局の「年次報告書」の提出先の問題

　矯正捜査局の独立性の問題については、1973年調査法によって同局が設立された当時から課題とされており、1976年のマグイガン報告書（MacGuigan Report）が、同局の独立性を確保するよう提案をしていた[14]。これが最終的に1992年CCRAにおいて実現したのだが、マグイガン報告書がその他にも見直すべきこととして勧告していたのが、矯正捜査局の「年次報告書（Annual Report）」の提出先に関してであった。

　それまでは、矯正捜査官の捜査等において明確となった、カナダ矯正庁および連邦刑務所の組織的な問題や課題について、矯正捜査局が「年次報告書」として整理し、改善方法等を勧告しても、その名宛人は、上級庁である矯正

---

13　CCRA, S.C., 1992, c. 20, s. 187, 188.
14　*Report of the Sub-Committee on the Penitentiary System in Canada*（1976）（Chair: Justice MacGuigan）quoted at *supra* 1 at 12.

庁長官または法務大臣のみであった。つまり、毎年の「年次報告書」は、矯正庁や法務省の内部的な文書でしかなく、それら機関の外に対しては何のインパクトもなかったのである。しかし、このような内部ルートだけでは、矯正庁および法務省の内部職員等の目には触れることがあっても、そこでの内部的な議論で尽きてしまうことになる。そこで外へのルート、特に法制定および法改正の権限を有するカナダ連邦議会に、OCIの「年次報告書」が確実に到達するような新たなルートを確保すべきであると勧告していた。すなわち、「オンブズマンは、〔国際基準など〕いかなる受け容れ可能な基準に基づいて〔考えて〕も、議会に報告するべきである[15]」と。

　しかし、これは1992年CCRAの条文においても、完全には達成されることはなかった。法務大臣の下に属する職員によって編集される紀要、『矯正法レヴュー（*Correctional Law Review*）』が、OCIの「年次報告書」提出先の問題について取り扱った「ワーキング・ペーパー」を、1987年に作成した[16]。これが基になって、「年次報告書」について現行CCRA192条は次のように規定した。

> CCRA192条　矯正捜査官は、毎会計年度終了後3カ月以内に、その年の矯正捜査局の活動に関する報告書を大臣に提出し〔なければならない。〕大臣はそれを受理した日以後、議会両院それぞれに対して、報告書のすべてが、両院の会期の開始後30日以内に提示されるよう、処理しなければならない。（傍点筆者、以下同様。）

　この条文から分かるように、カナダ連邦議会両院に対して「年次報告書」が提示されることになったものの、矯正捜査官が、直接的に議会に報告することはやはり認められず、大臣を経由して提出されるルートが確保されたに過ぎなかった。この点について、直後のOCI「年次報告書」は、次のよう

---

15　*Report* at 99, *quoted* at *id*.
16　Solicitor General of Canada, *Correctional Authority and Inmate Rights*（Correctional Law Review Working Paper No. 5, 1987）*quoted* at *supra* 1 at 16.

に記している。

> 同法〔＝ CCRA〕は、矯正捜査官が以前から持っていた権限に、意味のあるそれほど大きなものを追加してはいない。むしろこの立法〔＝ CCRA〕は、矯正捜査官の「機能」を、オンブズマンのそれとして明確に確認し、その活動に焦点を当て歩調を整える手続的枠組みの中で、矯正捜査局の権威と責任を明確化したのである。要するに、議会は矯正捜査官に、新しい権限は付与しなかったが、特定の方向づけと、弾み（momentum）を与えたのだ[17]。

つまり、OCI の機能は、「年次報告書」を出版することではなく、受刑者が抱える問題を解決することにこそある、という認識を確認するにとどまったのである[18]。

しかしその後、1995 年 2 月 14 日に、OCI は、CCRA193 条に基づく、『特別報告書』を、議会に対して提出する権限を実行することで、定期の「年次報告書」提出以外の方法を利用することによって、刑務所の問題を世に問うことに成功した。これは、1994 年のキングストン女子刑務所の「緊急対応チーム（ERT）」が、女性受刑者に対して行った非人道的取り扱いを問題としたものであった。同年 4 月 26 日に、男性刑務官のみで構成されていた同刑務所の「緊急対応チーム」が、当時、単独室に隔離されていた 8 人の女性受刑者を単独室から引きずり出し、裸体検診を行ったのである。その時に同チームは、受刑者の抵抗等がない以上、不必要であったにもかかわらず、実力行使のための器具等をそれら受刑者に対して見せつけるなどして心理的に威圧したのだが、OCI の『特別報告書』は、そのような行為は、女性受刑者の抵抗とその意思表明を心理的にも抑圧するものであること、また、女性受刑者に対する身体検査を、男性刑務官だけで実施するということそれ自体が、そもそも、女性受刑者の「人間性を貶めることで、非人間的な」行動であることを指摘し、非難したのであった。

---

17 Office of the Correctional Investigator, Annual Report 1992-93 at 1, *quoted* at *supra* 1 at 17.
18 *Supra* 1 at 17.

そして、この報告書がきっかけとなり、その後、テレビ局CBCは、この事件を撮影したビデオ・テープを入手し、番組として報道したため、すべてのカナダ国民が、キングストン女子刑務所における刑務官の違法行為および受刑者に対するこのような取り扱いの実態を知ることとなり、その様子に震撼することとなったのであった[19]。

この『特別報告書』のように、刑務所内で生ずる不正について社会に公表し、課題の解決に資することになるような報告書を、定期の「年次報告書」以外に作成し、提出する権限は、CCRA193条において規定されている。

> CCRA193条　何時においても、矯正捜査官は、事態の緊急性、重要性に鑑み、本法192条に基づく次回の年次報告書を大臣に提出する時期まで伸ばすべきでないと判断する場合、矯正捜査官の職務、権限そして義務の範囲内にある、いかなる事柄に関しても言及し、意見を述べる特別報告書（a special report）を作成し、大臣に提出することができる。大臣はそれを受理した日以後、議会両院それぞれに対して、報告書のすべてが、両院の会期の開始後30日以内に提示されるよう、処理しなければならない[20]。

このように緊急性および重要性のある問題について、OCIは、この条文に基づき『特別報告書』を作成し提出することにより、年次報告書を提出する場合に比して、議会に対する問題提起および改善などの勧告に関するインパクトを強化することができる。しかし、やはり提出先は法務大臣であり、議会への直接的な提出権は認められていない。

その後も、1997年には、「人権に関するワーキング・グループ」が、矯正捜査局は議会に直接的に報告する権限を持つべきであると勧告し、2000年には「CCRAに関するサブ・コミティー」も同様に、議会に対する直接的報告権をOCIに持たせ、その独立性を高めるべきであると勧告している[21]。

---

19　*Id.* at 18.
20　CCRA, S.C., 1992, c. 20, s. 193.
21　*Supra 1* at 20–21.

しかし、同局の「年次報告書」の議会への直接提出権に関する法的な状況は、今日でも基本的には1992年以来変化しておらず、CCRA192条および193条に基づき、法務大臣を経由する方法しか確保されていないのが現状である。

### (三) 矯正捜査局の職員の数・苦情申立数の増加そしてその職務

それでは次に、OCIの近時の状況を概観するために、職員の数および苦情等の申立数を概観する。OCIの職務の負担の増加に比して、その職員数の増加は追い付いていないというのが、現状であることが指摘されている。『35周年記念年次報告書』では、以下のように述べられている。

> 1987年と1992年の間に、局の職員数は緩慢に増加する一方、〔取り扱い〕事件数は爆発的に増加した。この5年間で、受刑者からの苦情申立数は、1,329件から恐ろしいほど増え、5,090件を数えた。〔他方〕職員数は9人から16人に増加するにとどまった[22]。

因みに職員数は、2008〜09年の24人から、2009〜10年には28人に増加しているため、その後ある程度の改善が見られたようである[23]。また、苦情の申立数は、近年では2006〜07年の7,662件をピークに、2007〜08年は6,398件、2008〜09年は6,059件、2009〜10年は統計の取り方を変更したこともあり5,483件と減少している[24]。しかし、2010〜11年の年次報告書によれば、5,914件と再度増加している[25]。

では次に、このような受刑者からの苦情申し立てから、OCIは何を検知し、またその結果として何をするのか。例えば、OCIの1990年版「年次報告書」の以下のような記述から、制度的な問題を一般的に取り扱うことが分かる。

---

22 Office of the Correctional Investigator, Annual Report 1987-88 at 17, *quoted* at *supra* 1 at 14.
23 Public Safety Canada Portfolio Corrections Statistics Committee, CORRECTIONS AND CONDITIONAL RELEASE STATISTICAL OVERVIEW 2010 at 30 (hereinafter STATISTICAL OVERVIEW 2010).
24 STATISTICAL OVERVIEW 2010 at 32. 統計の変更については、その脚注参照。
25 Office of the Correctional Investigator, Annual Report 2010-11 at 60.

〔カナダ矯正庁の〕遅滞、防御的姿勢そして不熱心さ、これらは、そのミッション・ステートメントや行刑の公平性という基本コンセプトとは合致していない。…われわれのこのコメントを、建設的な方向に捉えてもらいたいと真摯に願う[26]。

それではOCIの職務は、上記のような、行刑に関する一般的な指摘と勧告だけかというとそうではなく、むしろ、年度ごとに、調査や課題、捜査の対象を特定し、それを探索した結果を各「年次報告書」としてまとめ、大臣および大臣を通して議会に提出しているのである。

次に、考察の対象とした2010～11年「年次報告書」に示された、より具体的な内容を踏まえながら、OCIの機能を見ていこう。ここでは、矯正捜査局が近年積極的に取り組んでいる特定の課題、つまり収容中の死亡事件に焦点を当てながら、具体的捜査について、その流れに沿って概観していこう。

## 第2節　矯正捜査局（OCI）の現在の機能

矯正捜査局の職務は、情報の収集、捜査、勧告・報告という順に展開していく。それぞれの段階について、具体的に見ていこう。

### 一　情報の収集（intake）―面談（interview）

矯正捜査局の機能は、情報の収集から開始される。その情報収集として有用な手段は、通話料無料の電話である。受刑者たちは、各自の居室のドアの外の廊下に設置されている移動式電話を利用し、およそいつでも矯正捜査局に電話をかけ、苦情を申し立てたり、自分の抱えている問題についてアドバイスを求めたりすることができる。刑務所職員に傍受されることはなく、完全に秘密（confidential）とされている。特別な事情で居室内に施錠の上収容

---

26　Office of the Correctional Investigator, Annual Report 1990-91 at 43.

されている受刑者でない限り、日中であればドアを開けて自由に廊下からこの移動式電話を利用することができる。こうして、2010～11年の1年間に、20,011件、合計時間82,182分の通話がOCIに寄せられた[27]。

また、OCIへの無料電話回線は、受刑者の利用に限定されているのではなく、受刑者の家族・親族や犯罪被害者にも開放されているため、多角的な情報収集が可能となっている。受刑者はじめ、その他、苦情の申し出をOCIに対して行うことを希望する者は、電話のみならず、手紙や電子メールによる申し立ても、もちろん可能である。

2009年から2010年の1年間において、このような方法で受け付けた苦情、全5,483件を、その内容に着目して10の分野に分類した場合、最も多かった分野は、「医療（health care）」で、821件、2番目に多い刑務所間の移送（institutional transfers）の393件の2倍以上となっている[28]。このように「医療」に関する苦情が他の分野の苦情の数に比して最多であるという傾向は2005～06年から、まったく変化していない。

以上のような、情報収集（intake）を経て、特に緊急性が存在すると判断された苦情や、その他緊急性のある事案については、可及的速やかに矯正捜査官が現地に派遣され、本人からの聞き取り等の調査が開始される。

また、何ら苦情などの情報提供がなされない刑務所については、矯正捜査官の定期的な訪問により、その場で受刑者は自己の抱える問題点などを伝えることが可能となる。特に、「単独室隔離（administrative segregation）」に収容されている受刑者については、矯正捜査官は全員に、面会の希望の有無を確認し、面会を希望する者とは、刑務官の立会なしの面談を、その日、その場で実施し話を聞く。そして矯正捜査官は、その面談の内容が、アドバイスをすることで終結できるものであれば、その場でアドバイスをするが、制度

---

27 *Supra* 25 at 68.
28 STATISTICAL OVERVIEW 2010 at 31. また、その他の苦情分野と数を列記すると、「単独室隔離（administrative segregation）」390件、「居室内物品（cell property）」388件、「職員の行動（staff performance）」370件、「面会（visits）」277件、「苦情申立手続（grievance procedures）」236件、「電話（telephone）」165件、「プログラム（programs）」163件、「仮釈放決定のための必要資料等準備（case preparation for decisions）」157件である。

的な事柄や、その施設に特有の事柄で、所長に善処を求めるべきものであれば、矯正捜査官は、面談の後に所長と面会をし、それら事柄について対処を勧告したり、事情について説明を求めたり、検討を求めたりする。

　その他に捜査の端緒を形作るものには、法務大臣からの要請、および、矯正捜査局の自主的な判断などがある[29]。つまり、次に見るように、それら要請、命令または判断において、一定の重要性が認められ、解決に向けて事実を把握するために捜査が必要であると考えられるのであれば、矯正捜査局は捜査を開始することができる。2010〜11年の1年間には、合計で867件の捜査が実施された[30]。

## 二　捜査──最近の課題：収容中の死亡をめぐって

　それでは次に、より具体的に矯正捜査局の捜査機能について把握するために、実際にあった事案に基づいて、経過を検討していこう。

### （一）　収容中の死亡事件──その捜査

　近年カナダの刑務所において問題となっている事柄のうち、OCIによって重要なものと認識され、課題として取り組まれているものに、収容中の死亡事件（death in custody）がある。つまり、刑務所内での死亡事件である。それら死亡事件の中には、自然死、自殺、殺人などが含まれるが、最初の「自然死」以外の後二者は、防止することができる性質のものである。事実、2010〜11年の「年次報告書」によると、2008年4月から2010年4月までの約2年間に、OCIは、4件の自然死、3件の自殺、その他の死亡を含む、合計9件の死亡事件について捜査している[31]。

　さて、死亡事件の連絡や情報を得たOCIは、それら死亡に関して不自然な要素が発見されれば、捜査を開始し、原因の究明を行うことになる。それでは、どのような方法で死亡事件について情報を入手しているのか、法令条文に従って概観しよう。

---

29　CCRA, S.C., 1992, c. 20, s. 170 (1).
30　*Supra* 25, Annual Report 2010-11at 65.
31　*Supra* 25, Annual Report 2010-11 at 26.

通常、死亡事件が発生すると、その発生した刑務所長作成の「状況報告書（Situation Report）」が、事件発生後72時間以内に作成され、監督上級庁である矯正庁長官等に提出される[32]。その報告書に不自然な点が見出され、捜査の必要があると判断すれば、矯正庁長官は、「捜査委員会（Board of Investigation）」を構成して現地に派遣するために「招集命令（Convening Order）」を発布する[33]。そして、これが発布されると、速やかに「捜査委員会」が現地に派遣される。また、その死亡事件の捜査を実施した場合、同委員会は、捜査結果を「報告書」にまとめて、矯正庁長官に報告しなければならない。

　これに対して、その死亡事件が自然死によると見られるときには、矯正庁から健康省（Health Department）に対して、報告書による報告が行われる。それを受けて健康省は、報告書の審査を行う。つまり、「死亡審査（mortality review）」が健康省によって実施されることになる[34]。

　以上は、矯正庁の内部の機関による捜査および審査となるが、上記「捜査委員会」の捜査結果の「報告書」すべてのコピーは、矯正庁長官に対してと同時に、OCIにも送付される（CCRA s.19（2））。通常、この「報告書」コピーは、「捜査委員会」による捜査後2〜3ヵ月以内に送付される。それら一件書類を受け取ると、死亡が実力行使に基づく場合にはOCI内の、「実力行使審査（Use of Force Review）」に付される。そして、その実力行使に、正当化される事実の裏付けがあり、違法なものでなかったか否かについて審査することになる。次に述べるように、緊急事態による場合でなく、事前に計画の上で実力行使が実施された場合には、その現場である刑務所の職員によ

---

32 CCRA, S.C., 1992, c. 20, s. 19 (1) (2) and Commissioner's Directive（矯正庁長官命令）041, Incident Investigation, 19 NOTE.

33 CCRA, S.C., 1992, c. 20, s. 19 (1) Where an inmate dies or suffers serious bodily injury, the Service shall, whether or not there is an investigation under section 20, forthwith investigate the matter and report thereon to the Commissioner or to a person designated by the Commissioner. (2) The Service shall give the Correctional Investigator, as defined in Part III, a copy of its report referred to in subsection (1). *Also see*, Commissioner's Directive 041, Incident Investigation, 6, 7, 19 and 20.

34 Commissioner's Directive 041, Incident Investigation, 7.

ってビデオが撮影されているから、そのビデオの映像検証も矯正捜査局によって行われる場合もある。

「実力行使審査」を実施した上で、矯正捜査官は、さらに矯正庁の「捜査委員会」とは別に、独立して捜査を開始するか否かを決定する[35]。つまり、変死や行き過ぎた実力行使に基づく死亡の疑いがあるにもかかわらず、矯正庁内部で実施された「捜査委員会」の捜査結果報告書が、不十分の結論しか示していないなど、不適切な点が見出される事情が検知されれば、矯正捜査官を現地に派遣するなど、捜査が開始されることになる。

このような「実力行使審査」に送付される一件書類は、2010～11年「年次報告書」によると、対象期間1年間で1,265件、そのうち573件は「初期審査（Initial Review）」といって、矯正庁の「捜査委員会」から送付を受けた一件書類のうちの限定的な文書について審査し、さらに審査や捜査が必要になれば担当部署に回付するものの、通常はその段階で終了すると思われる種類の実力行使について審査処理する方法である。また1,265件のうち382件は「全面審査（Full Review）」といって、矯正庁長官命令567条に基づき、書類審査以外にビデオ検証、健康状況チェックリスト、事件後チェックリスト、担当看守録取書など、すべての書類を全面的に審査する方法である。その他には、継続審査やフォローアップ審査が310件であった。

また、自然死の場合には、特にその受刑者が死亡までに受けていた何カ月にもわたる治療の経過が問題となる。または、何の治療も受けていなかったのかなど、刑務所での治療歴に重点を置いた審査がなされる。

これら捜査の結果、矯正捜査官が、行刑の実施主体である矯正庁長官の「決定、勧告、作為または不作為」に関連して問題が存在すると判断した場合には、矯正庁長官に対してその問題を知らせ、そのように考える理由等を示す。また、その際に、矯正捜査官は、問題解決の方法があると考えるのであれば、勧告を付すことができる。例えば、前述の2010～11年「年次報告書」において捜査対象とした全9件の死亡事件に関して、矯正捜査官は捜査の上、防止可能な死亡について、次の重要な3点を含む、7つの改善策を提言した。

---

35　CCRA, S.C., 1992, c. 20, s. 170 (1).

・カナダ矯正庁の内部捜査の枠組みが強化されねばならないこと。
・外部のヘルス・ケア専門家を指名し、自殺および重大な自傷行為について審査を統括させるとともに、その報告書を公開すること。上級監督官（a senior management position）を設置し、安全な収容の運用の促進とモニタリングに責任を持たせること。
・精神病を有する受刑者や、自殺・自傷の危険を有する者を、長期にわたる隔離（prolonged segregation）に置くことを停止すること。

　さらに、矯正捜査官の判断によると、矯正庁長官が、勧告に従って適切な措置を取るべきであるにもかかわらず、合理的期間内に何ら措置を取らないのであれば、矯正捜査官は、その問題について、法務大臣に報告しなければならないことになっている[36]。こうして、CCRAによって、矯正捜査官の捜査およびその結論は、十分に尊重されなければならない仕組みになっているのである。
　事実、自然死に関する健康省の「死亡審査」に関して、矯正捜査局は、CCRA180条に基づき、「死亡審査」のガイドラインが立法趣旨に適合的なものに修正されるまでの間、停止するよう法務大臣に勧告し、さらに、これに関する説明責任と透明性を確保するよう求めて2010～11年「年次報告書」の勧告#12を出している。つまり、矯正捜査官は、矯正庁が「死亡審査」について、問題性の指摘をされたにもかかわらず、改善方法を模索するなど、合理的期間内に適切な措置を取らなかったと判断したのである。さらに、矯正捜査局は、次年度の重点的な課題として、この「死亡審査」を挙げている[37]。
　さて、刑務所内の死亡事件の数は、多い年も少ない年もあるが、1999～09年の10年間における収容中の死亡事件の合計は、533人であった。これを年ごとに見ると、1999～2000年の1年間には59人、2000～01年は43人、2001～02年は51人、2002～03年は49人、2003～04年は67人、2004

---

36　CCRA, S.C., 1992, c. 20, s.177-180.
37　*Supra* 25, Annual Report 2010-11 at 54.

〜 05 年は 49 人、2005 〜 06 年は 49 人、2006 〜 07 年は 61 人、2007 〜 08 年は 40 人、そして、2008 〜 09 年は 65 人の死亡事件があった。また、これら死亡事件のうち、防止可能であったはずの自殺で亡くなった率を見ると、最も自殺率が高かった年は、2001 〜 02 年の 25.5％で、最も低かったのは 2008 〜 09 年の 13.8％、10 年間の平均では、死亡事件の 18.6％が自殺によるものである。これに対して、殺人による死亡率は同じ 10 年間で 5.8％であった[38]。

　このような状況の中、特に刑務所での死亡事件に関する捜査を、OCI が自らの課題として重要視するようになったのは、2007 年 10 月 19 日に発生した当時 19 歳の女子受刑者、アシュレー・スミス（Ashley Smith）の自殺に起因する。この事件においては、まだ若い、自殺癖のある女子受刑者の自殺を、なぜ刑務所は防ぐことができなかったのか、そこに、組織としての問題はなかったのか、改善の方策は見出されるのか、などの問題について、OCI が捜査を開始したのであった。

　それでは、アシュレー・スミス事件について捜査の後、OCI が社会に問題提起をした報告書、『防ぐことのできた死（A Preventable Death）』（Howard Sapers, Correctional Investigator of Canada, 2008 年 6 月 20 日）[39]、その他、中間報告書などに基づき、収容中の死亡事件の課題について検討していこう。

（二）　2007 年 10 月 19 日——アシュレー・スミス事件の概要

　アシュレー・スミス（Ashley Smith）は、13 歳のころから、その精神的な状況を主たる原因として、自傷的傾向によるものを含む、50 件以上の刑事事件を発生させ、15 歳であった 2003 年 12 月には、少年法廷（Juvenile Courts）における判決により、ニュー・ブランズウィック少年刑務所（Youth Centre）に収容されることになった。彼女は、そこでの大半の期間を、治療目的静穏室（Therapeutic Quiet Unit）で過ごすことになったのである。

---

38　STATISTICAL OVERVIEW 2010 at 66.
39　Howard Sapers, *A Preventable Death*, the Office of the Correctional Investigator, http://www.falconers.ca/wp-content/uploads/2015/07/Smith-A-Preventable-Death.pdf (last visited June 24, 2018).

その後、2006年1月にカナダの刑事責任年齢である18歳に達したアシュレー・スミスは、同年10月には、刑務官に対する暴力の行使により、成人と同様に通常の刑事裁判を受け、禁錮刑に相当する判決を受けた。これに付随して、それまでの少年刑務所における残り収容期間と併せた2年以上の刑を、成人刑務所において受けることになった。こうして、アシュレー・スミスは、連邦の女子刑務所に移送されることになったのである。2006年10月31日のことであった。

　それから1年足らずの2007年10月19日に、アシュレー・スミスの死亡が確認された。以前収容されていた女子刑務所とは異なる刑務所で、単独室隔離区域に収容されることになったアシュレーには、スモック一着のみが与えられ、下半身を覆う衣類すら与えられず、ベッドやシーツ、毛布も給与されていなかった。したがって、何もない床で寝起きを余儀なくされていたのである。これは、シーツを紐状にして、ベッドの枠に掛け、首をつるなどして自殺するための道具に使うことがないようにするための措置であった。

　しかしアシュレーは、そのような工夫をせずとも、身に着けていたネックレス（ligature）を使って、自らの首を絞め呼吸不能な状態にすることで、自殺を図ったのである。その直前、彼女は担当職員に強い自殺意思を持っていることを申し立てていたが、自殺の実行を防止することはできなかった。また、彼女が自殺を図った直後、看守らはこの緊急事態に対して、即応的に対応しなかった。このような矯正庁における不手際が重なったために、アシュレーの死という結果が発生してしまった可能性が指摘されたのである[40]。

## 三　勧告・報告──アシュレー・スミス事件の捜査と結末

　このようなアシュレー・スミス事件について、刑事捜査、矯正庁捜査委員会（National Board of Investigation）の捜査が開始されるのと同時に、CCRA 170条に基づき、OCIも捜査を開始した。アシュレー・スミスに関する収容記録、彼女に対する看守らの実力行使に関する記録文書、関連のビデオ映像、看守に対するインタビュー、および、矯正庁捜査委員会の捜査要旨などが、

---

[40]　以上、*id., A Preventable Death*, # 1. Introduction, #1.-5.

OCIの捜査の対象となった。その捜査を基にOCIは、事件から約2カ月後の2007年12月21日までに、中間報告書（Interim Report）を作成した。その中で矯正捜査官は、次の事柄に関する、CCRA違反および矯正庁行刑ポリシー違反を指摘した。

・刑務所間の移送　・単独室隔離の使用　・実力行使を含む介入
・健康および精神的診察診療　・医療的緊急事態への職員の対応

その上で、2008年6月の最終報告書である『防ぐことのできた死』において、以下の3つの重要な結論を公表した。

(1) スミス氏の死亡は、防止可能であったこと。
(2) スミス氏の死亡は、カナダ矯正庁の数名の個人、および、システムの欠陥の堆積によって生じたこと。これら欠陥は、以前にカナダの連邦矯正体制内においてすでに発見されていた重大な問題の諸兆候であり、単にスミス氏のみに当てはまるものではないこと。
(3) 連邦政府は迅速な行動を取り、これら欠陥につき問題提起を行い、カナダの刑事施設において他の死亡事件が発生することを防止しなければならないこと。

そして、より具体的に、職員「個人の欠陥」として指摘したのは、次のことであった。「スミス氏の単独室隔離の状況を60日後の時点で審査すること」を怠ったが、この事実は、CCRR22条[41]および「矯正庁長官命令」709条29～32項に違反すると指摘した。また、「刑務所間の移送」についても、次のように非難する。「矯正庁長官命令843条25項…は、明らかに、自殺または自傷の、切迫した危険があると考えられる受刑者を、治療施設以外に移送することは、その受刑者を担当する心理技官が、潜在的自殺または自傷

---

[41] CCRR (Corrections and Conditional Release Regulations) 22.（「矯正および条件付釈放に関する矯正庁令」）

の危険を減少させ、または、除去するためにその移送が必要であると判断した場合でなければ、禁止している。…〔にもかかわらず〕彼女が従わされた、逸脱した回数の移送は、単に不適切なだけでなく、理解不能であると結論する」[42]と。また、移送によって、彼女の精神状態の悪化が見られ、さらに強い自殺念慮が生じていったのだ、と。

また、「システムの欠陥」として OCI が指摘したのは、例えば、アシュレー・スミスが 13 歳の時から少年院等の施設を利用していたにもかかわらず、連邦刑務所との連携や精神的ケアに関する治療が十分に施されてこなかった点である。「最上級のレベルでのリーダーシップが、連邦と地方の矯正システム、および、それらと、メンタル・ヘルス・サービス提供者との間のコーディネーションや、一貫性の欠如を修復するために、明らかに必要とされているのだ」[43]と。

以上、具体的なアシュレー・スミス事件を通して、OCI が設定している課題の 1 つ、「収容中の死亡事件」に関連して、その機能を概観した。その結果、「避けられる死亡（preventable death）」について、できる限り対処をするように、OCI は、矯正庁に対して具体的な方策も含めて、独立機関として勧告を出し、また、それに対する応答を矯正庁から求めることによって、刑務所における受刑者の人権を確保しながら、刑罰の有効な実施について監視していく機能と権能を有し、実際にその権限を行使していることが理解された。また、「避けられる死亡事件」以外のカテゴリーに入れられる「自然死」の検証について、健康省の実施している「死亡審査」のあり方を、次年度の課題に挙げ、「収容中の死亡事件」についてさらに徹底的な検証を試みていくとしている。

---

42 Sapers, *supra* 39 at # 60.-61.
43 *Id.* at # 116.

## 第 3 節　矯正捜査局（OCI）の評価

　それでは次に、このような OCI に対する評価はどのようなものか、公的な委員会の報告書に示された記載を概観しよう。

### 一　アーバー委員会による評価

　先に、OCI の『特別報告書』の対象となった、キングストン女子刑務所での刑務官による違法な行為について概観したが、同局の捜査と同時に、ルイーズ・アーバー判事（Justice Louise Arbour）を委員長とする「調査委員会」が別個に設けられ、「調査報告書」が用意された。同報告書もその後の矯正庁の発展に寄与したとされるが、その調査報告書において、OCI の忍耐強い捜査の姿勢について高く評価されている。

> 　矯正捜査官は、その法的委任の文言および精神に十分に従った行動を取っていた。1994 年 4 月から 1995 年 2 月まで、問題となっていた矯正庁を〔調査対象として〕扱った中で、矯正捜査官およびそのスタッフは、根気強く、事実に基づき、かつ専門職的であった。彼らの姿勢および応答（correspondence）は、扇動的なものでは決してなく、〔矯正庁という〕官僚組織を、大変忍耐強く取り扱っていた。〔他方、矯正庁は〕内省や自己批判などの実践をする準備もまったくなく、その意思もなければ、そこに参画することもできなかった[44]。

　また、OCI のユニークかつ重要な役割についても、次のように評価されている。

> 　矯正捜査官は、次の両者において、ユニークな位置を占めている。個別の問題を解決することを支援する点、そして、矯正庁の組織に関する欠点について、

---

[44] *Report of the Commission of Inquiry into Certain Events at the Prison for Women in Kingston* (1996) at 171.

公的にコメントする点である。矯正庁を開示し説明責任を果たさせるための内外のあらゆるメカニズムや諸機関のうち、矯正捜査局は、はるかに最も効率的であり、その役割を果たすために最も優れた能力を有する[45]。

このように、その専門性および矯正庁に対する情報開示や説明責任を実現させる機能が高く評価されている。

## 二　人権に関するワーキング・グループ

その他、矯正庁との拮抗機関としての役割について、一定の評価をするのが、カナダ・人権に関するワーキング・グループ（Canada, Working Group on Human Rights）である。先述のように、その1997年の報告書において、同ワーキング・グループは、OCIは直接的に議会に年次報告書等を提出する権限が認められるべきであると勧告していたのだが、その同じ報告書で、次のように、OCIと矯正庁との間に生じた、否定的な関係について言及していた。

> 矯正捜査局の役割と責任は、矯正庁のそれらに、非常に明らかにインパクトを与え、その結果、時間の経過と共に、両機関の間に一定の摩擦（friction）が生じることになった[46]。

他方で、摩擦が生じるほどでなくとも、一定の緊張関係が存在することは、オンブズマンの役割も担うOCIと、その対象機関である矯正庁との間に必要であるとする意見が、会計監査院（the Office of the Auditor General）から、同年、出されている。

> オンブズマンの力は、捜査から導き出される勧告や意見の価値を、他者に対し

---

[45] *Id.* at 194.
[46] Canada Working Group on Human Rights, *Human Rights and Corrections: A Strategic Model (1997)* at 31-32, *quoted* in *supra* 1 at 20.

て説得する能力に存する。その結果、オンブズマンとその任務の領域に存する施設〔＝矯正庁〕との間の協働関係は、注意深く均衡が取られなければならない。その任務の性質が暗に意味することは、この関係が余りに親密であってはならないということであり、また、余りに敵対的（adversarial）であってもならないということである。この創造的な緊張（creative tension）の均衡を達成することは簡単にはできないが、しかし、非常に重要なものである[47]。

いずれにせよ、OCI の役割として、矯正庁に対して、その行刑の実施についての行き過ぎや怠慢に関して、均衡を図る重石または促進剤としての機能が重視され、それにより刑務所受刑者の人権を矯正庁から確保することに期待が持たれているのである。

以上本章では、1973 年のカナダの矯正捜査局（OCI）設置の経緯、その後の発展、および、その機能について、具体的事例も含めつつ明確にしてきた。このような OCI の機能を、前章で概観したカリフォルニアの刑務所監視制度との比較において検討し、いかなる点が類似しているかを確認したい。さらに、OCI の特徴として、その根底に人権思想が存在するので、それを明確にした上で、わが国に 2006 年に設置された「刑事施設視察委員会」との比較で学ぶべき点を確認して、本章のまとめとしたい。

### 三　考察
#### （一）　カナダ矯正捜査局（OCI）とカリフォルニア刑務所監視体制
──その機能と権限

カリフォルニアにおいては、先述のように、別個の 3 つの機関に、3 つの機能が委ねられているが、カナダ矯正捜査局は、それら 3 つの機能を兼ね備えている。すなわち、カリフォルニアの「刑務所オンブズマン」が有するオンブズマンとしての情報収集および勧告機能、カリフォルニアの「独立捜査

---

[47] Office of the Auditor General, The Correctional Investigator Canada（*Report of the Auditor General of Canada to the House of Commons*）（1997）c.33, *quoted* in *supra* 1 at 21.

局（OIG）」が有する捜査権限、そしてカリフォルニアの「更生監視委員会（C-ROB）」が有する、刑務所における更生プログラムを監視し評価する権限の一部分を、カナダ矯正捜査局は保持している。ただし、カリフォルニアOIGにはその他に、職員の懲戒手続の適正さを監視する機能があり、また、C-ROBにはカナダ矯正捜査局にはない更生プログラムの実効性・能率性などを評価する権能が存在するが、カナダの矯正捜査局は、受刑者がそれら更生プログラムへのアクセス権を十分に確保されているか否か、つまり、社会復帰への権利がすべての受刑者に平等かつ公正に確保されているか否かを監視する機能のみを有し、プログラムの中身の評価は、カナダ矯正庁の専門的な部局（Reintegration Programs Division）に委ねている。そのような違いは、詳細に検討すれば数多く指摘できようが、大筋において、カリフォルニアとカナダにおける矯正当局に対する監視機関は、それぞれ類似した権限および機能を、ある程度有すると考えられる。

　もちろん、これらが北米における標準的な刑務所監視機能であるという保証はないが、両者に、機能および権限としての類似性を見出すことができる。しかし、カナダ矯正捜査局の大きな特徴として忘れるべきではないのが、その基本的な思想または哲学である。次にこれを明確にしたい。

（二）　カナダ矯正捜査局（OCI）の基本的人権思想

　OCIの特徴は、その独立的な機能および権限だけではなく、実は、その任務と機能が、国際的に承認されている受刑者人権思想に支えられている点である。このことについて、「カナダ矯正捜査官マニュアル」を引用しつつ確認したい。というのも、本稿の冒頭で確認したように、CCRA3条が規定するカナダ矯正制度の目的自体は、(a) 裁判所により科された判決を、違反者〔＝受刑者〕に対する安全で人間的な拘束と監督によって実施すること、(b) プログラムの規定に従って、刑務所および地域社会において、違反者〔＝受刑者〕を更生させ、遵法的な市民として地域社会に再同化できるよう支援すること、であるが、そのような目的に合致するよう、適切に矯正庁が行刑を実施しているか否かについて確認する役割を担う矯正捜査官およびその職員は、その期待される任務の意味を理解し、その果たすべき役割と機能を正確に遂行しなければならないが、そのためには、それらを根底から支えるさら

に深い、受刑者の人権に関する思想について、十分に理解していることが必要だと思われるからである。逆に、その理解が不十分であれば、矯正捜査官の矯正庁に対する監視という任務遂行の過程においても、不十分かつ不正確な部分が生ずるようになり、捜査の精度や能率が落ち、いずれはOCI自身が瓦解していくことになろう。

　まず、マニュアルの第1章では、OCI設立の背景について、次のように説明している。つまり、受刑者の人権保障とその社会復帰との間には関連があり、後者の実現のためには前者、受刑者の人権を保障することが重要であるという理解が、職務遂行の前提であること、そして、受刑者の人権保障を実現するためには、矯正庁の内部監視だけでは不十分であり、外部機関の監視が重要であり、そのためにこそ、OCIが誕生したことを、述べている。

> 受刑者の人権を保障することは、ほとんどの国において、重要な課題となっている。どの程度この保障が達成されているかは、収容の期間中だけでなく、釈放されて後の、受刑者の社会再統合の成功にも影響を与える。内部と外部の監視の良好なバランスが、人権の崩壊を防止し、人権侵害が発生したときにはそれを探知し、再発しないことを保障するべく状況を修正することに資する。内部監視と外部監視の適切なバランスを生みだすことは、容易ではない。他国の多くと同様に、カナダは、内部監視のみで〔長年にわたって〕戦ってきたが、1973年に矯正捜査局を設立して、外部監視を導入した。意思決定に関する改良された説明責任および透明性、そして、人権に適合的な制度の根本的特徴は、その成果として望まれてきた[48]。

　そして、国内法および国際法の人権文書を適用することによって、受刑者の人権を保障することが、最終的には、受刑者の安全ばかりでなく、社会の安全を達成することにつながるとする。

---

48　Correctional Investigator Manual, Chapter 1 — Introduction, 1.1 Background.

国際法の、そして国内法の人権文書は、自由を奪われた人々が、公平さと人間性をもって取り扱われる権利を有し、残虐で非人間的な、また貶めるような取り扱いや刑罰に服させられない権利を有するとしている。人権の基準を順守することに賛同する最善の議論は、それら人権保障が、単に国際法および国内法によって要求されているからというのではなく、違反者にとっても矯正庁職員にとっても、また社会全体にとっても、それが、いかなる既知の方法よりも、実際によく機能するからというものである。人権保障の義務を守ることは、釈放時に〔受刑者が〕、より責任感の強い市民になっていることを、保証はしないものの、その確率を増大する。〔要するに、〕受刑者の人権を尊重することは、次のような強いメッセージを伝えることである。つまり、誰しも、その置かれた環境、人種、社会的身分、性別、宗教に拘わらず、尊敬と尊厳（respect and dignity）をもって取り扱われ〔なければならない〕ということだ[49]。

その上で、国際法上、次の４つの原則が妥当するとする。

・最も重要なのは、矯正職員、受刑者および社会全体の安全である。
・受刑者は、判決の結果として必然的に剥奪されたもの以外、社会のすべての構成員が有する人権および基本的自由を保持する。
・受刑者に影響を及ぼす決定は、公正で率直な仕方でなされる。
・矯正庁は、公共の安全に適合的な「最小限度の制限方法（least restrictive measures）」を適用する。

　結局のところ、上記４つの原則のいずれかでも遵守することに失敗すれば、公共の安全は危険に陥る。というのは、矯正専門官が受刑者に変化をもたらす能力が妨げられるからだ。換言すれば、〔受刑者の〕更生が妨げられるのだ。受刑者は、非常に優れた矯正プログラムに参加することができる。しかし、彼らが、人権に対する敬意のない環境で生活するならば、処遇におけるそれまでの獲得物は、すぐに侵食され、完全に消散さえするかもしれない。要するに、人権を尊重しない環境は、正反対の結果を招来するであろう。〔つまり、〕犯罪

---

[49] *Id.* at 1.2 Human Rights in Federal Corrections.

者はさらに硬化し、権威に対する不敬の念を強化するであろう[50]。

　このように、矯正捜査官およびその職員は、上記「カナダ矯正捜査官マニュアル」によって、独立の矯正捜査官の必要性やその理念、受刑者の人権保障と社会の安全との関係について十分に理解の上、職務に当たることが求められる。そしてそこには、受刑者人権の保障が、出所後の社会復帰への第一歩であると考え、それを実践するという信念が存在する。

　（三）　わが国の刑務所監視体制、および、刑事施設視察委員会が学ぶこと
　わが国で2006年に誕生した刑事施設視察委員会が、カナダ矯正捜査局（OCI）の制度または運用から学ぶことができる個別の、また技術的な事柄は、数多く見出されるだろう。例えば、その監視機関の独立性、受刑者の電話などによるオンブズマンへの自由なアクセス、また、カナダ矯正捜査官の受刑者への積極的なアプローチ、また矯正庁に対する、「実力行使審査」資料のOCIへの送付義務化などである。事実、この「実力行使審査」の手続によって、行き過ぎた実力行使の疑いがあった場合に捜査が開始され、適切化がその後図られるのであり、この手続がない場合には、内部の審査で完結し、塀の中の違法行為は闇に葬られてしまう可能性は十分にある。もちろん、カナダのOCIにも、死亡事件全件に対する審査権が認められているわけではないから、現時点では、自然死として扱われた場合に、OCIの目に触れずに完結してしまう事件がある。したがって、OCIの2011～12年度の検証課題として、前述のように、「死亡報告」が設定されたのである。
　また、OCIの特徴として、「矯正捜査官マニュアル」に示されているように、国際的人権文書を基礎として、受刑者人権に対する深い思想と信念が存在するということである。そのような基本思想と信念を共有しながら、OCIの捜査官およびその職員は、受刑者の心身の安全確保だけでなく、社会の安全確保と矯正職員の安全確保のためにも職務を遂行する。
　これに対して、わが国の刑事施設視察委員会を規定する刑事収容施設法においては、どのような理念を基礎に視察委員会を設置したのか。同法の目的

---

50　*Id.*

を規定する1条では、確かに言葉として、受刑者（被収容者）の人権尊重が唱えられている。「この法律は、刑事収容施設（…）の適正な管理運営を図るとともに、被収容者…の人権を尊重しつつ、これらの者の状況に応じた適切な処遇を行うことを目的とする」と。しかし、外部の目を入れるために設置した「視察委員会」を規定する同法7条では、単に、「刑事施設視察委員会（…）を置く」とし、「委員会は、その置かれた刑事施設を視察し、その運営に関し、刑事施設の長に対して意見を述べる」と規定するのみで、同委員会の目的は、「運営に関し、…意見を述べる」にとどまり、それが受刑者の人権といかなる関係を有するのか、視察にどのような意味が存在するのかについては、一言も触れられていない。これは、その施行規則においても同様である。視察委員に配付されるその他の文書としては、「行刑改革会議」が平成15年に出した「提言」程度である。そこには確かに、「国民に理解され、支えられる行刑施設を作り、また、職員の暴行事案等の再発を防ぐには、行刑運営の実情を市民の目に触れさせ、職員にも市民の目を意識させることが重要である」と述べられているが、そのような視察委員会設立の目的や趣旨は、法律の中に埋め込まれているのだろうか。そして、委員の間で共有されているのだろうか。

　さらに、視察委員会の専門性等、資格についても検討の余地があろう。同法8条2項は「委員は、人格識見が高く、かつ、刑事施設の運営の改善向上に熱意を有する者」という要件を規定するのみで、矯正の仕組みや矯正教育のあり方について熟知している委員、まして死亡事件について判断する能力を持つ委員は通常含まれていない。つまり、実体として、視察委員会には監視機能は期待されておらず、市民に開かれた施設として全国の刑務所等刑事施設が、国民の信頼を得るための、単なる一つの手段として視察委員会は理解されるべきなのかもしれない。であれば、外部からの監視の目は、どこから来るのだろうか。

　いずれにせよ、わが国の一般市民の間でまず共有するべき認識は、OCIがそのマニュアルにおいて提供している基本的な思想および信念、つまり、受刑者人権の保障によって更生への最短距離を確保し、それによって社会の安全を保障する途が、最も人間的かつ効率的であり、効果的であるというこ

とである。

　では次に、章を改めて、OPCATを批准している国の例として、第6章でイギリスの、そして、第7章でフランスの刑務所監視体制をそれぞれ概観し、OPCAT締約国の監視体制と、前章および本章で検討してきた締約国ではないアメリカとカナダのそれとの相違はどのようなところにあるのか、また、刑務所監視体制の世界水準は何かについて、明確にしていきたい。その上で、第3部の終わりで、刑務所監視に関する全体的なまとめとともに、わが国の現行の視察委員会のあり方について、われわれが得ることができる示唆、また、検討されるべき課題は何かについて考察したい。

# 第6章

# イギリスにおける刑務所監視体制

　第4章および第5章において、受刑者の人権保障に関する課題として、受刑者人権の侵害を未然に防ぐためのメカニズム、すなわち刑務所監視体制が他国ではいかなるものが設置されているか、また、それとの関係で、わが国の現行刑事収容施設法によって平成18（2006）年に全国の各刑事施設に設置されることになった刑事施設視察委員会がどのように位置づけられるか、そして、今後の課題は何かについて、カリフォルニア州およびカナダの例を参考に考察してきた。

　つまり、カリフォルニア州では、刑務所監視機関として、従来から多くの国においても存在してきた刑務所オンブズマン（Prison Ombudsman）、刑務官の実力行使等の適切性について監視する矯正更生局監視庁（the Office of the Inspector General：OIG）、および、行刑の一内容である矯正教育のあり方を監視する更生監視委員会（California Rehabilitation Oversight Board：C-ROB）があり、それぞれ役割を分担しながら刑務所行刑のあり方や受刑者人権の状況を調査し、必要に応じて問題に対処し、また州知事および州議会に直接的に報告することにより情報を公開するなど、刑務所に対する監視機能を果たしていることを明確にした。また、カナダにおいては、各州（プロビンス）の刑務所を監視するものとして、オンブズマンがそれぞれに設置されているが、それ以外にも連邦刑務所を監視する役割を担う矯正捜査局（the

Office of the Correctional Investigator：OCI）が存在し、刑務所内における死亡事件および刑務官による実力行使に関する審査だけでなく、刑務所における受刑者の取り扱い等、処遇のあり方について、受刑者その他関係者から情報収集行う。また、場合によっては捜査を行い、国際人権法の諸条約および国内諸法令に違反する行為等がないか、監視を実施していることを明確にした。

他方、わが国の刑事施設視察委員会は、平成15（2003）年「行刑改革会議提言」のなかでドイツの刑事施設審議会と共に市民参加の方法の例として取り上げられた、イギリスの「独立監視委員会（Independent Monitoring Board：IMB）」を参考にして設置されることになったもので[1]、現行刑事収容施設法に基づき、全国の各刑事施設に設置された。しかし、わが国の視察委員会のモデルとされたそのイギリスの「独立監視委員会」自体については、「行刑改革会議」の「海外視察結果報告書」[2] の一部と、1つの論説[3] で紹介されている以外には、わが国ではほとんど考察も言及もされていないのが現状である。

そこで本章では、イギリス「独立監視委員会」の成立および機能などについてさらに明確にし、今後、わが国の刑事施設視察委員会が受刑者の人権を確保するための監視機関として発展していくために、特に同委員会の活動の有益な展開のために必要とされる事柄は何かについて模索し、何らかの示唆を得ることを目的とする。それは、次のような経緯による。

受刑者が、裁判所から懲役刑等自由剥奪の刑罰を宣告され、刑務所等で単に罰として身体的自由を一定期間奪われるだけで社会復帰が容易に、つまり社会復帰の可能性が高くなるとは考えられず、逆に社会復帰が困難になるのが現実である。第5章で考察したカナダ矯正捜査官マニュアルにおいて記されているように、行刑担当者は「尊敬と尊厳」をもって受刑者に接し、少な

---

1 平成15年12月22日「行刑改革会議提言〜国民に理解され、支えられる刑務所へ〜」27頁。
2 平成15年11月17日「行刑改革会議海外視察結果報告書」11-13頁、30-35頁。
3 土井政和「イギリスにおける刑務所の透明性の確保について」龍谷大学矯正・保護研究センター研究年報第1号（2004年）141-151頁。

くとも国際法および国内法基準に適合する程度の人権保障を刑務所内において保障することが、効果的な社会復帰につながる可能性を高めるという認識を、それぞれの職員がその職務を遂行する際の基盤に据え、受刑者の出所後の再犯率を低下させ社会の治安を守ることが重要なのである。であれば、刑務所内での受刑者の処遇のあり方は、施設の状況および担当者のあり方を含めて、国の内外の一定の適切な基準に適合的でなければならない。

　しかし、それが適合的であることを確認し、また適合的であることが確認できない場合には、それを是正し適合性を回復させ確保するための仕組み、つまりメカニズムがなければ、刑務所内の受刑者の人権保障は絵に描いた餅でしかない。したがって、少なくとも刑務所における行刑が一定の基準を満たしていることを確認する仕組みを用意し、さらにそれら施設において受刑者に対する人権侵害が発生することを防止し、また仮に完全な防止が不可能であるとしても、人権侵害の可能性を低減させるような仕組みを準備する必要があると考えられる。そして、そのような仕組みが具備するべき基礎的要素・性質・機能がどのようなものであるべきかにつき、その仕組みの基本的存在意義に照らして明らかにすることが重要となる。このことは、懲役刑などの自由剥奪を主たる要素とする刑罰を科す国においては、洋の東西を問わず、どこにおいても当てはまることであろう。

　以上のような問題関心から、本章および第7章では、拷問等禁止条約選択議定書（OPCAT）を批准しており、そこで要求されている刑事施設監視機構を有する国として実績のあるイギリスおよびフランスの刑務所監視体制について、その成立およびその歴史的展開、また現在の監視体制の役割や機能を検討する。特に、イギリスの監視体制のうち、わが国の刑事施設視察委員会がモデルにした「独立監視委員会（IMB）」の成立と、その役割および機能等を本章で明らかにする。また、第7章ではフランスの刑務所監視機関として、2007年に設置された自由剥奪施設総合監視官について、また、2008年の憲法改正によって憲法上新たに別個の機関として2011年に誕生した権利擁護官を概観し、国際水準として現在認められる刑務所監視体制を構築するためには、どのような基本的要素や機能が要求されるのか整理し、わが国の刑事施設視察委員会の今後のあり方として、それらの国の刑務所監視体制

が我々に対して与える示唆や課題は何かを考察していく。

## 第1節　イングランドにおける刑務所およびその監視体制の歴史的概観[4]

　刑務所を、独立の機関が視察するという原理の起源は、15世紀末に始まるチューダー朝に遡る。その当時から19世紀半ばまでは、イングランドの刑務所は中央政府によって集権的に管理されているものではなく、それぞれのカウンティーまたは町によって管理されていた。より具体的には、判決を言い渡す治安判事（magistrates of the County Quarter Sessions）が刑務所を管理していたのである。したがって、当時、行刑を担当していた各カウンティー治安判事が、そのカウンティーごとの目的を遂行するために「治安判事訪問委員会（Visiting committees of magistrates）」を構成して刑務所を視察していたが、これがイングランドの刑務所視察制度の原型である。

　こうして「治安判事訪問委員会」の刑務所視察は、治安判事自身またはその代理が行っていたので、その限りでは独立的な視察機関とは言えなかった。それが、1877年になって、中央政府がすべての刑務所および行刑を管理するようになると、治安判事には刑務所訪問の権限のみが残され、「訪問委員会」は内務大臣（the Home Secretary）が設置し、委員も同大臣が任命することになった。それと同時に、同委員会には一般行刑を視察する権限以外に、刑務所における懲戒処分や、刑務所の具体的施設について視察をする権限も付与されることになったのであった。

　しかしその後、同委員会の有効性等について疑問が提示されるようになると、1895年にイギリス議会にグラッドストーン委員会が設置され、調査が行われた。そして、それが1898年監獄法（Prison Act）に結実したのである。

---

[4] 本節のイギリス制度の歴史に関する記述は、以下の資料に基づく。REVIEW OF THE BOARDS OF VISITORS, A REPORT OF THE WORKING GROUP CHAIRED BY THE RT HON SIR PETER LLOYD MP (March 2001) at 13-14 (hereinafter cited as "Lloyd Report").

同法において、それまでの治安判事の刑務所訪問権限が修正され、より全国的な組織として、「訪問者委員会（Boards of Visitors）」が構成された。同委員会の委員は地域住民に開放されていたが、それまでの、より地域的な刑務所に関係する治安判事の「訪問委員会」とは別個のものとして設置された。ただし、その新たな「訪問者委員会」には、少なくとも2人の治安判事が必要という要件が残された。その後、1952年監獄法6条においても、両委員会の存立と権限などが明確に規定されたが、20世紀の後半までには、治安判事の人数要件は、1名に減らされることになった。併せて1971年裁判所法（Courts Act）により、「四季裁判所（Quarter Sessions）」が廃止されたが、それと同時に、治安判事の「訪問委員会」もその役割を終了した。つまり、全国的に一般的に存在する「訪問者委員会」が、唯一、刑務所および行刑の監視機関として残されることになったのである。

　このように治安判事の刑務所訪問から始まった「訪問委員会」、そして、その修正として地域住民を主たる構成員として迎え入れることで生まれ変わった「訪問者委員会」が、後に見るように、2003年に「独立監視委員会」として、再び生まれ変わることになる。

　こうして1971年裁判所法当時のイギリスでは、「訪問者委員会」以外には、刑務所における行刑を監視する機関がなかったため、後に別の機関が用意されることになる。それが次に見る「刑務所査察局」および「刑務所および保護観察オンブズマン」である。

## 第2節　今日のイギリス（イングランドおよびウェールズ）における刑務所監視体制

　今日のイギリス刑務所監視機関には、主として次のような3つのものが存在する。1つ目は「刑務所査察局（the Prison Inspectorate）」、2つ目は「刑務所および保護観察オンブズマン（the Prison and Probation Ombudsman）」、そして、3つ目は「独立監視委員会」および「国家評議会（National Council）」である。しかし、先述のように前二者が誕生したのは、1971年よりも後のことである。これらのうち、本書の中心的考察対象は、一般市民が参画

する3つ目の「独立監視委員会」であるが、その位置づけおよび役割は、イギリス刑務所監視体制全体の中で把握し理解することが重要であり、かつ、そうすることでのみ意味を有することになるから、前二者について概観した上で、「独立監視委員会」について検討する。

## 一　「刑務所査察局」
### （一）「刑務所査察局」の設立とその権限

　刑務所査察局は、1982年刑事司法法（Criminal Justice Act）57条[5]によって1952年監獄法5条A[6]として付加された法的根拠に基づき、女王によって5年任期で任命される「刑務所主席査察官（the Chief Inspector of Prisons）」の権限の下にある。

　その設立の経緯は、およそ以下のようである。1979年に、刑務所の過剰収容状況および施設の老朽化について課題があることが判明したため、刑務所体制一般について調査が行われた。その報告書である「メイ・リポート（May Report）」が、独立の刑務所査察局を構成することを勧告した[7]。これを受けて翌1980年には、イングランド、ウェールズおよび北アイルランドを管轄する主席査察官1人、スコットランドを管轄する主席査察官1人、合計2人の主席査察官が任命され、その下に組織される査察チームに、各刑務所を査察させ、その情報に基づき主席査察官は、刑務所の状況や受刑者処遇について、毎年報告書を作成し法務大臣（the Secretary of State for Justice）に提出し、法務大臣はイギリス議会にその報告書を提出するとされた[8]。

　このようにして設置された「刑務所査察局」は、以下のような権限や責任、機能を果たすものとされた。すなわち、イングランドとウェールズのあらゆ

---

5　Section 57, Criminal Justice Act 1982, 1982 CHAPTER 48. これら監視機関等について、また、透明性確保の重要性について、前出注3、土井論文に学ぶところが大きい。

6　5A, "(1) Her Majesty may appoint a person to be Chief Inspector of Prisons," Prison Act 1952 (1952 CHAPTER 52 15 and 16 Geo 6 and 1 Eliz 2).

7　*Quoted* in Lloyd Report at 10.

8　Prison Act 5A (3) and (5). 2007年に内務省から分かれて法務省が設置され、後者が刑事施設について管轄することになった。

る刑務所を査察する責任を持ち、その責任を果たすために専門家や専門査察官（professional inspectors）を雇用する権限も持ち、また、連合王国内のすべての移民拘束施設（immigration detention）を査察する責任も有する[9]。さらに、「刑務所主席査察官」は、毎年その査察の報告を法務大臣に対して行う義務を負っており、特に、「受刑者の処遇および刑務所の状況について」報告するが、その報告書は法務大臣を通して議会に提出されるから、刑務所主席査察官の報告は少なくとも間接的には議会に到達し、その内容は議会を通じて国民にも明確に示される[10]。

以上の職務を果たすために、刑務所査察局の査察チームは刑務所の介入なしに、いつでも、刑務所のいかなる部分についても査察することができる。また、法務大臣との取り決めによって、各刑務所につき、5年に2回は査察を行い、そのうちの1回は「総合査察（Full inspection）」を行わなければならず、もう1回はそのフォローアップのための簡易査察を行うこととされている。「総合査察」においては、その査察のために、少なくとも1週間の日時が費やされる[11]。

### （二）「刑務所査察局」の機能

それではその査察の手続面について概観しよう。査察開始以前に、「査察局」によって派遣された調査員が、査察予定の刑務所を事前訪問し、統計的に有意となる人数の受刑者と、ランダムに、施設の職員の立会なしで面接を実施する。その面接において調査員は、刑務所生活のあらゆる側面に関し、予め用意してある100を超える質問項目について、受刑者から回答を得て、それをデータ化し、前回の査察における調査結果と比較対照する。こうして時間の経過によってどのような変化が、同じ刑務所において生じているかを、査察に出掛ける前に事前把握する。また、質問への回答を人種別に分類することにより、黒人またはマイノリティーに属する受刑者が、白人受刑者より

---

[9] 移民拘束施設に関する視察権限は、1999年の改正によって追加された。*See*, Prison Act 5A (5A).
[10] Prison Act 5A (5). 年次報告書は、刑務所査察局のウェブ・ページから入手可能。
[11] Anne Owers, *The Protection of Prisoners' Rights in England and Wales*, Eur J Crim Policy Res (2006) vol.12 at 86-87.

も劣悪な状況に置かれている可能性を把握することにも注意を払っている。

　以上のような事前調査を基に、実際の査察においては、査察チーム・リーダーおよび4人の査察員が一つのチームを構成し、数日間に渡って刑務所に滞在し、受刑者の入所から出所までの流れ、また、受刑者の隔離の状況、その他の行刑の執行の状況について調査を行う。その過程で、立会なしで個々の受刑者と、あるいは受刑者数人とグループ面接を行うが、それと同様に、刑務所の看守やその他の職員とも面接を行う。また、必要に応じて、医療関係や教育関係の専門家の支援を得ることができる。

　次いで査察の結果得られた情報を、「刑務所査察局」としてまとめる。そして、独自に作成して公表している「期待事項（*Expectations*）」に照らして、それら得られた結果が適合的か否かの評価を行うことになる。この「期待事項」は、イギリス政府が設置している基準等とは異なり、国際的人権基準を基にして、独自に作成されている[12]。その「期待事項」に基づき、査察の対象となった刑務所の状況を、受刑者は、①安全が確保されているか、②人間の尊厳を確保するべく敬意を持って扱われているか、③目的のある活動に参加することができているか、そして、④社会復帰のための用意ができているか、という4つのカテゴリーそれぞれについて評価し、良好・ある程度良好・十分に良好ではない・良好ではない、の4段階評価のいずれに該当するかを判定する。これが「健全な刑務所・施設評価（Healthy prison and establishment assessments）」で、これに基づき、時として100を超える勧告を、その刑務所に対して行うことになる。そして、その勧告を受けた刑務所は、それらの勧告を受け入れる場合には、改善に向けて「行動計画（action plan）」

---

12　また、刑務所以外で人身拘束が行われる施設、例えば警察や移民局などにおける「期待事項」はそれぞれ別個に用意されている。刑務所のそれは、5つのセクションで構成され、セクション1は安全について、例えば項目1は「受刑者は移送中、適切な環境に置かれ、かつ敬意をもって扱われること」など29の期待事項を定めている。セクション2は敬意について47事項、セクション3は目的ある活動について9事項、セクション4は社会復帰について22事項、セクション5は特別分野について23事項を具体的に定めている。2016年から現主席査察官ピーター・クラーク（Peter Clarke）となり、それに伴い、2017年に「期待事項」も修正された。現行のそれは、https://www.justiceinspectorates.gov.uk/hmiprisons/our-expectations/ を参照されたい。

を作成し、いつどのような行動を実施するか等について、明確に回答を示さなければならない。通常、査察局の勧告の95％は刑務所に受け入れられ、すべてについてではないにせよ、改善が施された結果、これまでに75％の勧告が実現されている[13]。

（三）　年次報告書

2010年4月から2011年3月までの間の活動およびデータを法務大臣に報告する「2010-11年次報告書」は、2010年7月15日に主席査察官となったニック・ハードウィック（Nick Hardwick）の「巻頭言（Introduction）」から始まる。同報告書は全104頁で、「1年の概要（The year in brief）」、「刑務所（Prisons）」、「移民局施設（Immigration detention）」、「警察留置所（Police custody）」、「軍隊拘留施設（Military detention）」および「付表（Appendices）」の7つの章で構成されている。報告内容が正確なデータに基づくものであることを示すために、例として、そのうち、「1年間の概要」と「刑務所」に関してのみ、報告書の記述に基づき概観し、最後に、「巻頭言」で、主席査察官が新鮮な眼で観察して衝撃とともに発見した事柄および課題について触れておきたい。

（1）1年間の概要

この期間に、刑務所査察局は、97の刑事施設等を査察し、その中には、53の成人男子刑務所、3つの成人女子刑務所、6の18歳未満の児童少年刑務所（establishments for children and young people under the age of 18）、6の移民局強制送還センター（immigration removal centres）、9の短期拘束施設（short-term holding facilities）、2の移民局移送措置（immigration escorting arrangements）査察、16の警察留置施設（police custody suites）、1の北アイルランドの刑務所および軍矯正訓練センター（the Military Corrective Training Centre）が含まれる。これらのうち最初の3施設は刑務所で、成人男子、女子、児童少年刑務所合計62あるが、そのうち36については予告なしの査察を実施し、6のうち4の移民局施設については予告した上での総合査察で、残り2つについては予告なしのフォローアップ簡易査察であった。また、警

---

13　Anne Owers, *supra* 11 at 87-88.

察留置施設の半分については予告なしの査察を行った。

　また、この1年間の期間に調査の対象として設定したテーマは、児童少年に対する訓練計画、受刑中のイスラム教徒、児童少年に関するギャング問題の管理、受刑中の女性、保護観察査察局との協力による違反者の管理、および、治療の質委員会との協力による受刑中の健康管理であり、それについては別途、報告書を作成し提出していると言う[14]。

　その上で、査察対象となった62刑務所のうち、半開放型社会復帰男子刑務所（a male, semi-open resettlement prison）であるブランタイヤ（Blantyre）および開放型男子刑務所（a male open prison）であるプレスコイド（Prescoed）刑務所の2施設のみが、前述「期待事項」の4つのカテゴリー、すなわち、安全の確保、敬意、目的ある活動、社会復帰のすべてにおいて、良好・ある程度良好・十分に良好ではない・良好ではない、の4段階評価で「良好」と判定されたとする。さらに、それら4カテゴリーすべてについて、ある程度良好、と判定されたのは、43男子閉鎖型刑務所中16施設、4若年成人刑務所（young adult prisons）中1、6男子開放型刑務所中4、3女子刑務所中1、6児童少年刑務所中5であった、と[15]。

　次に、移民局施設や警察留置場等に対する査察の結果報告は省略し、刑務所の査察に関してのみ、年次報告書を概観しよう。

（2）刑務所

　イギリス全国で2012年9月現在138あった刑務所のうち、この1年間で刑務所査察局によって査察が実施された97施設のうちの62が刑務所であるから、全刑務所の約半分が、査察対象とされた。これら62の刑務所全体について、「期待事項」に照らし、前記4つのカテゴリーそれぞれに関して、良好・ある程度良好・十分に良好ではない・良好ではない、の4段階評価を行う。最初のカテゴリーである安全の確保について、良好と判定されたのは17施設、ある程度良好と判定されたのは35施設、十分に良好ではないが

---

[14] HM Chief Inspector of Prisons for England and Wales, Annual Report 2010-11（14 September 2011）at 13.

[15] *Id.* at 14.

10施設、良好ではないは0であった。同様に、2つめのカテゴリーである、敬意を持って職員は接しているかについて、良好が10施設、ある程度良好が36施設、十分に良好ではないが16施設、良好ではないは0、また、3つめのカテゴリーである、目的ある活動について、良好が12施設、ある程度良好が31施設、十分に良好ではないが14施設、良好ではないは5であり、最後の、社会復帰について、良好が12施設、ある程度良好が32施設、十分に良好ではないが18施設、良好ではないは0であったと報告している。

また、対象となった62の刑務所のうち、男子刑務所については53刑務所が査察の対象とされ、同様に同じ「期待事項」の4カテゴリーにつき、4段階での評価がされている。すなわち、安全の確保について、良好が15施設、ある程度良好が30施設、十分に良好ではないが8施設、良好ではないは0、2つめの敬意について、良好が7施設、ある程度良好が32施設、十分に良好ではないが14施設、良好ではないは0、3つめのカテゴリー、目的ある活動について、良好が8施設、ある程度良好が26施設、十分に良好ではないが14施設、良好ではないは5であり、最後の、社会復帰について、良好が9施設、ある程度良好が26施設、十分に良好ではないが18施設、良好ではないは0である[16]。同様に、女子刑務所および児童及び少年刑務所についても同じ方法で評価がなされている。

また、評価のカテゴリー別詳細は付表2に、刑務所ごとに掲載されており、4カテゴリーすべてについて、良好でない、を受けた施設はないものの、それらすべてについて、十分に良好ではない以下の判定を受けた刑務所は3つであり、どの刑務所かということも確認できる[17]。

さらに、査察で得られた情報を基に、刑務所査察局は勧告を各刑務所に行うが、2010～11年の期間では、刑務所について合計2,612、移民局施設について合計717の総計3,329の勧告を行っている。それら勧告のうち、刑務所によって受け入れられたのは86％の2,246で、移民局施設については52％の91であった。また、前年度における刑務所に対する勧告総数は4,538で、

---

16 *Id.* at 18.
17 *Id.* at 84-85, Appendix Two.

そのうち48%の2,154が達成されたものと判定され、部分的に達成されたと判定された21%の962と合わせると、69%の3,116が何らかの達成を見たと報告されている[18]。

(3) 主席査察官の「巻頭言」

これら査察の結果を受けて、主席査察官であるハードウィックはどのような事柄を発見し、自らの職責として何を課題としたか。まず全体的な感想として彼は言う。

> 刑務所行政の外から任命され、また、以前は刑務所とほぼ関係のなかった私は、ただちに刑務所の世界に投げ込まれ、自ら何十もの施設を訪問しそれらに関する報告書を読んだ。…ここに私自身のいくつかの第一印象を記したい。…最も強烈なインパクトを私が受けたのは、地方の刑務所では、遮蔽物のないトイレ付の小さな共同室を複数名でシェアし、その共同室に何時間も何日も監禁されている人たちだ。…刑務所は実際、非常に厳格な刑罰だ。[19]

ある刑務所の過酷な現状について認識した上で、次に「期待事項」にある、刑務所の安全の確保について、先に見たように、今期の報告書で、施設としては62施設中52について良好またはある程度良好との判定であることから、それほど否定的な状況ではないが、受刑者に対するアンケート調査および報告書に掲載されている受刑者アンケートの経年変化を示す表から、主席査察官は、徐々に改善がみられているものと考えた。

> 査察をした男子刑務所53のうち8について、十分に安全ではない、となった。…アンケートで35%の受刑者が私たちに回答したところでは、現在の刑務所において安全でない(unsafe)と感じたことがあるが、査察時点では、14%のみが安全でないと感じていた[20]。

---

18　*Id.* at 17, at 86-87 for Appendix Three and at 88-89 for Appendix Four.
19　*Id.* at 6.
20　*Id.* at 7.

また、経年変化の表（受刑者の結果は、良好／ある程度良好――イングランドおよびウェールズのすべての刑務所）によると、安全の確保について受刑者がアンケートで良好またはある程度良好と回答した割合は、2005〜06年が75％、その後2006〜07年に57％と低下したが、2007〜08年には69％とやや持ち直し、2008〜09年に72％、2009〜10年には78％と最初の2005〜06年の75％を上回り、今回の2010〜11年には84％と8割を超えている[21]。
　このように、受刑者からの直接的なアンケート調査および経年変化のデータと、単年度の査察結果とを併せ評価することで、より立体的な判定が、主席査察官に可能となるのである。
　その他、医療及び健康に関する評価、敬意を持って職員が接することについても、一定の評価をしている。

> 刑務所における薬物〔乱用〕治療の責任を健康省に移すという最近の決定を歓迎するし、それはより良い調整（coordination）とさらなる一貫性を創出する機会となる。…刑務所は5年前と比較すると人間の尊厳のためにさらなる敬意を持って受刑者を処遇している。ほとんどの受刑者は、職員によって敬意を持って処遇されていると語っているし、問題がある場合には相談する職員がいると言う[22]。

　しかし彼は、今後取り組むべき課題も3点挙げている。1つは、薬物についてで、「薬物が驚くほど容易に入手可能であり、〔実際〕刑務所で使用されている。…5人中2人は、薬物が簡単に手に入ると言っている。悩ましいことに、受刑者の17％が入所中に薬物問題を悪化させたと語っている」[23]と。2つめには、職員が敬意を持って処遇しているかという件で、マイノリティ

---

21 *Id.* for Table 1: Outcomes for prisoners are good/reasonably good — all prisons in England and Wales.
22 *Id.* at 7.
23 *Id.*

ー・グループに属する受刑者に関しては、状況が異なることを課題として挙げる。すなわち、「私たちのアンケートによると、全体の 10％を構成するイスラム教徒の受刑者は特に、全体的な〔一般〕受刑者よりも否定的な受けとめ方（negative perceptions）を一貫して有している[24]。最後に、主席査察官が課題としたのは、メンタル・ヘルスの問題である。より具体的には、メンタルな問題を抱える患者である受刑者をどのように処遇するかである。「刑務所はいまだに、深刻なメンタル・ヘルスのニーズを有する受刑者をあまりにたくさん抱え込んでいるが、彼らのためには刑務所は完全に不適当な環境である（a completely unsuitable environment）。ブラッドリー卿が提示した改革を実施することに政府が熱意を有することを、私は大歓迎する。それは、メンタル・ヘルスに関する問題を有する人たちを、刑事司法の体系からすべてダイバートすることを目標にしている。」[25]

以上、刑務所査察局の活動を具体的に示す年次報告書を概観することで、どのような職務を果たしているのかについて見た。

（四）　小括

以上、イギリス刑務所監視機関のうちの「刑務所査察局」について、その構成、職務等を概観した。すなわち、「刑務所査察局」の責任者となる「刑務所主席査察官」は、女王により 5 年任期で任命され、他の政府機関からの独立性を確保し、「監獄法」によって定められた明確な権限の下に、全国（イングランドおよびウェールズ）の刑務所において、組織的かつ定期的な査察を実施する。その査察において、経年にわたる情報収集および受刑者からの意見収集を行うことで、立体的な状況把握が可能となる。それらの査察と調査による情報を基に、各刑務所の受刑者の生活環境、処遇状況が、内外の人権保障の基準、特に独自に作成し適用している「期待事項」に適合的か否か、評価することが可能となる。その評価に基づき、何か問題があると判断される場合には、刑務所に対して勧告を行うとともに、以前の勧告についてどの程度実現されたかについても評価する。また、そのような自らの活動につい

---

24　*Id.*
25　*Id.* at 8.

て、年次報告書を作成し、法務大臣に提出し、法務大臣は議会へ提出する。その報告書において、どのような刑務所で何が課題とされ、どのような勧告を査察局として行ったかが示され、その任務の遂行状況が明確になるようにされている。また、年次報告書は議会へ提出するだけでなく、ウェブ・ページにも公表するので、可能な限り透明性の確保が実現されている。このように、刑務所査察局は、受刑者がその権利に基づき、非人間的な扱いを受けず、人間性を確保されつつ適切に処遇されていることを査察により確認するとともに、内外の基準に反するような状況が刑務所において発生しないよう、予防的な機能を果たしていると言えよう。

　それでは次に、2つめの刑務所監視機関である「刑務所および保護観察オンブズマン」について概観しよう。

## 二　「刑務所および保護観察オンブズマン」

　1994年に設置された「刑務所および保護観察オンブズマン（Prisons and Probation Ombudsman）〔以下、PPO〕」は、法務大臣により任命されるが、独立性を有する機関である。オンブズマン事務所は、1人のオンブズマン以下、約100人を擁する組織で、刑務所はもとより移民局拘束施設や国境警備拘束施設などの人身拘束施設も管轄する。その中央事務所はロンドンにある。以下、先述「刑務所査察局」との相違も念頭に、PPOの役割等について検討しよう。

### （一）　PPOの概要

　先述のように、「刑務所主席査察官」およびその下の「刑務所査察局」が、その存在根拠を1982年刑事司法法および1952年監獄法の規定に持ち、イギリスのすべての刑務所および移民局拘束施設等を組織的かつ定期的に査察するのに対し、PPOはそのような法的な根拠は有さない。しかし、法務大臣とPPOとの間で作成される「付託事項（TERMS OF REFERENCE）」[26]によって、その存在を基礎付けられている。そしてPPOは、第一に、個別の受刑者等から苦情申し立てを受けて対応する。つまり、苦情申し立てを受け付けた上で、それに関する調査が必要であれば調査を実施し、その調査結果を法務大臣等の関係機関に報告する。また、その調査結果に基づき、必要に

応じて刑務所に受刑者に対する処分等の変更を求め、また適切な対処方法等を勧告する。ただし、オンブズマンには、そのような処分の変更や勧告に従うことを刑務所に対して強制する権限は認められていない。しかし多くの場合に、その勧告は、刑務所によって尊重され実行されているようである。さらに、イギリスのPPOに付与される重要な権限として、刑務所および仮釈放者収容施設（probation hostels）における死亡、つまり後述するように、「致命的事件（Fatal Incidents）」全件について調査する権限がある。これは施設において発生した死亡が、自然死（natural causes）であれ、人為的なもの（homicide）であれ、または自死（self-inflicted）であれ、それら全件について調査し、その結果を報告するものである。このような活動は、「ヨーロッパ人権条約（ECHR）」2条の「生命に対する権利」保障の義務を、署名国であるイギリス政府として履行していることを証明するものである。つまり、この条約に基づき、イギリス政府は、刑務所等の政府の施設において、生命に対する受刑者の権利を保障するべく、死亡事件が発生した場合には、積極的な手続的義務を負っていると考えられており、その義務を履行するために、政府の機関としてPPOが事件を調査し、死亡原因等を明らかにするという制度を、国家として有することが重要であるとされている。また、当然ながら、その調査結果を受けて、刑務所等の施設が適切な対処をすることは、条約上、法的な義務ではないにしても、何ら対処しないという選択肢は実質的にはないと考えられている[27]。さて、このようなPPOの組織および職務について、その基礎的文書である「付託事項」を検討することで、さらに具体

---

[26] 参照、TERMS OF REFERENCE（*See,* https://s3-eu-west-2.amazonaws.com/ppo-prod-storage-1g9rkhjhkjmgw/uploads/2017/04/PPO-Terms-of-reference-2017.pdf）（last visited June 17, 2018). ただし、2017年の新版。また、それまでの旧版についての議論は、Mary Seneviratne, *"Ombudsmen: Public Services and Administrative Justice,"* Butterworths LexisNexis, at 91-94（2002). 法務大臣との間で作成した付託権限の根拠や範囲、独立性確保を示す文書として「付託事項」は存在する。さらに大臣との間で、「枠組に関する文書（Framework document between the Ministry of Justice and the Prisons and Probation Ombudsman）」を作成して、独立性、権限範囲等に関して組織的な合意が形成されている。

[27] *Id.* at 86.

的に把握しよう。

　（二）　刑務所・保護観察オンブズマンの権限と義務

　PPO は公募式で募集され、応募者から選抜が行われ、議会の司法選任委員会（Justice Select Committee）の推薦を経て、法務大臣によって任命される。2011 年からはナイジェル・ニューコーメン（Nigel Newcomen）が PPO に任命され、その下にオンブズマン代理（Deputy Ombudsman）、アシスタント・オンブズマンなど、2009 年を基準にすると、約 100 人のスタッフで事務所全体は構成されている（ただし、ニューコーメンの退職に伴い、2017 年 4 月 1 日から、オンブズマン代理 Elizabeth Moody 氏がその任務を果たしている）。PPO 内でアンケート調査が実施された 2015 年 3 月における全 96 人の事務所のスタッフの内には、過去 10 年間に刑務所職員等であった者が 22 人、10 年以上前に刑務所職員等であった者 23 人が含まれている。彼らは、法務省から給与を受ける公務員だが、矯正局や保護観察局など行刑関係機関からは完全に独立しており、職務遂行においては、法務省からの独立性を確保している[28]。また、PPO は職務として、法務大臣に年次報告書を提出し、法務大臣は、それを、イギリス議会に提出することとなっている。そして、その年次報告書には、少なくとも次の 6 つの事項について報告しなければならないと規定されている。すなわち、PPO が調査を実施した苦情の内容例、調査を実施した死亡事件例、PPO の勧告とそれに対する施設の対応例、事務所の業務負担（苦情の受理数、調査数、繰越数および類型、死亡通知の受理数、調査数および類型を含む）の概要、事務所の目標達成度、および、PPO 事務所の支出概要である[29]。

　そのような PPO に対して、誰がアクセスを保障されているのか。PPO に苦情を申し立てることのできるのは、以下の 3 つのカテゴリーに該当する者とされる。第一に成人受刑者、勾留中の者、少年で、すでに刑務所内での苦情処理手続を利用したもののそれでは満足を得ることができなかった者であ

---

28　*See*, https://www.ppo.gov.uk/ (last visited June 18, 2018). TERMS OF REFERENCE para. 1, 2 and 3.
29　*Id*. TERMS OF REFERENCE para 8.

る。第二に、保護観察中またはそのための公認施設（approved premises）に居住しており、保護観察苦情処理手続を利用したものの満足を得ることができなかった者、また、第三に、移民局に拘束されており、その内務省苦情処理手続を利用したものの満足を得ることができなかった者である[30]。PPOにアクセス可能なのは、これら3カテゴリーのいずれかに該当する者に原則的に限定されている。したがって、その家族や被害者又は被害者遺族などは該当しない。

これらに該当する者からの苦情について、PPOが調査権限を持つことになるが、その調査の対象は、刑務所等の機関が行った、管理、監督、ケアおよび処遇に関する決定、処分についてであり、以下の事柄については、「付託事項」上、明示的に除外されている。すなわち、大臣が行った政策的決定および大臣に対する官僚の勧告、大臣の行った決定の是非、および、有罪判決、刑期、在留資格、移民局拘束の理由・期間に関する処分などである。さらに、訴訟中の事案や医療専門家の臨床的判断についても、PPOの調査対象から除外されている[31]。また、いずれかの場合に該当するにしても、そもそもその苦情が受け付けるに適しない（ineligible）と判断されれば、PPOは、通常、その理由を書面にして（in writing）、申立人に示さなければならないと規定されており[32]、苦情申立人に対する公平性および申立処理方法の適切性に配慮しているものと考えられる。

受け付けられた苦情について調査が必要だと判断されれば、その事案の調査を経て、やはり調査結果が申立人に文書で回答される。また、調査の結果としてPPOがその勧告権限[33]に基づき、関係機関に対して勧告を発した場合にも、申立人への回答にその勧告が含まれることになる。そして、勧告を受けた機関は、4週間以内にPPOに対して何らかの応答をしなければならないと規定されており、PPOはその応答についても、申立人に伝達をする

---

30　*Id.* TERMS OF REFERENCE para 15.
31　*Id.* TERMS OF REFERENCE para 28.
32　*Id.* TERMS OF REFERENCE para 21.
33　*Id.* TERMS OF REFERENCE para 44.

ことが義務づけられている[34]。

　さて次に、PPOが有する、「致命的事件（Fatal Incidents）」に関する調査権限および義務について概観しよう[35]。

　PPOは、以下のカテゴリーに該当する者の死亡について調査を実施する。すなわち、受刑者および少年院などの少年教育施設（youth detention accommodation）入所者、公認施設の入所者、移民受入・移送施設の入所者、および、判決を受け、または勾留され、裁判所施設に入所中の者である。

　死亡事件が発生した場合には、その施設はPPOに通知をしなければならない。それによって初めてPPOはその死亡事件を知ることになるが、まずその死亡の状況（circumstances of the death）によって、調査の範囲を確定することになる[36]。また、PPOの調査目的は、以下の5つに限定される。すなわち、i―死を取り巻く状況および出来事、特に死者に対する関係機関のマネージメントに関する確定、ii―再発防止のために、行刑実施方法・方針・実務またはマネージメント調整の変更が役立つか否かに関する審理、iii―関係する医療問題の審理および臨床的ケアの査定、iv―遺族への説明と原因に関する見通し（insight）の提供、そして、v―ヨーロッパ人権条約2条「生命に対する権利」から生じる検視官の調査義務の履行を支援し、できる限り全容が明らかにされ、いかなる見落としも顕在化され、推奨される行為や実践が同定され、その死からあらゆる教訓を学び取ること、である[37]。

　以上のように、PPOは、個別の受刑者等から苦情を受けることにより調査をし、問題解決に向けて関係機関に対して、必要に応じて勧告をするほか、刑事施設等における死亡事件の全件について調査を行うことで、その死亡の原因解明と、再発防止のために必要な勧告を行う。そして、透明性の確保のために、PPOは報告書を作成し公表することを主たる任務とし、法的な根拠ではないものの、法務大臣との間で合意された「付託事項」を根拠に、独

---

34　Id. TERMS OF REFERENCE para 45.
35　Id. TERMS OF REFERENCE para 29 and subsequent paragraphs.
36　Id. TERMS OF REFERENCE para 31.
37　Id. TERMS OF REFERENCE para 32.

立性を保ちつつ具体的な職務を遂行する。

　それでは次に、PPO が作成した年次報告書および公表された資料に基づき、2010 〜 2011 年の状況を概観し、PPO の現実的な職務の内容とその結果を把握しておこう。

　（三）　年次報告書

　筆者が検討の対象とした『2011-12 年年次報告書』（2012 年 9 月、全 62 頁）[38] によると、この 1 年間に PPO が受け付けた苦情の数は、刑務所に関するものが 4,726 件、保護観察に関するものが 433 件、移民局施設に関するものが 135 件の合計 5,294 件で、前年の年次報告書の時点より多少の増加となった。合計 5,294 件のうち、調査することが適当であると判断された苦情の数は、合計の約半数、2,667 件でしかないが、先回との比較では 4％の増加である。調査の対象とされなかった苦情の 79％は、刑務所等の内部における苦情処理手続が最終段階まで尽くされておらず、PPO が調査することがそもそも認められていない範疇に関する苦情であった。調査が開始された 2,667 件のうち、実際に調査が完了したのは、2,360 件で先回から 5％の減少である。数年に渡り、調査完了率が低下している[39]。

　また、「致命的事件調査」について、2010 年には合計で 211 件（内訳：自然死 131 件、自死 62 件、殺人（homicide）1 件、非自然死 16 件、分類待ち 1 件）、2011 年には合計で 214 件（内訳：自然死 132 件、自死 62 件、殺人 2 件、非自然死 14 件、分類待ち 4 件）とほぼ変化がない状況であったが、今回 2012 年には合計で 229 件（内訳：自然死 142 件、自死 71 件、殺人 1 件、非自然死 9 件、分類待ち 6 件）[40] と、かなり増加した。また、自然死について 20 週以内に報告書草案を完成させるとする目標を達成できたのは 24％、自死について 26 週以内とする目標を達成できたのは 22％で、それぞれ先回の 16％および 14％から改善しているとする[41]。

---

38　"Annual Report 2011-2012" https://s3-eu-west-2.amazonaws.com/ppo-prod-storage-1g9rkhjhkjmgw/uploads/2014/07/PPO-Annual-Report-2011-12.pdf（last visited June 18, 2018）
39　*Id*. at 14, "The Year in Figures"
40　*Id*. at 13.

さらに苦情等の処理の迅速さについて、今回の年次報告書では、相当の悪化を示している。すなわち、先回の年次報告書では、「10日以内に調査が適当か否かの判断がなされた苦情」が94％、苦情に関する調査のうち「12週間以内に完了したもの」は63％であったにもかかわらず、今回はそれぞれ、40％および53％に悪化している。これは予算の減少によるスタッフ不足であると同時に、受刑者人口の4％を占める重警備刑務所に関する苦情等が全体の3分の1を占めるものであることを示唆している[42]。

　また、テーマとして取り上げられた「致命的事件」について、いくつかの指摘がなされているので、それらを取り上げておく。1つは、自死71件について、その20％が事件前3カ月以内に、他の受刑者からの何らかのいじめや脅迫があったことが、証拠によって明らかだという事実である。特に、18歳から34歳の若年者に対するケアが重要であるにもかかわらず、不十分であるとの指摘がされている。また、調査した死亡事件229件の6％が薬物関連の事案であったとする[43]。

　以上のように、PPOは、独立性を有しながら、一方で受刑者等からの苦情を受け、調査に基づき、必要な事実確認をした上で、勧告等の措置を取る。他方で死亡事件については、全件の調査を実施し、死亡発生の状況等を明確にし、身柄拘束等による事件の発生および施設管理上の課題等を発見する。また、それに関連し、透明性が確保できるように、オンブズマンは年次報告書を作成し法務大臣および議会に対して提出することで、自らの活動を明らかにするとともに、発見された課題等を公表するよう義務付けられており、関係機関のみならず全国民に対しても刑務所等の状況および課題を提示する役割を果たしていると言えよう。

（四）　小括

　次に、イギリスにおける刑事施設等の監視機関の3つめである「独立監視委員会」について検討するが、その前に、これまで概観してきた「刑務所査

---

41　Id.
42　Id. at 14-15.
43　Id. at 18 and 21.

察局」と「PPO」の特徴を、両者の共通点と相違点を含めてまとめておきたい。

　まず、両者に共通する点は、組織として独立性を有するという点であるが、これは次の「独立監視委員会」についても同様である。選出の方法、任命権者および関係法令諸規定（PPOの場合にはその「付託事項」）から、組織として、また職務について独立性が確保されている。さらに、査察または調査した後に必要に応じて施設に対して改善等の勧告を行い、査察・調査結果および勧告等について報告書および年次報告書を作成し、大臣および議会に提出し、同時にウェブ上に公表することで、その活動の内容について透明性を確保している点も共通している。さらに、その勧告に法的な拘束力はないが、多くの場合に勧告は尊重され遵守されている点も共通しているものと考えられる。

　次に、それぞれの機関の、特に長に関する人事とその専門性について検討する。現在の「刑務所査察局」の長である「刑務所主席査察官」は、2016年2月に就任した第3代、ピーター・クラーク（Peter Clarke）という人物だが、先に本書で検討した「年次報告書」は、第2代主席査察官ニック・ハードウィックによって作成されたものであった。第2代ハードウィックは、2010年に任命されたが、彼はそれまで、長年、警察に対する苦情が適切に処理されていることを監督する「独立警察苦情委員会」（Independent Police Complaint Commission）の長を務めていた。さらに、そのハードウィックの前任者であるアン・オウワーズ（Anne Owers）は、ハードウィックと交代するまでの約10年間にわたって「刑務所主席査察官」を務め、2011年からは「独立警察苦情委員会」の長となっている。つまりこれら2つのポジションで長の入れ替えが行われたことになる。その一方、PPOであるナイジェル・ニューコーメンは、2011年に任命されるまでの約8年間は、「刑務所査察局」の「副主席査察官（Deputy Chief Inspector）」を務めていた。そして、彼の下で捜査等を実施するスタッフの一定の割合の者が、刑務所職員の経験や法務省職員の経験を有するという事実からも分かるように、彼らすべては、行刑およびその監視に関する専門家であることが指摘できよう。また、第3代刑務所主席査察官クラーク氏も、イギリス政府のホームページによると、30

年以上にわたって警察において職を務めた人物とのことである[44]。

　また、両機関の相違点として挙げられることは、「刑務所査察局」は査察に入る前に、事前調査として、刑務所の受刑者にアンケート調査をランダム抽出方式で行い、前回の調査との比較等を通して、各刑務所の経年変化また問題点等を浮き彫りにしておく。その上で、組織的かつ定期的に全国の刑務所を査察することにより、個々の受刑者の問題ではなく、施設および矯正の問題を、時間的経過の視点および全国的な視点から考察することが可能となる。他方、PPO は、主として個々の受刑者からの苦情を基礎的情報源とし、個別の処遇および施設などの問題性を把握し、調査の上、関係機関に改善を求める勧告等を行うなどの方法により、多くは特定の問題に対応的に解決の方向を探ろうとする。両機関は、それぞれ全体的観点からの問題性の把握と、個別の観点からのそれとを担い、異なる観点からの分析と評価を併せることにより、それぞれが足りない部分を補い合い、より多角的に、より立体的に問題の把握を行う関係にあると言えよう。

　それでは次に、これら 2 つの監視機関の役割および機能の異同を踏まえ、さらに 3 つめの監視機関である「独立監視委員会」の役割および特徴は何か、明確にしていこう。

## 三　「独立監視委員会」
### （一）　設立の経緯

　先述のように、「独立監視委員会」の起源と考えられる治安判事による「訪問委員会」が、1971 年裁判所法によって廃止されると、治安判事 2 人以上と市民とを含む「訪問者委員会」が、イギリスの刑務所の唯一の監視機関となった。その後、過剰収容その他施設の老朽化などの問題から、メイ判事が諸施設および行刑の状況を調査の上、「メイ・リポート」を作成した。これが基となって、1980 年に、先に概観した「刑務所主席査察官」および「刑務所査察局」が設置されたのである。つまり「訪問者委員会」以外にも、刑

---

[44]　See, https://www.gov.uk/government/speeches/written-statement-to-parliament-prison-and-probation-inspectorates（last visited June 18, 2018）.

務所等を監視する機関が誕生した。しかし1982年に、今度は「訪問者委員会」についても問題提起がなされるようになった。つまり、欧州委員会（European Commission）が、ヨーロッパ人権条約6条（＝公正な裁判を受ける権利を保障する）の目的に鑑みると、「訪問者委員会」は十分な独立性と公正性が保障されていないとの疑問を呈したのであった。というのは、その当時の「訪問者委員会」は、治安判事の「訪問委員会」の役割を一部分引き継いでいたために、刑務所において違反行為があった受刑者に対する懲罰手続や、行刑執行上、違反行為等のあった刑務所職員に対する懲戒手続に関与していたのである。そして「訪問者委員会」が、そのように刑務所内の懲罰手続に関与すること自体について、欧州委員会は、同委員会の刑務所からの独立性、第三者性、客観性、公正性等を疑わしめる、つまりそのような手続に実質的に関与していることは、受刑者等被収容者の視点からすれば、同委員会は刑務所と一体化していると捉えられる、との疑問が生じることを示したのである。

これを受けて1984年に提示されたマグワイヤ・ヴァグ・リポート（Maguire and Vagg report, 1984）では、受刑者の多くが「訪問者委員会」を刑務所長の同僚と看做し、刑務所に批判的な機能を果たそうとしないし、果たすことができていない、と考えており、その独立性に関して問題があると結論付けた[45]。翌1985年には、「刑務所懲罰制度事前委員会（the Prior Committee on the Prison Disciplinary System）」が、「訪問者委員会」は懲罰手続に関与する専門的な能力に欠けるものと、受刑者からも、また職員からも考えられているという、批判的な結論を導き出した。それと並行して同年、全国の「訪問者委員会」をまとめる全国的機関である「統轄委員会（the Co-ordinating Committee）」が設立された。

その後1990年にストレンジウェイ（Strangeway）刑務所において暴動が起こると、刑務所問題は大きな注目を浴び、同年、この問題について取り扱った「ウルフ・リポート（the Woolf Report）」が議会に提出された。そのなかで、「訪問者委員会」は懲罰手続にも、また、懲戒手続にも関わるべきではないとしたことを受け、1991年刑事司法法によってその権限が削除され

---

45 Lloyd Report at 13-14 における記述参照。

ることになったのである[46]。こうして、かつて治安判事による「訪問委員会」の権限の名残として「訪問者委員会」が受け継いだ懲罰手続に関与する権限は、この時取り去られ、第三者機関、独立組織としての様相がより強く見出されるようになった。また後に見るように、受刑者の「隔離」に関する決定に同委員会が関与することについても、「ウルフ・リポート」において疑義が提示され、2005 年の刑務所準則改正後は、同委員会は隔離の決定に関与しないこととし、刑務所の行う権限の一翼を担うことがなくなったことも、同委員会の独立監視機関としての地位を向上させたと思われる。

その後、1994 年に初代「PPO」、ピーター・ウッドヘッドが受刑者の苦情を調査したことを受け、1995 年に内務大臣は、「訪問者委員会」の見直しを検討した。その結果、同委員会の役割と機能の強化を図るために、「国家諮問会議（the National Advisory Council）」が設立され、「訪問者委員会」の統一的「目的ステイトメント（a statement of purpose）」および「統一憲章（a common constitution）」が作成された。翌 1996 年には、委員会の共通的な懸案事項が「国家諮問会議」によって纏められて提出されることを目的に、「全国ディレクター（National Director）」が任命されたが、1999 年には「訪問者委員会事務局（the Head of the Boards of Visitors Secretariat）」がこれにとって代わり、「国家諮問会議」も「訪問者委員会」を指導し監督する責任を担うこととなった。

2000 年には、ピーター・ロイド卿を座長とするワーキング・グループが、「訪問者委員会」のあり方についてさらなる見直しを行い、翌 2001 年 3 月に「ロイド・リポート」が議会に提出された。その中で、刑務所監視体制を改めるためには、「訪問者委員会」の名称それ自体を、誤解を招くことがないものに変更するとともに、移民局が管理する身柄拘束施設の監視も、刑務所監視と同じ事務局の下に置くことが望ましいとの提言がなされ、これを受けて組織再編が行われた。その結果、その名称は今日の「独立監視委員会（Independent Monitoring Board: IMB）」に改称されることが決まり、2003 年にその活動を開始したのである[47]。また、「独立監視委員会」の中央組織として 1995 年に

---

46 *Id.* at 14.

設立された、先述「国家諮問会議」も 2003 年に現在の「国家評議会（National Council）」と改められ、新たな機関として、新たな「憲章（Constitution）」を設け、その長（President）は法務大臣の任命とすることが明文化された。この新たな「国家評議会」は、後に見るように、「独立監視委員会」を支援し、その独立性の確保も含めて、同委員会が期待される機能を十分に発揮することができるように期することを使命としている[48]。

　（二）　職務[49]

　「独立監視委員会」の委員は法務大臣により、3 年以下の任期で任命され[50]、現在 1,850 人が 138 刑務所 12 移民局強制送還センターおよび 3 短期拘束施設（Short-term holding centres）において、無給のボランティアとして活動している。それぞれの委員会は、施設の規模や警備の程度によって構成人数が異なるが、10 から 20 人の間である。初回の任命の場合、または、1 年以上のブランクの後の再任の場合には、それから 12 カ月以内に、全国的に同一の、初任者研修に相当するものを受けなければならないとされる[51]。法務大臣が任期の途中で委員の任を解く、または、委員の職務を停止するためには、「その職務を十分に全うすることがない」など、明文に示される列記事項に該当しなければならず[52]、委員にはある程度の独立的地位が確保されている。また、各委員会には、委員の中から 12 カ月を超えない任期で委員長と副委員長を、法務大臣の任命によって置くこととされ、法務大臣が委員長・

---

47　ただし、2007 年犯罪者管理法（Offender Management Act）26 条により、「訪問者委員会」を「独立監視委員会」と読み替えることが認められたため、1952 年行刑法 6 条の文言なども「訪問者委員会」のまま残されている。

48　Rule No 2, "Constitution of the National Council."

49　ここでの記述の多くは、Prison Act 1952（http://www.legislation.gov.uk/ukpga/Geo6and1Eliz2/15-16/52/contents）、特にその下位規範で日常的な事項を規定する The Prison Rules 1999（1999 No.728: hereinafter PR. 本文では「刑務所準則」、その後諸改正あり。http://www.legislation.gov.uk/uksi/1999/728/contents/made 参照）、PSI's（Prison Service Instructions）および PSO's（Prison Service Orders）の諸規定を参考にしている。https://www.justice.gov.uk/offenders/psis (last visited June 19, 2018)

50　PR 75 (1).

51　PR 75 Independent monitoring board (2).

52　PR 75 (3) and (4).

副委員長の職を解くためにも、明文の列記事項に彼らが該当することが要求される[53]。

委員会の会議は、月に一度、それ以下の頻度で十分と決議する場合でも、12カ月に8回は開催されなければならず、各委員会はその数を3人以上としなければならない。また、定足数を定めることができ、議事録を作成することが義務づけられる[54]。これはウェブでの公開を前提に、職務が適切に果たされていることを確認し、透明性を確保することを目的としていると考えられる。

委員会の一般的職務として「刑務所準則（Prison Rules）」が挙げているのは、以下の5つの事柄である。ⅰ—刑務所敷地内の〔施設等の〕状況、刑務所の行政および受刑者の処遇について職務を執る、ⅱ—法務大臣が要求する事柄について調査し報告をする、ⅲ—刑務所長が注意を払うべき事柄に注意を向けさせ、報告することが適切と考える事柄について法務大臣に報告する、ⅳ—知るに至ったいかなる不正も直ちに法務大臣に知らせる、ⅴ—委員会および委員は、この規定上の権限を行使する前に、〔刑務所〕規律に影響するかもしれない事柄について刑務所長と相談する[55]、である。また、委員会の特別な職務としては、次の3つが挙げられている。ⅰ—委員会および委員は、受刑者のいかなる苦情・要求も聞かなければならない、ⅱ—受刑者が食する食事は、委員が頻繁に検食（inspect）しなければならない、ⅲ—受刑者の収容状況によって、その健康が精神的または身体的に危険にさらされるとする報告を調査する[56]、である。

さらに、1952年監獄法6条の規定を受けて、刑務所内の査察等について、次のように規定する。ⅰ—委員は刑務所を頻繁に訪問しなければならない。委員会は委員の訪問について、会議と会議の間に少なくとも一度は委員が訪問するようローテーションを組まなければならない。ⅱ—委員は何時におい

---

53　PR 75 (5)〜(7).
54　PR 76 Proceedings of boards (1)〜(4).
55　PR 77 General duties of boards (1)〜(5).
56　PR 78 Particular duties (1)〜(3).

ても、刑務所のすべての部分およびすべての受刑者へのアクセスを有し、刑務所職員の見聞きできない所において（out of the sight and hearing）どの受刑者とも面会（interview）することができる。ⅲ—「2000年調査権限法規則（the Regulation of Investigatory Powers Act 2000）」第2編の規定によって認められない場合を除き、委員は刑務所の記録へのアクセスを有する[57]、と。

このようにして、基本的には月に一度の会議があり、次の会議までに委員の少なくとも誰かが刑務所に出向いて視察等を行うことが定められているから、2週間に一度の委員会または委員の目が入る計算になる。また、委員長および副委員長、並びに委員の独立性を、解職・定職事由を列記事項として明文化することで確保すると同時に、一般的職務および特別な職務を列記し、全国に150以上ある委員会の1,850人の委員たちの活動が、ある程度、統一的権限に基づき、共通的職務範囲内において実施されるように規定されている。

そして、各委員会は、少なくとも年に一度、各年12月末日までの活動につき、適切と考える助言と示唆を含む、刑務所および行刑の状況に関する報告書を、できるだけ早期に作成して、法務大臣に対して提出しなければならない[58]。

### （三）年次報告書——スタッフォード刑務所の例

上記のような職務を有する全国の「独立監視委員会」が、どのような活動を行っているのかについては、その年次報告書等を検討することで明らかになる。したがって、ここで、年次報告書の一つを概観し、どのような事柄についてどのように視察等の監視活動を実施しているのか検討しよう。

わが国の「行刑改革会議」は、わが国の刑務所それぞれに視察委員会を設置することを検討した際に、イギリスを訪問し、スタッフォード刑務所を査察している。同刑務所を例にとって、その年次報告書（2010年5月1日〜2011年4月30日）には、どのようなことが記されているのか検討しよう。

---

57　PR 79 Members visiting prisons (1)〜(3).
58　PR 80 Annual report (1)〜(3).

(1) 報告書記載事項

　独立監視委員会事務局によって用意された「全国監視枠組み（National Monitoring Framework）」によると、「大臣により同意されたテンプレート」にしたがって、全国的に統一的・組織的な書式、項目、内容につき、順次記載していくようになっている[59]。たとえば、「独立監視委員会の法的役割」、「各刑務所の概要」、「報告書のエグゼキュティブ・サマリー」、などの他、「記載すべき事柄」について決められている。そして、それは、次のような一般的理解から帰結されることであるとされる。

　　すべての報告書は、簡潔で正確でなければならない。リポートに対する本能的回答は、「IMBがそのように言うのなら、そうなのだ」というものであるために、IMBは信頼性の評判を有することが必要である。このことは、地方レベルにおいても国家レベルにおいても同様にあてはまる[60]。

(2) 独立監視委員会の役割と施設概要

　これら記載事項に従って、スタッフォード刑務所の独立監視委員会は、36頁の報告書を作成している。委員会の法的役割については、テンプレートに従って、先述の1952年監獄法6条および下位規範の「刑務所準則」を多少修正してまとめたものを確認している。すなわち、「委員会は特に以下のことを任務とする。(a) 刑務所内に収容されている者の人道的かつ適正な処遇および彼らの釈放準備のためのプログラムの範囲と適切性に関して職務を果たすこと、(b) いかなる懸念も、適切と判断する場合に、法務大臣またはその権限が委任された職員に対して、直ちに知らせること、(c) 刑務所が課された基準および要求をいかに満たしているか、および、収容されている者にそれらがどのような影響を与えているかについて、毎年、法務大臣に報告す

---

59 「全国監視枠組み」9頁。"the Report Template agreed by Ministers"があり、それに従って記載するとされる。*See*, https://s3-eu-west-2.amazonaws.com/imb-prod-storage-1ocod6bqky0vo/uploads/2016/01/National-Monitoring-Framework.pdf (last visited June 18, 2018).
60 *Id*.

ること。これら〔(a)～(c)〕の職務を委員会が効果的に遂行するために、そのメンバーは、あらゆる受刑者、刑務所のあらゆる部分、および、限定的例外はあるものの受刑者の記録に対してアクセスする権利を有する。」[61]

またこの年次報告書は、スタッフォード刑務所の概要として収容人員および歴史的変遷について、おおよそ以下のように記載している。「C 指標刑務所、定員 741 人（一般受刑者 409 人、ケアが必要な受刑者（vulnerable）332 人）、全国的にも最古の刑務所で 1794 年にタウン留置所（jail）として誕生、1834 年、1844 年、1852 年に増築。…すべての受刑者は工場における就業や体育・教育に組み込まれる活動、職業訓練および炊事・洗濯その他の建設的活動を含む、刑務作業に当たる。…その他、思考訓練（thinking skills）、薬物意識と薬物治療（drug awareness and drug therapy）、酒類意識と薬物誤用（alcohol awareness and substance misuse）、リラクゼーション・クラス、協力技術訓練（coping skills）およびリラプス・プリベンション処置などのコースも引き続き構築していく。…32 万ポンドの節約が 2010～11 年に要求され、次年度も同様である。委員会は、この措置の結果として明らかになるであろう展開についてモニターしていく。」[62]

（3）エグゼキュティブ・サマリー

報告書の要点をまとめた「エグゼキュティブ・サマリー」では、11 項目に渡って、1 年間の活動から得た結論を簡潔に報告している。例として、いくつか引用し、どのようなものか概観しよう。

例えば、職業訓練について、前年に比して格段の進歩が見られると評価する。「意味ある職業訓練が欠如していることについて委員会が昨年表明した懸念は、最近設置された新たな職業訓練センター（VTC: vocational training centre）が、屋根ふき、セメント塗り、タイル貼り、倉庫管理、清掃業務、ブロック設定、大工仕事などの優れたコースを提供していることから、ほぼ

---

61　HMP STAFFORD, ANNUAL REPORT, 1 May 2010 to 30 April 2011 at 6.
62　*Id.* at 7-8. C 指標（Category C）とは、A から D までの 4 段階の指標のうち、重警備（Maximum Security）の A から数えて 3 つめの指標で、閉鎖型刑務所（A から C 指標）のうち、最も開放型に近く警備程度は軽い方である。4 つめの D 指標は開放型刑務所となる。

完全に払拭された。また、現在そのスペースが不足していることはそのとおりであるが、委員会は、仮にできる状況であれば、またできる時に、配管・配管結合、機械・電気エンジニアリングなど、『外』においてかなりの需要があり、したがって、釈放後の受刑者にとってより良い就職の機会があるコースを導入することを支持したい。…委員会は、受刑者の失業率が低いレベルで継続していることに感銘を受けている。」[63]

　他方、委員会の変わらぬ懸念も、外国人受刑者の受刑後の処置の期間および医療体制について表明されている。「昨年報告したように、またそれに対する〔刑務所からの〕先回の回答にもかかわらず、内務省の移民・国籍部（the Home Office Immigration and Nationality Department）が、外国人受刑者がその刑期の身柄拘束期間を満了した時点で、適切な拘留・移民センター（detention/immigration centres）へ移送するためにかかる時間の長さに、委員会は引き続き懸念を有する。」「ヘルスケアの量的・質的条件は一般的に向上しているが、歯科のサービス提供がさらになされるべきである。」[64]

　以上のように、評価できる点、引き続き改善を求める点などについて、簡潔にまとめているのが「エグゼキュティブ・サマリー」となる。

（4）「交流からの排除〔隔離〕」に関する「刑務所準則 45 条」について

　また、「記載するべき事柄」については、そのうちの 1 つであり、かつ、「刑務所準則」の中で最も多くの議論が闘わされてきた「準則 45 条」に規定される、「交流からの排除〔隔離〕」に関する報告を概観しよう。その報告書を見る前に、「準則 45」の規定を確認する[65]。

　45.（1）良好な秩序或いは規律の維持のため、又は本人の利益のために、一般的又は特定的な目的のためであれ、ある受刑者が他の受刑者と交流するべきで

---

63　*Id.* at 4, para.17.
64　*Id.* para 23 and 24.
65　「1999 年刑務所準則」は数度の改正を経て今日に至るが、「準則 45」に関しては、2005 年に改正され、翌年施行された。*See,* Prison (Amendment) (No.2) Rules 2005. For the Original version, *see,* http://www.legislation.gov.uk/uksi/1999/728/article/45/made (last visited June 18, 2018).

ないと思われる場合、刑務所長はその受刑者を交流から排除（removal）する措置を取ることができる。
(2) この準則の下、受刑者は、法務大臣（Secretary of State）の決定（authority）によるのでなければ、72時間を超える期間にわたって〔交流から〕排除されることはない。この規定の下に認められる決定は、14日を超えることはできないが、時宜において同様の期間の更新をすることができる。
(3) 刑務所長は、この準則の下に〔交流から〕排除された受刑者に、その裁量により、いつでも他の受刑者との交流を再開させることができる。また、刑務所長はその裁量を行使する場合、準則20条3項に規定する登録された医師または登録された看護師の、受刑者に交流再開させるべきという医療的根拠に基づくいかなる推奨（recommendation）も、十分に考慮に入れなければならない。
(4) 〔省略〕

「準則45条（2）」は2005年に上記のように改正されたが、準則制定の1999年からそれまでは、刑務所長は、受刑者が他の受刑者と交流することを、3日間を超えて禁止するには、「訪問者委員会〔当時。現在の「独立監視委員会」〕の構成員、又は、内務大臣の決定なしには（without the authority of a member of the board of visitors or the Secretary of State）」できないとされていた。また、そのための手続の一環として、隔離しようとする受刑者に「聴聞（hearing）」を行うことが必要とされ、「訪問者委員会」〔当時〕の委員のうち、少なくとも1人はそれに出席しなければならないとされていた。しかし、このような権限を同委員会に認めていることについて、2つの問題が1991年「ウルフ・リポート」においても提示されていた[bb]。つまり、そのような隔離の決定を求められた同委員会が、決定を拒否する明らかな理由を見出して拒否することは実質的に不可能であり、実際ほとんど拒否した例は存在しないこと、2つには、「懲罰手続」に関与することを1991年刑事司法法が禁止した以上、刑務所長の懲罰権限に、中立的な第三者機関として、監

---

66　Woolf Report, 1991, para.12.270 *cited* by Nancy Loucks, *Prison Rules: A Working Guide*, Prison Reform Trust, 2000 at 93.

視組織であるべき当時の「訪問者委員会」は関与するべきでないということであった。

こうして現在、「準則45条（2）」は、上記の条文のように、法務大臣のみに72時間（＝3日間）を超える隔離の決定権を認めるが、その手続を監視するために、「聴聞」に出席するのは義務としてではなく、「権限」として独立監視委員会に残されており、その権限を行使することは、逆に受刑者の隔離が適切であることを確保するために望ましいことと理解される。

この点に関して年次報告書は、次のように述べて、その手続を概ね好意的に捉えている。

> 問題行動の受刑者に対する短期措置として、隔離ユニットを利用することに関する刑務所長の方針はさらに効果的となり、現在では首尾よく定着し理解されている。…結果として利用度は、どの時点であれ、平均3人程度である。…独立監視委員会委員は、準則45条の聴聞に毎週出席し、懲罰委員会には2週間ごとに出席した。また、委員は聴聞の予定のない受刑者からも話しを聞いた。受刑者に関するノートは独立監視委員会ファイルとは別に保管されている。…聴聞のための部屋は良好な基準を満たしている…委員会委員は、懲罰委員会が刑務所長（所長不在時にはその代理）によって主宰されており、その水準は一貫して高いと考える。…受刑者は、常に、準則45条および懲罰委員会の会議に自ら出席する機会を与えられている。彼らは、通常、独立監視委員会委員に、聴聞の始まる直前に紹介されるが、これは特筆すべき改善である（a noted improvement）[67]。

また、こうして独立監視委員会委員が出席する「準則45条」の聴聞の内容に関しても、次のように、肯定的に報告されているのと同時に、改善の要望も暗ににおわせている。「もう1つの発展は、ヘルスケア職員が準則45条の聴聞に100％出席していたことである。もっとも、聴聞への貢献度に関しては、多くの場合に最低限のものではあったが。委員会のメンバーは、聴

---

[67] *Supra* 61 at 19, para.83.

聞時に、受刑者の健康状態について〔ヘルスケア職員から〕より多くの情報を得ることができ、〔同職員の〕守秘義務の下であれ、時として有益なことはある。〔もちろん法務〕大臣は、心理スタッフ（psychology staff）の準則45条の聴聞への出席は必須とされていないと考えていることを〔独立監視〕委員会は承知しているが、依然として、そのような調整によって、聴聞手続に有益さがもたらされる限定的な場合はあるものと、〔我々〕委員たちは感じている。」[68]

さらに、改善されたこととして、独立監視委員会「委員は、〔受刑者の〕隔離ユニットへの収容後、通常24時間以内に、電子メールによってそれが知らされるようになったが、この調整は近時の大変な進展であった。」それと同時に、さらなる要望も付け加えている。「しかし、担当の委員が不在にしているなどの場合に、いかにして〔委員会との〕コンタクトを確保するかなど、コミュニケーションの精緻化（refining）は必要だ。」[69]

以上のように、独立監視委員会の役割として、行刑の監視という立場から、隔離に関する聴聞や懲罰手続の聴聞への出席が認められているが、それが、スタッドフォード刑務所の年次報告書に見るように、通常の場合、刑務所側の隔離実施を是認することになる以上、手続の公正さを確認するという監視の効果は認められるが、隔離自体の適切さを評価し、仮に不適切であると判断する場合にその受刑者を救済するという権限が認められるわけではないから、独立監視委員会の聴聞出席には、一定の効果が認められるのみと考えられる。

さて、こうして独立監視委員会は、このスタッドフォード刑務所を含む138の刑務所、12つの移民局拘束施設および3短期拘束施設において、約1,850人の無給ボランティアの委員が活動を行っており、イングランドとウェールズで150以上の委員会が存在するから、それらを束ね、統率する機関が必要となる。それが、先述、国家評議会である。

---

68　*Id.* para.84.
69　*Id.* para.85.

四　イングランドおよびウェールズの独立監視委員会のための国家評議会
　（The National Council for Independent Monitoring Boards in England and Wales）

　先に見たように、「国家諮問会議」が 2003 年に改められて「国家評議会（National Council）」となった。その時に、同評議会を組織するために、「国家評議会憲章（Constitution of the National Council）」が作成された。したがって、これを概観することによって、国家評議会の構成、権限、目的および役割等を理解することができるから、以下、同憲章の条文を中心に検討し、国家評議会の概要を明確にしたい。

　（一）　組織

　国家評議会の会長（President）は、全国 1,850 人の独立監視委員会の委員でない者から、法務大臣によって任命される。ただし、大臣は任命の過程で、国家評議会の意見を取り入れなければならないとされている。その会長は、2 人の副会長を任命する。また事務局（the Secretariat）が置かれ、評議会の事務補佐に当たる。評議会のメンバー（一般評議員）となるためには、独立監視委員会の委員として 4 年以上務めた経験が必要である。そして、その要件を満たす者の中から、全国を 9 つの地域に分けたそれぞれの地域において実施する、全独立監視委員会委員による選挙によって、各地域 1 名を 3 年任期で選出する。また、移民局の拘束施設の「独立監視委員会」から選出された 1 名がこれに加わる。さらに、専門分野において、投票権のない評議会メンバーを 3 人まで、更新可能な 1 年任期で任命することができる。ただし、一般評議員は 2 期までしか務めることが認められない。つまり、国家評議会は、会長・副会長が 3 人、一般評議員 10 人および専門的評議員最大 3 人の、13 人以上 16 人以下のメンバーおよび事務局で構成される。なお、評議会メンバーは全員無給のボランティアである。

　また、国家評議会は少なくとも年に 6 回開かれることとされ、毎回、独立監視委員会事務局長が出席することが要請されている[70]。

　このように構成上も、独立監視委員会ときわめて密接な関係を保ちながらも、組織の長である会長を独立監視委員会委員でない者とし、またそれを法務大臣が任命するとするなど、独立監視委員会とは別の組織として成立して

いる。
### （二）　目的および役割
　国家評議会憲章第2条本文は、その目的と役割について、以下のように定める。

> 国家評議会の第一の目的は、〔独立監視〕委員会に対して、指導力、方向性、研修および質的コントロールを提供し、その法的義務を達成することを支援することにある。国家評議会は、事務局を通し、また、その助言によって、全委員会によって標準的手続が取られることが必要であると考慮される場合に、政策および良好な実務に適合的に委員会が執務するように確保することが、法務大臣によって要求される。また、法務大臣は、委員会が適切な調査を行い、到達した結論を十全に報告するよう〔委員会の〕独立性を保障することを要求する。いかなる政策も、国家評議会と事務局双方の合意なしには、執行されない。

　要するに、全国の独立監視委員会が、期待されている役割を十全に果たすことができるように、様々な支援をすることが、国家評議会の最大の任務と言える。また、全国的に標準的な手続が必要な場合に、それを全国の独立監視委員会に実現させる役割を担っている。
　さらに同2条には、国家評議会の具体的な任務として、12項目が列記されている。例えば、項目2つめとして、「可能な限り効果的に職務を果たすことができるように、〔独立監視〕委員会および個別のメンバーに対して、支援を提供すること」が挙げられている。さらに4つめとして、「独立監視委員会の組織的利益を促進し、また、できる限りその職務および懸念が、適切かつ幅広く理解されることを保障すること」を挙げ、国民に、委員会の存在や職務・役割、またその活動によって明らかとなる行刑の課題などについて情報提供を行い、国民からの理解を得るように努めるものとされている。

---

70　Constitution of the National Council (Revised April 2012), Rule No 2-Purpose and role, No 3-Membership, No 3a-The President, No 5-Nomination and No 6-Management and organisation.

このように、国家評議会設置の目的と役割は、全国に点在する独立監視委員会の主たる任務である、受刑者の人権保障を図るために行刑を監視する機能について、効率的かつ、ある程度全国的に統一的に実行されるよう、各独立監視委員会およびメンバーに対して情報提供や適切な指導、支援を実施することである。また、それは、各独立監視委員会が十全に機能していることを確認し、さらなる発展のために課題があればそれを把握し、問題解決に向けて検討することも含むから、全体的な視点から独立監視委員会を監督することを意味すると考えられる[71]。

### （三）　年次報告書

　次に、調査対象とした、2012年に提出された、国家評議会にとって4回目の年次報告書、『閉じられた扉の後ろで――2011年次報告書』（全22頁）を概観し、同評議会の具体的役割および指摘等を見てみよう。

（1）序文

　第一に、国家評議会会長、ピーター・ゼルビー（Peter Selby）は、序文でその役割を簡潔に次のように述べている。

　　人身拘束施設を監視することは、常に、魅力のないこと、細かなことで、多くの場合、決まり切ったことである。それぞれの独立監視委員会の年次報告書の裏には、多くの定期的訪問、何マイルもの歩行と、持たれた〔多くの〕対話が存在する。そのような多くの基礎的作業はその時には取るに足らないことのように思えよう。しかし、常に、本当に間違った何か〔を解決するため〕の鍵を与える力を持っている。それが、1,800人を超える独立監視委員たちによってなされる基礎的作業であり、また、国家評議会のアクションも常にその基礎的作業の中に根を下ろしている。我々国家評議会の任務は、独立監視委員会が気付いたことに耳を傾け、国家的な意味を有すると思われる課題を取り上げ、刑務所および移民局施設〔全体〕を通して、監視実務の質を向上させることである[72]。

---

71　*Id.*, Rule No 2, (vii) and (viii).

つまり、国家評議会は、各刑務所の独立監視委員会が発見した事柄等を正確に吸収し、それらが国全体の問題として対処するべきことであれば、議会を中心的対象にして、そのように提言をするが、そのためには独立監視委員会と同評議会との緊密な連携とともに、独立監視委員会の監視機能の充実と発展が必要となる。そして、それを向上させることも同評議会の重要な役割なのである。さらに、近時の課題として、ゼルビーが採り上げるのは、社会における重罰化の要求についてである。

　独立監視委員会としての我々は、判決に関する見解を持つことはできないが、他方、一般大衆の間において漸増する処罰態度が、身柄を拘束されている人々に対してもたらす事柄について、我々は黙ってはいられないのだ[73]。

　重罰化がもたらすもの、それは、過剰収容であり、被収容者に対する影響は次のように重大であるとする。

　過剰収容が発生すると独立監視委員会は常にそれについて意見を述べるが、そうすることには恒常的な必要性があるからだ。〔つまり〕収容者数が増加することは、2人の者が、1人用にしつらえられた狭く制限されたスペースにおいて、共に食べ、寝、休息し、同じトイレを利用することを意味し、〔被収容者に対する収容の〕適切さが犠牲とされ、〔彼らに対する〕敬意は失われる。刑務所システムとしての全体的過剰収容という、さらに広範な観点からは、適切な刑務所に受刑者が配置されず、その刑務所まで、〔面会のために被収容者の〕家族は長距離移動しなければならないということを意味し、また、〔刑務所内での〕目的を有する活動や適切なプログラムが、必要な所で足りなくなることを意味する[74]。

---

72　"Behind Closed Doors 2011 Annual Report," National Council for Independent Monitoring Boards at 2. See, http://webarchive.nationalarchives.gov.uk/20110206195705/ および http://www.imb.gov.uk/docs/IMB_National_Council_AR10.pdf (last visited June 19, 2018)
73　Id. at 3.
74　Id.

ゼルビーの考えでは、要するに、刑務所で過剰収容の状況が生まれ、受刑者に対する適切な矯正教育等を含む、適切な処遇が困難となっているのは、一般市民が厳罰化を求めているためだから、その状況を一般市民に対して十分に情報提供することは、国家評議会の任務なのである。
　その上で、どのような措置を立法上、または行政上取るべきかという議論の余地が出てくるが、それについては民主主義的な方法で解決を図るべきものであり、少なくとも独立監視委員会およびそれらをまとめる役割を担う国家評議会の責務の一環として、正確かつ十分な情報提供を重視するとする。

　　技術的な意味では、これら〔家族との面会が不都合となる、また適切なプログラムが不足するなど〕のことは「過剰収容」〔という課題の範疇〕に入らないが、しかし、独立監視委員会が指摘しなければならない基本的な事実の兆候なのである。つまり、端的には、私たちはあまりにも多くの人々を収容しすぎているのだ[75]。

(2) 示された諸課題

　次に、この年次報告書の第1節で、全独立監視委員会によって指摘された様々な課題が示されている。また、第4節では専門的評議員によって採り上げられた事柄が示されている。これらを概観することによって、国家評議会が認識した課題とは何か、それらについてどのように対処したのか、また、しようとしているのかを明確にしておきたい。
　第1節では、以下の点が指摘され検討されている。居室内衛生、女性刑務所、重警備刑務所（High Security Estate）、食肉の質、移送、受刑者の投票権である。このうち、重警備刑務所と食肉の質の問題に絞って考察をする。なぜなら、前者は、例えば名古屋刑務所で発生した受刑者への暴行致死の問題が、受刑者の保護室等への隔離と収容、昼夜間独居拘禁等の問題であったことが示すように、わが国でも刑務所内において、特定受刑者を一般受刑者から隔離する措置がしばしば問題とされてきたためである。また、後者につい

---

[75] *Id.*

ては、食が、洋の東西を問わず、多くの受刑者が不満に感じ、問題提起する課題だからである。

　重警備刑務所に関して、同報告書で特に懸念が示されたのは、「長期に渡る隔離の問題」であり、またそれは、独立監視委員会が把握することができないという問題、つまり、アクセスが限定されている点であった[76]。

> 独立監視委員会の、重警備施設における厳重監視センター（Close Supervision Centres）に対するアクセスについて、今年は懸念があった。これは、〔いくつかの〕重警備施設において、〔それぞれの〕独立監視委員会の委員が、同センターへアクセスすることについて、一貫した統一的基準を有さないことから生じたものである。それぞれの施設に保安管理上の権限があることは認めるものの、我々は、この問題を緊急性のある事柄として提起するとともに、独立監視委員会のアクセスはあらゆる施設に適用されるとする国の基準が、さらに透明な監視プロセスを作りだすものと強く信じる[77]。

　このように、監視を実施することが不可能とされてきた厳重監視センターに対して、まず外部の監視、つまり、独立監視委員会の目を入れることが必要で、その後に、そのような身柄拘束が基準を満たしているか否かの判断ができるところ、何らその目を入れることができず、したがって情報が制限されている現状では、独立監視委員会の存在意義が減殺されるとの考えから、このような問題提起がされている。

　次いで、食肉の質に関する問題提起については、報告書で次のような懸念が示されている。

> 国家評議会は、独立監視委員会の同僚が、多くの刑務所において受刑者に提供されている食肉の質が低いとの報告を聞き、大変な懸念を有している。その懸念は、食肉が脂肪分を多く含み、また食するに適しないという事実による。例

---

76　*Id.* at 5.
77　*Id.* at 6.

えば、牛もも肉のラベルには、「水分・スターチおよびラクトース添加80％改良牛」とある。…国家評議会は、その問題は大変緊急性の高いものであり、大臣に直接提起するべきものと判断した。…その結果、国家評議会は、この件につき詳細に検討するために、法務省の担当者と会合するべく召喚された[78]。

このように、受刑者の身体的健康を適切に保障するため、また、彼らの食生活に関する不満をできるだけ軽減するために、国家評議会は、独立監視委員会の収集した情報等を基に、組織的に対処していることを、具体例を上げつつ年次報告書で示している。

また、第4節では、専門的評議員からの指摘として、収容中の死亡事件について採り上げている。国家評議会は、2004年から2009年まで、自死に関する省内のラウンドテーブルに参加しており、2009年からは法務省、保健省および内務省の各省による収容中の死亡に関する委員会に出席している。現在では、情報収集の対象範囲は刑務所のみならず、警察や精神病院など様々な施設における、あらゆるタイプの収容中の死亡に広がっている。これらの会合において、国家評議会の代表は、会合の決定に影響を及ぼし、また、刑務所収容中の死亡についての懸念を表明する機会を有する[79]。

今回の報告期間における刑務所内死亡件数等について、前年の数と比較し、自死件数は58から33に減少、隔離区画（Segregation Unit）における自死は前年4件から0件へと減少したことを好意的に受け止めつつ、自然死についても、2010年までの増加傾向に歯止めがかかり、124件だったものが46件へと減少したとする[80]。

このように、収容中の死亡については、改善されていることが窺えるが、ただ、残された課題は、その死亡原因の分類のために要される時間にあると指摘する。「収容中の死亡に関する〔原因〕分類の遅延は、未だに懸念を残している。というのは、長期間にわたって、多くの死亡が未分類となってい

---

78 Id.
79 Id. at 14.
80 Id.

ることは、その受刑者の家族にとっても、刑務所職員にとっても、ストレスなことだからだ」[81]と。したがって、国家評議会は、刑務所収容中の死亡に関する取扱い基準や手続の見直しを、担当部署である全国犯罪者管理局(NOMS)に対し、年次報告書を介して実質的な問題提起をすることで、改善を求めるのである。

　以上のように、国家評議会は、全国に約150存在する独立監視委員会に一定の基準等を示し、ある程度の統一性を監視機能が持つように指導監督しつつ、各委員会と協働することによって、独立監視委員会の所期の目的である受刑者の人権保障を、国際条約（CAT/OPCAT）に示された理念、つまり、人間の尊厳を確保し受刑者に対して敬意を払うことで、受刑者を出所後には社会復帰へと導く、という基本的な方針と基準に基づき、実現過程において障害となる事柄を、関係機関、関係大臣および議会へ課題として示すことで、問題の解決へと誘導していくのである。

（四）　小括

　以上概観してきたイギリスにおける刑務所監視機関4つにつき、その概要を他の機関と比較しながらまとめ、その後、それら全体の監視機構を根拠づける国際条約について見ていきたい。

　第一に検討したのは「刑務所査察局」である。これは、議会承認に基づき女王が任命する「刑務所主席査察官」を長とした専門性の高い独立機関で、定期的に、最低でも各刑務所につき5年に2回の査察を実施し、そのうち1回は「総合査察」、つまり1週間の日時を費やして、事前に準備した詳細な調査項目について査察を実施する。その結果を前回の査察時に得たデータと比較検討し、かつ独自の「期待事項」に照らして、前回からの改善状況と現状況等を評価し、必要に応じて査察の対象とした刑務所に勧告を行う。また、入手したデータは、年次報告書として法務大臣に提出されるとともに、一般にも公表される。

　第二には、「刑務所および保護観察オンブズマン：PPO」である。法律に基づく機関ではない点が、「刑務所査察局」および「独立監視委員会」「国家

---

81　*Id.*

評議会」など、他の監視機関とは大きく異なる。それと同時に、「刑務所査察局」は、その重要な権限行使として、定期的に査察を実施するが、その査察には必ずしも特定の事件や問題性などの存在が要件とされないのに対して、PPOは、通常、個別の受刑者からの個別の苦情申立てに基づき、個別の事案に対処することを最大の任務としている点も異なる。「刑務所査察局」が行刑につき一般的視点から監視するのに対し、PPOは特定の受刑者を通して個別的視点を契機にして観察することにより、両視点がカバーされる。また、PPOは、そのような個別の受刑者の問題に対処するとともに、刑務所内において発生する致命的事件について全件調査を実施し、死亡原因を明確にし、その家族等に対して情報提供をすることも職務とする。そのような活動内容について、年次報告書を作成し公表する点は、「刑務所査察局」や「独立監視委員会」と同様である。

　第三に、「独立監視委員会：IMB」であるが、これは公募による応募者の中から任命された市民によって構成され、各刑務所に設置される委員会で、わが国の「刑事施設視察委員会」がモデルにしたとされるものである。やはり独立性を有する機関で、法令に基づき設置されたものである。委員は、無給のボランティアとして活動するが、ほぼ毎週、委員の誰かは担当の刑務所を視察しているという事実が示すように、熱意をもった委員たちによって支えられており、個別の受刑者と面談を行い、個別の問題に対処するとともに、ウェブ上で公表される法務大臣宛の年次報告書において、その活動内容と対処した事案や課題を公表している。

　また、第四に、2003年に創設された「国家評議会」は、この「独立監視委員会」の機能を十全なものとするために、全国的な視点を各独立監視委員会の活動に盛り込む必要から設置されたもので、それ自身は、刑務所を視察するなどの行為を実施しない。これは、会長・副会長計3名のほか、全国9地域の「独立監視委員会」委員から1人ずつ選出された9名と、移民局の拘束施設の「独立監視委員会」から選出された1名の、やはり無給の10委員と、3名までの専門委員によって構成される。評議会は、「独立監視委員会」からの年次報告書を通じてだけでなく、定期的に開催される会議等を通じて、問題とされる事案および課題として挙げられる事項等について、全国的な見

地から検討し、評議会として年次報告書にまとめて公表する。さらに、戦略的なリーダーシップをとり、監視の質的なコントロールを図ることを目的とし、全国の「独立監視委員会」に対して、様々な情報提供や研修を実施することにより、その任務を十全に果たすことができるよう、指導、監督することも任務とされている。つまり、大局的、全国的な見地から、各独立監視委員会の活動および機能の向上をサポートしている。

　それでは次に、これら機関のイギリス国内における位置づけと、国際条約との関連性について明確にしよう。

## 第3節　国内防止機構と拷問等禁止条約および選択議定書

　本章でこれまでに概観してきたイギリスにおける刑務所等の身柄拘束施設に対する監視機関のうち、PPO 以外は、イギリス連合王国における「国内防止機構（National Preventive Mechanism）」を構成するものとして位置づけられている。それでは、その「国内防止機構」とはどのような枠組みなのか、概観しよう。

### 一　国内防止機構[82]とは

　国連総会において 2002 年に採択された「拷問等禁止条約選択議定書（the Optional Protocol to the Convention against Torture and Other Cruel, Inhuman or Degrading Treatment or Punishment）〔OPCAT〕」は、刑務所など身柄拘束施設に収容されている人々に対する虐待等を予防することに焦点を合わせ、その予防のために最適な方法は、独立的機関による定期的な訪問を通して、被収容者に対する処遇および被収容者の状況を監視することであるとした。そこでこの OPCAT を 2003 年 12 月に批准した連合王国は、2009 年 3 月までに国内防止機構を構築したのである。その際に、連合王国では、それまで

---

82　桑山亜也「拷問等禁止条約選択議定書の国内防止機構」法時 83 巻 3 号（2011 年）46-52 頁参照。

監視機関として存在してきた訪問者委員会やオンブズマンなど、１つずつの単一機関によって構成するのではなく、複数の機関によって国内防止機構を構成することが可能であり、また、より望まれると考えた。ただし、国内防止機構に含まれることになる監視機関が、その存在を立法的に基礎づけられていること、また、その機関が、予告なしに施設を訪問することが認められていること等を要件としたのである。

　こうして2009年までに連合王国は、そのような要件に合致する機関として、連合王国内で、少年施設や移民局施設などの身柄拘束施設における監視機関を含む18の機関を国内防止機構に該当するものとして指定した[83]。その中には、本章で概観した「刑務所査察局」（イングランドとウェールズのそれと、スコットランドのそれとを別の組織として扱っている）、「独立監視委員会」（イングランドとウェールズのそれと、北アイルランドのそれとを別の組織として扱っている）も含まれている[84]。

　このように、OPCATにより、国家として、国内防止機構を構築することが要請され、その要請に従って、既存のものも含めて、連合王国の機構として設置された。ただし、すでに見たように、少なくともイングランドおよびウェールズにおいては、それまでに、刑務所監視の組織や監視の実践が既に

---

[83] Monitoring places of detention, Second annual Report of the United Kingdom's National Preventive Mechanism 1 April 2010-31 March 2011（February 2012）at 7.

[84] その他の機関としては、イングランドとウェールズについては、独立拘留訪問協会（Independent Custody Visiting Association）、警察隊査察局（Her Majesty's Inspectorate of Constabulary）、ケア質委員会（Care Quality Commission）、ウェールズ・ヘルスケア査察局（Healthcare Inspectorate Wales）、イングランド児童委員会事務所（Office of the Children's Commissioner for England）、ウェールズ・ケアおよび社会福祉査察局（Care and Social Services Inspectorate Wales）、教育・児童福祉およびスキル基準事務所（Office for Standards in Education, Children's Services and Skills）、スコットランドについては、刑務所査察局以外に、警察隊査察局、スコットランド人権委員会（Scottish Human Rights Commission）、スコットランド精神福祉委員会（Mental Welfare Commission for Scotland）、スコットランド・ケア規制委員会（Scottish Commission for the Regulation of Care）、北アイルランドについては、独立監視委員会以外に、北アイルランド刑事司法視察（Criminal Justice Inspection Northern Ireland）、規制および質の発展局（Regulation and Quality Improvement Authority）、北アイルランド警備委員会拘留独立訪問機構（Northern Ireland Policing Board Independent Custody Visiting Scheme）がある（*Id.* at 55.）。

存在していたという事実が、このような国内防止機構の早期の構築を可能にしたことは注目に値しよう。

さて、2002年の時点ですでに存在していたにもかかわらず、PPOは、この国内防止機構のなかには、組入れられなかった。PPOが国内防止機構に組入れられなかった理由のうち、それが対応的な職務を主たる任務としている点が、実体的な理由としては重要である。つまり、PPOは受刑者からの苦情を受けて、はじめてその苦情に関する調査をするなどの権限を実行に移してその苦情に対応するとする、まさにその点が、その他の国内防止機構機関、例えば、刑務所査察局のように、定期的な査察を任務とする組織とは根本的に異なる。さらに、PPOが立法的な存立基礎を欠いている点は、それが国内防止機構に組入れられなかった形式的な理由として挙げられよう。

また、一般市民から構成され各刑務所それぞれに設置される独立監視委員会も、定期的に担当の刑務所を視察し、施設状況の視察や懲罰の聴聞手続に出席するなどして、受刑者の苦情の有無とは無関係に、能動的に活動を展開しており、受刑者との面談はするものの、受刑者からの苦情等に応じる形で活動することを本務としていないから、やはりPPOとは異なり、その任務の特徴は、より予防的であると言える。そのような自発性・能動性による定期的査察が、preventive、つまり、事前抑止、問題発生予防的であるという認識または観点から、独立監視委員会も、国内防止機構の一翼をなすものとされたのである。また、立法的な基礎付けも存在する点が、形式的にも条件を満たしていると考えられた。

それでは次に、このようなメカニズムの設置を要請しているOPCATおよびその親条約であるCAT（拷問等禁止条約）の関連条文を確認しよう。

## 二　拷問等禁止条約および選択議定書とその尊重

国内防止機構を法的に基礎づけるのが、CATおよびOPCAT[85]である。前者CAT、すなわち「拷問等禁止条約」は、その前文で「何人も拷問又は残虐な、非人道的な若しくは品位を傷つける取扱い若しくは刑罰を受けないことを定めている世界人権宣言５条及び市民的及び政治的権利に関する国際規約７条の規定に留意し、また、…拷問及び他の残虐な、非人道的な又は品位

を傷つける取扱い又は刑罰をなくすための世界各地における努力を一層効果的なものとすることを希望して」協定するとし、1条で「拷問」を、広く次のように定義する。

> 身体的なものであるか精神的なものであるかを問わず人に重い苦痛を故意に与える行為であって、…本人若しくは第三者が行ったか若しくはその疑いがある行為について本人を罰すること…その他これらに類することを目的として又は何らかの差別に基づく理由によって、かつ、公務員その他の公的資格で行動する者により…行われるものをいう。

さらに2条1項でその禁止につき、「締約国は、自国の管轄の下にある領域内において拷問に当る行為が行われることを防止するため、立法上、行政上、司法上その他の効果的な措置をとる」とし、政府に禁止のための措置をとる責務を負わせると同時に、16条では、このような「拷問」以外の行為についても、締約国に対して防止の「約束」をさせる。

> …1条に定める拷問には至らない他の行為であって、残虐な、非人道的な又は品位を傷つける取扱い又は刑罰に当り、かつ、公務員その他の…者により…行われるものを防止することを約束する。

これらを実効的にするために、17条は「拷問禁止委員会」の設置を規定し、19条で締約国に対して「条約に基づく約束を履行するためにとった措置に関する報告」を定期的に要求する[86]。

---

85 CATおよびOPCATの条文和訳は、松井芳郎他編『国際人権条約・宣言集〔第3版〕』（東信堂、2005年）334-340頁、341-345頁。また、参照、龍谷大学矯正・保護研究センター編、村井敏邦・今井直監修『拷問等禁止条約をめぐる世界と日本の人権（龍谷大学矯正・保護研究センター叢書　第6巻）』（明石書店、2007年）、OPCATの成立背景および成立経過などについては特に、村井直「被拘禁者の国際人権保障の新たなメカニズム　拷問等禁止条約選択議定書の成立経緯とその内容・特徴」龍谷大学矯正・保護研究センター研究年報第1号（2004年）165-178頁。

次に、OPCAT すなわち「拷問等禁止条約選択議定書」は、前文で以下のように、拷問等禁止条約の趣旨目的等をさらに前進させるとする同議定書の趣旨を明示する[87]。

> 拷問及び他の残虐な、非人道的な又は品位を傷つける取扱い又は刑罰が、禁止され、及び、人権の重大な侵害を構成することを再確認し、CAT の目的を達成し、並びに、自由を奪われている者の拷問及び他の残虐な、非人道的な又は品位を傷つける取扱い又は刑罰からの保護を強化するためには、一層の措置が必要であると確信し、…世界人権会議が、拷問を除去する努力はまず何よりも防止に努力を集中すべきであると宣言し、並びに、拘禁場所への定期的訪問という防止制度の設立を目的とする条約の選択議定書の採択を要請したことを想起し、自由を奪われている者の拷問及び他の残虐な、非人道的な又は品位を傷つける取扱い又は刑罰からの保護は、拘禁場所に対する定期的訪問に基づいた予防的性格の非司法的方法によって強化できることを確信し〔た〕。

つまり、拷問等禁止条約が、拷問及び非人道的な又は品位を傷つける取扱い又は刑罰を防止することを求め、そのための国連の機関として「拷問禁止委員会」を設置したのに対し、それらをより一層効果的に、特に防止の観点から実現するために、各締約国内におけるメカニズム、つまり国内防止機構の構築を求めたのが選択議定書であった。このように、両文書は、国連として国際的に拷問等を禁止するとともにそれらを予防すること、さらに各国内において実効的な予防措置を採るべく防止機構を設置することを要求し、「二重構造」によって、より完全な防止を志向したのである[88]。

それを明示するために、OPCAT 1 条は、条約に示された拷問等禁止の理念を実現するべく、その目的について以下のように規定する。

---

86 日本は、CAT に 1999 年に加入した。翌 2000 年に提出するべきであった第 1 回報告が 2005 年まで遅延したが、2007 年に拷問禁止委員会から同報告に対する審査結果および勧告を受けた。2011 年には、日本側の第 2 回報告に対して同委員会から質問を受け、回答している。
87 日本は OPCAT について 2017 年末現在未批准。

この議定書の目的は、拷問及び他の残虐な、非人道的な又は品位を傷つける取扱い又は刑罰を防止するために、人々が自由を奪われている場所への独立の国際的及び国内的団体による定期的な訪問の制度を設立することである。

また同17条では、具体的に、国内防止機関の設置を義務付けている。

各締約国は、遅くともこの議定書又はその批准若しくは加入が効力を生じる一年後に、拷問を防止するための一または複数の国内防止機関を国内で保持し、指定し又は設置する。この議定書の適用上、中央機関以外の単位が設置する機関は、この議定書の規定に合致すれば国内防止機関として指定することができる。

そして、議定書における国内防止機構として認められるための機関の条件、および、締約国の義務につき、独立性および多元性を同18条は明示する。

　1項　締約国は、国内防止機関の機能上の独立並びに当該機関の人員の独立を保障する。
　2項　締約国は、国内防止機関の専門家が必要な能力及び専門的知識を有することを確保するために必要な措置をとる。締約国は、男女比の均衡を図り並びに国内の種族的集団および少数者集団が十分に代表されるよう努力する。

つまり、各締約国は、独立性を有する国内防止機関を設置し、その機関の構成員の能力開発および構成員への専門的知識付与をする義務を負うことになる。
　さらにこうして設置される国内防止機関の権限について、同19条は、最低限のものとして、具体的に次の3つを挙げる。

---

88　村井他・前出注85『拷問禁止条約をめぐる世界と日本の人権』189-201頁、村井・同注「被拘禁者の国際人権保障の新たなメカニズム　拷問等禁止条約選択議定書の成立経緯とその内容・特徴」165頁。

(a) 4条〔自由を奪われているか又は奪われることのある〕に定める拘禁場所で自由を奪われている者の取扱いを、必要な場合には、拷問及び他の残虐な、非人道的な又は品位を傷つける取扱い又は刑罰からの保護を強化するために、定期的に審査すること。
(b) 自由を奪われている者の取扱い及び条件を改善し、並びに、拷問及び他の残虐な、非人道的な又は品位を傷つける取扱い又は刑罰を防止するために、国際連合の関連する規範を考慮に入れて、関係当局に勧告を行うこと。
(c) 既存の立法又は立法案に関する提案および所見を提示すること。(〔 〕内筆者)

　要するに、刑務所等における被収容者の処遇に関する定期的な審査権、防止のための勧告権、立法等に関する提案・意見提示権を、国内防止機関は有していなければならない。また、同23条によって、国内防止機関の年次報告書は公表されなければならないとして、公開性を担保している。すなわち、「この議定書の締約国は、国内防止機関の年次報告を公表し及び流布することを約束する。」
　また、同議定書は2条および5条以下で、国連の一機関として「防止小委員会」を設置するとし、同小委員会が締約国内の刑務所等の施設を訪問することを認め、国連機関としての訪問を可能とする。
　こうして、国内に設置される国内防止機関だけでなく、国連機関からの視察訪問を受けることにより、締約国は内外からの視察によって、拷問等の防止をより徹底させることを目指していると考えられる。
　これら、国際条約CATおよびOPCATの両文書を批准したイギリスでは、それらを根拠に、それらに定められた義務を順守するべく、それ以前から存在していた監視機関を含む、国内防止機関の指定を行うことで国内防止機構の構築を達成し、それ以後、条約の趣旨を履行する取り組みを継続してきたのである。
　以上のように、CATおよびOPCATの存在および批准により、監視の実効性は格段に向上するようであるが、わが国ではOPCATに未批准であることも相まって、監視によって目指すべき方向についても、また、監視機関の

備えるべき性質についても、あまり注意が払われてこなかった。また、すでに相当の遅れをとってしまっているわが国の刑務所監視体制を国際標準にまで発展させるためには、イギリスのみならず他国の制度と、わが国の制度とを比較し、何がどのように異なるのかを理解することで、多くの事柄を学びとることが重要である。この点についての検討は、イギリスと同様、OPCATを批准しているフランスの刑務所監視体制について、章を改めて次章で概観した後に、第3部の最後に考察する。

# 第7章

# フランスにおける刑務所監視体制

　フランスにおける人口1,000人当たりの犯罪発生件数は、2001年の51.7件に比して2010年のそれは34.8件であることから分かるように、減少傾向にある。しかしながら、刑務所等の刑事施設においては、2012年5月の時点で被収容者数は8万人を超えており、定員の100%をはるかに超える過剰収容状態が依然として続いている。過去25年間の変わらぬ過剰収容状況について、2012年当時のフランスの前自由剥奪施設総合監視官（le Contrôleur général des lieux de privation de liberté）ドゥラリュ（J.-M. Delarue）は、『官報』に掲載した同年の報告の中で以下のように述べている。事実的な数字として、刑期1年以上5年未満の受刑者を収容する全拘禁センターの定員は5万7,000人であるところ、実際には1万人多い6万7,000人を収容しており、計算上、定員を基準とした収容率は117%であるが、前年に視察で訪問したいくつかの拘禁センターでは、77人定員に163人を収容し、収容率は212%となっていたし、中西部（le Centre-Ouest）の施設では35人定員に78人を収容し、223%であったと。つまり、平均的収容率だけを見て判断するのではなく、個別の施設のそれを検討対象にすることが重要であると指摘している。
　また、前自由剥奪施設総合監視官ドゥラリュは、この過剰収容状況を分析し、その理由を3つ挙げていた。まず、重罰化の流れによって、例えば交通犯罪についても以前と異なり懲役刑が多く用いられることになったこと、ま

た、公判の時間を短縮する迅速化が図られたものの、逆説的であるが公判の数は増加し、未決の被収容者数が増大するとともに、厳罰化により判決後の懲役期間も長期化したこと、そして、全体的な裁判の数の増大で、裁判所だけでなく刑事収容施設が混雑していること、である[1]。さらに、このような過剰収容状況の様々な負の影響としてドゥラリュは、次のような事柄を挙げている。受刑者の刑務所収容中における、刑罰の個別化原則（le principe de l'individualisation des peines）を具体的に実施できなくなり、そのため、受刑者は、準備不十分な「出所」（les sorties insuffisamment préparées）をせざるをえず、結果的に、好むと好まざるとにかかわらず（nolens volens）再犯を招き、社会としても危機的な状態を生んでいると[2]。

　さらに、ドゥラリュは同じ『官報』において、フランスにおける過剰収容を改善するための提言として、「自宅拘禁（arrêts à domicile）」など、身柄拘束を主たる内容とする自由剥奪刑に代わる代替刑を、積極的に導入することを推奨する。確かに、2009年11月24日の改正刑務所法（la loi pénitentiaire）[3]は、その方向に進むことをすでに規定しているから、自由剥奪施設総合監視官も、それをある程度評価するものの、この代替刑は電子監視（surveillance électronique）を基本としており、2008年1月には2,500件の位置情報を発信する電子腕輪の装着が行われていたものが、2012年5月には9,500件に増大しているというのが現実である。これについて、自由剥奪施設総合監視官は、腕輪の装着は数カ月を超えない期間は認めうるものの、それ以上の期間は認められるべきでなく、また、装着数もすでに全国で1万件近くになり、これ以上増加させることは不可能であるとして、電子監視について限定的に捉えている。そして、腕輪による電子監視よりも強く推奨するのは、施設外措置（placement extérieur）、半自由刑（la semi-liberté）、医療的理由による刑

---

1　'Contrôleur général des lieux de privation de libérté, Avis du 22 mai 2012 relatif au nombre de personnes détenues' NOR: CPLX1225127V, Journal Officiel de la République française (JO), 13 juin 2012, texte 77 sur 173, no.4. その後2014年7月16日に、Adeline HAZAN氏が自由剥奪施設総合監視官として任命された。

2　Id. no.5 and 6.

3　Loi n° 2009-1436 du 24 novembre 2009 pénitentiaire, JO 25 novembre 2009.

の執行猶予（la suspension de peine pour motif médical）などである[4]。

　さて、以上の報告と提言は、後述するように、フランス自由剥奪施設総合監視官が毎年行うこととなっている年次報告の一部分である。このように、フランスでは、刑事施設の収容状況について国民にも報告することを職務とする官職として、自由剥奪施設総合監視官があるが、これは、2007年の法律によって設置されたものである。国家機関である自由剥奪施設総合監視官は、刑務所等の刑事施設を監視するためにフランスに複数存在する監視機関の一つである。また、2008年には、憲法改正を経て、この自由剥奪施設総合監視官以外にも、権利擁護官（le Défenseur des droits）という機関が誕生し、2011年に設置された。フランスでは、両者の権限について、また、両者がどのような関係にあるかについても議論されている。

　本章では、2007年に自由剥奪施設総合監視官を設置し、さらに2011年に権利擁護官を設置したそれぞれの経緯、および、それらの権限等について明らかにし、フランスにおいて、受刑者の人権保障のための新しい制度的な局面が、どのようにして誕生し展開しているのか、また、拷問等禁止条約およびその選択議定書、ならびに欧州人権条約など国際条約と、自由剥奪施設総合監視官および権利擁護官設置との関連を明確にする。そして、それによって、受刑者の人権を保障するためには、単に法令等において諸権利を明確に規定するだけでなく、それらが現実に侵害されていないか、不当な処遇を受けていないか等を監視するメカニズムの存在が必要不可欠と認識され、受刑者人権の、いわば制度的保障と捉えることが世界標準となっている事実を明らかにする。

　そのために以下では、第1節において、フランスにおけるこれまでの刑務所監視体制の展開を概観し、自由剥奪施設総合監視官の設置に至る経緯を明らかにする。次いで第2節で、自由剥奪施設総合監視官の法的根拠を明らか

---

[4] *Id.* no.9. 医療的理由による刑の執行猶予については、2002年3月4日の法律に規定されたものの、十分に利用されていないとする。その他、フランス行刑については、「行刑改革会議　海外視察結果報告書」（平成15年11月17日、行刑改革会議）46頁以下の「海外視察結果報告（フランス）」を参照。ただしその後の年月の経過により、そこに提供される情報は当然古くなっている。

にしつつ、その法的な地位および権限を概観するとともに、2011年に設置された権利擁護官との相違を明らかにするために、その法的根拠と権限、その他の特質を中心に比較する。その上で、このようなフランスにおける刑務所監視体制を、わが国の刑務所監視体制と対比した場合に、我々が学ぶべきことは何かを検討すると共に、そのような世界標準の背景に存在する、受刑者人権に関する理解の相違が何であるのか考察する。

## 第1節　フランスにおける刑務所監視体制の展開

　1999年7月8日に、法務大臣エリザベ・ギグ氏（Elisabeth Guigou）は、行刑の改善を目的に、2つのグループに異なる任務を与えた。破棄院の第一議長であったギ・キャニヴェ氏（Guy Canivet）のグループには、刑事施設に対する外的統制（le contrôle extérieur）の改善を、第二のファルジュ氏（Farge）のグループには、条件付きの釈放（la libération conditionnelle）について検討をさせた。後者、条件付き釈放については、翌2000年6月15日の法律（無罪推定の強化及び被害者の権利並びに刑罰執行の司法化に関する法律）において具体化された。他方、前者の刑事施設に対する外的統制の改善については、翌2000年3月に「刑務所施設の外的統制の改善について」[5]（以下、単に「キャニヴェ報告」）という200頁を超える報告書が提出されたものの、直ちには立法化されず、後の国際世論による後押しによって、ようやく2007年に立法が実現することになった[6]。その立法は、16カ条からなる「自由剥奪施設の総合監視官を設置する2007年10月30日法律」であるが、その下位規範であるデクレ〔＝規則〕は18カ条からなり、2008年3月12日に制定されている[7]。後にこの法律およびデクレにつき検討するが、その前に、

---

5　《AMELIORATION DU DONTROLE EXTERIEUR DES ETABLISSEMENTS PENITENTIAIRES》Rapport de la Commission A Madame le Garde des Sceaux, Ministre de la Justice.

6　Muriel GIACOPELLI,《Les Contrôles sur les Prisons en France》, *Revue Pénitentiaire et de Droit Pénal, no 2, avril/juin 2009*, at 411.

それまでのフランスにおける刑事施設に関する監視機構の全体を概観しよう。というのは、それによって、2007年に設置された自由剥奪施設総合監視官の、制度全体における位置づけや、全体的監視体制の中での権限の意味合いをより鮮明に把握することが可能になると思われるからである。

## 一 フランスにおけるこれまでの刑事施設監視体制

ここでは、2007年までに存在していた様々な監視機関について概観し、どのような課題があったのか検討し、それをいかに改廃して現在の諸機関が構成されているかを把握したい。

### （一） 矯正局等による査察（L'inspection des services pénitentiaires）

刑事訴訟デクレ229条に規定される査察は、刑務所行刑に関する視察のみ実施する。1985年12月制定の同デクレ条項は次のように定める。

> デクレ176条　以下に規定する司法権による統制及び評価審議会（le conseil d'évaluation）を別にして、刑事施設は以下の幅広い統制（le contrôle général）の対象となる。矯正局（les services pénitentiaires）による査察、検察官（les magistrats）又は矯正局の指揮の下にある職員（DAP）及び地方長官（les directeurs régionaux）若しくはその補佐官による定期的査察、その他、それら〔＝刑事施設〕は、県知事又は副知事の査察に服し、同様に、それらの権限領域内にあり刑務所行政の異なる部局に対する統制権を付与された行政権限すべての査察に服する。〔…後略〕[8]

このような査察は、最終的には矯正局の局長（le directeur）に結び付けられ、非公開のもので、その報告書も国民に公表されるものではないから、内部的職務として実施されるに過ぎない。要するに、独立性も中立性も担保されて

---

[7] Loi n° 2007-1545 du 30 octobre 2007 instituant un Contrôleur général des lieux de privation de liberté, JO 31 oct. 2007, 17891. および Décret n° 2008-246 du 12 mars 2008 relatif au Contrôleur général des lieux de privation de liberté, JORF n° 0062 du 13 mars 2008 Texte n° 21.

[8] Art.D.229 Code de procédure pénale.

いないことが弱点であると評価されている[9]。次に刑務所監視として挙げられるのは、政府による査察である。

### （二）　政府による査察（Les inspections ministérielles）

行刑に関連する、法務省以外の他の政府省庁によって査察がなされるもので、例えば、労働に関する査察（l'inspection du travail）は、労働省の査察機関が、労働法上の規定（Art.L.8112-1, 8112-5）に基づき刑務所の労働状況、つまり受刑者が行う刑務作業について査察を実施する。また、文部省は国民教育について14の専門領域にグループを分け、各学校など教育施設を査察する（l'inspection générale de l'éducation nationale）が、刑務所における教科教育に関する査察も実施する。

しかし、これらの政府機関による査察は、機関としての距離が刑務所から遠いために、客観性に関しては先述の法務省の内部的査察に比して担保されるものの、刑務所の任務に関する知識と理解からは疎遠であるために、現実的な効果は弱いと評価される[10]。

以上の、省内および政府内機関による査察とは異なり、刑務所それぞれに設けられる監視機関としてかつて存在したのが、監視委員会である。

### （三）　監視委員会（la commission de surveillance）と
　　　　評価審議会（le conseil d'évaluation）

2009年11月24日の刑務所法5条により、評価審議会に取って代わられるまで、各刑事施設における監視機能を果たしていたのが監視委員会である。各監視委員会は、県知事（地方長官）、裁判官、検察官、警察、憲兵隊、弁護士、県議会議員、商工会議所など受刑者への社会的援助事業を行う団体代表等の、およそ14人で構成され、会長は県知事またはその任命に係る代理人が担当した。各刑務所長は会議の構成員ではないため出席しないが、会議は年に1回しか開催されなかった。その会議において刑務所から所内の運営状況などについて年次報告を受け、施設内の視察を実施した。受刑者との面談を希望すれば、手配がなされ、情報を得ることは可能であったし、所内の

---

9　GIACOPELLI, *supra* 6 at 413.
10　*Id.*

衛生、安全、給食、医療体制、刑務作業、社会復帰、また懲罰に関しても監視をする権限を有し、それらの分野において調査権限を認められていた。また、受刑者からの請願書を受けることもできた。しかし、会議が年に1回以上とされていたことから、現実的にも1回しか開催されず、それは形式的なものでしかなかったと批判された[11]。

また、先述の「キャニヴェ報告」においても、監視委員会は、法務大臣に対して観察または示唆（observations ou suggestions）しか表明できず、勧告などのより強い意思表示はできなかった点も含め、刑務所の監督において大した効果を有するものではなく、現実的効果よりも名誉的な存在でしかなかったと評されていた[12]。このような状況から、監視委員会は2009年に廃止され、評価審議会に交代したのである。

評価審議会は、その構成に外部からの委員をやや増加させた点以外、会議の開催数に関する規定も、前身の監視委員会と同様に年1回以上とするのみで、さしたる変化はなかった。しかし、刑務所法5条に規定されるように、評価審議会は、刑事施設における行刑の機能状況を評価することを主たる任務とし、特に、日々進展する受刑者人権を尊重することに重点が置かれるようになった点は、大きく前進した。また、その目的のために、外部機関の動態的視点（une perspective dynamique）を取り入れるとする[13]。前身の監視委員会の権限とさらに異なる点は、刑事施設に対して改善のための提案をする権限および法務大臣に対して年次報告書を提出する権限などを有するようになった点である。

（四）司法権による監視

その他にも、司法権の担い手であるいくつかの機関、つまり、刑罰適用判事、予審判事、予審部長、検察官などが、定期的に訪問または視察に訪れる権限を持ち、時として視察を実施したが、それも実際には視察とは言えない

---

11 *Id.* at 413-414.
12 *Supra* 5, Rapport at 122-123.
13 Circulaire du 23 janvier 2012 relative au conseil d'évaluation, 2.1. Une mission d'évaluation, BOMJL (Bulletin officiel du ministère de la justice et des libertés) n° 2012-01 du 31 janvier 2012.

ようなものであったり、刑務所に対する監督効果は薄かったり、などの理由から、根拠条文であった刑事訴訟法727条が2009年に削除されたことにより、視察の権限は消滅した[14]。

(五) 立法権による監視

フランスの刑事司法をヨーロッパの諸基準に適合的にするために制定された2000年6月15日の法律[15]により、被疑者被告人に対する無罪推定の原則の強化が図られたが、それと同時に立法権による刑務所等刑事施設への監視機能が追加された。これにより、国民議会議員、上院議員、フランス選出欧州議会議員は、いつでも刑事施設を視察に訪れる権限を認められた。ただし、施設訪問による知見は、単に関係者の宣言（déclarations des intéressées）としての意味合いしかなく、勧告を提出するなどの、より強い権限は認められていなかった。また、議員らの施設訪問の際には、その施設の長が彼らを出迎え、長が施設内を案内する方法が認められているのみである。また、このような議員らの訪問にも、一般訪問者に対する規則が適用されるため、記録装置や記録媒体などの持ち込み、また、受刑者との面談などは認められない[16]。

次に、「キャニヴェ報告」の後、2000年に独立行政機関として設置された「治安に関する全国倫理委員会（CNDS：la Commission Nationale de Déontologie de la Sécurité）」および、1973年から独立行政機関としてすでに存在していた「共和国斡旋員（le médiateur de la République）」について概観しておく。ただし、これら両機関とも、2011年に新設された権利擁護官に

---

14 司法による監視が存在した当時の評価については、GIACOPELLI, *supra* 6 at 414参照。刑訴法727条の削除は、L. n° 2009-1436 du nov. 2009, art.95.

15 Loi n° 2000-516 du 15 juin 2000; J.O. du 16 juin 2000 page 9038. 142カ条からなるこの法律は以下の4つの部門での改革を可能にした。重罪院の有罪判決に対する上訴制度、条件付釈放および刑罰適用に関する改革、刑事手続のあらゆる段階における犯罪被害者の権利強化、そして、刑事手続にかけられた人の無罪推定の保障強化である。その第129条（現刑訴法719条。Art. 719 C.pr.pén.）において、議員の施設訪問が認められた。http://www.vie-publique.fr/politiques-publiques/presomption-innocence/essentiel-loi/ (2014年11月29日確認)。

16 GIACOPELLI, *supra* 6 at 414.

吸収され、その役割を終了している。

### （六） 治安に関する全国倫理委員会（CNDS）[17]

　治安に関する全国倫理委員会は、特に警察組織における職業倫理に関連して、行政機関に対する統制を強化することを目的として、2000年に設置された独立行政機関である（治安に関する全国倫理委員会設置法1条）。6年任期の14人の委員により構成され、再任はされない。そのうち、委員長1人は共和国大統領によって任命され、2人は上院議員の中から上院議長により指名される。2人は下院議員の中から下院議長により指名される。コンセイユ・デタの副院長に指名されるコンセイユ・デタ委員1人、破棄院の官僚外の判事1人、会計検査院長指名の主任評議官1人、および、治安に関する全国倫理委員会委員により指名される6人である。これら14人のうち、半数が3年ごとに更新される（2条）。

　例えば警察官の職務遂行に関して被害を受けたと主張する市民またはそのような被害を目撃した市民は、そのことについて、治安に関する全国倫理委員会に対して申し立てをすることができる。それを受けて同委員会は、強制力をもって調査をすることが認められる。つまり、調査対象となった人物または提出を求められた文書等の提出拒否は、刑事罰をもって対処される可能性がある。また、委員会は、対象となった行政機関の職務遂行場所について立入調査（une visite）を実施することができる。しかし、居住に使用されている私有地への立ち入りは認められていない。また、その権限の1つとして委員会は、行政機関から満足のいく応答が得られないと思料する場合には、特別報告を官報に掲載することができ、間接的な強制をその行政機関にかけることが可能である。さらに同委員会は、その活動につき、毎年、年次報告書を作成し、共和国大統領に提出する。それはインターネット上にも公表し、透明性を確保する[18]。

---

17　La loi nº 2000-494 du 6 juin 2000 portant création d'une Commission nationale de déontologie de la sécurité（全16ヵ条）。後に、Loi nº 2011-334 du 29 mars 2011 relative au Défenseur des droits art.22 によって廃止された。

18　この部分の説明は、http://fr.wikipedia.org/wiki/Commission_nationale_de_d%C3%A9ontologie_de_la_s%C3%A9curit%C3%A9 に基づく（2014年11月29日確認）。

（七） 共和国斡旋員（le médiateur de la République）[19]

　共和国斡旋員は1973年に設置され、フランスで最もよく知られた、最も古い独立行政機関で、他国のオンブズマン制度に着想を得て、矯正局のような行刑担当行政機関を含む行政機関と、受刑者を含む市民との間において、斡旋を行うことを職務とする[20]。また、独立性を確保するために、その任命はデクレに基づく閣議（conseil des ministres）でなされ、任期を6年とし、再任は不可とされる（共和国斡旋員設置法2条）。さらに、職務に関連して訴追、捜査、逮捕、拘束または判決を受けることから免除される（同法3条）など、強い身分保障も受ける。

　共和国斡旋員への申し立ては、あらゆる人が可能で、自己に関係する事柄において、公的機関がその与えられた職務を、その任務に適合的に果たしていないと考えた場合に申し立てができる（同法6条）。その「個々の苦情申立（réclamation individuelle）」は、国民議会議員または上院議員を通して共和国斡旋員に送付されるが、裁判手続に介入したり裁判所の判決理由を争う苦情を受理したりすることはできない（同法11条）。

　申し立てを受けた共和国斡旋員が、その申し立てを正当と考えた場合、関係する公的機関に、公正に問題を解決するためのあらゆる方法を勧告する（toute solution permettant de régler en équité la situation）（同法9条）。また、共和国斡旋員は、果たすべき職務を公的機関が果たしていないと考えた場合には、監督機関（l'autorité compétente）に対して、その状況を解決するために可能なあらゆる手段（toutes mesures）を取ることを提案する（同条）。その監督機関がその指示に従わない場合、共和国斡旋員は、懲戒手続を取ることができる（同法10条）。また、市民の苦情の原因が、立法や規則の適用にあると考えた場合には、共和国斡旋員は、適当と考えられる修正（les modifications qui lui paraissent oppotunes）を示唆する（suggérer）ことができる（同法9条）。

　以上のように、共和国斡旋員は、勧告権限、提案権限および立法府への修

---

[19] 山口俊夫『概説フランス法（上）』（東京大学出版会、1978年）265-269頁。創設の根拠法は、Loi n° 73-6 du 3 janvier 1973 instituant un Médiateur de la République.
[20] GIACOPELLI, *supra* 6 at 416. Art.1, loi n° 73-6 du 3 janvier 1973.

正提案権限を有し、市民の苦情を処理するために、公的機関と市民との間を取り持つ任務を果たそうとする。

　共和国幹旋員の職務遂行のための手段は調査であるが、行政機関の職員は同幹旋員の質問に回答する義務がある。また、幹旋員が求める文書を提出しなければならない（同法 12 条、13 条）。このような方法で確認された事実を基に共和国幹旋員は、上記の役割を果たして、市民の苦情処理に当たる。

　共和国幹旋員は、毎年、過去一年間の活動についての年次報告書を作成し、共和国大統領および国会（Parlement）に提出する。またその報告書は公表される（同法 14 条）。

　この共和国幹旋員が、2008 年に、権利擁護官として生まれ変わり、2011 年から新たに職務を遂行するようになった。この権利擁護官の諸権限や役割については、後に概観する。

（八）小括

　以上、フランスにおけるこれまでの刑務所監視体制の概要を整理したが、まとめると次のようになろう。第一に、わが国にもあるように、省内における査察として、矯正局職員による査察がある。しかし、それら職員は、独立的かつ中立的に査察をするものではなく、また、受刑者の人権保障の観点から行うものでもない。さらに、査察の結果得られた情報について、国民に公表する義務もないから、刑務所制度の改善、受刑者処遇の改善などに関しては、限定的な効果しか期待できない。次に監視制度として挙げられるのは、政府による査察だが、労働や教育など、各担当省庁が、それぞれの分野について、自己の監督下にある、多くの施設や機関を査察するのと同様に、刑務所についても査察対象機関の 1 つとして行うものだから、刑務所特有の設置目的や課題に関する理解を前提にした査察とは異なる。また、多くの対象機関の 1 つとして、つまり刑務所を、査察ルーティーンの 1 つとして査察するため、受刑者人権に対する配慮や、更生可能性の向上という目的のために、現処遇が資するところがあるのか否かという疑問点について、得られる結論はやはり限定的なものでしかなかろう。

　これら法務省および他省庁による査察は、刑務所を、いくつもある査察対象機関の 1 つとしてしか見ないという難点がある。それを克服するために、

各刑事施設に監視委員会が設置されたが、構成員は知事や副知事など、その官職に伴って委員を務めることとされ、またその権限も観察または示唆の表明など弱いものでしかなかったことから、それらの問題点を解決するために、2009年に、監視委員会は評価審議会へと再編された。それにより、より動態的な視点、また、外部の視点を取り入れることができるようになり、さらに、評価審議会が活動において得た知見について、年次報告書を作成し、法務大臣に提出することなどが認められるようになった点は、評価できよう。

その他の監視体制としては、司法権によるもの、および、立法権によるものが存在したが、前者については廃止され、後者についても、議員による刑事施設の訪問が認められるものの、一般訪問者と同等レベルでの訪問であり、また常に施設長が同伴する態勢であるから、いつでも施設にとって不都合なことは隠すことが可能であり、脆弱な査察でしかない。

また、CNDSおよび共和国斡旋員は、独立性を確保された機関である点は、外部の監視機関として重要である。また、両者とも、個別に受刑者の苦情等を扱い、問題解決に当たることができるが、刑務所に特化した監視機関ではない点、つまり、刑務所など刑事施設の組織としての体制やあり方について取り扱う機関ではない点が、課題と考えられる。

このように、いずれの機関も、本格的に刑務所施設に特化し、必要と考えられる一定の権限を有する監視機関とは言えなかった。そこで、欧州連合や国際法の要請に、より良く応えるために、フランスはさらに改善をしなければならない状況に直面していくのだが、その状況を次に確認し、どのような改善が刑務所の監視体制について講じられたのか、概観していきたい。

## 二　欧州および国際社会における刑務所監視体制の動向

上述のように、フランスにおいては、それまでも刑務所監視の体制が皆無であったわけではなく、一定の査察権限を有する機関が、ある程度の監視を行ってはいた。ただし、それが十分な効果を発揮するような体制であったかと問われれば、欧州および国際基準に照らすと明確な形で肯定的に回答することはできなかったというのが、真実であろう。そこでフランスは、監視体制を含む行刑のあり方に関し、改善に向けて動き始め、2007年の自由剥奪

施設総合監視官の設置、さらに、2011年の権利擁護官の設置など、新たな機関の創設と権限付与が急務とされたのである。それでは以下で、欧州および国際社会におけるどのような動きが影響を与えたのか概観し、欧州および国際社会では何が標準的な刑務所監視体制と理解され、いかなる機構が要請されているのかを考察しよう。また、そのような要請に応えて、フランスでは、どのような権限を有するものとして、自由剥奪施設総合監視官および権利擁護官が設置されたのか、明確にしよう。

（一）　拷問防止委員会（Le comité de prévention contre la torture：CPT）

　第二次世界大戦後に国際連合を中心として作成された諸人権文書、例えば世界人権宣言（1948年）、市民的及び政治的権利に関する国際規約（自由権規約）（1966年）、またそれらの基本的考え方を受け入れて具体化した条約としての拷問等禁止条約（1984年）、および、同条約を実効的に実現するための条約として拷問等禁止条約選択議定書（2002年）などと並び、欧州における諸文書、例えばヨーロッパ人権条約（1953年）、拷問等防止ヨーロッパ条約（1989年）などは、基本的人権を超国家的に保障する努力を行うことを各加盟国に確認するための基本文書であることは言うまでもない。それら文書に表現された人権保障の精神を、さらに自由剥奪施設などにおける被収容者の人権など、個別の分野において実現するべく具体化された諸条約のうち、現在のフランスにおける刑務所監視機構、特に自由剥奪施設総合監視官の設置に影響を与えたと考えられるもののうち、いくつかを概観しよう。

　第一に、1989年に設置された「拷問防止委員会」は、ヨーロッパ人権条約3条に基づき締結された拷問等防止ヨーロッパ条約1条の規定に根拠を有する。ヨーロッパ人権条約3条は「何人も、拷問又は非人道的な若しくは品位を傷つける取扱い若しくは刑罰を受けない」[21]として拷問等を禁止している。この規定を明示的に受けて、拷問等防止ヨーロッパ条約は、その前文において、「同条約に規定する制度〔＝ヨーロッパ人権裁判所〕が、第3条違反による被害者であると主張する者については効果がないことに留意し、自由を

---

21　以下、条約の条文和訳は、松井芳郎他編『国際人権条約・宣言集〔第3版〕』（東信堂、2005年）の各条約の頁を引用または参照した。

奪われた者を拷問及び非人道的な又は品位を傷つける取扱い又は刑罰から保護することは、訪問を基礎とする防止的性質の非法律的手段によって強化されうる」として、拷問等の被害が生じる前に、被害の予防手段を取ることこそが、特に身体的自由の保障には欠かせないので、「訪問を基礎とする防止的性質の非法律的手段」の利用を重視した。つまり、拷問等の被害者を、事後的に司法制度によって法律的に救済することを主眼とするのではなく、非法律的——もちろん法律に基づかないということを意味するのではなく、被害を生じさせないための現実的かつ予防的な手段を講じるために、むしろ法律的あるいは司法的手段ではない方法の方が実効的かもしれないという意味で非法律的——な手段として、訪問および視察等を提唱し、そのような手段を組織的に防止機構として構築する準備を各国に約束させたのである。

　こうして、1条で拷問等防止委員会の設置を規定し、2条で締約国の訪問の受け入れ義務を規定する。「各締約国は、この条約に従って、その管轄の下にある場所であって人が公の当局によって自由を奪われているいずれの場所への訪問も許可しなければならない。」と。そして、その訪問について、7条1項は以下のように規定し、定期的訪問以外にも必要に応じて訪問が可能とする。「委員会は、第2条に規定する場所への訪問を組織する。委員会は、定期的訪問のほか、状況により必要と思われるその他の訪問を組織することができる。」

　第二に、訪問の後に拷問等防止委員会は、「訪問中に判明した事実に関する報告書を作成しなければなら」ず、また、「委員会は、必要と考える勧告を含む報告書を当該締約国に送付しなければならない」(10条)と規定し、委員会の報告書作成義務および勧告権限を明確にしている。また、各年の活動について、訪問を実施した施設、勧告の数および勧告に関するその後の展開などを含む一般報告書を作成し、閣僚委員会(le Comité de Ministres)に提出する。そしてそれは、「協議総会(l'Assemblée consultative)及び条約の締約国である欧州評議会の非加盟国に送付され、公表される」(12条)。

　また、このような任務に当たる委員の資格として4条は、「高潔な人格を有し、人権の分野で有能の名のある者又はこの条約が取り扱う領域において専門的な経験を有する者の中から選出される」(2項)とし、彼ら委員は、

締約国の代表として行動するのではなく、「個人の資格で職務を遂行」することを求められ、そのために所属国からも他の機関や団体からも「独立且つ公平でなければなら」ない（4項）として、「独立且つ公平」という重要な原則が明示された。これはその後、フランスにおける刑事施設監視機関が持つべき性質として必須の要件となるが、締約国の1つとしてというより、むしろ、いかなる国、また、いかなる組織においても、刑事施設監視機関が有するべき、共通の普遍的な性質として認識されていくことになる。

　以上のように、1989年以降は締約国において、刑務所はじめ、人が自由を剥奪されているあらゆる場所や施設において、明示的に、拷問および非人道的若しくは品位を傷つける取扱いを防止するために、一定の専門的資格を有する者で構成される視察団が施設を訪問し、かつ、そこで得られた事実および情報を当該締約国に送付し、その締約国を通して関係施設および監督省庁等に、改善のための勧告をすることが、拷問等防止ヨーロッパ条約によって拷問等防止委員会に承認されたのである。

　しかし、これに対する批判として、先述の「キャニヴェ報告書」が挙げるのは、委員会の施設訪問によって、拷問等の予防を目的とするのが拷問等防止ヨーロッパ条約の重要な任務であることを前提としつつも、強制的方法による調査権限がないこと（8条）、また、各施設訪問後に作成する報告書が、当該締約国以外には非公開であり、公開されるのは活動全般に関する一般報告書でしかないこと（11条1項、12条）などである。

　このように、国外の委員会が、国内の刑事施設を訪問する途をヨーロッパで開いたのが、拷問等防止ヨーロッパ条約による拷問等防止委員会だが、各国の国内における監視機構について準備を進めさせたのは、次に見るように、欧州評議会の1987年勧告であった。

### （二）　欧州評議会の勧告（1987年）

　欧州評議会の閣僚委員会は、欧州評議会規程（le Statut du Conseil de l'Europe）15条b.に基づき、締約国に対する勧告権限を有する。その権限を行使して、1987年2月12日に同委員会は、すでに1973年に制定されていた欧州刑事施設規則（les règles pénitentiaires européennes）の改正規則を添付し、各国に刑事施設の視察を制度的に盛り込むよう、国内法整備を勧告し

た[22]。改正の重要な点は、規則の基本原則4および5である。前者は、資格および経験のある視察官は、刑事施設および行刑について定期的に視察することを要求し、その任務を、刑事施設が現行法令、行刑目的および当該規則〔＝欧州刑事施設規則〕によって課される規範に適合的に運用されているか否かを確認し、確認される場合はどの程度適合的かを確認することとしている。後者は、被収容者の個人の人権が尊重されていることを確認するために、刑事施設に属することのない、国内規則に適合的な司法権またはその他の権限が、被収容者を訪問することが法的に認められるようにすることを要請している[23]。このように、すでに1987年において、欧州評議会は締約国に国内法を整備するよう勧告を出していたが、その勧告にもかかわらず、求められる整備のために、現実的にフランスが動き始めるには、次に見るように、国連による拷問等禁止条約選択議定書の署名（2005年）および批准（2008年）と、上述1987年改正欧州刑事施設規則がさらに改正され、より強く国内法上の整備が求められるようになる、2006年欧州刑事施設規則の制定まで待たなければならなかった。

### （三）　拷問等禁止条約（1984年採択）および
### 　　　拷問等禁止条約選択議定書（2002年採択）

　拷問等禁止条約は、その前文で「何人も拷問又は残虐な、非人道的な若しくは品位を傷つける取扱い若しくは刑罰を受けないことを定めている世界人権宣言5条及び市民的及び政治的権利に関する国際規約7条の規定に留意し、また、…拷問及び他の残虐な、非人道的な又は品位を傷つける取扱い又は刑罰をなくすための世界各地における努力を一層効果的なものとすることを希望して」締結するとし、これを実効的にするために、同条約17条は「拷問禁止委員会」を国連に設置した。その上で、締約国に対して「条約に基づく約束を履行するためにとった措置に関する報告」を定期的に要求する（19条）。

---

22　Recommendation Nº R (87) 3.
23　Annexe à la Recommandation nº R (87) 3, les règles pénitentiaires européennes, Version européenne révisée de l'Ensemble des règles minima pour le traitement des détenus, Première partie, Principes fondamentaux, 4 et 5.

フランスは、1985年に署名し、1986年に批准しているため、この義務を負担している。

さらに同条約付属文書として、2002年に国連総会において採択された拷問等禁止条約選択議定書（le protocole facultatif à la Convention contre la torture et autres peines ou traitement cruels ou dégradants）〔以下、OPCAT〕は、拷問等禁止条約の2条および16条が、締約国に拷問等の行為を防止するための効果的な措置を取ることを義務づけていることを受けて、刑務所など自由剥奪施設に収容されている人々に対する拷問や虐待等を予防することに特に焦点を合わせ、締約国の国内にも定期的な訪問の制度の設立を求める（1条）。拷問等の予防のために最適な方法は、独立的機関による定期的な訪問を通して、被収容者に対する処遇および被収容者の状況を日常的に監視することであるから、国連の機関として、拷問等防止小委員会を設置すると同時に、各締約国内に国内防止機関の設置を求め（3条）、これを受けて17条は、以下のような方法で、国内防止機関を設置することを義務づける。

> 17条　各締約国は、遅くともこの議定書又はその批准若しくは加入が効力を生じる1年後に、拷問を防止するための1または複数の国内防止機関を国内で保持し、指定し又は設置する。この議定書の適用上、中央機関以外の単位が設置する機関は、この議定書の規定に合致すれば国内防止機関として指定することができる。

また、18条は、国内防止機関としての条件と締約国の義務につき、独立性および多様性を要求する。

> 18条1項　締約国は、国内防止機関の機能上の独立並びに当該機関の人員の独立を保障する。
> 　2項　締約国は、国内防止機関の専門家が必要な能力及び専門的知識を有することを確保するために必要な措置をとる。締約国は、男女比の均衡を図り並びに国内の種族的集団及び少数者集団が十分に代表されるよう努力する。

こうして各締約国は、独立性を有する国内防止機関を設置し、その構成員の能力開発および構成員への専門的知識付与をする義務を負うが、さらに同機関の権限について19条は、具体的に次の3つを挙げる。

　19条（a）4条に定める拘禁場所で自由を奪われている者の取扱いを、必要な場合には、拷問及び他の残虐な、非人道的な又は品位を傷つける取扱い又は刑罰からの保護を強化するために、定期的に審査すること。
　（b）自由を奪われている者の取扱い及び条件を改善し、並びに、拷問及び他の残虐な、非人道的な又は品位を傷つける取扱い又は刑罰を防止するために、国際連合の関連する規範を考慮に入れて、関係当局に勧告を行うこと。
　（c）既存の立法又は立法案に関する提案及び所見を提示すること。

　こうして、国内防止機関は、定期的な審査権、勧告権、立法等に関する提案・意見提示権を有することとされたが、23条は、そのような国内防止機関がOPCATによって課される諸義務を果たしていることを明確にするために、年次報告書を作成させ、それを公表することを要求して、公開性を担保する。「この議定書の締約国は、国内防止機関の年次報告〔書〕を公表し及び流布することを約束する。」[24]
　以上のように、OPCATは、それまでの欧州拷問防止委員会による監視体制に加えて、相当徹底した具体的な防止機構を各締約国の国内にも設置するように指示するもので、国の外と内の両方から刑務所の監視を実施する体制の構築を目指した。フランスは、このOPCATに2005年に署名し、2008年に批准した[25]。17条によって、その後1年以内に国内防止機構を整備しなけ

---

[24] 龍谷大学矯正・保護研究センター編、村井敏邦・今井直監修『拷問等禁止条約をめぐる世界と日本の人権（龍谷大学矯正・保護研究センター叢書　第6巻）』（明石書店、2007年）、選択議定書の成立背景および成立経過などについては特に、今井直「被拘禁者の国際人権保障の新たなメカニズム　拷問等禁止条約選択議定書の成立経緯とその内容・特徴」龍谷大学矯正・保護研究センター研究年報第1号（2004年）165-178頁、桑山亜也「拷問等禁止条約選択議定書の国内防止メカニズム」法時83巻3号（2011年）46頁、など参照。

ればならないことになったのである。

### (四) 改正欧州刑事施設規則（2006年）[26]

上述、OPCATの署名と批准との間の2006年に、先に概観した1987年の改正欧州刑事施設規則がさらに改正された[27]。全9章からなる同規則の第1章は基本原則を定めるが、そのうちの9条（Règle9）は、「刑務所はすべて、定期的な政府の視察（une inspection gouvernementale）を受けるとともに、独立機関（une autorité indépendante）の監督（contrôle）を受けなければならない」とした。さらに、この規定を受けて同規則は、「視察及監督」と題する第6章で、それらに関して次の3カ条を設けた。

92条（Règle92） 刑務所は、政府機関によって定期的に視察されねばならず、国内及び国際法規範に適合的に、又、本規則の諸条文に適合的に運用されているか、確認されねばならない。

この文言は、「政府機関」による視察を要求する規定でしかないが、これに続く次の2条文は独立機関による監視について規定する。

93条1項（Règle93.1） 収容の状況及び被収容者の処遇状況については、一又は複数の独立機関によって監督され（contrôlées）、その結果は公にされなければならない。

93条2項（Règle93.2） 上記の独立の監督機関には、刑務所を訪問する法的権限を有する国際機関と協力することが推奨されなければならない。

---

25 次に概観する2006年改正欧州刑事施設規則についても同様だが、実際には、独立監視機関の設置が完了した2007年以降の時点で、選択議定書の批准を行い、また、欧州刑事施設規則の特定条文留保を解除したと理解するべきであろう。
26 同規則については、吉田敏雄「欧州刑事施設規則―2006年1月11日の欧州会議閣僚委員会勧告2号―(1)(2・完)」北海学園大学学園論集第135号95頁以下および136号117頁以下を参照。
27 Recommendation Rec (2006) 2 du Comité des Ministres aux Etats membres sur les Règles pénitentiaires européennes.

上記3つの条文に関してフランス政府は、次のように解説を付している。すなわち、これらの条文は、政府機関による査察（l'inspection）と、独立機関による監視（la surveillance）とを、明確に区別している。前者、つまり政府機関による査察は、配分された予算を「効果的且つ適切に（effective et pertinente）」執行しているかどうかを確認するのに対して、後者、つまり独立機関による監視は、「身柄拘束の状況及び被収容者の処遇の（des conditions de détention et du traitement des détenus）」監視である、と。そして、この独立機関による監視は、「刑務所における非人道的で不正な処遇の防止と、〔被収容者の〕生活の質の改善と管理の質の改善にとって、不可欠のものであ」り、その設置はOPCATに適合的である、と述べている[28]。

　このようにして、2006年の時点で、フランス政府は、欧州刑事施設規則の改正を受け入れて、独立した刑務所監視機関を設置する必要性を認識していることを、明確に示したのである。ただし、この時点では、「実際、独立が保障されている外部の刑事施設の監視機関は存在しない」状況であったので、93条1項は適用留保（*non reconnues*）とし、独立監視機関の設置を急いだ[29]。

## 第2節　フランスにおける新たな監視機関
### ——自由剥奪施設総合監視官および権利擁護官

　以上のような経緯で、フランスは、刑事施設に対する監視機能を持つ独立機関を設置する義務を、国際法上も国内法上も持つことになった。そして、その義務を果たすために2007年に設置されたのが、自由剥奪施設総合監視官である。ここではまず、一で、その設置に関する法的根拠、独立性および身分保障の根拠を確認し、また、その権限と役割について概観する。次に、二で、2008年の憲法改正を経て、2011年に設置された権利擁護官の法的根拠、

---

28　Extrait du commentaire, les règles pénitentiaires européennes, Ministère de la Justice, Direction de l'administration pénitentiaire, 2006, at 84.
29　*Id.* at 98.

独立性、身分保障、そして、その権限および役割について概観し、両者の相違について比較検討をする。

## 一　自由剥奪施設総合監視官[30]
### （一）　設置と独立性の法的根拠

本章第1節「二　欧州および国際社会における刑務所監視体制の動向」で概観したように、世界人権宣言（1948年）、市民的及び政治的権利に関する国際規約（自由権規約）（1966年採択）、拷問等禁止条約（1984年採択）、および、拷問等禁止条約選択議定書OPCAT（2002年採択、2008年フランス批准）、ならびに、ヨーロッパ人権条約（1953年）、拷問等防止ヨーロッパ条約（1989年）、および、改正欧州刑事施設規則（2006年）の制定などにより、国際法上の義務としてフランスは国内拷問等防止機構を編成しなければならないことが明白になっていたのである。そこで、まず2007年に自由剥奪施設総合監視官を設置することにした。以下、その法的根拠を確認しながら、同総合監視官の性質について概観し、次にその権限と役割を見ていこう。

2007年の自由剥奪施設総合監視官設置法によって設置され、2008年のデクレによって詳細が定められた自由剥奪施設総合監視官は、先のCNDSや共和国斡旋員と同様に、独立の行政機関であり、具体的な職務について、いかなる機関からも指揮監督を受けずに、独立の立場と判断に基づき職務遂行をすることが可能であり、かつそれが求められている。同法1条は、次のように規定して自由剥奪施設総合監視官を設置する。

　1条（前段）　独立機関（autorité indépendante）である自由剥奪施設総合監視

---

[30] Loi nº 2007-1545 du 30 octobre 2007 instituant un Contrôleur général des lieux de privation de liberté, JO 31 oct. 2007, 17891. および Décret nº 2008-246 du 12 mars 2008 relatif au Contrôleur général des lieux de privation de liberté, JORF nº 0062 du 13 mars 2008 Texte nº 21. また、ミシェル・ダンティジュアン（白取祐司訳）「講演　フランスにおける自由剥奪施設の総合視察制度の創設（2007年10月30日　2007-1545号法及び2008年3月12日デクレ）」龍法41巻4号（2009年）207(851)-217(861)参照。

官は、法律が司法権又は裁判権に認めた特権を侵害しない限り、自由を剥奪された人々の基本的人権の尊重を確認するために、彼らの収容（prise en charge）及び移送の状況を監督（contrôle）する。

また、自由剥奪施設総合監視官の任期は、再任不可の6年とされ、漠然とした資格要件のもと、大統領が任命する。

　2条（1段）　自由剥奪施設総合監視官は、その能力及び職業上の知見に基づき、議会の各院の権限のある委員会（la commission compétente）の意見を徴した後、共和国大統領命令によって任命される。

そして、その地位につき、独立性を保障するべく、次のように定める1条後段と共に、2条2段以降では、身分保障および意に反する退任の禁止を規定する。

　1条（後段）　彼〔＝自由剥奪施設総合監視官〕は、その権限の範囲内において、いかなる権限からも指揮（instruction）を受けない。
　2条（2段）　彼は、その職務の行使において表明した意見、又は、行った行為の故に、訴追、捜査、逮捕、拘束又は判決を受けることはない。
　2条（3段）　彼は、辞職又は障害事由ある場合を除いて、任期が終了する前にその職務を終了させられることはない。

そのような独立性および身分保障の代わりに、自由剥奪施設総合監視官は、他の公務や公職等に就くことは認められない。

　2条（4段）　自由剥奪施設総合監視官の職務は、他のあらゆる公務、専門的活動および公職と両立しない。

また、翌2008年のデクレ1条は、「何人も、…有罪判決の対象となり、又は職務を執ることができないとされ、又は違反行為年報2号（bulletin n°

2 de casier judiciaire）に示される欠格事由（déchéance）に該当するとされた場合には、自由剥奪施設総合監視官に任命されえない。」と規定し、自由剥奪施設総合監視官の消極的資格要件を明示する。

　また、同法4条は、自由剥奪施設総合監視官と共に職務に当たる諸監視官について規定すると同時に、総合監視官一体の原則とも言えるような、自由剥奪施設総合監視官の強力な指揮監督権を規定する。

　　4条（1段）　自由剥奪施設総合監視官は、その任務に関連する領域から、その権限によって雇用した監視官（contrôleur）によって補佐される（assisté）。
　　4条（3段）　彼らの任務の遂行において、諸監視官は、唯一、自由剥奪施設総合監視官の権限の下に置かれる。

　これら補佐役の監視官には、デクレ2条により、「判事、公務員、病院勤務医、又は、軍人で、それぞれの規定に定められる条件で〔自由剥奪施設総合監視官の下に〕派遣される者、又は、非常勤公務員が就く。」とし、ある程度の多様性を保持しつつも、専門的な資格および経験を有する人材から、自由剥奪施設総合監視官のサポート体制は構成されるものとしている。
　以上のように、自由剥奪施設総合監視官は、共和国大統領により任命される独立の地位を保障され、手厚い身分保障を有する監視機関であって、一定数の補佐役の監視官に支えられる独立行政機関として誕生した。それでは次に、この自由剥奪施設総合監視官の権限と役割を概観しよう。

（二）　権限と役割の法的根拠

　2007年の自由剥奪施設総合監視官設置法1条にも規定されたが、その後の2009年の改正刑務所法[31]4条において、次のように規定されたことが重要である。

　　4条　自由剥奪施設総合監視官は、自由を剥奪された人々の基本的人権の尊重を確認するために、刑事施設に付託された彼ら〔＝受刑者等〕の収容及び移送

---

31　*Supra* 3.

の状況を監督する。

　つまり、自由剥奪施設総合監視官は、単に刑事施設においてのみばかりか、他の自由剥奪施設、例えば、精神病院、警察等の拘留施設、税関留置施設、裁判所拘留施設、行政留置施設などにおける人権制限の状況を監視対象とするため、刑事施設において自由剥奪施設総合監視官に監視を認めるのであれば、先に見た、自由剥奪施設総合監視官自体を設置する法令に加えて、刑務所法にも、自由剥奪施設総合監視官の職務を認めるための条文が必要となったのである。
　いずれにしても、刑事施設における受刑者等に関する施設の収容、処遇、移送など、様々な状況についての監視、監督を職務とする。
　それではいかにして、刑事施設において監督の対象となる状況が生じていることを検知するか。自由剥奪施設総合監視官設置法には、3つの方法が示されている。

　　6条（1段）　基本的人権の尊重の対象となる自然人及び法人はすべて、自由剥奪施設総合監視官に対し、その権限に属すると思われる事実又は状況を申告することができる。
　　6条（2段）　自由剥奪施設総合監視官は、総理大臣、政府閣僚、議会議員、及び権利擁護官から〔事案を〕付託される。又、自身固有のイニシアチブによって〔監督を〕開始することができる。

　要するに、同条2段に列記されている政府機関等ばかりでなく、1段にあるように、基本的人権の侵害を受けていると考える本人が訴えることができるのは当然として、その関係者、つまり両親、家族、弁護士、目撃証人、その施設に出入りしているあらゆる人々もそのような状況について、申し立てることが認められる[32]。

---

32　自由剥奪施設総合監視官のホームページ参照。http://www.cglpl.fr/saisir-le-cglpl/qui/（2018年6月21日確認）。

そのような申し立て等に基づき、自由剥奪施設総合監視官はどのように職務を遂行するのか。施設の訪問および調査により事実を明らかにし（同法 8 条）、その事実に基づき、意見、勧告、提案を作り提出する（同法 10 条）。また、事の性質によって、時として検察官へ通知する（同法 9 条 3 段）。さらに、1 年間の活動について年次報告書を作成し、共和国大統領および議会に提出する（11 条）。また、職務に関連して関係国際機関と協力する（12 条）。これら法的権限につき、根拠条文を確認すると以下のようになる。

　8 条　自由剥奪施設総合監視官は、共和国領土内にある、公的機関の決定により人々が自由を剥奪されているあらゆる場所、及び、公衆衛生法（code de la santé publique）3222 条 -1 に規定される、本人の同意なしに入院患者を受け入れることができるあらゆる健康施設（tout établissement de santé）を、いつでも訪問することができる。

　8 条 -1（1 段）　自由剥奪施設の担当責任機関は、国家防衛、公的安全、自然災害又は訪問先における深刻な問題に関係する、重大且つやむにやまれぬ理由（des motifs graves et impérieux）があり、自由剥奪施設総合監視官の訪問に反対する正当理由を示す場合にしか、その訪問に反対することはできない。その場合に、施設は、延期を提案する。その延期の原因となった例外的状況が終結した場合には、直ちに施設はその旨を自由剥奪施設総合監視官に連絡する。

　8 条 -1（2 段）　自由剥奪施設総合監視官は自由剥奪施設の担当責任機関から、その任務の遂行に有益であるあらゆる情報又は文書を入手する。その訪問時に、その協力が必要だと思われるいかなる人とも、やりとりの秘密保持を条件に、面会をすることができる。

　8 条 -1（3 段）　自由剥奪施設総合監視官が提出を要求した情報又は文書は、その秘密性の性格を理由に拒むことができない。但し、それらの開示が、国家防衛、公的安全、捜査及び予審の秘密、医療上の秘密、又は、弁護士と依頼者の関係に適用される職業上の秘密に影響する虞がある場合はこの限りでない。

　9 条（1 段）　自由剥奪施設総合監視官は、各訪問の後、関係大臣に対して、特に、訪問先の状況、組織、機能、又は自由を剥奪されている人々の状況に関する所見を通知する。大臣は有用と判断した場合、又は自由剥奪施設総合監視

官がそれを明示的に要求した場合には、毎回、回答としてその所見を作成する。

そして、これらの権限により事実の確認をした上で、自由剥奪施設総合監視官は、意見、勧告、提案をする権限を有する。

10条（1段）　その権限の範囲内で、自由剥奪施設総合監視官は、公的機関に対する意見を表明し、勧告を作成し、政府に対する法律条文及び適用可能規則に関するあらゆる改正を提案することができる。

また、刑事法に違反する行為等がなされていると考える場合には、自由剥奪施設総合監視官は検事に告発する。

9条（3段）　自由剥奪施設総合監視官は、刑事法違反の存在を推定させる事実を知った場合には、刑事訴訟法40条に従い、遅滞なく、共和国検事に通知する。

その他、年次報告書を提出すること、国際機関と協力することについては、11条および12条に規定される。

11条　自由剥奪施設総合監視官は、毎年、活動の報告書を、共和国大統領及び議会に提出する。その報告書は公表される。
12条　自由剥奪施設総合監視官は、関係国際機関と協力する。

また、自由剥奪施設総合監視官が、面談や調査の過程に、重大な人権侵害を発見した場合には、直接、関係機関に対処を求めることが可能である。

9条（2段）　自由剥奪施設総合監視官は、自由を剥奪されている人の基本的人権に対する重大な侵害を確認した場合には、遅滞なくその所見につき権限を有する機関に、回答期限を付して通知する。その際に、兆候のある侵害が終息していることを確認する。必要と考える場合には、直ちに自らの所見の内容及

びそれに対する回答を公表する。

　こうして自由剥奪施設総合監視官は、独立行政機関として、他の機関からの影響を受けることなく公平な立場から、自由を剥奪されている人々の施設における収容状況等について、訪問、調査、面談等の権限を行使し、確認された事実に基づき、関係省庁に対して意見、勧告および提案等を行う権限を有する。また、透明性確保のため、ならびに情報の共有および意見交換のために、年次報告書は大統領および議会に提出されると同時に、国民に対しても公表される。

（三）　年次報告書[33]および申立事件に対する対処の例

　上述のように、自由剥奪施設総合監視官は、大統領と議会に、毎年の活動報告書を提出することで、独立機関として透明性を確保している。筆者が調査した報告書は、2012年の活動報告書で、400頁の大部である。その内容は、全9章からなり、第1章で1年を通じて発した意見および勧告の分析を行い（Analyses politiques 2012 du contrôle général）、第2章で意見、勧告および申立ての結果を説明する（Les suites données en 2012 aux avis, recommandations et saisines du contrôle général）。第3章では懲罰と制裁を議論し（Discipline et sanctions dans les lieux de privation de liberté）、第4章で被収容者の弁護権について課題を示し（L'accès aux droits de la défense des personnes privées de liberté）、第5章で自由剥奪と治療へのアクセスを問題にし（Privation de liberté et accès aux soins）、第6章で自由剥奪施設総合監視官への申立原本を掲載し（《Monsieur le Contrôleur général...》(témoignages reçus)）、第7章で子供の看護を扱い（L'enfermement des enfants）、第8章は1年間の活動の報告をまとめ（Bilan de l'activité du contrôleur général des lieux de privation de liberté en 2012）、第9章で統計的概観を行っている（Lieux de privation de liberté en France: eléments de chiffrages）。このうち、自由剥奪施設総合監視官の職務全体を把握するために簡便と思われる、報告書の第8章を中心に以下でまとめ、次に第1章で扱っている、意見と勧告に関する自由剥奪施設総合

---

33　Le Contrôleur général des lieux de privation de libérté Rapport d'activité 2012.

監視官自らの分析について概観し、課題として彼が捉えている事柄は何か把握しよう。

(1) 第8章　活動報告

　1年間の活動状況を明確にするために、まず、自由剥奪施設総合監視官に対する苦情申立数の経年変化を扱っている。文書による苦情の申立件数の増加傾向について、設立当初の2008年に192件であったものが、2009年には1,272件、2010年に3,276件、2011年に3,788件、2012年の予測値として4,072件と、急速に伸びていることを明らかにする。自由剥奪施設総合監視官の認知度の向上とともに、申立件数も増加していることがうかがえる。

　次に、自由剥奪施設の種類ごとに、申立件数の割合がどのようになっているかを見ると、刑事施設に関するものが、2011年に94.15％、2012年には93％と最も多く、それに次ぐ病院等の健康施設の、それぞれ3.48％および4.40％をはるかに凌いでいる。また、こうして2012年予測値の4,072件中3,722件が刑事施設に関するものだが、被収容者からの苦情が2,996件で最多であり、近親者からの苦情は413とそれに次ぐ。苦情申し立ての大多数は、被収容者本人からのものであることが分かる。

　また、自由剥奪施設総合監視官が実施した調査対象もやはり刑事施設が最多で、調査総数735件のうち、刑事施設に関するものが684件で全体の93.06％を占める。また、刑事施設のうちでも、刑務所に分類される受刑センター（Centre pénitentiaire）が303件で刑事施設全体の44.30％、拘置所（Maison d'arrêt）がそれに次ぎ、179件で26.17％、刑務所の拘禁センター（Centre de détention）は166件で24.27％、同様に、刑務所の中央刑務所（Maison centrale）は31件で4.53％という状況で、拘置所に比して、刑務所の施設を対象とした調査が圧倒的に多いことが分かる[34]。

　さらに、これら年間735件の調査において、対象とされた分野のうち最も多いのが、医療と予防へのアクセス（Accès aux soins et prévention santé）で125件、全体の17.01％であった。次いで身体的安全性の保護（Protection de l'intégrité physique）で97件、13.20％。3番目に家族・外部との関係の維持（Maintien des liens familiaux/extérieurs）で96件、13.06％である。それ以下のものは、仕事・教育・職業訓練・諸活動へのアクセス（Accès aux travail, enseignement, formation, activités）が 87 件（11.84％）、尊厳（dignité）が 62 件（8.44％）という具合に、その他 17 の分野・項目に関して 2012 年には調査が実施されている。

　施設訪問による視察（les visites）は、全部で 159 件が実施された。そのうち刑務所等刑事施設への訪問は、最多の警察や憲兵隊（gendarmeri）などの拘留施設の視察件数 73 件に次いで、25 件である。ただし、後者の拘留施設の総数は 4,095 だから、総施設数に対する実施割合は、5.71％に過ぎない。これに対し、前者、刑事施設への視察は、施設総数が 191 だから、実施割合としては、73.82％となり、全刑事施設のほぼ 4 分の 3 が訪問による視察の対象となったことになる。

　視察件数としては、次いで、健康施設の 22 件だが、施設数が 369 と多数のため、施設総数に対する実施割合は、28.73％であった。なお、刑事施設に対する視察 25 件のうち 15 件は、全施設数 99 の拘置所に対するものであった。

　また、視察の方法として、予告なしの視察（Inopinées）と事前計画による視察（Programmées）の 2 種類があるが、2008 年の創設以来 2012 年報告までに実施された総視察数 665 件のうち、77％にのぼる 513 件が、予告なしの視察である。また、全 665 件のうち 23％が刑事施設への訪問、35％が警察や憲兵隊などの拘留施設に対するものである。

　したがって、後に見る権利擁護官の視察と異なり、自由剥奪施設総合監視官のそれは、拘留施設と刑事施設に重点を置いていると言える。

---

34　刑事施設は刑務所とその他に分類され、刑務所はさらに、受刑センター、拘禁センター、および中央刑務所の 3 つに分類される。受刑センターは、「例えば、拘置所、拘禁センター、中央刑務所といった、少なくとも 2 種類以上の異なった収容区域を併有する施設を指す」全 43 施設、拘禁センターは「刑期 1 年以上 5 年未満の受刑者を収容」する全 25 施設、中央刑務所は「刑期 5 年以上で社会復帰が困難と思われる受刑者を収容」し「基本的に重警備体制がとられている」全 6 施設である。他に拘置所（「未決拘禁者及び刑期 1 年未満の受刑者を収容する」全 99 施設）、半開放刑務所（Centre autonomes de semi-liberté）と医療刑務所（Etablissement public de santé national à Fresnes）がある（前出注 4「行刑改革会議　海外視察結果報告書」47 頁参照）。

(2) 第 1 章　意見および勧告の分析

　自由剥奪施設総合監視官は、上述の活動報告のように、視察等を含む様々な方法によって情報を入手するが、それを基に意見および勧告を発し、対象施設に対して対処を求めることになる。それらについて、報告書を基に検討しよう。

　2012年活動報告書第 1 章において、官報に公示された意見および勧告の分析を行っている。1 つは、2012年 6 月13日に公表された意見で、拘束されている人々の数について、もう 1 つは、同年10月23日に公表された刑罰制度の改正に関する意見についてである。

　拘束されている人々の数、すなわち過剰収容の状況について自由剥奪施設総合監視官は、欧州各国が抱える課題としつつ、フランスでも 2 万8,000人の収容能力増を図るべく各刑事施設で増築をしているが、それを前提にしても、多くの者を入所させられず待機させている状況は、憲法上、刑罰個別化原則に反することであり、様々な方法を講じなければならないとする。自由剥奪施設総合監視官によると、この刑罰個別化原則は、憲法院もその意見において述べているように、フランス人権宣言 8 条の罪刑法定主義の原則に由来するものであるから、この原則に反する現状は憲法上の課題となるのである。そして、具体的な意見として自由剥奪施設総合監視官が挙げるのは、以下の諸点である。刑務所に収容する対象を、特定の違反行為および特定の者に限定するべきであること、また、再犯の予防のために、刑事施設が機能しているか否かを検証するべきであること、そして、懲役刑以外の新たな刑罰を開発するべきであること、短期であっても、刑務所に収容するより電子監視を活用して早期社会復帰を容易にするべきであること、などが挙げられると提案する[35]。

　第二の、刑罰制度の改正に関する意見に関しては、上述のような過剰収容の現状から、有罪判決を受けた者に、判決の時点から収容時点まで、長い時間を待機させているという問題にも関連し、半自由の刑（la semi-liberté）を導入することを自由剥奪施設総合監視官は求めている。「半自由の刑が予審

---

35　Rapport d'activité 2012, at 7-8.

判事の決定を必要とするとしても、それに加えて、矯正局と判事の側からも、その果実をもたらすことができるよういくつかの現実的な条件が要求される。つまり、受刑者が経済的、社会的生活にできる限りうまく再適合（réadapter）することである。」[36] つまり、単に過剰収容対策として自由にするという話ではなく、社会復帰を実現し、再犯防止のためのよりよい方法として、半自由の刑の導入を提案しているのである。

　また、過剰収容がもたらす多くの課題につき、特に次の点に注目している。すなわち、1つは過剰収容自体がもたらす刑事施設の中における課題、もう1つは過剰収容に必然的に伴う付随的課題である。前者は、特に適切な医療を適切なタイミングで受ける受刑者の権利が確保できなくなる点および刑罰の個別化原則を実現できなくなる点である。また、後者は、過剰収容自体がもたらす問題ではないにしても、その甚大な影響として、刑罰執行が滞る事態は、治安上も問題となる点である。つまり、懲役刑判決を新たに受けた多くの者を、すでに過剰収容の状況となっている刑務所に入所させることはできないから、自宅等で待機させることになるが、それはその者たちを法的また精神的に不安定な状態に長期間置くことを意味し、それが早期の社会復帰を不可能または困難にするとともに、再犯の危険をも増加させているということである。これについて、自由剥奪施設総合監視官が提案する重要なものは、刑罰の見直しで、刑務所に収容するべき者を限定し、確実に収容すること、また、半自由の刑を導入することで、収容した者を早期に出所させ、また刑務所での受刑を回避して、過剰収容の問題のみならず、早期の社会復帰と再犯防止とを実現することが可能になるとする。

　このように、多くの施設を視察し、調査の結果に基づき、自由剥奪施設総合監視官は意見を構成して公表すると同時に、それを議会および大統領に提出して、立法的、行政的な改善を間接的に求めることが可能である。

（3）自由剥奪施設総合監視官の評価

　以上概観した自由剥奪施設総合監視官についての評価を、ここでは代表的見解に絞って見ておきたい。1つは肯定的な意見で、もう1つは批判的な意

---

36　*Id.* at 9.

見である。

　肯定的な意見を執筆した判事ダルベダは、国連の拷問防止委員会の目的や機能を参考にして自由剥奪施設総合監視官を設置したことによって、フランスは既存の監視制度に加えて、複数の統制（multiples contrôles）を、様々な自由剥奪施設における人権侵害の防止のために有することが可能となったと賞賛する。それとともに、このような新たな機関の導入については勇気の要ることであった事実につき、国連拷問防止委員会の元委員長イヴァン・ザキーネの言葉を借りて述べている。「訪問する政府から全く独立した機関〔＝自由剥奪施設総合監視官〕が、国家権力の聖域中の聖域と考えられてきた場所〔＝刑務所〕に、いつでも入ることができるようになることを受け容れることは、〔刑務所側としては〕容易なことではない」と。つまり、独立機関である自由剥奪施設総合監視官の設置自体、フランスにとって大きな前進であると評価する[37]。

　他方で、自由剥奪施設総合監視官について全面的に否定的ではないものの、批判的な部分を含む意見を次に概観する。批判の対象の1つは、その権限の脆弱さである。また、もう1つは、同監視官の監視がすべてではなく、それだけでは不十分だという指摘である。前者が問題とするのは、同監視官は命令権限（pouvoir d'injonction）を有さず、単に自己の所見について応答を義務づけることができるだけでしかない点である。つまり、同監視官が問題だと考えた場合、それについて同監視官は具体的に、いかにせよと施設に対して命令できるわけではなく、問題と考える点について、施設側はどのように考え、どのように対処する用意があるかなど、施設に対する質問権を有し、また、それに応答するよう施設に義務づけるだけであるが、それでは権限が不足しているとする。また、同監視官が調査目的で施設を訪問する視察の権限についても、国家の安全のためなどの理由に基づき、施設側が視察を拒否できるなど、視察権限を排除することができる例外的場合がいくつも用意さ

---

[37] Pierre DARBEDA,《Une Nouvelle autorité administrative indépendante: Le Contrôleur Général des Lieux de Privation de Liberté》, *Revue Pénitentiaire et de Droit pénal 2007*, at 699, 713-714.

れている点を批判する。

　さらに、後者、つまり自由剥奪施設総合監視官の監視機能だけでは不十分だとする点に関しては、同監視官だけでなく、判事もその司法的統制権限を行使することで、自由を剥奪されている者たちの人権保障について監視を強化しなければ、彼らのための十全な権利保障にはならないし、むしろ判事の権限の強化の方が重要であるとしている[38]。

　これらは、批判的ではあるかもしれないが、自由剥奪施設総合監視官の所期の機能等を向上させるために必要となる、むしろ今後の検討課題であり、より重層的な監視メカニズムの構築のために、どのような機関がどのような観点から、どのような権限をもって、自由剥奪施設における人権保障を確実に確保し監視していくかという課題に、1つの視点を付与しているように思われる。

　次に、近年憲法改正によって設置された権利擁護官について、その成立と法的根拠、さらに権限と役割を概観し、上述の自由剥奪施設総合監視官とどのような点が異なり、また同じなのか考察する。

## 二　権利擁護官 (le Défenseur des droits)
### （一）　設置と独立性の法的根拠

　2011年5月に設置されたのが権利擁護官であるが、先述の共和国斡旋員の後身として誕生した。その法的地位および権限について確認するとともに、前身たる共和国斡旋員、また前述の自由剥奪施設総合監視官との相違について確認することで、それぞれの機関の特徴と機能を明確にしよう。

　権利擁護官は、個人の基本的人権を手厚く擁護するために2008年に行われた憲法改正[39]の後に誕生した官職で、2011年に設置され活動を開始した。第一にその経緯を概観した上で、第二にその法的根拠である法令等の条文を

---

38　Laurent MORTET, «Le Contrôleur Général des Lieux de Privation de Liberté: un nouveau regard sur les lieux de privation de liberté», *Revue Pénitentiaire et de Droit pénal 2009*, at 287, 304-305.
39　三輪和宏「2008年7月23日のフランス共和国憲法改正」外国の立法 240（2009.6）139頁以下参照。

確認しよう。

　2008年7月23日の憲法改正は、1958年の第5共和国憲法制定以来、24度目の改正となった。これは、諸制度の現代化を図るための、47カ条にわたる大改革で、主な柱としては、立法権限の強化、大統領執行権および政府権限の整理、そして、市民の権利擁護の強化であった[40]。

　この最後の、「市民の権利擁護」は、憲法院の違憲審査権強化により、基本的人権および平等について事後救済の促進を図るとともに、権利擁護官の設置を可能とした。実際には、2011年3月29日の組織法律および通常法（la loi ordinaire）によって権利擁護官は設置されたが、同時に、前述の共和国斡旋員のみならず、「子供の擁護官」、「国家安全倫理委員会委員長」、「差別と闘い平等を求める高等機関」の諸権限および諸機能を統合した機関として新しく生まれ変わったものである。2014年4月の死去まで、2011年6月22日に任命されたドミニク・ボーディ氏（Dominique Baudis）が権利擁護官を務め、その後、ジャック・トゥーボン（Jacques Toubon）が引き継いでいる。

　2008年7月23日の憲法改正において、第11章「経済社会評議会」の次に第11章Aとして、「権利擁護官」の枝章が付加され、条文上も71条-1として、以下の条文が追加された。

> 憲法71条-1　権利擁護官は、国家の行政組織、地方組織、公的施設、及び、公的事業の任務を委託されたあらゆる機関、又は組織法律がそれに関して権限を付与した機関により、権利と平等が尊重されていることを監視する。
> 2項　組織法律に規定された方法によって、公的事業の機能又は第1項に規定する機関によって自己の権利平等が侵害されたとする者は誰でも、権利擁護官に提訴することができる。〔また、〕権利擁護官は職権によって職務を行うことができる。
> 3項　組織法律は、権利擁護官の権限及び介入方法について定める。組織法律は、権利擁護官の一定の権限執行を委員会（un collège）が補助することがで

---

[40] Loi constitutionnelle n° 2008-724 du 23 juillet 2008 de modernisation des institutions de la Ve République, art.41.

きる条件を定める。

4項　権利擁護官は再任され得ない6年任期で、〔憲法〕13条最終項に規定される手続を経た後、共和国大統領によって任命される。その職務は、政府構成員及び議会構成員とは併任できない。その他併任不可の職は、組織法律によって定められる。

5項　権利擁護官は、その活動について、共和国大統領及び議会に対して説明責任を負う。

　つまり、権利擁護官は、憲法上設置された機関であり、憲法上定められた任命手続に従い、国民議会および上院の同意の後に大統領によって、再任なしの6年任期で任命されるという、強度の独立性を担保するための手続が保障されている。その他の多くの点は組織法律およびデクレに委任されている[41]。

　自由剝奪施設総合監視官と同様に、権利擁護官も独立性を有する国家機関であるが、唯一その法的地位に関して異なる点は、前者が単に法的に創設された機関であるのに対して、後者は憲法上創設され、独立性、身分保障、その他権限等についての詳細が、組織法律に委任されている機関だという点である。つまり、組織法律は、憲法46条5項により、公布前に憲法院の憲法適合性審査が行われる法律で通常の法律より高次の法律であり、その組織法律2011-333　2条によって、次のように、権利擁護官は独立性を保障されている。またそのような独立機関として、どこからも指揮監督を受けないことも保障される。

2条　憲法的独立機関（autorité constitutionnelle indépendante）である権利擁護官は、その権限の執行（l'exercice）において、いかなる指揮も受けない。

---

[41] LOI organique n° 2011-333 du 29 mars 2011 relative au Défenseur des droits, Décret n° 2011-905 du 29 juillet 2011 relatif à l'organisation et au fonctionnement des services du Défenseur des droits, Décret n° 2011-904 du 29 juillet 2011 relatif à la procédure applicable devant le Défenseur des droits.

これを実質的に支える罷免からの保障については、同組織法律1条2項がコンセイユ・デタによるデクレに定められた条件を付加し、自由剥奪施設総合監視官の場合に比して、手続の厳格化を図っている。

　1条2項　権利擁護官は、辞職又はコンセイユ・デタの議を経るデクレ（décret en Conseil d'Etat）に定められた条件における障害事由の場合を除いて、その職務を終了させられることはない。

　それ以外の内容に関しては、前述の自由剥奪施設総合監視官とほぼ同様である。また、権利擁護官の身分保障については、首相に任命されるその他3人の権利擁護官の補佐官（adjoints）と並列的に、2条2項が定める。

　2条2項　権利擁護官及びその補佐官は、その職務の執行において表明した意見、又は、行った行為の故に、訴追、捜査、逮捕、拘束又は判決を受けることはない。

　この、コンセイユ・デタの議を経るデクレに定められた条件とは、障害事由が、上位高機関の長3人[42]で構成される委員会（un collège）によって確認される、ということであり、したがって、形式的にも、実質的にも、組織法律により、その身分保障つまり独立性は強化され、自由剥奪施設総合監視官よりも強度の独立性が認められると言えよう。それでは次に、その権限および役割についてはどのように規定されているか、見てみよう。

（二）　権限と役割の法的根拠

　権利擁護官は、上記、憲法71条-1に規定されるように、公的機関のすべてによって、「権利と平等が尊重されていることを監視する」ことを主要な職務とする。したがって、自由剥奪施設総合監視官が刑務所を含む「自由

---

[42] Art. 3, Décret nº 2011-905 du 29 juillet 2011（un collège composé du vice-président du Conseil d'Etat, président, du premier président de la Cour de cassation et du premier président de la Cour des comptes）.

剥奪施設」において、自由を剥奪されている人々の基本的人権が尊重されているか否かにつき監視するのに対し、権利擁護官は、刑務所だけでなくあらゆる公的機関が、受刑者のみならずあらゆる人々の「権利と平等」を尊重していることを監視する権限と役割を担うことになる。

同組織法律4条は、権利擁護官の4つの任務を規定する。

　1°　国家及び地方公共団体の行政、公共施設、及び公的事業の職務を付託された機関との関係の領域において（dans le cadre）権利及び自由を擁護すること、

　2°　法律又はフランスによって定期的に批准又は承認される国際的規範（engagement international）によって認められた、子供に関する高次の利益及び権利（l'intérêt supérieur et les droits de l'enfant）を擁護し、推進すること、

　3°　法律又はフランスによって定期的に批准若しくは承認される国際的規範によって認められた、直接的若しくは間接的な差別と闘い、又、平等を推進すること、

　4°　共和国領土内において安全に関する活動を遂行する人々（les personnes exerçant des activités de sécurité）によって倫理が尊重されていることを監視すること。

これら4つの任務の内、2°〜4°の3つについては、同組織法律11条1項によって任命される3人の補佐官が1つずつ担当する。また、同条項により、3人の補佐官全員が、議長たる権利擁護官を補助する副議長に自動的に就任することになる。要するに、これら3つの分野を主たる分野として権利の保障を監督する3人の補佐官を統括するのが、議長たる権利擁護官の職務であることを同組織法律4条1号は定めている。

では、どのようにして、これら3つの分野において、権利および自由を擁護するのか。5条は、権利擁護官に対して申立を提起することができる者を規定する。

　5条　権利擁護官は次の者からの申立を受ける。

　1°　自然人又は法人で、その権利及び自由が、国家行政、地方公共団体、公

共施設、又は公的事業の職務を付託された機関の職員によって侵害されたと考える者、

　2°　その権利の保護を求める子供、又は利益が問題となる状況について、その法的代理人、家族、医療又は社会事業主、又は、その事実のあった日において少なくとも5年間、子供の権利を擁護することを定期的に宣言し、且つ約款でそれを目的とするあらゆる団体（association）、

　3°　法律又はフランスによって定期的に批准又は承認される国際的規範によって禁止される、直接的若しくは間接的差別の被害者であると考えるあらゆる者、又は、差別の被害者と思われる人と共に、又はその同意を取って、その事実のあった日において少なくとも5年間、差別と闘うことを定期的に宣言し、且つ差別の被害者を支援することを定期的に宣言し、且つ約款でそれを目的とするあらゆる団体、

　4°　安全の分野における倫理規範を欠いていることになると考える事実の被害者又は目撃者であったあらゆる者。

　以上のように、広範囲の人々からの申し立てを受理すると同時に、同条は、権利擁護官は職権で職務を執ることについても認めている。

　このような申し立てを受けた権利擁護官は、次のような調査方法によって情報収集を行い、事実を確定させた上で、付与された権限を行使して課題の解決を目指すことになる。

　問題性のある自然人または法人に対して、権利擁護官は説明を求める。求められた者は、回答する義務を負う。また、権利擁護官が求める場合には、大臣はその監督機関に対して、あらゆる検証と調査を行うよう指揮することになる（18条）。さらに、権利擁護官は、コンセイユ・デタの副院長または会計検査院の第一院長に、あらゆる検証をさせるよう要求することもできる（19条）。

　他方、要求された機関等は、限られた場合にしか、説明や文書の提出を拒むことは許されない。20条は次のように規定する。

　20条　申し立てられた自然人又は法人は、権利擁護官の根拠ある要求に基づき、

その任務の遂行に有用なあらゆる情報及び文書を提供する。

2項 権利擁護官は、その知るところとなった事実に関して、必要と思われるあらゆる情報を、秘密又は機密との性質（son caractère secret ou confidentiel）を反対理由とされることなく、収集することができる。但し、国家防衛、国家の安全又は対外政策（la politique extérieure）に関する秘密についてはこの限りでない。

それでは次に、上記のようにして情報収集を行って事実関係を確認した上で、権利擁護官は、問題解決に向けてどのような権限を使って、どのように機能するのか。

24条により、権利擁護官は、被害者等からの申し立て対象となった事実が介入を要するものか否かについて判定する。その上で、25条に基づく勧告権限を行使して、権利と自由の尊重を保障するための、また、問題解決となる勧告を行う。その後、勧告を受けた機関または者は、指定された期間内に、その勧告に基づいて行ったことを報告しなければならない。それがなされない場合や不十分である場合には、権利擁護官は、特別報告（un rapport spécial）を作成し、当事者に提示するとともに公表することにより、間接的に、適切な対処を強制することが認められている。

また、権利擁護官は、調停により、話し合いによる解決を試みることも可能である。調停の結果、一定の合意に至った場合にはそれは公表されず、後に当事者の同意なしに訴訟で問題にすることは認められない（26条）。

さらに、権利擁護官は、和解勧告権を有し、当事者に和解の勧告を行うことができる。差別に関する問題の場合、加害者が個人の場合には3,000ユーロ以下、法人の場合には1万5,000ユーロ以下の範囲で、示談を提案することができるとされる（28条）。

また、権利擁護官は、加害者に対する制裁を求めて、懲戒手続を行うよう、関係機関に申し立てることができる（29条）。その申し立てが順守されなかった場合には、特別報告を作成し、それを公表することができるとされている（同条3項）。

権利擁護官は、法律や規則に改正するべき点があると思料する場合、改正

を勧告することができ、また、首相は、権利擁護官の権限領域に関係する法案については、権利擁護官に相談しなければならないとされている。さらに、首相、国民議会議長および上院議長は、権利擁護官の権限領域に関するあらゆる問題について、権利擁護官に相談しなければならず、権利擁護官は、それに関する意見を1カ月以内に述べることになっている（32条）。

年次報告については、自由剥奪施設総合監視官と同様に、権利擁護官は、大統領、国民議会議長および上院議長に対して、年間の一般的活動の説明を含む報告書を提出することになっている。その一般的な年次報告書に、先述の3分野に関するテーマごとの付属的報告書を作成して提出しなければならない。また、子供の人権国際デーに合わせて、子供の権利に関する報告書も作成し提出する。これら報告書は、国民にその活動が理解されるように公表することになっている（36条）。

では、次に、刑事施設に関する権利擁護官の活動について、具体例を示しつつ見たい。1つは、2012年の一般的な活動報告、もう1つは、ホームページ上に公開される被収容者からの申立事件に対する対処としての勧告の処分である。

（三）　年次報告書[43] および申立事件に対する対処の例

例として調査の対象にしたのは、2013年6月に公表された、161頁にわたる2012年の年次報告書である。これは、権利擁護官の巻頭言に始まり、3人の補佐官（adjoint）の雑感が続き、次いで、統計的なまとめが掲載されている。その後、3つのテーマが挙げられている。すなわち、01―権利と自由の保障に関して、02―権利と平等の促進に関して、03―資源（Ressources）に関しての議論がされ、課題などの検討がなされている。特に、統計を概観して、権利擁護官に対してどのような苦情が多く寄せられているのか、見ておこう。

最初に、全体的な数字を確認し、次いで、受刑者の人権と最も関係のある、安全に関する倫理の分野における統計を概観しよう。1年間の苦情件数は、文書によるものが82,416件、電話によるものが31,116件と、合わせて11

---

43　Rapport Annuel 2012, Le Défenseur des droits.

万件以上にのぼる。調査として、議会において10回の事情聴取（auditions）が実施され、また、法務省、内務省、社会問題省および文部省に対して、7つの勧告が発せられ、54の管轄に関連する検事総長との間に10の取り決め（protocoles d'accord）を交わした。

さて、受け付けられた苦情を基に権利擁護官が介入をしたのは80,162件であった。そのうち、83％に当たる66,872件は権利擁護官の代理によって取り扱われ、17％が権利擁護官の本部で取り扱われた。なお、「安全に関する倫理」については、権利擁護官の代理は取り扱わず、すべて権利擁護官本部の扱いとなる。その本部が取り扱った苦情の5％が倫理に関するもので、最大割合を占める20％は、社会的保護と連帯（Protection sociale et solidarité）、同じく20％は子供の権利（Droit de l'enfant）に関するものであった。そしてさらに、この倫理に関する苦情のうち63.3％が国家警察（Police nationale）に関する苦情、14.4％が憲兵隊（Gendarmerie）に関する苦情、そして、刑事施設の行政（Administration pénitentiaire）に関するものは11.8％であり、刑務所等に関してはそれほど大きな割合を占めるものではなかったことが分かる。そのほか、民間警備（Sécurité privée）3.5％、地方警察（Police municipale）1.6％、税関（Douanes）が0.6％という具合である。

苦情の対象別では、1.2％を構成する死亡事件6件のうち2件が刑事施設における死亡であった。また、拘束方法に関する苦情は31.6％に及ぶが、具体例として挙げられているのは、勾留、取調（audition）、捜索などにおける拘束に関するもので、刑事施設については具体例として挙げられていない。また、30.7％は暴力について、17.4％は不適切移送（des propos déplacés）についてであるが、具体的な例について言及されていない。

いずれにしても、上記のように、刑事施設における職員の暴力や移送等、倫理的な事柄に関連する苦情は、11万件を超える全体の数と比較すると相当に少ないのが現状である。では、全体的な様相について把握した上で、具体的な例について、権利擁護官のホームページ上で確認できる事例1つを参考事例として概観し、どのような機能を権利擁護官は果たしているのか、事例に即して見てみよう。

2008年から2010年にかけて、ナンシーの刑務所で受刑中の受刑者が、隔

離施設に長期にわたり隔離され、他の受刑者との交流等、所内の正当な社会的地位および利益を剥奪されたとする苦情について、権利擁護官は2013年7月2日に、決定として、「個別且つ一般的勧告（Recommandations individuelles et générales）」を出している[44]。

その要旨では、表題「2008年から2010年までの間における、受刑中の者が〔苦情〕対象とした隔離の仕方に関する決定（個別且つ一般的勧告）」以外に、以下の4項目に分けて記載している。「機関の権限分野（Domaine de compétence de l'Institution）」、「主題（Thème）」、「委員会との事前協議（Consultation préalable du collège）」、および、「総括（Synthèse）」である。

「機関の権限分野」は安全の倫理について、「主題」は刑務所の行政について、「委員会との事前協議」は安全の倫理担当補佐について、そして、最後の「総括」は次の3点に言及している。第1点として、事実関係を確認し、「権利擁護官は、2008年から2010年までの間における、刑務所内隔離のあり方（mesures d'isolement carcéral）に関して、受刑者から、苦情を申し立てられた。」次いで第2点として、それに対する、関係機関への勧告として2つ提示する。1つめは、病気を理由とする入院措置と所内隔離の相違について明確に示すこと、もう1つは、この受刑者に対する長期の延長隔離を命じた2人の職員に対処することである。

1つめに関して、「権利擁護官は、入院措置と所内隔離（hospitalisation et isolement carcéral）の相互関係（les interactions）に関する、刑事訴訟法規則57-7-75条[45]の措置について、明白にするよう勧告する。」とし、その理由については、決定本文において補足している。つまり、実務と規則および通達の趣旨が逆転しているため、「権利擁護官は、懲罰区画への収容に倣って入院措置を採ることが、当面にせよ永続的にせよ、確実に、隔離措置により予期される危険を除去すると思料する」と述べ、当該受刑者は、懲罰区画へ隔離するのではなく、医療的に入院措置とする対処を求めた。

---

44　Décision du Défenseur des droits n° MDS 2013-134.
45　Art. R.57-7-75. 受刑者入院措置、懲罰室収容〔措置〕にかかわらず、その隔離の期間は、事前の決定（le terme de l'isolement antérieurement décidé）による。

また、2つめの勧告として、権利擁護官は、担当職員に対して再発防止などのための対処を求めている。「権利擁護官は、同様に、M.F.S.〔＝受刑者氏名のイニシャル〕の延長隔離という問題となる決定をなした2人に対して、隔離に関する法的枠組み（le cadre juridique d'isolement）が喚起される（rappelé）よう勧告する。」と。その上で、本文ではさらに官職名等を挙げて対象となる2人の職員を同定し、確実な対処を要求している。

　以上、例示的に、年次報告書および個別の勧告決定を概観し、権利擁護官の職務と実際の勧告権限の行使を見た。年次報告書については、統計的な苦情の数や分類を通じて、どのような権利擁護が必要となっているのか理解できるようにしていることが分かる。つまり、安全に関する倫理についての苦情は、他の分野、社会的保護と連帯および子供の権利擁護に関する苦情に比して、相当に少ないこと、また、安全に関する倫理の中では、国家警察に対する苦情が圧倒的な件数を占めており、刑事施設に関する苦情はごくわずかであることが分かった。その意味では、2011年新設の権利擁護官は、刑務所監視の役割としては、現実的には限定的なものと考えられる。もちろんそれは、権利擁護官という機関自体が、受刑者に知られていないためかもしれないが、2012年の年次報告書から言えることは、権利擁護官は、刑事施設における受刑者の権利に関する事柄よりは、主としてそれ以外の領域において活躍し機能する機関であるという結論は否めないということだ。とは言え、具体例として挙げた、隔離措置に関する勧告の決定からうかがえるように、調査に基づき適切な事実認定を行い、個別的にも一般的にも勧告権限の行使によって、刑務所行政の自主性を損なわないように配慮しつつ、対処を求めていることが分かる。つまり、受刑者の隔離については、医療的な方法を勧告することで、ある程度の個別的救済を図っている。ただ、この場合に不適切な隔離処分と、その延長処分を行った当該職員に対する対処勧告は、相当微温的で、担当機関である刑務所の自主的判断に委ねられている。そのことに関し、被害者である受刑者は、自己が長期にわたり隔離されてきたという問題が、権利擁護官によって適切に対処され、自己の権利・利益が救済されたと考えるか、やや疑問が残るところであり、関係職員に対する懲戒勧告などの可能性も視野に入れることも検討するべきであったかもしれない。

以上本章では、フランスにおける受刑者人権保障のための刑務所監視体制について、これまでの歴史的な側面も含めて検討してきた。その結果、それまでにもいくつもの機関が関与することで監視機能を果たしてはきたものの、より総合的かつ専門的な役割と機能を果たすものとして期待されるのは、2007年に設置された自由剥奪施設総合監視官で、それは世界人権宣言、自由権規約、拷問等禁止条約における個人の人権保障の趣旨、特にOPCATによってフランスが負担した、国際法上の義務によるものであった。しかし、そのような監視機関の性質として重要かつ必須と考えられる「独立性」と「公開性（透明性）」とを、自由剥奪施設総合監視官は法令上認められ、また設置以来、継続的にその役割を果たし、年次報告書によって、大統領、議会および国民にその活動の中身についても明らかにしている点に注目しなければならない。

　また、2011年に憲法上の独立機関として設置された権利擁護官も、広く人々の権利と平等の擁護を目的としており、その対象は、公権力によって権利・平等が侵害されたとするすべての者であるから、刑事施設に収容されている受刑者等も当然含まれる。さらに監視機関として重要かつ必須の要件として権利擁護官が具備している「独立性」と「公開性（透明性）」とは、これが憲法および組織法律に基づく機関であることから、先の自由剥奪施設総合監視官以上に確保されている。しかし、その役割や機能は、あらゆる者からの申し立てによって始まり、また対象も受刑者以外の人々を含む広範囲に渡るため、逆に刑務所受刑者の処遇に関する監視機能は、拡散した対象機関のうちの1つでしかなくなってしまっている。権利擁護官が受理した「安全に関する倫理」に関連する苦情のほとんどが、国家警察に関するものであり、刑事施設に関する苦情はごく一部であるという事実がそれを如実に物語っている。

　つまり、権利擁護官と比較すると、自由剥奪施設総合監視官こそが、その対象の観点からも、また専門性の観点からも、受刑者等の被収容者の人権に関する問題を取り扱うための主要かつ重要、そして、最適な機関であると言えよう。

## 第3部のまとめと考察

　以上、第3部ではカリフォルニア州、カナダ、イギリスおよびフランスにおける受刑者人権を保障するための刑務所監視体制および様々な監視機関について検討してきた。これらにつき以下で簡潔にまとめ、それを基にわが国における刑務所監視体制のあり方につき、それを発展させるために何が必要かを考察して第3部のまとめとしたい。

### 一　カリフォルニア州、カナダ、イギリスおよびフランスにおける刑務所監視体制のまとめ

#### （一）　カリフォルニア州の刑務所監視体制

　第4章で概観したカリフォルニア州の刑務所監視体制を担う機関としては、刑務所オンブズマン、矯正更生局監視庁の独立審査局およびC-ROBを検討した。刑務所オンブズマンは受刑者のみならず、その家族、被害者家族や遺族など関係者からの苦情や相談を受け付け、情報収集を行い、未然に重大な事件に発展する可能性を低減させる機能を有する機関である。しかし、オンブズマン事務所は1つしかなく、また矯正更生局の一部局で独立性は低い。矯正更生局監視庁の独立審査局は、職員の公権力の不正行使に対する懲戒処分の審査や、実力行使を監視するための、独立性を有する機関である。また、C-ROBは、第三者が加わり、受刑者に対する矯正教育や社会復帰プログラム等の実施状況および効果を評価する、独立性と透明性のある機関である。つまり、受刑者の自由権的側面を保障する機関として、刑務所オンブズマンおよび独立審査局が存在し、また、受刑者の社会権的な側面を保障するために、受刑者の社会復帰のための施策が効果的か否かを評価しながら改善するための機関として、C-ROBが存在する。これは、受刑者の出所後、社会的な存在である一市民に復帰させるための将来的な生存権や労働権、また、直

接的には受刑中の教育を受ける権利を充足させることを目的とするものと考えることができる。

### （二） カナダの刑務所監視体制

第5章で概観したカナダの連邦刑務所における監視体制では、カナダ矯正捜査局 OCI が設置されている。カナダ議会の承認に基づきカナダ総督が、矯正捜査官を任命することから分かるように、刑務所等を管轄する矯正局からは完全に独立した機関である。受刑者からの電話、文書その他、面会などによって受刑者の有する課題を把握し、問題解決を図る。また、施設での死亡事件や職員の実力行使について必要に応じて捜査を行い、また審査を行う。それら事件において、刑務所職員が適切な対応をしなかったと判断する場合には、議会に提出する年次報告書に改善案などの勧告を掲載し、カナダの連邦刑務所における課題を国民にも公表して透明性を確保する。OCI は、受刑者が受講する更生プログラム等の中身や効果に関する評価や審査はしないが、それらに受刑者は十分なアクセスができているかなど、制度的またはその運用に関する側面を審査することはできる。また、カナダの監視体制における特徴として挙げられるのは、「カナダ矯正捜査官マニュアル」にも示されているように、国内法および国際法の人権文書を適用し、受刑者の人権を保障することが、最終的には社会の安全の達成につながると考え、尊敬と尊厳をもって受刑者を処遇しなければならないとしていることである。このような人権に関する理解の下に、安全に、そして、諸プログラムを含む矯正処遇が社会復帰のために適切に実施されていることを確認し保障するための機関として OCI が存在することを、その職員が自覚的に理解していることが特徴である。

### （三） イギリスの刑務所監視体制

第6章で概観したイギリスの刑務所監視体制は、長い経験と歴史を経て、国家的な重層的防止メカニズムが完成した一つのモデルである。そして、それは、国際法上、OPCAT によって要請される条件を満たすものである。その監視機関には、主として3つのものが存在し、1つは刑務所査察局、2つは刑務所および保護観察オンブズマン、そして、3つには独立監視委員会および国家評議会という組織である。それぞれの組織がその特徴を生かしなが

ら、受刑者の、主に自由権的な側面が保障されるよう、これら複数の機関が1つのメカニズムとして幾重もの層を構成することで、漏れのないように注意深く対処する。特に重要視されるのは、人権侵害となる事件が発生することを未然に防止することであり、そのために最重要の方策は、頻繁な視察であると考える。そしてその実現のために、独立機関である刑務所査察局は、各刑務所について5年以内に総合査察を1回は含む2回の査察を行い、適切さの基準となる「期待事項」にどの程度適合的かについて、経年変化を踏まえて評価、判断し、年次報告書を作成し、法務大臣を通じて議会に報告する。刑務所および保護観察オンブズマンも、法務大臣との間で作成された「付託事項」を根拠に一定の独立性を有する機関で、刑務所以外の施設も対象にし、収容されている者からの苦情申し立てに基づき、必要と判断すれば調査を行う。その結果、必要に応じて関係機関に対して勧告を行う。また、死亡事件については、ヨーロッパ人権条約2条の「生命に対する権利」の保障の要請から、全件調査を実施し、原因解明および再発防止のための勧告を行い、年次報告書を作成し、法務大臣および議会に提出する。独立監視委員会は、「刑務所準則」で独立的地位が認められているボランティアの委員で構成され、法務大臣が任命する。全刑務所および移民局強制送還センター等に設置されている。委員には、国家評議会が組織する研修を定期的に受講するなど、一定の質的な保障が義務付けられる。月に1回の会議および2週間に1回の視察が実施され、施設等の状況や受刑者の処遇の状況を確認し、また、受刑者からの苦情や要求を聴取する。委員は、何時でも、どの受刑者とも面会し、施設の視察を行うことができる。そして、各刑務所の独立監視委員会は毎年報告書を作成し、法務大臣に提出すると同時にホームページで公開される。

### (四) フランスの刑務所監視体制

　フランスにおいても、ヨーロッパ人権条約3条（1953年）および拷問等防止ヨーロッパ条約1条（1989年）に基づく拷問等防止委員会が締約国に査察の受け入れを求め、また、拷問等禁止条約（1984年）および拷問等禁止条約選択議定書（OPCAT）（2002年）が、国内防止機関として監視機能を有する独立機関を設置することを求めていることを受け、監視機関の設置に迫られた。そこで2007年に自由剝奪施設総合監視官が、そして、2008年

の憲法改正を経て 2011 年に権利擁護官が設置された。前者は、刑務所はじめ精神病院、警察等、自由を剥奪する施設に身柄を拘束されている者、またその家族等関係者からの申し立てを受けて、さらに職権で自ら、施設を訪問し視察して情報収集を行い、または調査をして事実を明らかにして、意見、勧告、提案を報告書にまとめ、大統領および議会に提出する。また、後者、権利擁護官は、市民の権利擁護の目的で改正された 2008 年の憲法において、人権保障機関として、憲法上の規定をもって設置された独立機関である。権利擁護の対象は受刑者だけではなく、警察に留置されている者、また、子ども、患者なども含まれる。調査や情報収集によって事実を確認し、必要に応じて勧告を行い、調停、話し合いや和解勧告、示談の提案、また、加害者への懲戒手続の要請なども行う権限を有する。ただ、自由剥奪施設総合監視官のように、自由剥奪施設に拘束されている者の権利擁護に特化しておらず、対象があらゆる人たちの権利擁護へと広がっており、受け付けた苦情のうち約 1 割しか刑事施設に関するものがないことからも分かるように、受刑者の人権保障を図る機関としては前者の重要性が高いものと考えられる。

　以上のように、それぞれの国において、受刑者人権の保障のために様々な機関を設けて、刑務所の行刑を監視するシステムを構築している。本書で確認した 4 カ国の例では、イギリスおよびフランスは OPCAT 締約国であり、OPCAT によって課される義務である、拷問等防止のための重層的な国内防止メカニズムを構築した。またアメリカのカリフォルニア州およびカナダは、OPCAT の締約国ではないが、複数の機関による監視システムを有する。それに比して、わが国の監視システムはいかなる性格のものか、またそれを発展させるために、これら他国の例から学ぶべきことは何か、次に考察しよう。

## 二　わが国の刑務所監視体制が学ぶこと

　わが国の刑事施設視察委員会は、すでに見たように、平成 15（2003）年「行刑改革会議提言」の中で、市民参加の方法の一例としてドイツの刑事施設審議会とともに取り上げられた、イギリスの独立監視委員会（Independent Monitoring Board）を参考にして設置されることになったもので[1]、監獄法に代わって 2005 年に成立し改正を経た、現行刑事収容施設法に基づき、全国

の各刑事施設に設置された。2017年度現在、全国に76の委員会が存在し、367人の委員が活動している。以下で、同委員会の組織的な側面に関する課題、実体的な側面に関する課題、受刑者人権および国際標準の理解に関する課題の3つの課題に限定して、同委員会の今後の発展可能性について論じたい。

(一) 組織的な側面に関する課題

(1) 独立性の課題

　刑事収容施設法8条2項は、視察委員会の「委員は、人格識見が高く、かつ、刑事施設の運営の改善向上に熱意を有する者のうちから、法務大臣が任命する。」とする。つまり、法務大臣の管轄下にある刑務所の視察をする委員会委員を、法務大臣が任命するという構造である。つまり設置される視察委員会も法務省の内部機関で、単に構成員がその矯正局の職員ではなく一般市民であるという点が、その他の内部査察機関とは異なるのみである。実質的には、各刑務所の長が地域の弁護士会や教育委員会、医療機関、地方自治体等に推薦依頼をし、推薦されてきた者が法務大臣によって任命されるから、視察を受ける施設の長が、任命手続に関与している上に、そのような手続を民主的に補完する議会の承認など、一定のスクリーニングの機会も存在しない。ところが、本書で取り上げた各国においてはすべて、指名と承認が別機関によってなされている。わが国では、それに反してほぼ非公開のプロセスで任命手続が進むため、そもそも極めて内輪の組織であり、視察される施設およびその上級機関が実質的に任命することも相まって、各委員会および委員の独立性は担保されていない。また、イギリスの国家評議会および独立監視委員会の委員は無給であるが、これも、それら機関の独立性を高めることに貢献している。少なくとも給与面での経済的基盤を、どの機関にも依存しないからである。

(2) 専門性の課題

　わが国の刑事施設視察委員会は、第三者だけで構成され、施設の職員や矯正局職員は加わらない。つまり、純粋に第三者で構成される機関であるが、

---

1　平成15年12月22日「行刑改革会議提言〜国民に理解され、支えられる刑務所へ〜」27頁。

それだけに、逆に内部の状況を把握することが非常に困難となる。なぜなら、理解できない事柄について、その都度、施設側に説明を求め、それに対する回答を得た上で、委員会としての議論をすることになるが、これが時間的にも状況認識としてもマイナスとなることは、想像に難くあるまい。確かに、施設の職員が多く入ることにより、内部委員会化してしまうことを恐れ、このように第三者だけによる委員会としたのであろうが、その分、不明な点についての処理が困難となっていることは否めない。この点は、カナダの矯正捜査局（OCI）の職員が、元刑務所職員を含む多様な人材で構成されていること、また、イギリスの国家評議会が独立監視委員会の委員に対して用意し、指定する研修プログラムの定期的受講を義務として課すことで、専門性の担保が図られていることが参考になるであろう。

(3) 対象の範囲の課題

　刑事施設視察委員会は、それぞれの刑務所に設置されており、その刑務所の行刑に関して、すべての事柄を検討対象とする。つまり、受刑者の苦情、受刑者との面談や受刑者から提出される「意見提案書」を基に実態を把握することは、カリフォルニア州およびイギリスの刑務所オンブズマンに類似している。また、刑務所ごとの矯正プログラムのあり方や実施状況などの把握に努め、それに関して刑務所幹部と意見交換をし、意見書をまとめるなどは、C-ROBの任務に類似した機能であろう。しかし、委員の中にそのようなプログラムの意義や有効性などについて理解できる委員、また説明し評価できる委員、まして改善点を指摘することができる委員が含まれているかと言えば、そのような委員会は日本全国76委員会にそれほどないであろう。そのような委員構成などについても、今後配慮する必要があると考えられる。先述 (1) 独立性の課題で触れたように、刑事収容施設法8条2項は、単に、「人格識見が高」いという、ほとんど意味のない資格要件しか定めていない。今後は、心理学・法学・医療など行刑に関連する専門分野に通暁する委員を委員会に入れるなど、要件の限定化が必要となるのではないだろうか。また、(2) 専門性の課題にも関連するが、全国の視察委員会で、視察の実施対象や方法など、ばらばらのやり方をしている現状に、統一性や一貫性を持たせ、すぐれた実践例などについての情報提供を行うことも、イギリスの国家評議会の

ような中心的組織の存在によって可能となろう。

（二）　実体的な側面に関する課題

（1）調査権限の課題

　刑事収容施設法によると、施設の長が、「委員会に対し、情報を提供する」（9条①）ことになっているから、その限りで委員会は情報を受ける権利がある。また、「委員会は、…刑事施設の視察をすることができる。…必要があると認める時は、…委員による被収容者との面接の実施について〔施設の長に〕協力を求めることができる」（9条②）とされているから、視察をすること、そしてその際、「必要があると認める」場合に、被収容者と（多くの場合に職員の立会なしで）面接をすることができる、または、少なくともその「協力を求めることができる。」また、「被収容者が委員会に対して提出する書面は、検査をしてはならない」（9条④）から、委員会は、無検査の書面を被収容者から受け取ることが認められている。こうして、情報提供、施設の視察、被収容者との面接、被収容者からの無検査での書面授受を通して有するに至った「意見を〔刑事施設の長に〕述べる」（7条②）ことができる。法律上、視察委員会に認められている権限は、以上のものに限定されている。

　これに対して、本書で検討した4カ国の機関の多くは調査権限を有し、刑事施設から独立した立場で自ら調査を行い事実の確認をすることが認められている。例えばイギリスの刑務所および仮釈放オンブズマン（PPO）は、収容中の死亡事件について全件を調査することが認められ、また、受刑者からの苦情を受け付け、苦情処理をし、施設に勧告をすることができる。また、独立監視委員会は24時間いつでも自由に刑務所内に入り、受刑者と面会をし、苦情の処理に当たったり、施設に少なくとも事実上の勧告を行ったりすることができる。刑務所首席査察官およびその下の刑務所査察局は、定期的な事前予告のある査察および予告のない査察を実施し、その結果を基に改善点などを施設に勧告するとともに、それら活動報告書を少なくとも年に一度は、法務大臣に直接提出することができる。また、カリフォルニア州の矯正更生局監視庁、特に独立審査局は、関係職員を尋問し、強制的に書類を収集し、監視カメラの映像や、事件撮影ビデオを押収し検証したりすることも可能で

ある。このように、意見を構成しその刑務所長に伝達するというわが国の委員会の方式ではなく、その機関の独立性と相まって、独自に調査権限を行使し、把握された事実に基づいて改善を勧告する権限を有することが現実的な観点から重要なのである。

(2) 活動範囲の課題

わが国の刑事施設視察委員会においては、全国的に様々な行刑を大局的・全体的に見る機会がない。つまり施設ごと、極端には1つの刑務所のみを視察するのが視察委員会であり、他の刑事施設における行刑の状況を把握することはできない。全国の全体的な刑事施設のあり方の中で、担当を委ねられているその施設の状況を相対的に理解し、視察し、意見を述べることが重要となる場合も多々あるはずである。そのようなことが現時点の視察委員会においては困難であろう。確かに、個々の施設につき、しっかりと把握することも必要であるから、視察委員会がそれを行っている点は、数多く存在する施設の矯正プログラムすべてについて議論するカリフォルニア州のC-ROBの監視方法よりも優れているかもしれない。しかし、監視の対象となるのが個々の施設に限定されているがゆえに、視察委員会が個別の施設の枠を超え、様々な状況や意見を集約し、全体的な、国としての行刑のあり方について監視していく制度とはなっていない点は、改善の余地があるであろう。改善策として考えられることは、イギリスの国家評議会が独立監視委員会のために定期的に研修を実施していることを参考に、年に1回以上の、全国または地区ごとの集会を招集し、個々の視察委員会の枠を超えた情報交換、状況報告、意見交換などを可能にする機会を設定することである。それにより、全施設の共通課題や問題点、また逆に、担当する個別の施設における特殊個別的な問題などが浮き彫りになり、それを踏まえて、いかなる問題対処方法や解決方法があるか、また必要か、自ずと明らかになってくることであろう。

(3) 報告書作成および勧告権限の課題

本書で検討した4カ国の様々な機関のうち、カリフォルニア州の刑務所オンブズマンを除くすべてが、個別に年次報告書を作成し、その中で、活動内容だけでなく、勧告の内容や理由等を明示している。それを、大臣等を通して、または、直接的に議会に提出することになっていたり、自らのホームペ

ージ上で人々が閲覧し、またダウンロードしたりできるようになっている。つまり、報告書の作成権限、議会等関係機関への提出権限・公開権限を有すると同時に、報告書に勧告の内容を明示することで、勧告を受けた機関は、その勧告に対して何らかの応答をすることを求められることになる。こうすることで、単に勧告するという権限を、勧告するだけで終わらせてしまうのではなく、勧告に対する応答を衆目の下に置くことで、勧告権限に実質性を持たせることができる。

　わが国の刑事施設視察委員会には、刑事収容施設法7条2項で、視察および意見提出の権限が認められる。「委員会は、その置かれた刑事施設を視察し、その運営に関し、刑事施設の長に対して意見を述べるものとする。」と。また、その意見の取扱いについて、同法10条は、「法務大臣は、…意見及びこれを受けて刑事施設の長が講じた措置の内容を取りまとめ、その概要を公表するものとする」とし、法務大臣に公表を義務づけているから、ある程度具体的な委員会意見と、それに対する刑務所の措置を知ることができるようになっている。10条に基づく、「委員会の提出意見及び刑事施設の長が講じた措置等の概要」は、法務省のホームページ上に公表されており、一定の透明性を確保しようとしている[2]。2016年度の1年間には、194回の視察と492件の面会を行い、刑事施設の長に対する意見の数は582件で、それに対する措置の数も582件であった。ただし、その内訳は、「さらに協議・検討が必要なもの」が123件、「本省に伝達したもの」が67件であり、「措置を講じた（又は講じる予定のもの）」が392件である[3]。

　個別の委員会の意見としては、例えば、過去のものだが、名古屋刑務所の視察委員会が平成25年3月15日に出した13の意見の内には、「職員の言葉遣いに対する適切な対応を要望する。」というものがあった。これに対する同刑務所からの回答は、「職員の言葉遣いについては、被収容者の人権等

---

[2] 同じホームページ上で、全34頁の「各刑事施設視察委員会の意見に対する措置等報告一覧表（平成29年4月末日）」が公表されている。この一覧表で、各刑事施設からの意見と、それぞれに対する措置がまとめられている。

[3] 平成29年7月28日付、法務省の報道発表資料による。http://www.moj.go.jp/kyousei1/kyousei08_00076.html 参照（2018年6月19日確認）。

に配慮した上で適正な業務遂行をすべく、研修を実施するなどして職員への指導を継続する。」というものである[4]。おそらく、視察委員会が受刑者から受ける「意見提案書」に職員の言葉遣いに関する苦情が記述されていた、または、同委員会の受刑者との面接において苦情が示されたのであろう。これについて委員会が、一般良識の観点から、職員が称呼番号またはあだ名で受刑者を呼ぶことについて問題性を感じて、刑務所に対処を求めたものであろう。このように些細なことであってもそれが日々重なることによって、最終的に大きな問題性を孕む事件が、刑務所のような自由剝奪施設において過去に何度となく起こってきたことから、このような市民的感覚を取り入れることは重要だ。

　しかし、委員会の意見の提出先は、あくまで「刑事施設の長」であり、カナダ、イギリス、フランスのように、大統領や議会に相当する内閣総理大臣や国会ではない。また、委員会は、やはりそれら他国のように、その意見を年次報告書としてまとめて自ら公表することはなしえない。例えば先述の例で、「言葉遣い」に関する意見に対する同施設長の回答が、「職員への指導を継続する」としつつも、「人権等に配慮した上で適正な業務遂行を」する、というのは、具体的には、「適正な業務遂行」を受刑者の「人権等」への「配慮」に優先させることを前提とする記述だ、と委員会が考えたとしても、それを公表してさらに施設長または矯正局長や大臣から回答を得ることは、現在の仕組みでは困難または不可能である。

　ところで、先述の委員会等機関の独立性、機関自ら積極的に調査する調査権限、報告書作成権限および勧告権限等は、緊密に関連しあっている。独立的であるが故に何ものにも左右されず公正な調査を実施することができ、そこで発見された事実に基づいて意見や勧告を発することが可能になる。そして、それら活動等を独自に報告書としてまとめて公開することができるのも、独立機関として実施した調査の結果に基づき、独自の勧告を発するからで、他の機関が報告書をまとめるわけにはいかないのである。したがって、これ

---

[4] 「各刑事施設視察委員会の意見に対する措置等報告一覧表（平成25年4月末日）」295番。http://www.moj.go.jp/content/000112624.pdf 参照（2018年6月22日確認）。

らの諸要素の一つが欠けても、監視機関に期待される十全な機能、つまり刑務所における受刑者の収容の状況や、そこにおける課題を公表し、それら課題を改善克服し、受刑者の人権保障を果たすという機能を遂行することができなくなるのである。

(三) 受刑者の人権および国際標準の理解に関する課題

さて、わが国の視察委員会のあり方と、他国の監視体制およびその諸機関とを、このように比較検討すると、同じように刑務所の外の機関でありながら、両者はその組織においても権限においてもまったく異なることが分かる。わが国が2006年に視察委員会を設置したときに、イギリス独立監視委員会をモデルとし、それについてある程度調査をしたはずであるのに、なぜこのように異なるものができたのであろうか。

それは、そのような国内防止機構を構築し一定の機関を設置する必要性や目的の認識、また設置の背景に存在する受刑者人権に関する考え方はじめ、基本的制度趣旨についての理解が十分ではなかったためかもしれない。わが国と同じようにOPCATを批准してはいないものの、第5章で見たようにカナダでは、すでに25年以上に渡って、独立した捜査権限を有する矯正捜査官（OCI）を制度として有してきたし、また、そのカナダの捜査官マニュアルによって、捜査官には、受刑者人権への配慮と理解が前提として共有されている。またイギリスやフランスのようにOPCATを批准した国では、OPCATがモデルにした「ヨーロッパ拷問防止条約（ECPT）」、および、その主要機関である「拷問防止委員会（CPT）」の現実的な実践などを踏まえ、それに学び、OPCATが創設した「国際的〔防止〕メカニズムと国内的メカニズムの二重構造」について理解し、またそのようなメカニズムがなぜ必要とされるのかについて認識し、それぞれ自国の既存機関に新規の機関を加え、新たな国内防止メカニズムを構築してきたのである。そして、このような刑務所の監視機構が、本書の第10章第2節で概観する「2015年マンデラ・ルール」と併せて、現在、世界標準となりつつあるのである。

他方わが国は、カナダやアメリカ合衆国と同様、OPCATを批准していない以上、政府として国連の拷問防止委員会を受け入れる国際法上の義務も、国内防止機構を構築する義務も負うことはないのは言うまでもない。また、

わが国には、カナダやアメリカのカリフォルニア州のように、独立の監視機関があるわけではないから、国内防止機構に該当する機関として指定することができる組織も存在しないので、OPCATを批准する準備段階にすらないかもしれない。また、設置されて10年以上が経過した刑事施設視察委員会は、もしかすると、これら他国の監視機関とは全く別の趣旨目的のもので、監獄法下の刑務所から、「国民に理解され、支えられる刑務所へ」と変化させるためだけの組織でしかないのかもしれない[5]。しかし、それでは、わが国の行刑のあり方、また、刑務所監視のあり方について、今後何ら発展性がないということになろうが、果たして現状のまま放置し、受刑者人権の捉え方も同様のままであることが正しいあり方なのであろうか。監獄法は、約100年間に渡って、刑務所等の施設を、国民からはおろか、上級監督機関である法務省からも閉ざされた組織とし続けることを可能とした。しかし、その間に、他国の行刑および刑事施設など、刑事政策等は確実に発展し実務に反映されてきたのである。この空白を今からでも埋めるべく、それらから学べることを学び取り、受刑者人権のあり方について、また、わが国の視察委員会の将来のあり方について、できる限り、OPCAT等に示される世界標準に接近するように様々な環境を整えることは、単に世界標準に追いつくためばかりでなく、2001年および2002年の名古屋刑務所事件によって失われた、日本における受刑者人権に関する世界からの信頼を取り戻すためにも必要なのではないだろうか。

　そのためには、早期に、例えばOPCATのような実践的特徴のある国際人権条約等に関する研究を進め、理解を深めることが大切であろうし、OPCATの「国内防止機構」実践例として、イギリスなどの防止メカニズムについて研究することも意義があろう。前述のように、OPCATは、その目的達成のための実践的方法として、国際機関である「拷問防止小委員会」およびOPCAT締約国の「国内防止機構」指定組織の双方の機能を用意し、これら2つのメカニズムによる「二重構造を統合化し」[6]た。この点が特に、

---

5　例えば、林眞琴・北村篤・名取俊也『逐条解説　刑事収容施設法〔第3版〕』（有斐閣、2017年）42-43頁参照。

OPCATの「画期的意義」また「革新性」とされる[7]。したがって、OPCAT締約国は、国内防止機構を設置することを義務づけられる。また、このメカニズムにより、社会復帰の可能性の向上、そして、そのことによる再犯率の低下と社会の治安の回復を図ることが可能となれば、それもまた、このメカニズムの「画期的」な効果であろう。これらを参考に、わが国の視察委員会について、受刑者人権の保障のために求められる機能を充足させつつ、より良いものへと構築していくことが重要である。

　要するに、OPCATにおいて、刑務所監視機関として必須の要件とされている独立性と公開性は、特に前者について、現在のわが国の視察委員会は、法令上も実体上も具備しておらず、後者についても、法務大臣が全国の委員会の意見を「取りまとめ」、「その概要を公表する」程度であるから、両者とも、より高めていくことが求められよう。

　もちろんわが国はOPCATを批准していないから、拷問等防止のための「国内防止機構」を設置する義務を、国際法的にも国内法的にも負っていない。しかし、外部の目を施設の中に入れることも含めて、「刑事収容施設の適切な管理運営を図るとともに、被収容者…の人権を尊重しつつ、これらの者の状況に応じた適切な処遇を行うことを目的とする」とした刑事収容施設法1条の趣旨を実現し、受刑者の人権を尊重し、更生の上、社会復帰を達成させ、国内治安を良好に維持するためには、現状の視察委員会の仕組みでは、少なくとも国際水準の観点からは不十分であり、今後の発展が極めて重要であることは、第3部における考察で明らかになったと思われる。

　また、どのような方向で発展させるべきかについても、明白である。つまり、独立性を高め、調査権限等の権限強化と、そのための専門性の確保、お

---

6　今井直「被拘禁者の国際人権保障の新たなメカニズム　拷問等禁止条約選択議定書の成立経緯とその内容・特徴」龍谷大学矯正・保護研究センター研究年報第1号（2004年）174頁。
7　同前、および、今井直「国際人権法と日本の行刑」菊田幸一・海渡雄一編『刑務所改革――刑務所システム再構築への指針』（日本評論社、2007年）27頁。また、このような「非司法的手段」のメカニズムを創設することは、「国連の人権条約でははじめての試み」で、これもOPCATが「画期的」である一つの理由であるとする。

よび、さらなる透明性の確保である。その際に欠かせない視点は、刑事施設の監視体制構築の最終的な目標は、単に、職員による暴力を防止することによって受刑者の身体的自由を保障することでも、また、制限された被収容者の自由権の範囲・程度の適切性を評価するシステムを構築することでもなく、むしろ、自由の制限を中心とする懲役刑の執行後、早期に完全な社会復帰をそれぞれの受刑者に達成させ、社会の一員として生産的な生活および活動が可能となるように制度設計をする、つまりカリフォルニア州の C-ROB を含むようなメカニズム、そしてそのための組織的体制を準備することだという視点であろう。そのためには、そのようなメカニズムと体制の構築こそが、「受刑者の人権を尊重」することであるとの理解が欠かせない。したがって、そのような観点からも、この第 3 部で考察したような、他国における刑事施設の監視メカニズムのあり方や、その背景の探究、そして、それを後押しする国際法上の義務づけの仕組み、および、その基礎をなす、自由を制限された者の人権に関する根本的な考え方や捉え方について、受刑者の自由権的側面からのみでなく、本来的に人は社会の一員として社会に包摂され受け容れられるべき存在であることを前提とする、社会権的な権利として捉え直すことが求められていると考えられる。つまり、一定の犯罪を実行したことにより、たとえ身体的自由の制限および自由刑として社会から排除され隔離されることを容認するとしても、受刑者はその後、社会にスムーズに再度包摂されるべきであり、そのために必要となる矯正教育や就職支援等を、国家の作用として受刑期間中受ける権利を持ち、自己の社会復帰を求める権利、またそのために必要となる施策等が無い場合はもちろん、不足している場合もその充足を求める権利を有すると理解する、つまり受刑者の人権を、社会権的、生存権的な権利として再構築する可能性について検討することが必要な時期に来ているのではないかと思われる。

　そのような観点から以下本書では、次の第 4 部で、1958 年のアメリカの刑務所の事件（*Trop V. Dulles*, 356 U.S. 86）においてアメリカ合衆国連邦最高裁長官ウォレン判事は、アメリカ合衆国憲法修正 8 条の「残虐で異常な刑罰の禁止」条項が、「人間の尊厳」を基礎にすると判示した。この判決を含み、それ以後、アメリカでは、そのような理解に基づいて、受刑者に対するどの

ような処遇につき、どのように憲法上問題提起され、また議論されてきたのか考察し、「人間の尊厳」の観点から、受刑者人権の社会権的側面を捉え、これを保障するための理論的端緒をつかみ取りたい。

第4部

人間の尊厳と
受刑者の人権に関する世界標準

第 3 部においては、他国において受刑者の人権を保障するための刑務所監視体制として、どのようなものが存在するかについて、カリフォルニア州の複合的な刑務所監視体制（第 4 章）、カナダの連邦刑務所について矯正捜査局が中心となる監視体制（第 5 章）、イギリスにおける重層的な監視体制（第 6 章）、そして、フランスにおける複数の憲法および法律に基づく専門官による監視体制（第 7 章）を考察した。

　その結果、いずれの監視体制においても、監視を担当する機関は独立性と透明性が必須の要件となっており、多くの場合にその点は法令上明確にされていること、また、前二者、アメリカ合衆国およびカナダは拷問等禁止条約選択議定書 OPCAT を批准していないにもかかわらず、そのような刑務所監視体制を整備しているのに対して、後二者、イギリスおよびフランスは、OPCAT を批准し、そこで要求される重層的または複合的な監視機関を設置するという要件を満たすべく、複雑かつ様々な監視機関による監視機構を構築したのである。

　つまり、受刑者の人権を保障するための国際標準として、OPCAT が要求するのは、各国が刑務所から独立した、複数の種類の監視機関を重層的、複合的に用意し、活動についての透明性を図ると共に、監視によって得られた資料と見解、さらに場合によっては専門的知見から、改革のための勧告を、通常、報告書という形で、議会または行政の長および国民に公表する権限を有する監視機構である。

　このように、イギリス、フランスを含むヨーロッパ諸国では、第二次世界大戦後の世界人権宣言（1948 年）、市民的及び政治的権利に関する国際規約〔自由権規約〕（1966 年）、またそれらを具体化した拷問等禁止条約（1984 年）、および、同条約を実現するための拷問等禁止条約選択議定書〔OPCAT〕（2002

年）などを尊重し批准すると共に、欧州で通用するヨーロッパ人権条約（1953年）、拷問等防止ヨーロッパ条約（1989年）など、基本的人権を超国家的に保障するという伝統が存在した。また、欧州評議会においても、その閣僚委員会は、締約国に対する勧告権限を行使して、1987年に刑務所視察を制度的に盛り込むよう各国の国内法整備を勧告するなど、受刑者の人権を保障するための制度構築を積極的に行ってきた。

そして、そのような積極的な展開の基礎には、第二次世界大戦後の世界秩序の再構築において、最高価値として「人間の尊厳」を措定し、それを諸国が受け入れたことを忘れてはならない。そして「人間の尊厳」を実現するために、基本的人権を諸文書で宣言、確認し、それらを保障するために必要な制度を構築してきたのである。

他方、アメリカおよびカナダは、わが国と同様、OPCATを批准しておらず、そこで要求されるような刑務所監視体制を構築する、法的な義務を課されているわけではないが、行刑への現実的な対処の必要から、様々な事件をきっかけに、第3部で検討した監視機関を設置することとなった。わが国においても同様に、2001年〜2002年の名古屋刑務所事件をきっかけに現行の刑事収容施設法が制定され、刑事施設視察委員会が設置されることになったのだが、今後、監視体制に関する研究を進展させ、世界標準に依って、受刑者の人権を保障するための組織に発展することが期待される。

さて、そのような諸外国における刑務所監視という制度の基盤的価値として、受刑者の「人間の尊厳」が国際的に承認されているのであるが、この第4部では、アメリカ合衆国憲法修正8条、つまり「残虐で異常な刑罰の禁止」条項の基礎に、「人間の尊厳」の概念が存在すると明言した1958年の合衆国連邦最高裁ウォレン長官の法廷意見、そして、その後の判例の展開を中心

に、アメリカにおいて、修正8条および「人間の尊厳」の概念が、受刑者の人権との関係でどのように作用してきたかを明らかにし、修正8条と同様の趣旨の条文を憲法に有する（憲法36条）意義を考察するための手がかりとしたい。

# 第8章

# 受刑者人権に関する
# アメリカ憲法修正 8 条の議論の展開と
# 更生プログラムに対する憲法上の権利

　アメリカにおいて、死刑の執行や死刑囚および懲役刑受刑者の収容に関連する問題が、どのように捉えられてきたかを明らかにするために、第 1 節ではいくつかの重要判例を概観する。それによって、数多くの事案において、合衆国憲法修正 8 条の「残虐で異常な刑罰の禁止」に違反しないか否かが問われてきた事実を示しつつ、どのような刑の執行、収容状況、また更生プログラム等の矯正教育を含む行刑が、受刑者処遇のあり方として憲法上の問題として問われてきたのか考察する。その上で第 2 節では、アメリカにおける収容に関連する学説について、ニルセンとロットマンの考えを検討する。そして、これらの検討を通じて、真の受刑者処遇のあり方と世界標準としての処遇のあり方を、どのように捉えるべきかについて考察したい。

## 第 1 節　アメリカ合衆国最高裁判例に見る受刑者人権の変容

　受刑者人権をめぐりアメリカ合衆国憲法において議論されるのは、修正 8 条が規定する残虐で異常な刑罰の禁止の適用範囲に関連してである。また、州刑務所における残虐で異常な刑罰については、修正 14 条を媒介として、修正 8 条が適用されることは言うまでもない。したがってここでは、修正 8

条をめぐる判例を検討することにとどめたい。

　第1節では、刑罰の入り口の問題として、犯罪と刑罰の重さの均衡が問われたトロップ判決、そして、刑罰の出口、つまり均衡のとれた刑罰であっても、その執行における問題として、典型的には、死刑執行の対象者の範囲について問われた判例を検討した後、本節の直接的な関心事である、懲役刑執行中つまり受刑期間における懲役のあり方と修正8条との関係を考察する。端的には、受刑者人権との関連で修正8条が問われた判例を検討の対象とするのであるが、刑罰決定の入り口および出口において、修正8条の適用範囲をめぐって打ち立てられた解釈基準、「成熟する社会の変化を示すところの、進展する品位の水準」に関する判例を概観する。その上で、この基準が、懲役刑受刑者の人権との関係においても妥当するとされていることを明らかにする。

## 一　刑罰の入り口の問題としての *Trop v. Dulles*, 356 U.S. 86（1958）判決

　司法積極主義を推し進めたことで有名なウォレン・コートが、刑罰の入り口の問題、つまり罪となる事実に科すべき刑罰として均衡が取れているか、すなわち罪刑均衡の原則に適合的か否かは修正8条の問題であり、そこで均衡が取れているか否かを判断するための基準として、「進展する品位の水準（evolving standards of decency）」を確立した判例が、このトロップ判決である。

　事件の概要は、以下の通りである。アメリカ生れでアメリカ国籍保持者であるトロップは、アメリカ陸軍の兵卒としてフランス領モロッコに駐留していた。懲戒処分で営倉に監禁されていたが、1944年5月22日にそこから脱走した。しかしトロップは、翌日、逃走経路を走行中のアメリカ軍の車両を自主的に停車させて基地に戻った。その後軍事裁判において、これら行為が脱走（desertion）に当たると判断され、当時の国籍法が適用されることとなった結果、トロップは国籍を失うことになった。この国籍法の規定、401条(g)[1]は、次のように規定していた。これが修正8条に違反するか否か、争われることとなった。

---

1　54 Stat. 1168, 1169, as amended, 58 Stat. 4, 8 U.S.C. §1481（a）(8).

401条　出生によると帰化によるとを問わず合衆国国民である者は、以下の場合にその国籍を喪失する。…

（g）戦時において合衆国陸軍又は海軍を脱走し、それにより軍事裁判所で有罪と認定され、かつそれによって陸軍又は海軍を罷免され又は不名誉除隊（dishonorably discharged）にされた場合。…

ウォレン連邦最高裁長官は法廷意見において、このような極端に重い実質的な不利益を科すことは、それが刑罰であると否とを問わず修正8条に違反すると述べ、トロップの国籍剥奪を容認しなかった。

第一に、市民権の性質一般について、本人の自発的な意思に基づかない限り剥奪は認められないとする。

市民権（citizenship）の剥奪は、いかに非難に値する行動を〔市民〕がとろうとも、政府が市民の行動についてその不快感を表明するために使うことができる武器ではない。本人が自発的に放棄又は断念する（renounce or abandon）のでない限り、私の信ずるところ、彼の市民権という基本的権利は保障される[2]。

したがって、トロップが自発的に市民権を放棄するのでない限り、一般的には、彼は市民権を失うことはない、としたのである。その上で、ウォレン長官は、では、刑罰として市民権剥奪が認められるのか否かについて検討をする。というのは、刑罰として認められるということであれば、本人の自発性を要件とせずに、市民権だけでなく他の通常の権利や自由の剥奪、制限を、刑罰権の行使として行うことが認められるからである。

そこでウォレン長官は、市民権剥奪が修正8条で禁止される刑罰に該当する不利益といえるか否かにつき、いかにしてこれまで最高裁が判断してきたか、その基準について述べる。

ある法律が〔刑罰的な〕刑事法であるか否かを判断するに当たり、当裁判所は

---

[2] *Trop v. Dulles*（1958）, 356 U.S. 86, 92-93.

一般的にその制定法の目的に基づいて判断してきた。その制定法が罰を目的として――つまり、違反者（wrongdoer）を非難するため、又は抑止するためなど――不能性（disability）を科するのであればそれは刑事法であると考えてきた。しかし、制定法が罰を〔目的として〕ではなく、合法的な（legitimate）他の政府目的を達成するために不能性を科するのであれば、それは刑事法ではないと考えてきたのである。…〔本件について考察すれば〕有罪と認定された脱走者から市民権を取り上げる目的は、単純に彼を罰するためである。この制定法〔＝国籍法〕が、用をなす（serve）合法的な目的は他には存在しない。この事件において国籍を剥奪する事（denationalization）は、国際問題（international problems）を解決する手段であると主張することすらできない。…したがって、この制定法は刑事法である[3]。

このようにして、国籍法の当該条文が刑事法としての性質を有する点を確認した上で、ウォレン長官は、これが連邦議会の法律制定権と修正8条との関係で、いかに評価されるのか、検討をする。

連邦議会の権限が市民権の剥奪に及ぶと仮定したとしても、この制定法に関して、国籍剥奪が、修正8条が意味するところの残虐で異常な刑罰に該当するか否かという問題が残る。戦時の脱走が死刑を科すことができるものであることからすると、国籍剥奪という罰が、犯罪の重大さとの関係で過度であるとの議論はなしえないかもしれない。問題は、この罰が、修正8条によって保障されている、文明国家における取扱いを行うという原則（the principle of civilized treatment）によって禁止されている結末（fate）に、個人を服させているのではないかということである[4]。…修正8条に横たわる基本的概念は、人間の尊厳（the dignity of man）にほかならない。国家は刑罰権を有する一方、この修正条項は、その権限が文明国の水準（civilized standards）の限界内において執行されることを保障するべく〔修正8条は〕規定されている。…当裁判所は、〔か

---

3　*Id.* at 96-97.
4　*Id.* at 99.

つて *Weems v. United States*, 217 US 349（1910）において〕この修正条項の文言は正確ではなく、また、その範囲は静的（static）ではないと認めた。この修正条項の意味は、成熟する社会の変化（the progress of a maturing society）を示すところの、進展する品位の水準（the evolving standards of decency）から導き出さなければならない[5]。（傍点筆者、以下同様。）

このように説明して、「残虐で異常な刑罰」の概念が可変的なものであることを前提とし、修正8条によって禁止される刑罰であると認定すべきか否かについては、「進展する品位の水準」に照らして判断するものとした。そして、この基準に照らして本件脱走兵の国籍剥奪という罰は、どのように評価されるか。ウォレン長官は言う。

〔国籍の剥奪は〕組織化された社会における個人の地位を完全に破壊（the total destruction）することである。これは拷問よりも、さらに原始的（primitive）な刑罰の一つである。というのも、それは個人の政治的な存在（the political existence）を破壊することだからである。…この刑罰は、憲法がよって立つところの主要な原理（cardinal principles）に違反するものだ。…憲法の規定は使い古した諺（time-worn adages）でも、空虚な合言葉（hollow shibboleths）でもない。それらは、生命を持つ生きた原理（vital, living principles）として、我々の国家の政府権限を認めるとともに、制限もする。…議会の法律がこれら〔憲法〕規定の一つと抵触すると思われるとき、我々は、憲法の最高命令（the paramount commands of the Constitution）を強制する以外の選択肢を、持ち合わせていない[6]。

このようにウォレン長官は、不利益または実質的刑罰を科すという立法の問題、すなわち刑罰の入り口の問題として、議会が制定した国籍法の当該規定が科す国籍剥奪という実質的な刑罰につき、修正8条が禁止する「残虐で

---

5　*Id.* at 100-101.
6　*Id.* at 101-104.

異常な刑罰」であることを認めた。

　そしてその際、ウォレン長官は、修正 8 条はその基盤的価値として、「人間の尊厳」の保障を有することを明確に示した。このようにして「残虐で異常な刑罰」に該当する事象か否かについては、「人間の尊厳」に代表される普遍的重要価値に基礎を持ち、かつ、時代や環境、人々の価値観の変化、文明社会の進展度など、諸要素の存在を前提とする、可変的な基準である「成熟する社会の変化を示すところの、進展する品位の水準」に従って判断することが可能であり、またそのように判断するように要求されるものと理解した[7]。そして、本件では、国籍剥奪という不利益は、「個人の政治的な存在」を抹殺することを意味し、現在の、文明社会として成熟した社会においては、修正 8 条が禁止する「残虐で異常な刑罰」に該当し、「人間の尊厳」に反する、としたのである。

## 二　刑罰の出口の問題としての
### *Roper v. Simmons*, 543 U.S. 551（2005）判決

　修正 8 条をめぐる多くの事件では、特に死刑をめぐって問題とされてきた。つまり、実行された犯罪行為と刑罰の均衡の点からは、その犯罪行為の甚大さから科すべき刑罰として死刑は問題がないとされるものの、その死刑という刑罰を執行する対象者が、精神病患者であったり未成年者であったりする場合、死刑を執行して問題はないのかという点である。換言すれば刑罰執行の問題、つまり、刑罰の出口の問題である。

　そして、この問題が実際に問われた、2002 年の有名なアトキンス判決[8]において最高裁は、精神遅滞犯罪者（mentally retarded offender）に対する死刑執行は、修正 8 条によって禁止されるとの結論を出した。この時に最高裁は、

---

[7] 同水準についての近時の判決等を含むさらなる議論については、参照、Stinneford, John F., *Evolving Away from Evolving Standards of Decency*, 23 FEDERAL SENTENCING REPORTER 2010（University of Florida Levin College of Law Research Paper No.2010-20）、および、門田成人「『進展する品位の水準』原理と修正 8 条（1）— *Roper v. Simmons* 事件判決をめぐって—」神戸学院法学 35 巻 3 号（2005 年）51 頁。

[8] *Atkins v. Virginia*, 536 U.S. 304（2002）.

障害者に対する死刑執行は、国民的なコンセンサスを得られておらず、死刑制度を維持する38州のうちの18州において禁止されていることをその理由の一つとし、「進展する品位の水準」を採用した。

また、未成年者に対する死刑執行の禁止については、2005年のローパー判決[9]で最高裁は、犯行時18歳未満の者に対する執行は、修正8条違反であるとした。同判決で法廷意見を執筆したケネディー判事は、次のように述べ、前述トロップ判決でウォレン長官が示したように、「人間の尊厳」を基盤的価値とする「進展する品位の水準」を、本件のような18歳未満の被告人に対しても採用することが適当であるとして、次のように述べる。

> 凶悪な犯罪を実行したとして有罪になった者ですら保護することによって、修正8条は、政府がすべての人々の尊厳（the dignity of all persons）を尊重する義務を有することを、再確認している。「残虐で異常な刑罰」の禁止は…〔修正8条の〕条文に従い、歴史や伝統また先例を考慮し、さらに憲法上の意図（the constitutional design）における目的と機能に関する適切な配慮（due regard）によって解釈されなければならない。この枠組みを実践するために、我々は基準（propriety）を設け、「成熟する社会の変化を示すところの進展する品位の水準」を参照することが必要であるとし、どのような刑罰が、残虐で異常と言えるほど不均衡なのか判断することにしたのである[10]。

その上で、トロップ判決以後、「子供の人権条約」や「市民的及び政治的権利に関する国際規約」などの国際的人権文書を考慮に入れることができるようになったとする。

> 少なくともトロップ判決以降、当裁判所は他国の法律や国際的権威（international authorities）が、修正8条の「残虐で異常な刑罰」の禁止に関する解釈において、示唆的（instructive）であるとして参照してきた[11]。

---

9　*Roper v. Simmons*, 543 U.S. 551（2005）.
10　*Id.* at 560-561.

このようにローパー判決は、犯行時18歳未満の者に対する死刑執行を修正8条違反と結論づけたが、そこには、やはりトロップ判決が打ち立てた「進展する品位の水準」と「他国の法律や国際的権威」を修正8条の解釈において考慮することにより、「人間の尊厳」を保障しようとする姿勢があった。

　1958年トロップ判決は、いわば刑罰の入り口の問題として、適用するべき刑罰、すなわち、国籍剥奪という実質的刑罰が、罪刑の均衡原理に妥当するか否かという点を修正8条の問題として取り扱い、その剥奪がその者の政治的存在を抹殺する点において、軍隊からの、わずか1日の脱走に対する不利益としては、「人間の尊厳」に反するほどの「残虐で異常な刑罰」になるとしてそれを否定した。他方、2002年アトキンス判決で最高裁は、罪刑均衡の観点からは死刑が妥当であるとしても、死刑執行対象者の問題として、精神遅滞者を除外するように修正8条は要求していると理解した。そして2005年ローパー判決では、精神遅滞者でも障害者でもない18歳未満の健常者への死刑執行につき、同様に、「進展する品位の水準」と「他国の法律や国際的権威」をもとに、犯行時18歳未満の者に対する執行は、修正8条違反に当たるとして、「人間の尊厳」を保障しようとしたのである。

　このように、刑罰の入り口である罪刑均衡の場面においても、刑罰の出口である執行の場面においても、修正8条は、「進展する品位の水準」と「他国の法律や国際的権威」を参照しつつ、「人間の尊厳」を保障するべく解釈するとするのが最高裁の基準である。

　それでは、生命刑ではなく、自由刑の対象である懲役刑受刑者の収容中の処遇、および、出所後の生活については、修正8条はいかに機能するのであろうか。つまり、罪刑の不均衡について、および、究極の刑罰である死刑の執行については、「人間の尊厳」を保障するために、「進展する品位の水準」や「他国の法律や国際的権威」を一定の基準として採用することは明らかになったが、財産刑を除いて刑罰の大多数を占める自由権の制限を柱とする懲役刑の執行について、修正8条は、同様の観点から同様の基準によって統制を図ることを要求しているのか否か、という問題を検討する必要がある。

---

11　*Id.* at 575.

自由刑執行中の問題の一つとして、過剰収容状況となった刑務所において、十分な医療措置等のサービスを提供することができない場合や、1人用の個室である単独室に2人の受刑者を収容する場合など、個別の受刑者の問題のみならず、一般的な衛生状態や給食、また矯正教育など、収容環境等に関して、修正8条は受刑者人権の保障のために機能するのか、また、精神疾患を抱える受刑者に対し、個別にいかなる精神医療を提供すべきかについて、限度を超える過剰収容を連邦裁判所が禁じ、改善を命じたコールマン判決、そして、精神疾患患者受刑者だけでなく一般受刑者に対しても一定の限度を超える過剰収容状況では、適切な医療サービスを確保することは不可能であると断じ、過剰収容の解消を命じ、医療サービスの改善を命じたプラタ判決を概観する。その後に、本章の中心的関心事項であるところの、刑務所内での受刑者処遇として、一定の生活環境や医療制度を確保した後に、さらに積極的な矯正プログラム等が憲法上、つまり修正8条の下でどのように捉えられてきたのか、判例および学説を検討する。

### 三　自由刑執行中における受刑者処遇に関する判決の検討

　アメリカにおいてもわが国においても、受刑者に対する医療措置に関して受刑者が訴訟を提起することは多い。そのような医療サービスに関する苦情や不満について、当然ながら、直ちに賠償が認められ、是正の措置が取られることになるわけではないにせよ、憲法違反であると判断される処遇としては、どのようなものが考えられてきたか、また、どのような基準で裁判所はそれを判断してきたか。

　この点について、健常者である死刑確定者についての判決、*Gregg v. Georgia*, 428 U.S. 153 (1976)[12] で最高裁は、「不必要かつ不当な苦痛（unnecessary and wanton infliction of pain）」を刑罰として科したならば、修正8条違反の可能性があるとした。そして、同1976年の *Estelle v. Gamble*, 429 U.S. 97 では、そのような苦痛であることを主張するためには、受刑者は公権力側に「意図的な無関心（deliberate indifference）」が存在したことを証明しなければなら

---

12　『英米判例百選〔第3版〕』別冊ジュリスト139号（有斐閣、1996年）118-119頁。

ないとした。

　このような基準の適用によって、医療措置に関して修正 8 条違反が議論され認められたのは、精神医療に関する判決であるコールマン判決（1995 年）、および、一般受刑者に対する通常医療に関する判決であるプラタ判決（2005 年）である。しかしそれ以前に、「意図的な無関心」に関連して、どのような判例において何が議論されてきたのかについて明確にし、その上で、刑務所医療体制における受刑者の権利が救済された例として、コールマン判決およびプラタ判決を概観する。

　（一）　*Estelle v. Gamble*, 429 U.S. 97（1976）

　刑務作業中に背中に負傷したとして治療を求めた受刑者ギャンブルに対して、初診の医務官は一定の処置をしたものの、ねんざの一種と診断してレントゲンを撮るなどはしなかった。その後 1 週間ごとの診察で、毎週、刑務作業免除の診断を出すとともに痛み止めを処方するなどした。約 1 カ月経過しても、ギャンブル本人は当初と変わらぬ痛みを訴えたが、同医務官は刑務作業免除を更新せず、痛み止めの投薬のみ 1 週間継続した。その後も痛みを訴え続けたギャンブルは作業に出られず、作業拒否を行い、これがもとで懲罰審査会に掛けられることになった。懲罰審査会では、ギャンブルを別の医務官に診せることが決められ、その 2 人目の医務官の診断に基づき、ギャンブルに対して加療が継続されることになった。それと同時に、ギャンブルは調査隔離（administrative segregation）に付された。その後、再度の懲罰審査会で 2 人目の医務官は、ギャンブルは「最良の治療が必要な状況（"first class" medical condition）」であると陳述したが、懲罰審査会はその必要はないとして、ギャンブルに、作業拒否で閉居罰（solitary confinement）を科した。ギャンブルは、その後も背中の痛みを訴え続けるとともに、もともと高血圧であったことが原因で胸の痛みも生じてきたため、第 3 の医務官による診察の結果、入院措置が取られ、心臓に対する治療が施された。ギャンブルはその後退院し、再度調査隔離に付された。再び医務官による診察を求めたギャンブルに対して刑務所側は、これを数日間拒否した後に、ようやく医務官の診察を認めた。このような一連の取り扱いにギャンブルは不満を覚え、苦情を申し出たため、最終的に裁判所の判断が必要となったのである。

法廷意見を執筆したマーシャル裁判官は、先のトロップ判決において確立されたように、修正8条の基盤的価値である人間の尊厳を確保するために、「進展する品位の水準」と「他国の法律や国際的権威」を基準にして、修正8条違反に当たるか否かを決めるとして次のように述べる。

　　この修正条項は、「尊厳、文明水準、人間性、そして品位に関する広範かつ理想的な観念」を具現化しており、我々はそれらを基本に、刑罰的措置（penal measures）を評価しなければならない。つまり、我々は、「成熟する社会の変化を示すところの進展する品位の水準」…に照らして矛盾するものを、また、「不必要かつ不当な苦痛の負荷」を含むものを、修正8条に違反すると判断してきた[13]。

　そしてマーシャルは、受刑者にとって適切な医療を受けることができないことは、大変な苦痛であり、拷問に匹敵する可能性を認める。

　　受刑者は、自己の医療ニーズの扱いについて刑務所の権力に依存しなければならないのである。もしも権力がそれを怠ったなら、そのようなニーズは満たされないだろう。最悪の場合には、そのような懈怠は現実的に「拷問または長引く死（lingering death）」を生起させることだろう。…そのように深刻な場合でなくても、医療的ケアの拒否は苦痛と苦悩（pain and suffering）をもたらすかもしれず、そのようなことはいかなる刑罰の目的にも役立たないことは誰にとっても明らかだ。そのような不必要な苦悩の負荷は、品位に関する現代の水準（contemporary standards of decency）に矛盾するものだ[14]。

　また、このような考え方は、「国連被拘禁者処遇最低基準規則」や、その他の国際的人権文書にも示されているとする。しかし、訴訟において、刑務所側の違法性を認定するためには、刑務所職員等に意図的な無関心があり、

---

[13] *Estelle v. Gamble*, 429 U.S. 97（1976）, 102-103.
[14] *Id.*

それによって、そのような不必要な苦痛や苦悩がもたらされたという事実が必要だとする。

　　我々は、受刑者の深刻な医療ニーズ（serious medical needs）に対する意図的な無関心が、修正8条が禁止する「不必要かつ不当な苦痛の負荷」を構成すると結論する。これは、無関心が、医者が受刑者のニーズに〔不十分にしか〕応えない〔という〕ことによって表明されることもあるし、刑務所看守が意図的に医療的ケア、または、それへのアクセスを否定したり、遅延させたりすることによって〔表明されること〕もありうるし、または、意図的に、一旦〔医師により〕指示され〔開始され〕た治療を妨害することによってもありうる[15]。

とすると、次に問題になるのは、意図的な無関心とはどのようなもので、受刑者はいかにしてそれを訴訟で問題とするべきか、ということになる。

　　適切な医療ケアを提供できなかったことが偶然的（an inadvertent）であった場合には、「不必要かつ不当な苦痛の負荷」、または、「人間の良心に矛盾する（repugnant to the conscience of mankind）」事実が存在したとは言えない。したがって、医者が診断や治療において不注意（negligent）であったことは、修正8条の下での治療ミス（medical mistreatment）について有効な主張とはならない。単に被害者が受刑者だということによって、医療過誤（medical malpractice）が憲法違反ということにはならないのである。〔訴訟として〕有効な主張をするためには、受刑者は、深刻な医療ニーズに対する意図的な無関心が〔刑務所職員に〕あったことを証明するべく、その行為または不作為が十分に有害であったこと（acts or omissions sufficiently harmful）を主張し（allege）なければならない。そして、そのような無関心のみが、修正8条違反となる「進展する品位の水準」に抵触しうるのである[16]。

---

15　*Id.* at 104-105.
16　*Id.* at 105-106.

つまり、ギャンブルのように、作業中の事故に起因するもので、事実として相当の苦痛がもたらされた場合であっても、レントゲンは撮らなかったものの、複数の医者による診断を受け、一定の治療と休養が認められたのであれば、ギャンブルが刑務所側に意図的な無関心があったことを証明しない以上、ギャンブルの主張は認められないと結論づけたのである。
　しかし、この法廷意見に対しては、ブレナン判事が反対意見を執筆している。いくつかの反対理由の中で、ギャンブルに対して、「意図的な無関心が刑務所職員にあったことを証明」する責任を要求する点については、過度の要求であると批判し、すでに十分な実質的主張が手書きの書面でなされている点に注目した。さらにブレナン判事は、「意図的な無関心」について、法廷意見の理解は間違っているとする重要な指摘をしている。法廷意見では、単なる職員の不注意による医療ニーズの不提供などは「意図的な無関心」を構成せず、したがって修正8条違反にはならず、医療職員が、意図的に医療ケアを否定したり遅延したり、または、すでに受けている治療などを妨害したりすること、および、そのような行為または不作為が十分に有害であることが必要だとした。しかし、ブレナン判事はこれに対して、次のように反論する。

> 修正8条違反について、〔職員の〕意図（intent）が必要であるということであれば、私は同意できない。もしも州が犯罪に対する刑罰として懲役を選択するのであれば、適切性の最低基準（minimal standards of adequacy）に適合するような健康管理体制を、自らが収容する被収容者に対して提供する義務を負っているものと私は信ずる。その基本的な義務の一部として、州およびその機関は、医療ケアに対する合理的なアクセスを〔受刑者に〕提供し、有能で勤勉な医療スタッフを提供し、指示されたケア（prescribed care）が現実に提供されることを保障する積極的な義務（an affirmative duty）を有する。というのは、医療ケアの否定は、文明国家が犯罪に対して科すことができる刑罰の一部分では決してないからである。…〔そのような適切なケアが提供できないのであれば〕受刑者は、州の憲法上の義務違反によって苦しまなければならないことになるのである[17]。

つまりブレナン判事は、適切な医療の提供は公権力側が負う憲法上の義務であり、そのような医療を提供しなかったということ自体が、憲法違反を構成し、医療の提供を敢えてしなかったというような、刑務所職員の個別具体的主観的意図の存在とその証明は、修正8条違反の要件にはならないという、極めて妥当な反対意見を述べたのである。

　以上、エステル判決の法廷意見では、「意図的な無関心」に関する過度な要件が肯定されたことにより、刑務所における医療体制の脆弱性を憲法上の権利侵害として受刑者が主張することは、非常に困難であることが明確となった。ただし、そのような高いハードルを受刑者に課し、公権力側に、医療ケアの不提供について相当否定的な意図がない限り、受刑者の救済は認められないとする、その意味では非現実的な要件を課すことにつき、ブレナン判事のように、憲法上の課題を提起する反対意見も存在したことは、注目に値しよう[18]。

　さて、「意図的な無関心」の要件のほかに、本判決が要求したのは、その実害の発生である。つまり、職員に「意図的な無関心」があったために、受刑者において「十分に有害」な状況、つまり「不必要かつ不当な苦痛」が発生したことが、救済のためには必要であるとしたのである。エステル判決以後、この点について問われたが、受刑者の主張が認められなかったのが、

---

17　*Id.* at 117（Brennan, J., dissenting.）.
18　同様に、この「意図的な無関心」の基準を問題視する学説として、後述、Eva S. Nilsen, *Decency, Dignity, and Desert: Restoring Ideals of Humane Punishment to Constitutional Discourse*, 41 U.C. Davis L. Rev. 111 at 145. ニルセンは、エステル判決をトロップ判決の「進展する品位の水準」の捉え方から後退したものと捉える。特に、一般的な刑務所での処遇制度全般または生活環境等について修正8条の問題とすることはほぼ不可能になったと批判する。つまり、仮に個別の医療ケアについて「意図的な無関心」という厳しい基準を認め、医務官を含む刑務所職員が不適切な医療提供を行い、または医療提供をしないことにつき、意図的無関心が存在したことの証明責任を受刑者に負わせるとしても、それは例えばギャンブルが刑務作業中に負った苦痛に関する個別の医療ケアについてのみ有効な基準であり、医療体制や過剰収容などといった、一般的生活環境や一般的制度そのものの欠陥を問題とする場合には、まったく用をなさない、との正当な批判である。

*Rhodes v. Chapman*, 452 U.S. 337（1981）, *Wilson v. Seiter*, 501 U.S. 294（1991）および *Farmer v. Brennan*, 511 U.S. 825（1994）である。以下、これら判決を概観する。

　（二）　*Rhodes v. Chapman*, 452 U.S. 337（1981）

　エステル判決において問題とされたのは、特定の受刑者ギャンブルに対する医療措置が修正8条に該当するか否か、であったのに対して、ローズ事件で問われたのは、特定の受刑者に対する医療措置など、特定の行為ではなく、過剰収容による刑務所の生活環境を含む受刑者処遇の状況など、刑務所の一般的状態または状況の全体が劣悪となっている点が、修正8条に違反するとされるか否かであった。

　オハイオ州の重警備刑務所に収容されていた受刑者チャップマンは、同刑務所収容率138％の過剰収容状況において、1人用に設計され、事実1人分しかスペースが無い単独室に、2人収容することによってもたらされる劣悪な環境は、修正8条が禁ずる「残虐で異常な刑罰」に該当すると主張したものである。これに対して本ローズ判決は、これまで最高裁が修正8条に違反するような収容（confinement）とはどのような収容か、つまり憲法に違反する収容の要件や条件について問われた事案はなかったとし、その要件につき、それまでの判例をまとめた上で、「不必要かつ不当な苦痛」（*Gregg v. Georgia*）、「罪刑の甚大な不均衡」（*Coker v. Georgia, Weems v. US*）、「進展する品位の水準」（*Trop v. Dulles*）、「意図的な無関心」（*Estelle v. Gamble*）などが基本的な判断基準となるとする。そして、一定の範囲の苦痛は、刑罰に付随するものとして認容されるとする。

　　そのような〔収容の〕条件（conditions）がたとえ厳しいものであっても、〔一定の〕制限的な（restrictive）範囲においては、刑事犯罪人（criminal offenders）が社会に対して起こした犯罪について支払わなければならない代償（penalty）の一部分である[19]。

---

19　*Rhodes v. Chapman*, 452 U.S. 337（1981）, 347.

そして、単独室への2人収容については、それにより「不必要かつ不当な苦痛」がもたらされるとは言えないとする。

　　予知できなかった刑務所収容者数の増大によって必要となった単独室2人収容（the double celling）は、必須食物、医療ケア、衛生〔維持〕を〔受刑者から〕剥奪することには繋がらなかった。またそれは、受刑者間での暴力を増加させなかったし、刑務所収容におけるその他の条件を耐えがたいものともしなかった。確かに、刑務作業および教科指導（job and educational）の機会は、単独室2人収容により、わずかに減少したものの、作業時間の制限と教科指導の遅延は、苦痛を負荷するものではなく、ましてや「不必要かつ不当な苦痛」ではない。この種の〔作業時間や教科指導の〕剥奪は刑罰ではない。更生に望ましいこれら支援（aids）の遅れが憲法に違反するとするためには、修正8条の文言と歴史を、それ〔＝修正8条〕からもぎ取らねば（wrench）ならないだろう[20]。

　こうして、138％の過剰収容に伴う単独室2人収容は、「不必要かつ不当な苦痛」を受刑者にもたらさないとし、修正8条で禁止されるような刑罰に該当しないとした。ただし、この判決中で注目すべきことは、このようにチャップマンの主張を退けつつも裁判所は、過剰収容の問題と、「更生に望ましい支援の遅れ」とを関連づけたことである。つまり、過剰収容と単独室2人収容により、刑務作業、教科指導等の矯正教育に遅れが生ずることを認めながらも、しかし、それは修正8条の問題とはならないと結論していることから、過剰収容での収容状況には、否定的な側面が潜んでいることを認識し

---

[20] Id. at 348. またこの判決には、ブラックマン、スティーブンス両判事が同調しブレナン判事が執筆した同意意見、ブラックマン判事の同意意見およびマーシャル判事の反対意見がある。マーシャルは言う。「私には、立法府の判断およびこの問題を研究した人たちの一貫した結論は、これらの基準〔＝尊厳、文明水準、人道性、品位等〕は、あまりにも過剰な収容状況（conditions）で、深刻な害悪（serious harm）を帰結するような収容を非難する、ということである。そのような状況が正にここに存在するということを、〔証拠等の〕記録が十分に提示している。」（id. at 372.）

たことを表している。

　矯正プログラム等、矯正教育に関する憲法上の考え方については、後に改めて考察するが、その前に、このローズ判決が「不必要かつ不当な苦痛」という客観的要素を問題としたのに対し、刑務所職員の主観的要素が修正8条違反の要件となるとしたウィルソン判決を次に概観し、収容状況についての判断には、さらに高度の要件が要求されることになった事実を明確にしよう。また、その次のファーマー判決では、主観的要素としての「意図的な無関心」について、エステル判決よりもさらに高いハードルを設定したので、ウィルソン判決の後にそれを検討する。

　（三）　*Wilson v. Seiter*, 501 U.S. 294（1991）

　オハイオ州の刑務所に収容されていたウィルソンは、以下のような収容状況が、修正8条に違反すると主張した。すなわち、「過剰収容、過度の騒音、不十分なロッカー収納スペース、不適切な冷暖房、不適当な換気、不潔で不適当なトイレ、不衛生な食堂および食事準備、精神的および身体的患者との居住」[21]である。この主張を退けて、法廷意見を述べたスカリア判事は、エステル判決およびローズ判決で、最高裁が受刑者である原告たちの主張を退けた根拠および基準をまとめた上で、これまで収容状況に関する考察では対象としてこなかった、刑務所職員の主観的要素の考察が求められるとする。

> 　我々のローズ判決における判断は、修正8条〔を根拠とした受刑者〕の刑務所に対する苦情に関して、客観的要素（the objective component）を問題にした（剥奪は十分に深刻だったか〔= Was the deprivation sufficiently serious?〕）が、主観的要素（the subjective component）は考察しなかった（職員は十分に有責な精神状態をもって行動したか〔= Did the officials act with a sufficiently culpable state of mind?〕）[22]。

　そしてそのような主観的要素は、「残虐で異常な刑罰」を禁止する修正8

---

21　*Wilson v. Seiter*, 501 U.S. 294（1991）, 296.
22　*Id.* at 298.

条の文言から導かれるとする。

> 意図の要件（the intent requirement）の源は、当裁判所の偏向（the predilections）ではなく、残虐で異常な刑罰だけを禁止している修正8条である。負荷された苦痛が、刑罰として、法律や判決を下した判事によって正式に科せられたのでなければ、精神的要素（some mental element）が、…〔苦痛を〕負荷した刑務所職員に帰せられなければならない[23]。

つまり、正式な刑罰として、残虐で異常なものは絶対的に禁止されるが、正式な刑罰ではない、「不必要で不当な苦痛」が負荷された場合には、刑務所職員の主観的要素の要件が満たされなければならないと言うのである。

それでは、刑務所の収容状況が劣悪であると主張されているときに、それが修正8条違反であるとするには、刑務所職員のいかなる精神状態が要求されると言うのか。収容状況の問題と特定の措置の問題との違いは何か。スカリア判事は、ローズ判決後のウィットリー判決[24]およびローズ判決を参照しながら述べる。

> 〔職員の〕その行動が、修正8条違反であるという主張の客観的要素を満たすほど十分に危害的（harmful）であったと仮定して、…果たしてそれが「不当（wanton）」と性格づけられるか否かは、職員が直面する制約（constraints）に依存している。…受刑者が受ける医療ケアは、給与される食事、衣服、居室の室温、および、他の受刑者〔からの侵害〕に対して与えられる保護とまったく同様に、収容の「状況（condition）」なのである。一般的な事柄として、これら非医療的状況に関して刑務所職員が取る行動は、医療的状況に関する彼らの行動と、具体的に異なる制約（materially different constraints）であると考えられる兆候（indication）は何もないのだ[25]。

---

23 *Id.* at 300.
24 *Whitley v. Albers*, 475 U.S. 312（1986）.
25 *Wilson v. Seiter*, 501 U.S. 294（1991）, 303.

つまり、収容状況の問題と医療措置の問題とは、職員の受ける「制約」としては同じであるから、受刑者に対する医療措置が問題とされたエステル判決の場合と同じ「意図的な無関心」の基準が、収容状況の劣悪さを判断する場合にも用いられるべきであり、そのような高度の無関心が職員にあったことが、修正8条違反となる収容状況の認定には必要であるとしたのである。また、ローズ判決でも受刑者の主張として存在した、収容の全体的考察または全体的状況（overall conditions）についても否定し、十分に具体的な、生存に関わる剥奪が必要だとする。

> 「全体的状況」というような、これほど漠然とした（so amorphous）ものが、人間的〔生存の〕必須要素は殊更に1つも剥奪されていないにもかかわらず、〔収容状況を〕残虐で異常な刑罰のレベルに引き上げることができようか[26]。

以上のように、ウィルソン判決は、劣悪な収容状況が修正8条に違反するか否かを判断する際にも、個別の医療措置についての判断と同様に、職員の「意図的な無関心」という主観的要素が要件とされるとしたのと同時に、当然ながら、すでに確立された客観的要素としての「不必要で不当な苦痛」も要求されるとした。また、本件のような収容状況の審査においても、収容状況を全体的に見て修正8条違反とするような、漠然とした評価はせず、個別の人間的必須要素の剥奪が起きたことが要件であるとし、非常に高い要件が必要とされた。つまり、収容における諸々の人間的必須要素の「累積的な」マイナス効果というような全体的考察は、判断基準として認められないと言うのである。

このような法廷意見に対しては、実質的な反対意見である同意意見が、ホワイト判事、マーシャル判事、ブラックマン判事およびスティーブンス判事から提出された。その中には、特に主観的要素に関する重要な指摘がなされているので、概観しておきたい。

同意意見を執筆したホワイト判事は、最初に、法廷意見が、正式な刑罰に

---

26　*Id.* at 305.

よる「不必要で不当な苦痛」のみが、刑務所職員の主観的要素抜きで、つまり客観的要素だけで修正8条違反となる可能性があるが、それ以外の苦痛については職員の主観的要素が要件になるとすることに疑問を提起する。

　この論理は、収容状況に対する〔受刑者の〕主張に関する、我々の先例を無視するものである。先例で我々は、〔収容〕状況それ自体、個別に「法律または判事によって科せられた」ものでなくても、刑罰の一部（part of the punishment）であると明確にした。…ローズ判決は、したがって、収容状況に対する修正8条〔違反〕の主張は、刑罰に対する修正8条〔違反〕の主張として取り扱われるべきである。〔つまり〕正式に刑罰として、法律または判決を下す判事によって科せられた刑罰である。我々は、客観的な過酷さ（the objective severity）だけを審査するのであって、政府の官吏の主観的な意図（the subjective intent）〔を審査するの〕ではない[27]。

　こうして、刑務所職員の主観的要素を、収容状況が修正8条違反であるか否かの判断要素とすることを批判した上で、ホワイト判事は次に、法廷意見が収容状況の「全体的状況」を考察して修正8条違反と判断することを拒否した点について批判する。

　非人間的な刑務所の状況は、往々にして内外の数えられない〔ほどの〕職員による、時として長期間にわたる、累積的作為および不作為の結果である。そのような状況においては、誰の意図が審査されるべきか明確であることからは、程遠い。刑務所制度のような一制度に対する〔憲法違反との〕主張を考察するときに、〔職員の〕意図は、単にあまり意味をなさないというのが真実である。…私の見解では、刑罰の形態として収容を選択したのであるから、州は、刑務所の状況が、修正8条によって要求される「現代における品位の水準（contemporary standard of decency）」に適合することを保障しなければならないのだ。…私が恐れるのは、今日の判決で、〔本件原告に関する〕「人間の基本的必要要

---

27　*Id.* at 306, 309（White, J., concurring.）.

素（basic human needs）の深刻な剥奪」が、「意図的な無関心」の不必要で無意味な探究（an unnecessary and meaningless search）のせいで、救済されないという最終結果である[28]。

　以上のように、非常に高いハードルを課したウィルソン判決であったが、4人の判事が実質的な反対に回ったという事実、そして、劣悪な収容状況が問われる本件のような場合に、刑務所職員の意図を問うのではなく、全体的な状況要素の累積効果を参酌して、「現代における品位の水準」に照らし、修正8条違反を認定するべきであると、正当にも唱えたという事実には注目するべきであろう。
　次に、「意図的な無関心」がさらに問われ、修正8条違反の認定に、さらに高いハードルが要求されることとなった、ファーマー判決を概観する。
　（四）　*Farmer v. Brennan*, 511 U.S. 825（1994）
　性同一性障害者で、トランスセクシュアルな、生物学的には男性である受刑者ファーマーは、他者の生命身体に危害を加えるような重大犯罪によってではなく、財産犯、具体的にはクレジットカードを利用しての横領罪で有罪となり、連邦男子刑務所で懲役刑を受けていた。ファーマーのような特別な特徴を有する受刑者は、他の受刑者から性的なターゲットにされやすい傾向があり、彼もその例外ではなかった。受刑中のある時点で、他の受刑者から性的被害を受け、HIVにも感染してしまったファーマーは、刑務所には、そのような他の受刑者による加害行為から自分のような弱者受刑者を守る義務があるにもかかわらず、刑務所はそれを怠り、修正8条に違反してファーマーに「不必要かつ不当な苦痛」を与えたとして出訴したものである。
　本件において最高裁は、エステル判決以来の事件で明らかにされたものとして、「意図的な無関心」の基準につき、次のように述べる。「それは、害を加えようという目的、または、結果として害がもたらされるだろうという認

---

[28] *Id.* at 310-311（White, J., concurring.）. このホワイト判事の同意意見を分析し、同様に法廷意見を批判する論説として、Amy Newman, *Eighth Amendment — Cruel and Unusual Punishment and Conditions Cases,* 82 J. CRIM. L. & CRIMINOLOGY 979（1991-1992）.

識 (knowledge) による行為または不作為以下のもの (something less) によっても満たされる。…不注意 (negligence) と、〔害する〕目的または認識の間に存在する。…受刑者に対する深刻な害悪の相当なリスク (a substantial risk of serious harm) に向けて、意図的な無関心をもって行為する、または行為しない、ということは、そのリスクを無謀にも無視することに等しい (equivalent of recklessly disregarding that risk)」[29]

　刑務所職員の主観的「意図」に依存する基準の適用に異議を唱えるファーマーに対し、このように裁判所は、そのような異議を否定して、より高い職員の認識の基準を示した。

　　刑務所職員が、受刑者に収容の人道的状況 (humane conditions of confinement) を否定したとして、修正 8 条違反で責任を負うのは、その職員が、受刑者の健康または安全について過度のリスク (excessive risk) があることを知っておきながらそれを無視したという事実が必要である。つまり職員は、深刻な害悪の相当なリスクが存在することを、そのことから推測することができるような事実を知っており、かつ、〔実際に〕彼〔＝その職員〕がその推測をしなければならないのである[30]。

　このように連邦最高裁は、「意図的な無関心」の基準につき、相当に高いハードルを要求し、受刑者が個別具体的な課題を有し、その救済を求める場合に、修正 8 条に基づく救済を受けることが現実的に非常に困難な状況を作り出した。つまり、例えば、受刑中に最低限の衣食住の確保について、また、適切な医療ケアを受けることについて、さらに、自分の身の安全や適切な生活環境を確保することについて救済を求めようとしても、刑務所職員がそれらを「意図的な無関心」によって確保しない、提供しないなどの主観的意図が存在したことを、受刑者が証明しなければならないとしたのだから、現実的に立証困難な要件と言わざるをえない。さらに、その前提として、受刑者

---

29　*Farmer v. Brennan*, 511 U.S. 825（1994）, 835-836.
30　*Id.* at 837.

に「深刻な害悪の相当なリスク」が、そもそも存在しなければならない。であれば、個別具体的な問題ではなく、過剰収容またはそれに起因する脆弱な医療体制や劣悪な生活環境、その他の制度的な欠陥によって受刑者たちにもたらされる、様々な不具合や不都合について改善を求めようとするならば、さらにその証明は困難となり、その負担は甚大なものとなろう。

他方で、先述ローズ判決では、単独室に2人収容する状況にまでなった過剰収容率は138％であったが、その過剰収容をはるかに超える収容状況となり、単独室2人収容よりも、さらに過酷な生活環境が刑務所内にできたとすると、修正8条に基づき、どのような司法判断が可能となるのか。そのような過酷な状況において、刑務所医療のあり方が問われた2つの事件の概要については、第3章カリフォルニア州の刑務所改革においてすでに概観したが、再度、修正8条が受刑者人権の保障のために機能した事例として確認しておく。

(五) *Coleman v. Wilson*（1995）および *Plata v. Schwartzenegger*（2005）

これら2つの判決では、ほぼ200％の過剰収容状況となったカリフォルニア州の刑務所における医療体制のあり方が、修正8条違反であると認定され、これを改善するように州政府が要求され、実際に改善に向けて具体的な方策が示されることになった。

(1) コールマン 対 ウィルソン（1995年）[31]

精神病患者である受刑者コールマンが、当時の州知事ピート・ウィルソンおよび州刑務所組織の長を相手に起こした訴訟で、メンタルヘルス・ケアが、刑務所内でほぼまったくなされておらず、精神病患者の受刑者に対する処置はおろか、そのための手続も存在しないという状態は、合衆国憲法修正8条が禁止する「残虐で異常な刑罰」に該当し、修正14条に違反すると主張したのに対し、カリフォルニア州東部地区連邦地方裁判所はコールマンの主張を認め、以下のように判断した。すなわち、受刑者の意に反する薬物治療を刑事施設が実施するには、医務官がそれを決定し、「独立した治療決定権者

---

[31] Ralph Coleman, et al. v. Pete Wilson, et al., 912 F. Supp. 1282（E.D. Cal.）, September 13, 1995. Also see, Lopez, *Coleman/Plata: Highlighting the Need to Establish an Independent Corrections Commission in California,* 15 BERKLEY JOURNAL of CRIMINAL LAW 97.

によって〔その決定の正当性が〕審査されなければならず、その審査は治療実施前に開催される管理ヒアリングにおいて行われ、そのヒアリングの開催について、ならびにそこに出席する権利およびそこで証拠を提示し、かつ証人に反対尋問をする権利があることを、〔当該〕受刑者に通知しなければならない」にもかかわらず、カリフォルニア州刑務所では、そもそもそのような実施を統制する手続がなく、受刑者の意に反する薬物治療の開始以前に手続的保護は何ら存在せず、実務は、実体的・手続的権利を侵害しているとされた[32]。

そして、「残虐で異常な刑罰」を禁止する修正8条に関する、「意図的な無関心」の基準[33] を採用し、適切な医療ケアを重度の精神病受刑者に対して施すことについて「意図的に無関心」であることは、その受刑者に対する修正8条違反を構成するとした[34]。

> 証拠が示すように、カリフォルニア州矯正局における重度の精神病患者である受刑者は、日々、同局全般において発生している多大な構造的欠陥の結果であるところの、客観的に絶えることのできない害悪の危険（an objectively intolerable risk of harm）に直面している。また、証拠が示すように、受刑者はこの欠陥のために、実際に相当の害悪に苦しんできた。重度の精神病受刑者は、何カ月も、また何年もの間、必要なケアにアクセスできないまま患い続けてきた。彼らはひどい幻覚に苦しみ、緊張病の代償不全に陥り、その他、処置されないままの精神病による後遺症に苦しんでいるのである。…同様に、被告〔＝カリフォルニア州〕が、自らの矯正体制において、これら多大な構造的欠陥が存在することを認識していたことも明らかである。…唯一、〔医療ケアの〕遅延を目的として行為したことで、連邦憲法違反が生まれ、人身に対する苦悩が永続している。意図的な無関心とは、これがそうでないなら、一体何であろう

---

32 *Coleman*, 912 F. Supp. 1282, 1313.
33 *Wilson v. Seiter*, 501 U.S. 294, 297, 115 L. Ed. 2d 271, 111 S. Ct. 2321 (1991) (quoting *Estelle v. Gamble*, 429 U.S. 97, 106, 97 S. Ct. 285, 292, 50 L. Ed. 2d 251 (1976)).
34 *Coleman*, 912 F. Supp. 1282, 1319.

か[35]。

　さらに、精神病を患う受刑者に対する、拘束器具の使用および独居拘禁の実施、テーザー銃〔＝スタンガンの一種〕および37ミリ銃〔＝ゴム弾発射銃〕の使用も修正8条に違反するとした[36]。
　判決は最後に、精神病受刑者の処遇に関する改善策およびそれら受刑者の救済にとって必要とされる施策および手続を早急に定め、その執行を監視する「特別主事（Special Master）」を選任するよう、州知事に命令した[37]。
　以上のように、カリフォルニア州刑務所における精神病受刑者の様々な処置について、連邦裁判所は、修正8条違反を認定したが、その時に、先のエステル判決と同じ「意図的な無関心」の基準を用いた上で、そこで要求される高い要件をもクリアーする状況が、受刑者コールマンについて生じているとしたのである。
　このコールマン判決では、精神病受刑者に対する適切な医療サービスの提供のあり方および身柄拘束のあり方について問われたのに対し、その10年後のプラタ判決では、精神疾患等のない一般受刑者に対する適切な医療サービスのあり方が問われた。

（2）プラタ 対 シュワルツェネッガー（2005年）
　カリフォルニア州刑務所に収容されていた原告プラタは、同刑事施設が適切な医療や治療を施していない事実が、合衆国憲法修正8条に違反するとして提訴したことについて、カリフォルニア州北部地域連邦地方裁判所は、プラタの主張を認容した。そして、数年にわたる制度改革および同州矯正局職員たちの懸命の努力にもかかわらず、刑務所の医療の実施状況は改善されておらず、合衆国憲法修正8条によって受刑者に保障されている権利が侵害されている点を、次のように非難した。

---

35　*Id.* at 1316, 1319.
36　*Id.* at 1313, 1314, 1315, 1320 and 1322.
37　*Id.* at 1323, 1324.

極度に無機能で、広範に老朽化し、過度に官僚的で、かつ政治的に翻弄された刑務所制度の抱える問題は、伝統的な手法によってはもはや修正されえないほど、極端な程度に達している。刑務所の医療実施体制は、あまりにもはなはだしく危機的な状況であるために、被告〔カリフォルニア州〕は、最近では、憲法適合的な基準に合致するような解決策を自分たち自身で見出して実行する能力がないことを公的に認めているようなあり様である[38]。

さらに、過剰収容状況の刑務所において医療体制がほとんど機能していない中、疾病等を抱える受刑者の健康状況については、一般良識では想像が付かないほど過酷なものがあることを認定する。

およそ16万2,000人の受刑者が、医療上の無視や背任で充満した違憲状態の〔医療〕体制の下に置かれている。〔また〕被告〔＝カリフォルニア州〕自身が認めているように、〔医療〕ケアの欠如を直接的原因として、多くの受刑者が死亡した。そして、この体制が直ちに詳細に修復されなければ、より多くの者が苦しみそして死亡するであろうことは、裁判所には明らかである[39]。

つまり、迅速な医療体制立て直しにより、憲法に適合的な医療の実施を受刑者のために確保するべく、裁判所が介入しなければならない旨を宣言した。

このような危機的状況に鑑み…裁判所はできる限り速やかにその〔憲法〕違反〔の状態〕を回復するべく、自らその任を取り、救済を図らざるをえない。…〔したがって〕裁判所は、〔カリフォルニア州〕矯正局の〔受刑者〕健康管理の実施を監督する、暫定的な「監督官（Receiver）」を指名することが必要であると信ずる[40]。

---

38 *Marciano Plata, et al. v. Arnold Schwarzenegger, et al.*, No.CO1-1351TEH, 2005 U.S. Dist. LEXIS 8878（N.D. Cal.）, May 10, 2005, decided, at 2.
39 *Id.* at 3.
40 *Id.*

こうして、同州刑務所の医療体制に関して連邦裁判所として、緊急の措置を早急に取らなければならないとしたが、その理由は、そのような憲法修正8条に違反するような状況に日々置かれている受刑者に対し、医療的な救済をまず提供する必要があると判断したからである。

　　当裁判所は、本件において現実的、効果的かつ憲法に適合的な救済を、できるだけ速やかに可能とするべく、迅速に行動する意図を有する。他方、被告〔カリフォルニア州〕には同時に、十全かつ適切にこの問題に取り組むことができるよう、十分な告知を与えるものである[41]。

　以上のように、プラタ判決では、現実的に刑務所医療体制を早急に立て直し、受刑者に憲法上最低限必要な医療を提供することを目的とする決定を出すことが緊急に必要であり、またそのことが明確になったことから、コールマン判決またはそれ以前の判決のように、「意図的な無関心」の要件や、「進展する品位の水準」に関する議論については、それほどの重要性を持たなかった。しかし、それまでの議論の積み重ね、その結果としての「意図的な無関心」という高い要件を凌駕する状況が存在し、それを「進展する品位の水準」に照らして「残虐で異常な刑罰」と認定し違憲と判断した上で、さらに積極的に医療体制立て直しを目指すために、改善の様々な措置について監督する「監督官」を配置するという措置まで取ることを、修正8条は可能にしたものと見ることができる。

　こうして、受刑者の受刑中の生活環境や医療体制が修正8条との関係で問題とされた諸判決を検討してきたが、さらに問題とされなければならないのは、憲法上保障される生活環境や医療体制を確保した上で、それ以上の処遇について、具体的には更生プログラム等の提供に関して憲法が要求するものは何か、についてである。というのは、受刑者は確かに、起こした犯罪に対する刑罰として自由権の制限を受けることになるわけだが、その制限は、少

---

41　*Id.* at 32-33.

なくとも有期刑においては、刑期の満了と同時に解除され、受刑者は社会に戻ってくることになる。その時に社会復帰を果たすことができる状況になっていれば再犯に陥ることなく、犯罪実行以前の通常の社会生活に復帰できるのであろうが、それができなければ、再び犯罪を起こし、裁判に付され、刑務所に戻ることになる可能性が高くなる。果たして、受刑期間中の更生プログラムは、刑罰の一環として刑務所が受刑者に科すことが認められるもの、つまりそれを受けることは、刑務作業と同じで受刑者の義務なのか、また逆に、更生プログラムは、社会復帰を希望する受刑者が受けることを望む場合に、権利として受講が認められるべきものなのか。権利であるとすると、憲法上どのように位置づけることができるのか。この点に関して、連邦地方裁判所の判決ではあるが、*Holt v. Sarver*（1970）、*Padgett v. Stein*（1975）および *Laaman v. Helgemoe*（1977）を概観し、その後、節を改めて、更生プログラムの権利性に関する学説を概観する。

## 四　受刑者に対する更生プログラムに関する判決の検討

　*Holt v. Sarver* において連邦地方裁判所は、問題となったアーカンソー州の刑務所収容に関する総合的な評価から、更生プログラムの欠如について憲法違反の可能性があるとした。それに対し、*Padgett v. Stein* では、いかなる更生プログラムを用意するか、またはしないかの判断は、裁判所ではなく行政府または立法府の政策判断の問題であるとした。次いで *Laaman v. Helgemoe* では、ニューハンプシャー州憲法の解釈によって、更生プログラムを通じて犯罪者が矯正され社会復帰することの重要性を認識する必要があるとした。以下、これら更生プログラムの位置づけに関して揺らぐ判決を概観しよう。

### （一）　*Holt v. Sarver*（1970）[42]

　アーカンソー州の受刑者であるホルトおよびその他の受刑者による集団訴訟である本件では、裁判所は、少なくとも次のような点について、修正8条によって禁止される処遇か否かを決定するために考慮すべき要素とした。

---

[42] *Holt v. Sarver*, 309 F. Supp. 362（E.D. Ark. 1970）（1970 U.S. Dist. LEXIS 12802）.

隔離収容されていない〔模範的〕受刑者については、夜間、開放型の共同室バラック様宿舎（open dormitory type barracks）で就寝し、そのベッドは肩を並べて、列をなしている。それぞれの共同室には多くの男たちが〔収容されて〕いる。…クミンズ（Cummins）〔という町にある刑務所〕には、どのようなものであれ意味のある更生プログラムはない（no meaningful program of rehabilitation whatever）。他方、タッカー（Tucker）においては、有望で有用なプログラムはあるが、なお最小限（still minimal）である[43]。

また、同州1968年の法律50号によると、「訓練と更生プログラムは、ファーム〔刑務作業としての屋外実習〕の必須目的でなければならない」ものであった[44]。そして判断の手法としては、収容体制における、様々な要素を、一つの全体のものとして考察することが重要であるとする。

模範囚システム（a trusty system）を別々のものとして考察することはできない。〔そこでは〕多数の男たちが一緒に開放型バラックに収容され、隔離室は劣悪な状況で、また、意味のある更生プログラムは存在しない。これらすべては組合せとして存在し、それぞれは他に対して影響を与えている。そして〔それらすべてを〕合わせて考えると、累積的なインパクト（a cumulative impact）を…受刑者に対して有するのである[45]。

また、更生プログラムは、刑罰学者の多くによっても刑務所の主要な目的として捉えられ、更生を図り、有用な市民として社会に復帰させることが重要であると考えられており、収容それ自体は二次的な目的でしかないとされているとしつつも、一般の多くの人々は、刑務所において犯罪者に彼らの起こした犯罪について刑罰を科し、再犯を防止することで公共の安全を確保す

---

43 *Id*. at 367. クミンズとタッカーは、アーカンソー州刑務所機構における、2つの重要施設であったとされる（*id*.）。
44 *Id*. at 369.
45 *Id*. at 373.「模範囚システム」とは、刑務所行政の多くを、信頼のおける受刑者に任せる運営方法のことを言う（*id*.）。

ることが重要であり、更生プログラムが二次的であると考えているとする。それらの見解を踏まえ、次のように裁判所は判断するとしている。

> 当裁判所は、そのような〔刑罰学者（penologists）や社会学理論（sociological theory）の〕成熟が、犯罪者の更生プログラムに関して〔十分に〕生じたものと言うことはできない。…当裁判所は、学校や職業訓練、また、その他、更生施設や更生サービスを、他の多くの施設が提供しているからと言って、この刑務所がそれらを用意していないことだけをもって、〔この刑務所の〕収容それ自体が憲法違反である（confinement in it is unconstitutional）と判断するつもりはない[46]。

これに続けて判決は、しかし、このように収容自体は憲法違反でないと言うものの、そのような収容状況が、直ちに憲法上、まったく問題ないということを意味するのではなく、アーカンソー州刑務所の劣悪な収容状況を考慮すると、受刑者が自己改善に努める余地はなく、むしろ州に対する、より深い憎しみを抱かせることとなり、そのような憎しみの感情が、さらに、より悪質な犯罪を起こすことに繋がることになると認識する。つまり、受刑者同士が、刑務所内で犯罪のテクニックなどを互いに教え合うことになるとし、更生プログラム等がない劣悪な状況は、憲法違反ではないとしても、憲法上、同程度に、重要な関心事であると考えている点を強調する。

> 更生のためのサービスや施設が欠如していることは、…当裁判所には、全体的に憲法〔違反と〕同等の事柄（the overall constitutional equation）であることに変わりはない[47]。

以上のように、ホルト判決では、有用な（meaningful）更生プログラムの存在が、刑務所収容における他の諸要素と同様に、憲法修正8条違反を構成

---

46　*Id.* at 379.
47　*Id.*

しうる、重要な一要素となりうることを明らかにしたのである[48]。ところが、そのわずか5年後には、別の連邦地方裁判所において、これを否定するような判決が出されている。

（二）　*Padgett v. Stein*（1975）[49]

ペンシルバニア州ヨーク郡刑務所（York County Prison）の受刑者パジェットは、その収容環境が劣悪で、憲法修正8条に違反するとして訴えた。このパジェット判決で裁判所は、修正8条で禁止される「残虐で異常な刑罰」の概念は、判例法理において、「人間の尊厳」や「発展する基礎的品位の観念（developing concepts of elemental decency）」（*Jordan v. Fitzharris*, 257 F. Supp. 674 at 679）などを通じて、徐々に拡大してきた経緯を踏まえ、同条に抵触するか否かの判断基準は以下の4つにまとめられるとする。

> （1）その行為が、基本的公正さに違反する、または、現代社会の進展する基準で判断する際、良心に衝撃を与える（shock the conscience）ような性格を有するか否か（*Trop v. Dulles,…Howell v. Cataldi,*…）（2）起こした犯罪に対して、科される刑罰が非常に不均衡（greatly disproportionate）か否か（*Weems v. United States,…Robinson v. California,…Rinehart v. Brewer,*…）（3）その刑罰が合法的な刑罰目的を超えているか否か——つまり、その刑罰の峻厳さを正当化するに十分な重要性を有する合法的刑罰の目的の達成に、その刑罰は合理的関連性（rational relationship）を認められるか否か（*Furman v. Georgia,…Rudolph v. Alabama,*…）（4）「特異な（unique）」刑罰が、「不当に（wantonly）」かつ「気まぐれに（freakishly）」適用され、一定の個人に恣意的に負荷されながら、他の同様の状況の者には負荷されないものか否か（*Furman v. Georgia,*…）[50]。

---

48　その後、同じ原告（その時までに名前が変更されフィニー）によって提起されていた同種の裁判の判決が1976年に出された。そこでは1973年に矯正局学校地区（Department of Correction School District）などが設けられ、更生プログラムについて改善がなされたので憲法上問題はない（free of constitutional deficiencies）と判断された。*Finney v. Hutto*, 410 F. Supp. 251（E.D., Ark. 1976）（1976 U.S. Dist. LEXIS 16023）at 262.
49　*Padgett v. Stein*, 406 F. Supp. 287（M.D., Pa. 1975）（1975 U.S. Dist. LEXIS 14818）.
50　*Id.* at 293.

その上で、同判決は、ヨーク郡刑務所の収容状況が、修正8条違反に当たるとは認められないとした。ただその中で、更生プログラムについては、未決の被告人として収容されている者と、既決の受刑者として収容されている者とを区別して考えなければならないとした。前者については無罪推定が働くので、「刑罰的な状況に服させられるべきでもなければ、更生プログラムへの参加を強制されるべきでもない」が、後者については、「〔再犯〕抑止と応報の両方の目的を持つ刑罰および更生プログラムは、収容の適切な付属物（appropriate adjuncts of imprisonment）であり、裁判所はこれらの目的を達成するために採用される合理的な措置に介入しない。」とする[51]。つまり、刑務所に受刑者を収容することによって、「刑罰および更生プログラム」は「適切な付属物」としてのみ位置づけられるのであるから、更生プログラムはあっても良いが、無くても問題にならないと言うのである。

　しかしこの論理では、刑罰も、更生プログラムと同様に、収容の「適切な付属物」と位置づけられているから、懲役刑は、更生プログラムと同様に、あっても無くても問題にならない、ということになり、懲役刑は身柄の拘束を主柱とする刑罰である以上、あっても無くても良い、というのは意味をなさない。収容と刑罰（この場合、懲役刑）は同義語であり、付属物ではありえない。であれば、更生プログラムも刑罰と同等に位置づけられなければならず、そうであれば、収容＝懲役刑＝更生プログラム、つまり懲役刑には更生プログラムが必然的に必要となる、というのが論理的な帰結のはずである。

　いずれにせよ、先述のホルト判決および同旨の判決をもとに、「裁判所は、受刑者が意味のある更生プログラムを受ける憲法上の権利を有するとする主張を却下する。刑務所当局が受刑者に更生プログラムを認めないことは、残虐で異常な刑罰を構成しない」[52]と判断するとともに、以下のようにして、更生プログラムの必要性自体についても疑問を投げかけた。

　刑事施設が受刑者の更生を図らなければならないのか否かについては——更生

---

51　*Id.* at 295.
52　*Id.* at 296.

プログラムの有効性に関して存在する深刻な疑問を考慮すると——社会政策の問題であり、政府の代表機関——つまり立法府および行政府——によって解決されるべき問題で、裁判所によって解決されるべき問題ではないのだ。…〔そもそも〕更生プログラムが刑罰の目的か否かについても、公共（the public）が決定する問題であり、憲法はその点について寡黙である（the Constitution is silent）[53]。

これに対して、1977年の、ニューハンプシャー州刑務所受刑者ラーマンらが提訴したラーマン事件では、同州憲法の規定の存在が重要な役割を果たしたとは考えられるが、パジェット判決に比して格段に肯定的な評価を更生プログラムに対して付与している。

（三） *Laaman v. Helgemoe*（1977）[54]

ニューハンプシャー州刑務所で懲役刑を受刑していたラーマンその他合計12名の受刑者が原告となり、同刑務所の生活環境、医療ケア、刑務作業、教育および更生プログラムの機会、面会など、収容全般について憲法違反を争ったのが、ラーマン事件である。本事件判決で同州裁判所は、刑務所の裁量が広範であることを認めつつも、受刑者の人権を確保し、人間の尊厳に適合的な行刑が必要となることを、次のように述べる。

> 刑務所管理運営者はその迷路のような職務をいかにして達成するかを決定する、広範な裁量を持たなければならない。しかしながら、連邦裁判所が同様に注意し警戒しなければならないのは、有罪とされた人々〔＝受刑者〕が、収容〔期間全体〕を通して保持する権利についてである。…当裁判所は、修正8条が抑制しているのは残虐で異常な刑罰を身体的に加えることに限定されず、人間としての全人格（the whole person as a human being）にその保護は及ぶと信ずる。…〔したがって〕州は、科刑においても、〔受刑者を〕人間として〔各人に〕内在する価値にふさわしい敬意をもって処遇しなければならない[55]。

---

53 *Id.*
54 *Laaman v. Helgemoe*, 437 F.Supp. 269（D.N.H.）（1977 U.S. Dist. LEXIS 15128）.

その後、判決は、収容における身体的状況、医療ケアについて検討してから、劣悪な収容状況（debilitating conditions of incarceration）を考察する。そして、自由の剥奪が正当化されるのは、刑罰の目的に依存するとし、何が重要な目的であると考えられているのかを示そうとする。

　合衆国最高裁はそれら（刑罰）の主要な目標を一つも示してこなかったが、ニューハンプシャー州は、憲法や制定法の規定、また、裁判所判決において、以下のように強調してきた。「あらゆる刑罰の真の企図は、人を矯正（to reform）することであって、抹殺（exterminate）することではない」（憲法、N. H. Const. pt.1, art.18）。…刑務所の幹部は、「職員及び受刑者に健康と快適さ（the health and comfort）を提供する」ため、さらに、「受刑者にとって必要と考えられる書籍および他の指導を提供する」ために、殊更に権限を付与されている（制定法、NH RSA 622: 5 IV and IX）。ニューハンプシャー州最高裁は、ニューハンプシャー州の刑罰の目的の概要を述べ、その中で更生プログラムは、社会的および個人的目的を有することを強調している。

> 判決〔という作用〕（sentencing）には2つの目的がある。直接的な目的は、有罪判決を受けようとしている特定の被告人によるものか、または、その判決が〔将来的に〕他の者によって実行されることを抑止することによるものか〔は別にして〕、将来的な犯罪の実行から社会を保護することである。判決の究極的な目的（〔t〕he ultimate goal）は、違反者〔＝犯罪者・受刑者〕を更生させることである──〔これは〕その個人〔＝犯罪者・受刑者〕にとって重要であるのと同じく、社会にとっても重要な目的である。（出典省略）State v. Belanger, 114 N.H. 616, 619, 325 A.2d 789（1974）。[56]

　したがって、更生を目的とする刑罰を刑務所で執行する以上、受刑中に更生プログラムを受講できるようにすることが、当然の帰結として導かれる。ただし、更生プログラムの受講に関する受刑者の権利性については、正面か

---

55　*Id*. at 307.
56　*Id*. at 315.

らそれを肯定しようとはせず、その代わりに、受刑者は、適切な収容条件として、以下の三点の条件において収容される権利を有するとする。

> これまでのところ、順法的な社会のメンバーとして機能するようになって刑務所を出所するというような、積極的な権利（a positive right）を個人が有するという意味での、更生に対する連邦憲法上の権利（a federal constitutional right to rehabilitation）を認めた裁判所は存在しない。しかしながら、受刑者は以下のような状況において収容される権利を有するという認識が広がりつつある。
> 　第一に、正気〔であること〕や精神的福利（sanity or mental well-being）が脅かされないこと〔判例省略〕
> 　第二に、自分自身を更生しようとする受刑者の努力に逆効果（counterproductive）でないこと〔同〕
> 　第三に、受刑者が将来、〔再度〕収容される蓋然性（probability）を増大させないこと〔同〕[57]

さらに、これらを権利として捉えることは、社会と個人との両面の利益を根拠とし、社会の利益は再犯の予防であると言う。また、個人の利益、つまり受刑者の利益として考えられるものには、2つあり、1つは自分自身の退歩の予防、もう1つは自分の更生を自由に試みることであるとする。

> 第一に、身体的、精神的または社会的退歩（degeneration）を避けること、〔つまり〕「すでに有するスキルを維持することである〔判例省略〕。第二に、更生を自由に試みること、または、社会的に受容され有用な新たなスキルや習慣の修得（cultivation）である。退歩する蓋然性があり、自己発展の見込みがない施設での収容は、将来の〔再〕収容の蓋然性が高くなるという形で、不必要な苦痛を招来することであろう。一つの犯罪に対する刑罰が、将来の犯罪を生みさらに刑罰をもたらすという状況は、いかなる有効な立法目的にも仕えず、「刑罰学的な正当性をまったく持たず、いわれのない苦痛を引き起こす結果となっ

---

57　*Id.* at 316.

ているだけである」〔判例省略〕[58]。

　それでは、このような退歩の防止と更生を図るという目的のために、刑務所は何をしなければならないのか。それは、退歩の様態や、他の様々な刑務所の目的に照らして機会を提供できる刑務所の能力に依存しているものの、重要なのは、刑務所内の秩序維持などの保安と更生プログラム実施との間のバランスであるとする。その上で、収容の全体を考慮して、更生プログラムのあり方が正当か否かを判断するとする。

> 州のすべての刑罰目的、なかんずく犯罪者の矯正〔という目的〕に適合するようなバランスに到達しなければならない。…州が、〔受刑者の〕退歩を食い止め、矯正に対する障害を最小限にするために、どの範囲まで〔更生プログラムの〕機会を提供する義務を負うのかを決めるためには、収容状況の全体（The totality of the conditions of confinement）を考察しなければならない。…刑務所当局は、…刑務所の退歩的側面を克服するために、十分な時間と機会、そして勧奨を〔受刑者に〕提供する義務を負っており、少なくとも州が将来の犯罪を促進することには関わらないようにしなければならない[59]。

　このように、このラーマン判決は、受刑中の更生プログラムが、受刑者の社会復帰に貢献する可能性があるのみならず、刑務所収容という、人間に対して否定的な影響を及ぼしうる環境の中で、受刑者の退歩を回避し、彼らの更生への意欲を引き出す可能性がある点を評価し、連邦憲法上の権利として肯定することはしないものの、州憲法の条文解釈を広げて積極的に評価している。ただし、具体的にどのような更生プログラムを提供するかという点については、様々なバランスの中で州が決定するべきであるとした。また、そ

---

58　*Id.*
59　*Id.* at 317. そして、ニューハンプシャー州法は、受刑者の刑務作業をする義務と権利を定めているが、それは「意味のある（meaningful）」仕事をする権利まで受刑者に認めているとは言わないまでも、受刑者を「駄目にするような無為（the stultifying idleness）を回避する権利」は彼らに提供している、とする（*id.* at 318）。

のように州にある程度譲歩しつつも、そのような収容状況の全体を考慮して、連邦憲法修正 8 条の「残虐で異常な刑罰」に該当するのであれば、連邦裁判所はその収容状況を憲法違反と判断するという。

> 基本的な〔連邦〕憲法上のルールが〔複数〕あり、それらルールの 1 つにでも露骨に違反すれば、連邦の介入（federal intervention）を帰結する。…収容状況の累積的なインパクト（the cumulative impact）が、受刑者の身体的、精神的そして情緒的健康および福利（the physical, mental, and emotional health and well-being）に脅威を与え、かつ／または、再犯の蓋然性〔を高め〕そして将来の〔再〕収容を創出するとき、連邦裁判所は、そのような状況での収容は、〔人間の〕内在的価値（intrinsic worth）、および、人間の尊厳に関する我々の社会的観念を侵害し、したがって、修正 8 条の残虐で異常な刑罰の禁止に違反すると結論しなければならない[60]。

## 五　小括

　以上、本節では、アメリカにおける受刑者人権をめぐる議論について、判例を中心に検討した。そこで明らかになった点は、様々な処遇に関する訴訟において、刑務所が実施する処遇における作為または不作為が、合衆国憲法修正 8 条の「残虐で異常な刑罰の禁止」に該当するか否かが問われてきたことである。より具体的には、刑罰の入り口の問題として、トロップ判決では、単に罪刑法定主義さえ確保されていれば修正 8 条違反が問題になることはないというのではなく、罪となるべき事実に比して罰として加えられる不利益が甚大で均衡しないと考えられる場合に、そのような法令は同条に違反し適用できなくなるとして、一時的脱走兵を過度の処罰から保護することに成功した。その際に、修正 8 条をどのように解釈するべきかという点につき、ウォレン長官は、修正 8 条は、「人間の尊厳」の保障を究極の目的とすると理

---

[60] *Id.* at 323. 最終的に判決では、更生プログラム、また、それ以外の側面も含めて、裁判所が指摘した多くの部分を改善するための具体的なプランを、90 日以内に州は作成して裁判所に提出することを命令した（*id.* at 325）。

解し、その目的に適合的か否かを審査するためには、「進展する品位の水準」を基礎に「文明国家における取り扱い」が、受刑者に対して確保されているか否かを問わなければならないとし、「進展する品位の水準」を基準にするとした。

　また、修正8条をめぐって特に先鋭的に問題となるのは、死刑をめぐるいくつかの論点であった。例えば、精神病患者への死刑執行についてアトキンス判決が、そして、未成年者への執行についてローパー判決が、やはり「人間の尊厳」を基盤的価値とする「進展する品位の水準」を用いて、さらに「国際的権威」を参照した上で、文明国としてそのような執行につき修正8条違反であると判断した。

　次に問われるのは、刑罰のうちでも身体の自由を剥奪することを主たる内容とする自由刑の執行において、つまり懲役刑における諸問題に関して修正8条がどのように機能するのか、またしないのかについてである。1976年のエステル判決は、修正8条の「残虐で異常な刑罰」の中身が、受刑中に「不必要で不当な苦痛」を受けることを意味すると解釈した。しかし、たとえ不備な医療体制によって、まともな治療を受けることが無く、そのために「不必要で不当な苦痛」を受けることとなり、修正8条の成立要件の1つを満たすとしても、そのような修正8条違反の苦痛があったことを裁判所が認定するためには、それ以上に、刑務所側に「意図的な無関心」があったことを受刑者は証明しなければならないとし、高いハードルを要求した。そのため、この事件で適切な医療を受けることができなかった受刑者ギャンブルは、結局、現実的な救済を受けることはなかった。また、1981年ローズ判決では、過剰収容のために、1人分の広さしかない単独室に2人収容しなければならないほど生活環境が悪化している刑務所収容状況で、かつ、刑務作業や教科指導のための十分な時間が剥奪されたり遅延が生じたりしていても、それは、客観的要件である「不必要で不当な苦痛」を負荷するものではなく、修正8条が禁止する「残虐で異常な刑罰」を構成するものではないとした。また、1991年ウィルソン判決でも、劣悪な収容状況が問題とされたが、苦痛が不当であるとするには、職員の主観的要件として、やはりエステル判決と同様に「意図的な無関心」が必要であるとした。さらに1994年ファーマー判決

では、トランスセクシュアルの受刑者ファーマーが受けた性的被害および HIV 感染について、修正 8 条違反であると認定するためには、エステル判決以上に高度の要件を課し、受刑者の健康または安全について過度のリスクがあることを刑務所職員が知っていたにもかかわらず、それを無視したという事実、つまり職員が、ファーマーに深刻な害悪の相当なリスクが存在することを推測できる事実を知っていて、かつ、実際にその推測をした、それにもかかわらず何もしなかった、という通常の環境では想像すら困難であろう一連の事実の存在が必要であり、かつ、その存在を証明しなければならないとしたため、ファーマーは結局、現実的に救済されなかったのである。

　しかし、同じ基準によって、刑務所医療の問題につき、連邦裁判所によって改善が要求される事態になったのが、カリフォルニア州刑務所におけるコールマン判決とプラタ判決であった。ローズ事件以上に過剰収容状況であった同州刑務所で、医療措置がほとんど不可能となっている状態につき、数年にわたってそれを放置してきた同州矯正局の対応に、「意図的な無関心」を認定し、受刑者の多くに「不必要で残忍な苦痛」を強いてきたことは、修正 8 条によって禁止される「残虐で異常な刑罰」にほかならないとした。つまり、同一の修正 8 条に関する解釈と基準を用いて憲法違反を認定し、受刑者の人権を有効に保障することが、一定の条件を超える場合には可能であることが明らかとなった。

　これら一連の判例において、懲役刑受刑者が修正 8 条を根拠に、収容における様々な側面、例えば、医療措置、過剰収容状況、危害回避措置などにおいて、コールマン判決やプラタ判決以外では、連邦最高裁から十分な救済を得ることは困難であったが、そのような結論について、正当にも反対意見等が提示されていた。例えばエステル判決においてブレナン判事は、法廷意見が、刑務所職員の主観として「意図的な無関心」が必要であるとした点につき痛烈に反対した。そして、刑罰として自由を奪う懲役を科すのであれば、適切な健康管理体制を提供する義務を州は負っており、医療措置を受刑者に保障する積極的な義務があると主張した。なぜなら、文明国家として適切なケアを受刑者に提供するのは、州の憲法上の義務だからであるとした。また、単独室に 2 人収容するほどの過剰収容状況に関するローズ判決においては、

エステル判決で法廷意見を執筆したマーシャル判事が反対意見を提供している。すなわち、人間の尊厳や文明の水準、また、人道や品位の水準などに照らすと、2人収容などはあまりにも深刻な害悪であり、憲法違反として容赦するべきでないとした。ブレナン判事も、この判決の結論に同意しつつ、意見として、人間の尊厳と相容れない刑罰は修正8条違反であるとした[61]。ウィルソン判決においてホワイト判事は他の3人の判事とともに、実質的な反対意見を同意意見として執筆し、収容状況の問題について、法廷意見が客観的要素以外に刑務所職員の主観的要素である「意図」が必要であるとし、しかもエステル判決の「意図的な無関心」という相当に高い要件を設定したことに強く反対し、収容という刑罰を行う以上、州は、現代における品位の水準を保障しなければならない、と主張した。また、このウィルソン判決でホワイト判事の同意意見に同調したブラックマン判事は、ローズ判決に続いてファーマー判決でも、自分の実質的反対意見を、同意意見として執筆した。すなわち、刑務所職員の意図的な無関心といった作為や不作為の主観的な動機ではなく、受刑者が問題視するような罰〔または劣悪な状況や環境〕の性格がどのようなものかによって修正8条に違反するか否かを決めるべきであり、性的弱者である受刑者が性的な被害を受け、裁判所に救済を求めたのに対して、過剰収容で看守の手配が十分にできなかったために、他の受刑者によるレイプという正に拷問（またはそれ以上のもの）から、彼を守ることができなかったという刑務所の反論を受け容れることは、彼に対して何の説明にもならない[62]、と。

---

61 ブレナン判事はその他の判決、*Furman v. Georgia* における同意意見でも、「人間の尊厳」を修正8条違反の基準とするべきであると述べている。「第一の原則は、刑罰は人間の尊厳を傷つけるほど厳しいものであってはならないというものだ。…第二の原則〔は〕…州は厳しい刑罰を、恣意的に科してはならないというものだ。…第三の原則は、…刑罰は現代社会に受け容れられないものであってはならないというものだ。…最後の原則は、…刑罰は過度のものであってはならないというものだ。…第一の原則が、他のものを適用するための、本質的な前提（the essential predicate）を提供すると考える。…これら原則の機能は、要するに、裁判所が、問題となっている刑罰が人間の尊厳に適合的か否かを判断するための手段（means）を提供することである。」（*Furman v. Georgia*, 408 U.S. 238（1972）, 271, 274, 277, 279, 281 and 282. Brennan, J., concurring.）

もちろん、このような批判にさらされる修正8条の高度の諸要件であるが、カリフォルニア州刑務所のような極端に劣悪な状況において、ようやく機能したのが、コールマン判決およびプラタ判決である。これらでは、単に賠償等の民事的救済にとどまらず、実質的現実的な矯正局の体制改善を連邦裁判所は命じ、かつ、それを監督する任に当たる連邦職員のポストを用意させるなど、修正8条を根拠に積極的に州行政に介入までした具体例である。

　そのような収容状況の改善や医療体制の改善などを通じて、受刑者の人間的な生活の必要条件をかろうじて満たすことができる収容体制を確保するだけで、刑務所の目的と役割は終了するのだろうか。換言すると、刑務所の目的および役割は、犯罪者の自由を剥奪し適切に収容することに尽きるのだろうか。そうとするのではなく、さらに一歩進めて、再犯の防止を目的とし、収容期間中はもちろんであるが、釈放後の社会生活においても再犯防止を実現し、繰り返し被害者を出さず、刑務所に再入所することを防止することも重要な収容目的であるとすると、そのための更生プログラム等をどのように位置づけるべきなのか。この課題についてホルト判決およびパジェット判決は消極的であった。そして、ラーマン判決は、ニューハンプシャー州憲法の更生および矯正に関する肯定的な規定をさらに積極的に理解し、かつ収容の累積的インパクトを考慮して、更生プログラムの活用が、退歩や更生への障害など収容の否定的な側面を軽減することに役立ち、かつ、再犯の予防と再収容の回避に役立つことを認めた。しかし、連邦憲法上の権利として、更生プログラムに対する受刑者の権利を承認するところまでには至らなかった。

　そこで次に、この課題について取り組む学説を検討し、今後のわが国における収容概念の深化のための糸口を見出したいと思う。

## 第2節　アメリカにおける受刑者人権に関する学説
　　　　──更生プログラムの位置づけ

　第1節では、合衆国憲法修正8条をめぐる様々な議論につき、判例を中心

---

62　*Farmer v. Brennan*, 511 U.S. 825（1994）, 851-852, 853-854（Blackmun, J. concurring.）.

に考察した。要するに、修正 8 条は「人間の尊厳」の保障を究極の目的とするものと理解され、刑罰の入り口においても出口においても、また執行中においても、その目的に適合的な取り扱いが必要であり、それを欠く刑罰は、同条に基づき憲法違反と判断されることになる。その審査に当たっては、「進展する品位の水準」を基本にして「文明国家における取り扱い」が行われているか否かが問われる。ただし、具体的な事案におけるこの基準の適用の問題においては、公権力の主観的要件として、「意図的な無関心」の存在が要求される。これは単に個別の、例えば医療措置を担当する職員の問題だけではなく、施設における安全性または収容環境全体について、劣悪であるから修正 8 条違反であると受刑者が主張した場合にも、判断基準として適用されるのである。一方、このような問題性のある収容環境において、受刑者の身体的および精神的側面に対する否定的な効果を緩和し、特に有期刑受刑者については社会復帰を促進する目的で実施される更生プログラムの権利性について、連邦裁判所は否定的であることが理解された。

そこで、ここでは、この判例法理に関する学説について、特に後者、更生プログラムの権利性についての議論を中心に検討する。第一に概観するニルセンの論説は、「人間の尊厳」を修正 8 条の究極の目的と捉えるブレナン判事の考えに同調を示す。次に、特に社会権的なものとして想定しうる適切な医療サービスを求め、受ける権利とともに、更生プログラムを求め、受ける権利も憲法上の権利として保障されると捉えるロットマンの著作を概観し、受刑者にどのような自由権がどの程度認められるべきかという点に関心がとどまってきた、わが国における受刑者人権に関する議論に示唆を得たい。

## 一 ニルセン「品位、尊厳そして不毛の地：人道的刑罰の理想を憲法上の議論に復活させる」[63]

ニルセンはこの論説の第 1 章で、三振法の適用などによってアメリカ全土において懲役期間が長くなる傾向があり、行刑現場である刑務所においても、

---

63 Eva S. Nilsen, *Decency, Dignity, and Desert: Restoring Ideals of Humane Punishment to Constitutional Discourse,* 41 UC DAVIS L. REV. 111（2007）.

過剰収容、単独拘禁の頻繁利用、暴力の頻発などにより収容環境が悪化している現状を明確に示すと同時に、刑務所からの釈放後も、出所者の社会復帰までの過程に多くのハードルが存在することによって、元受刑者の更生は非常に困難であることを示す。特に仮釈放者には、形式的なものであっても遵守事項を厳格に守ることが要求されるために、単純なテクニカルな違反によっても、すぐに仮釈放が取り消され刑務所に連れ戻されるなど、仮釈放に関する課題が指摘される。第2章では、裁判所が修正8条を狭く、また形式的にしか理解しないために、そのような憲法上の問題に法的にも道義的にも対処できずにいることを明らかにする。最後の第3章では、合衆国憲法および国際規範に、人間の尊厳と品位ある処遇の概念を見出す方途が存在することを示唆している。以下、ここでは、第3章、結論部分の重要箇所を引用しつつ、ニルセンの主張の概要を把握したい。

ニルセンは、諸外国の判例、つまり世界標準を学ぶことの重要性について、まず触れる。

> 合衆国最高裁が、進展する品位の水準について、海外の識見（insight）を探し求めるなら、何を見出すであろうか？　世界の裁判所は、人間の尊厳を侵害し、品位を貶める処遇だという主張について、確固たる解釈（robust interpretation）を提供しているように思える。例えばヨーロッパ人権裁判所は、プライバシーが確保されないトイレしか無い、窓も無い暑い部屋のベッドに拘禁されている受刑者は、自らの尊厳に対する侵害（assault）がなされたものとして提訴可能であるとした。…また、刑務所の状況のアセスメントは、その「累積的効果（cumulative effects）」についても考慮に入れなければならない。ヨーロッパ人権条約は、受刑者を回復の見込みがないもの（beyond redemption）として処遇することを禁止している。これら品位の水準は、我々〔合衆国〕の刑罰のこれほど多くのものが、なぜ外国ではめったに利用されていないか、または、なぜヨーロッパその他の国際人権法によって禁止されているかを説明している[64]。

---

64　*Id.* at 160-161.

そして、外国法の例としてニルセンが参照するのは、ドイツの行刑のあり方である。

> ドイツでは…収容（imprisonment）は最後の手段である。…刑務所行政は、正常性（normalcy）の原則、つまり刑務所での生活は、できる限り外部の生活に近似的なものであるべきという原則の下、実施されなければならないのである[65]。

さらに、終身刑の問題性についても、人間の尊厳の問題であるとする。

> 成人に対する仮釈放の可能性の無い終身刑も、また例外的な判決である。ドイツ憲法裁判所によれば、国家が「受刑者の人格の発展（the development of his personality）を考慮に入れることなく受刑者を処遇し、再び彼が自由を勝ち取ることができるという希望のすべてを彼からはぎ取るのであれば、正に人間の尊厳の核心（the very heart of human dignity）に打撃を与えることになるのである。」[66]

このようにしてニルセンは、ヨーロッパの水準、特にドイツの行刑においては、人間の尊厳の概念を重視し、それを保障することを原則に、刑罰制度を構築していることを論証する。さらにニルセンは、更生に対する権利および社会復帰についても、権利として認識されなければならないことを、諸外国の水準を参照しながら次のように述べる。

> 合衆国最高裁は受刑者の更生に対する憲法上の権利（constitutional right to rehabilitation）を認めていない。しかしながら、下級審のいくつかは、刑務所の状況が〔受刑者の心身の〕状態を悪化させているところでは、修正8条違反と認定している。これに対して国際法は、受刑者の漸進的社会再統合（progressive

---

65　*Id.* at 161.
66　*Id.* at 164.

social reintegration）に対する権利を受け容れている。国際法は、受刑者の〔社会への〕再統合の成功を阻害する要因（barriers）は、彼の基本的な尊厳の権利（dignity rights）を侵害するものとしてきた。このことは、更生プログラムは受刑者に受講できるようにしなければならず、また、受刑者が、〔刑務所内で〕安全な状態になり、〔以後〕地域社会に戻しても問題のない状況になったのであれば、直ちに彼を釈放しなければならないことを意味する。いくつかの諸国の憲法および国際条約もまた、国が更生を促進する措置を取るように、明示的に要求している[67]。

こうしてニルセンは、「修正8条の審査においては、判決を全体として考察し（consideration of the sentence in its totality）、…すでに確立した、刑罰の真の性質（the true nature of the punishment）に光を照射しているデータを考慮に入れなければならない」[68]とし、具体的には次の事柄を考察して修正8条違反か否かを判断すべきであると主張する。

裁判所が刑罰を定義するに当たっては、例えば以下の事柄を〔刑罰に〕含むものとしなければならない。過剰に長期の〔懲役刑〕判決、隔離において〔受刑者を〕衰弱させるような諸条件、更生プログラムの欠如、そして、釈放後の社会復帰に対する法的障害（legal barriers）である。人間の尊厳に関するグローバル・スタンダードを採用することは、今日のアメリカにおける刑罰法理の歪みを矯正する長い道のり（a long way）と平仄が合うものである[69]。

つまり、不必要に長期の自由刑であれば、もちろんそれは修正8条が禁止する「残虐で異常な刑罰」に該当する可能性が高くなるが、同様に、自由刑の執行開始後に単独室拘禁など隔離が頻繁に、また長期間執行されるのであれば、それも同条違反の可能性を高める。要するに、実行された犯罪の軽重

---

67　*Id.* at 166-167.
68　*Id.* at 168.
69　*Id.*

に比例的な刑罰、即ち懲役何年というバランスが取れていなければならないことはもちろん、それ以外にも、懲役刑執行中の収容の状況を考慮に入れなければならないとする。これが、ニルセンの言う「判決を全体として考察」することである。さらに、重要な視点は、更生プログラムが提供されていないとすると、そのことが修正8条に違反する可能性を高めると主張している点、さらには、釈放後、社会復帰を困難とする様々な「法的障害」が存在するのであれば、それも刑罰の定義または中身として、マイナスに考慮しなければならず、障害の程度によっては修正8条に違反する可能性が出てくる、としている点である。ニルセンによれば、それこそが考慮するべき「刑罰の真の性質」なのである[70]。

## 二　ロットマン『刑罰を超えて：犯罪者の更生に関する新たな視点』[71]

前述のニルセンは、修正8条について、人間の尊厳を基盤に据えて理解することにより、単純に、受刑者のいくつかの自由権を満たしさえすれば「残虐で異常な刑罰の禁止」に違反することがなくなる、と主張するのではなく、より積極的に、社会権的な充足、つまり、受刑者さらには出所者に対する公

---

[70] 結論としてニルセンは、次のように言う。

　もしも合衆国裁判所が、残虐で異常な刑罰の禁止に関する理解を拡大し、他のほとんどの先進民主主義〔国〕のそれ〔＝理解〕にもう少し近づいたとしたら、私たち〔合衆国〕の刑罰の種類（brand）は、どのように異なるものとなるだろうか。〔私たちの〕刑罰は、より人道的でより効果的なものとなり、隔離の条件は、比例原則の分析の一部分となるだろう。刑事施設（jail）に送致される人はより少なくなり、裁判所は収容に代わる代替措置の利用をより増やすことだろう。裁判所も立法府も、思いとどまらせようとするのではなく、むしろ率先して家族および地域社会との結び付きを継続させ、定期的に夫婦間の面会を許可し、家族の面会をより拡張したものとし、新生児への育児ケア（nursery care）を拡張するだろう。教育、職業訓練、その他更生の機会が保障され、隔離措置の期間延長は、それが受刑者の精神的・身体的福利（well-being）に対して破壊的効果（destructive effects）を有するがために、違法とされるであろう。…今日広い範囲で〔認められる〕残虐性を回避し、より理性的で、より非破壊的な（more rational, less destructive）刑罰制度を要求することで、私たちは、犯罪者を生み出さず、むしろ価値さえある、刑事司法制度（a non-criminogenic, even valuable, system of criminal justice）を見出すことができるであろう。(*id.* at 175.)

[71] EDGARDO ROTMAN, BEYOND PUNISHMENT: A NEW VIEW ON THE REHABILITATION OF CRIMINAL OFFENDERS (1990).

権力による積極的作用を促進することを要求する権利として、同条を位置づけることができると考え、諸判例および世界的人権文書の分析を行った。そして、刑罰の方法として、少なくともこれまで中心的な役割を担ってきた、受刑者の自由権の制約を柱とする懲役刑の現実的矛盾を広く指摘し、自由剥奪は、必要最小限の範囲においてのみ許容されるという原則の下においては、受刑者が刑期を終了して出所する際に、職業生活を含む元の社会生活に戻ることができる体制を作ることが必須であるとした。

次に、同様の視点を含みつつも、社会復帰を目的に、受刑者が受刑中に更生プログラムを受けることを、憲法上の権利として構成することに焦点を合わせたロットマンの議論を検討し、わが国においても、今後、受刑者人権をいかにして発展させることが可能かを考察する際の参考にしたい[72]。

ロットマンは次のように述べて、更生プログラム等は近代法の原則によって、権利として位置づけられるとする。

> 「法律無ければ刑罰無し（*nulla poena, sine lege*）」の原則は、更生に関する誤った観念が、過度に裁量的な判決を下す運用へと導いたために、そのような誤謬に反対するべく引き合いに出されてきた。今日、この同じ原則は、更生への憲法上の権利を支える法的な支柱として用いられうるのである。もしも、収容そのものが刑罰であるのなら、チェックもされない受刑者の精神的、社会的健康（social health）に対して収容がもたらす、有害な効果（harmful effects）は、違法な付加的刑罰を意味する。疎外化および没個性化（alienating and depersonalizing）環境において、退歩（degeneration）に対抗して闘う機会も無く、積極的な人間の発展（positive human development）を促進する機会も無く、収容漬け（institutionalization）になることは、有害な効果の源泉であり、法的制裁（legal sanctions）の仕組みにおいて存在しない〔はずの〕ものである。…法は、市民に、法律に規定されている自由の喪失を予見するよう求めるが、法が意図もしなか

---

[72] 公刊の時期はロットマンの方がニルセンよりも先であるが、ロットマンは、更生プログラムの権利性について、自分の考察を特化させているため、本書では、より広く人間の尊厳の視点から受刑者人権を考察しているニルセンの論説を先に検討した。

った収容によってもたらされる付加的な恐怖（additional horrors）〔の予見を求めているの〕ではない。そのような不公正な剥奪を予防または補償するための唯一の方法は、更生のための積極的なプログラムを実施することである[73]。

つまり、わが国では罪刑法定主義として理解されている「法律無ければ刑罰無し」の原則は、単に犯罪となるべき行為とその行為に対する刑罰を法律上明記することを要求しているのだが、そこにいう「刑罰」には、「法が意図もしなかった収容による付加的な恐怖」は、「法が意図」していない以上、当然含まれていない。このような「付加的な恐怖」を受刑者に与えることは、この原則の下に憲法上構築されている刑事人権保障に違反することになる、ということである。

そして、そのような「付加的な恐怖」は、「精神的、社会的健康」を害することであり、刑務所の「疎外化および没個性化環境」の下では「人間の発展」は不可能であるが、それどころか「退歩」さえすることになるのであり、したがって犯罪から更生し社会復帰ができるようになる可能性が剥奪されてしまう。

このような、懲役刑を中心とする自由刑の憲法違反の状況を克服する「唯一の方法」が更生プログラムの実施であるから、それは憲法上の権利として位置づけられることになると主張するのである。

このようにして、受刑者には更生プログラムに対する権利が憲法上認められるとすると、刑罰としての懲役刑、特にその期間の長短と、更生プログラムとの関係が問題となってくる。つまり、更生プログラムの受講によって、受刑者が社会復帰に成功する可能性が高くなった段階で釈放するというような、不定期刑を原則とする懲役刑制度が必要であるという結論に導かれるのであろうか。ロットマンはそこまで短絡的ではなかった。

> 更生〔プログラム〕の結果が肯定的〔＝受刑者の更生を促進するもの〕でありそうだということは、刑罰を科す基準として利用しえない。…更生を権利とす

---

73　ROTMAN *supra 71* at 12.

る観念は、法律によって予め定められた条件に従って、最も制限的でない可能な刑罰を違反者が受ける権利とは両立する。その選択は、更生の予見（rehabilitative prognoses）によってではなく、明確な法的条件によって定められ、判決〔＝懲役期間の〕決定機関には比較的小さな裁量しか残されない[74]。

つまり、懲役期間を、まったくの自由裁量的なものとする制度を構築しようと言うのではなく、刑罰決定機関の裁量を制限しつつ、「最も制限的でない可能な刑罰」を予め法定することが重要であると考える。

> 更生プログラムの考察が中心的な役割を果たすのは、制裁に関する設計と立法化（the design and legislative enactment of sanctions）においてのみではなく、制裁の執行が〔職務として〕与えられている矯正機構の創設（the creation of the correctional network）においてもそうである。更生プログラムは、後に犯罪者が社会に再統合され、法順守能力を増大させるような制裁を要求する。この観点から、最も重要な判決改革（sentencing reform）における政策選択は、…収容に代わる非収容的措置の利用（the use of noncustodial alternatives）である。このような立法的選択を行う際には、刑事諸法によって保護される重要な価値と、刑事犯罪人の基本的権利の尊重との間に、デリケートなバランスを取らなければならない[75]。

このように、更生プログラム受講を受刑者の憲法上の権利と捉え、社会復帰を促進することを重要な憲法上の価値としつつ、非収容的措置を重要視する新たな立法に基づく懲役刑を求めようとするのである。その際、「デリケートなバランス」として重要なのは、刑事諸法が保護しようとする社会の治安などの重要な価値と、それを維持するために犯罪者である受刑者の自由権の制限に関して厳格に過ぎて権利侵害とならないように、基本的人権を尊重することはもちろんのこと、出所後の社会再統合、つまり社会復帰の目的を

---

[74] *Id.* at 15.
[75] *Id.*

充足する諸措置である非収容的措置を含む更生プログラムを保障することである。ロットマンは、第一の点、すなわち、自由権の制限に関して厳格に過ぎてはならない点について次のように言う。

> 更生に対する権利は、それに不可欠の基礎として、一連の受刑者の権利（a series of prisoners' rights）を前提としている。これらの権利は、刑務所準則や刑務所法、広範な法典の特別規定や裁判所の介入の結果として出現してきたものだが、それらが、受刑者の出所後の状況にも及ぶ、更生に対する、より広範な権利の基礎を作り出したのである。…受刑者を権利の享有者として認識することは、それら〔権利〕の発展に梃入れし、社会的人格（social personalities）を強化することに繋がる。基礎的人権（適切な居所、食事、安全、自由剥奪を超える拷問の回避など）が尊重されないのであれば、それら〔基本的人権〕よりも精巧な更生プログラムの企画（undertakings）は意味が無いだろう。…グローバルな権利として、それ〔＝更生に対する権利〕は、健康、教育、訓練そして仕事の分野における受刑者の保護を包摂している。これらの権利は、更生というゴール（the rehabilitative goal）へ直接的に向けられた、統一的体系の構成要素（components of an integral system）なのである。そのような〔更生プログラムの〕企画の第一歩は、基本的な人間のニーズが満たされることを保障することである。そこから、自発的精神療法（voluntary psychotherapy）など、特定の更生手段（rehabilitative means）の提供へと広がる権利の連続体（a continuum of rights）が始まるのだ[76]。

こうして一定の自由権について最低限のものが保障された後に、ロットマンは、更生プログラムを受ける権利が有効に満たされる諸条件と手段を検討する。そのうち最も重要なものが非収容的措置を含む更生プログラムである。

> 更生プログラムへの参加は、あらゆる施設に内在的な・自・己・決・定・の・喪・失・と・没・個・性・化に対抗する手段（an antidote）であろう。社会的孤立および感情の崩壊と闘

---

[76] *Id.* at 69-70.

うこともまた、最優先事項でなければならない。〔受刑者を施設へ収容することによって〕社会との絆を中断させることは、違反者が将来、法順守的なライフスタイルを構築することを、より困難なものとする。この観点から、刑務所の構造を改良して、恵まれた更生プログラムを構築することができるだろう。刑務所を中にも外にも両方に向けてオープンにすることは、近時の刑務所改革の礎石である。このための努力は、あらゆる点で自由志向であるところの、現実の開放的刑務所への訪問（visitations）を促進することから始まる。受刑者もまた、教育、仕事そして社会的援助などのレベルでサポートされなければならない。

　現代の矯正の基本的原則は、直接的に更生とリンクされているが、できる限り刑務所内においても、刑務所外の生活条件と同等とすることである。現代のいくつかの刑務所では、男性と女性の両方を収容しており、受刑者は料理や買い物に直接的に責任を負担することもある。…受刑者のすべての活動は、刑務所〔出所〕後の彼らの生活の準備になるように設計されており、自尊心および自発性の喪失、また受刑者を価値の無いものとし、彼らを物として扱う傾向のある他の要素を打ち消すように設計されている[77]。

つまり、実刑判決ではなく代替措置として、保護観察付執行猶予判決を含む執行猶予判決が更生を促進する措置として最も好ましく、また最も制限的でない制裁であるが、不幸にして刑務所に収容されることとなった違反者については、刑務所の中で一定の自由権を保障し、精神的かつ身体的に安定した状態で、できる限り内外にオープンな刑務所生活の環境を整備し、そのような状況の中で更生プログラムを受けさせることが、収容という作用が内在的に含んでいる、社会からの疎外、および、感情を含む精神の崩壊を招く危険を低減する対抗措置なのであるから、人間の尊厳を保障する一連の権利の1つとして憲法上保障されるべきである[78]ということである。

　ロットマンは、確かにこの著書で、更生プログラムの受講を受刑者の憲法上の権利であると主張し、そのために「法律無ければ刑罰無し」という近代

---

77　*Id.* at 149.

法の原則を根拠としている。しかし、憲法上の権利を唱える彼の議論の課題は、次の点に集約されよう。つまり、確かに大枠として、そのような近代法の大原則に基づき現行合衆国憲法が成立している点を否定するものではないが、その大原則自身が内在的に、収容が受刑者に対してもたらす否定的要素である自己決定の喪失、没個性化、社会的孤立および感情の崩壊などを緩和する措置として、更生プログラムを含んでいるということが言えるのだろうか。この点が明確にされた上で、刑罰に関する唯一の条文である合衆国憲法修正8条の「残虐で異常な刑罰の禁止」規定にも、この近代法の原則が読み込まれている、または、同修正条項はこの大原則を具現化したものであるということが歴史的、あるいは、解釈論的に明らかにされ、かつ、更生プログラムの受講によって初めて受刑者は、精神疾患など収容による追加的刑罰を払拭することができるようになること、そして、そのような更生プログラムが不十分な場合には、この修正8条に違反する状況に、受刑者が、少なくとも相当に高い確度で至ることを示さなければ、それが憲法上の権利であることの論証に成功したことにはならないのではないだろうか[79]。

## 三　小括

ニルセンは、修正8条は、人間の尊厳を保障することを基本的目的として

---

78　*Id.* at 184-186. またそのほかに、効果的な更生プログラムとしてロットマンが挙げているのは、保護観察、コミュニティーサービスなど、地域社会における社会内処遇である。そして、保護観察および執行猶予を、実刑判決の代替措置として、更生プログラムの中心的な役割を担うものとして活用すべきであるとする。

79　そのほか、Amanda Ploch, *Why Dignity Matters: Dignity and the Right (or not) to Rehabilitation from International and National Perspectives,* 44 INTERNATIONAL LAW AND POLITICS 887 (2012) は、70頁に及ぶ論説で、更生プログラムの中心的な根拠に「人間の尊厳」を据え、カント哲学の定言命法から論証可能な議論として更生プログラムを捉えなおすことを提唱し、国際法分野における諸人権文書にその思想が反映されていると考える。非常に参考になる論説だが、Ploch が法科大学院生として執筆したものであるから、その検討は別の機会にすることとした。また、本章で扱ったロットマン執筆の、*Do Criminal Offenders Have a Constitutional Right to Rehabilitation?,* 77 J. CRIM. L. & CRIMINOLOGY 1023 (1986) は、更生プログラムに対する受刑者の権利を議論するが、人間の尊厳を根拠に据えるという視点で議論されているものではない。

「残虐で異常な刑罰」を禁止しているとするブレナン判事の考え方に同調的に、人間の尊厳を侵害することのない、「進展する品位の水準」に適合的な刑罰であるためには、自由刑の中に更生プログラムが含まれるものと捉えなければならないとし、そのような理解は、グローバルな基準を参照することにより導出可能であるとする。

　また、ロットマンは、近代法原理の一つである「法律無ければ刑罰無し」を根拠に、自由刑としての収容に「自己決定の喪失と没個性化」、「社会的孤立および感情の崩壊」が必然的に付随するものであるから、これらを予防し食い止めるためには、収容中の更生プログラムを憲法上の権利として構築することが必要であるとする。また、収容を回避する措置が最も制限的でない制裁であり、保護観察やコミュニティーサービスなど、地域社会内における処遇が、可能な限り利用されるべきであるとする。ただし、更生プログラムを憲法上の権利として捉えようとするロットマンが、重要な根拠として挙げる「法律無ければ刑罰無し」という近代法原理が、必然的に更生のための措置を含むとするには、ニルセンやブレナン判事らが主張する人間の尊厳など、他の原則または価値を媒介項として挿入することが必要ではないだろうか。

　ロットマンの議論に対して、このように多少の批判は提示可能であるものの、議論全体を否定しようとするものではなく、むしろ、少なくともこれまでのわが国における憲法上の議論において、このような重要な視点を取り入れることが不十分であったのではないか、したがって、アメリカ合衆国憲法同様、残虐な刑罰の禁止条文を憲法 36 条に有するわが国の憲法論の中でも、そのような視点を取り入れて議論を深めていくことが重要なのではないか、ということが示唆されているものと考えるのである。

　以上本章では、まず、アメリカ合衆国憲法修正 8 条をめぐるアメリカの判例の分析を第 1 節で行い、合衆国憲法が同条の「残虐で異常な刑罰の禁止」によって求めるものは、ウォレン長官が 1958 年トロップ判決で示したように、生命刑および自由刑が「成熟する社会の変化を示すところの、進展する品位の水準」を満たすものであり、同条の基盤に存在する「人間の尊厳」を確保することであったことが理解された。しかし、その後、より具体的な同条の

適用において連邦最高裁は、1976年以降のエステル判決等が示したように、要件として、その刑罰の目的にとって客観的に「不必要で不当な苦痛」が、刑罰執行担当者の主観的な「意図的な無関心」に基づいて負荷されることが必要であると解釈するようになり、必ずしも受刑者の「人間の尊厳」に焦点を当てて救済を図ってこなかったという事実が確認された。また、これら判例分析の中でその他に明らかになった事柄としては、修正8条の基盤を「人間の尊厳」に求める考え方を有するブレナン判事やマーシャル判事、またブラックマン判事が、「人間の尊厳」と相容れない刑罰は「残虐で異常な刑罰」と認定されなければならないことを、連邦最高裁の法廷意見が示した、特に「意図的な無関心」という充足することが困難な要件に対する批判的な反対意見または同意意見という方法で提供していたという事実である。さらに、自由刑の執行における「残虐で異常な刑罰」性それ自体とは区別されるところであるが、出所後の社会復帰過程における困難性を緩和するための措置として把握可能な、受刑中の更生プログラムをいかに捉えるかという問題も、それら諸意見の中で提起されていた。つまり、自由刑執行それのみを刑罰と捉えるのではなく、出所後の生活も刑罰の延長線上で捉え、そこにおける困難性を修正8条の「残虐で異常な刑罰」の中に含めることで、受刑者の出所後の生活における「人間の尊厳」を確保するための更生プログラム等を受刑中に提供する義務を刑務所に負わせるべきとする、下級審、ラーマン判決がある一方で、連邦最高裁判例はこれを容認してこなかったのである。

次に、第2節の学説の分析では、「人間の尊厳」の概念、および、それを基礎に据えた国際的人権文書等を根拠に、更生プログラムが受刑中に受けられることが修正8条の「残虐で異常な刑罰」適合性を緩和することに繋がり、積極的に導入することを提唱するニルセンの見解や、「法律無ければ刑罰無し」という近代法原理を根拠に、更生プログラムを受刑者の憲法上の権利として再構築し、これを促進することを重要課題とするロットマンの主張を考察した。ロットマンによれば、刑罰への反作用として更生プログラムが重要となるのみならず、それが有する再犯防止効果により、受刑者が出所後、再犯を起こさないという受刑者個人の利益、および、犯罪（被害）が減少することにより治安が確保されるという社会の利益の両面において有益であるという

事実も、更生プログラムの権利性をサポートすることが理解された。

確かに、ロットマンの言うように、「法律無ければ刑罰無し」という近代法原理に、必然的に更生のための措置を公権力が提供する義務も含まれる、と考えることができないわけではないのかもしれない。しかし、刑罰の恣意性を排除することを第一に考えたこの近代法原理に、そのような公権力の義務が含まれていると理解せずとも、現代の国際的人権文書および諸国の憲法において保障されているように、「人間の尊厳」の中身として、受刑者が自己発展的措置を求めること、また公権力の側がそれを提供することを、収容という自由制限的な環境の中においても可能にする解釈を、修正8条の「残虐で異常な刑罰の禁止」の中で、「成熟する社会の変化を示すところの、進展する品位の水準」を満たす一要素として、施すことが可能なのではないだろうか。

他方、わが国においては、本書冒頭の「問題の提起」で示したように、例えば死刑の合憲性について昭和23年の最高裁判例は決して覆ることはないと思われるほど強固なものであるためもあってか、死刑それ自体に関してはおろか、絞首刑という手段に関してですら、たとえアメリカで2017年末に死刑制度を維持していた34州中8州において2017年中に23人の死刑囚に刑の執行がなされ、すべてが致死薬注射によるものであっても[80]、わが国で

---

80 Elizabeth Davis, Tracy L. Snell (BJS Statistician), *Statistical Brief, Capital Punishment, 2016 — NCJ 251430*, April 30, 2018, Bureau of Justice Statistics, Office of Justice Programs, U.S. Department of Justice: https://www.bjs.gov/content/pub/pdf/cp16sb.pdf (last visited June 24, 2018). 絞首刑を採用している3州は、デラウェア州、ニューハンプシャー州そしてワシントン州である。ワシントン州では絞首刑に特に条件が付されていないが、デラウェア州では致死薬注射による執行が違憲であると裁判所によって判断された場合に、また、ニューハンプシャー州では、致死薬注射（lethal injection）ができない場合に、絞首刑を用いることができるとされている。2016年末に死刑を採用していた34州のすべてで、致死薬注射による執行が採用されていた。それに加えて8州では電気椅子、3州では注射とガス室、オクラホマ州とユタ州では、銃殺も採用されている（オクラホマ州では注射、電気椅子、銃殺の3種類、ユタ州では注射か銃殺の2種類。*See,* Appendix Table 3, *id.* at 10-11,)。なお、2016年には5州において全20人に対して、2017年には8州において23人に死刑が執行され、すべて注射によるものであった（*id.* at 2, 8）。

は憲法論的に死刑の「残虐性」に関する議論が活発とは言えない。また、収容中の問題に関して、確かに監獄法の下での懲罰としてすでに廃止されたものであるが、重屏禁や軽屏禁に関連して憲法 36 条が機能したことがあったが、それ以外の多くの場合は、収容中に認められるべき一定の自由権の問題として、信書発受、書籍新聞の閲覧、喫煙などが問われてきたのみであって、アメリカ判例や学説で議論されてきたように、「残虐性」に関するさらなる議論の展開、および、収容それ自体に関する「人間の尊厳」との関連性を踏まえ、収容状況のあり方について問題にしたり、更生プログラムを憲法上の問題にしたりすることには、積極的ではないようである。

　しかしながら、第 1 章で概観したように、現行刑事収容施設法においては、「受刑者処遇の究極の目的は、（犯罪に対して制裁を科すとともに）受刑者の改善更生及び社会復帰を図ること」と理解されており、そのための方策として、改善指導や教科指導など、いわゆる更生プログラム（＝矯正処遇）を実施している。そして、同法は、前者、改善指導について、103 条において、「刑事施設の長は、受刑者に対し…必要な指導を行うものとする。」とし、また、後者、教科指導について、104 条において、「刑事施設の長は、社会生活の基礎となる学力を欠くことにより改善更生及び円滑な社会復帰に支障があると認められる受刑者に対しては、教科指導…を行うものとする。」として、刑事施設の長に、これら指導の実施に関する一定の法的根拠を与えると同時に、その義務を課していると理解されている。反対に受刑者の側からすると、一定の改善指導および教科指導の受講が義務づけられていると理解されているのである。つまり、少なくともこれら更生プログラムについて、わが国でも、少なくとも法的には刑務所長および受刑者にとって義務とされているのだが、これは憲法から導出されるのであろうか、そうでなければ、どこから導出されるのであろうか。また、こうして更生プログラムは刑務所長と受刑者双方にとっての義務とされているとして、社会復帰を真剣に考える受刑者にとっては、これを権利と位置づけることはできないのであろうか。また、その必要性はないのであろうか。権利と捉えるとすると、その根拠はどこに求めることができる、または、求めるべきなのだろうか。

　以上のような数多くの未解決の課題について、いかに取り組むべきであろ

うか。本章で取り上げたウォレン長官、ブレナン判事やニルセンが修正8条の基盤的価値として捉えた「人間の尊厳」に関する観念を、日本国憲法上どのように受容し、受刑者人権のみならず、他の人権および自由が問題となる場面において活かしていく方法について考察しなければならない。そして、それに取り組むためには、トロップ判決およびローパー判決で参照された外国法や国際的人権文書の研究、特にドイツ基本法における「人間の尊厳」理論に関する議論の蓄積など[81]を探究することが必要となる。また、受刑者の人権に関して、ドイツの議論を中心に検討した土井政和教授による「自由刑純化理論」の議論[82]には、本章で概要を紹介したロットマンの『刑罰を超えて：犯罪者の更生に関する新たな視点』で示された、社会復帰の権利に通ずる思想が著されているので、これを探究することが必要である。これらの課題に関する考察を通して、更生プログラムなど、社会復帰に資する措置を含む受刑者の人権について、わが国の憲法論における議論を深化させることが大切であるが、この点については、本書で後に考察する。

　それでは次に、わが国において50年以上の長きにわたり、懲役刑の目的を、受刑者の身柄拘束のための収容よりも、むしろ彼らの社会復帰を中心に据えた矯正教育および職業訓練であると捉えてきた、松山刑務所大井造船作業所の例を検討する。そこにおいては、刑務所が、民間企業の力を借り、地域社会に理解され協力を得ることによって、「人間の尊厳」の概念を意識的または明示的に外に示すことなく、そのような実質的な矯正教育を実施し、約2.5％という極めて低い再犯率を実現してきた。しかし、どのようにそのような

---

81　ホセ・ヨンパルト『人間の尊厳と国家の権力——その思想と現実、理論と歴史』（成文堂、1990年）、青柳幸一『憲法における人間の尊厳』（尚学社、2009年）、葛生栄二郎『ケアと尊厳の倫理』（法律文化社、2011年）、玉蟲由樹『人間の尊厳保障の法理——人間の尊厳条項の規範的意義と動態』（尚学社、2013年）など参照。青柳、葛生、玉蟲各教授の考えについては、本書第10章で検討する。

82　土井政和「犯罪者援助と社会復帰行刑（一）（二・完）」九大法学47号（1983年）、48号（1985年）、同「社会的援助としての行刑（序説）」法政研究51巻1号（1984年）および同「受刑者の社会復帰の権利」『現代における刑事法学の課題』（櫂歌書房、1989年）293-334頁など参照。なお、土井教授の考えについては、本書結論で考察する。

実践が現実に可能となったのか概観し、「人間の尊厳」を基盤に据えた受刑者人権の捉え方と、それを基にした矯正教育および職業訓練等の社会復帰施策が、現実的に機能することを確認する。それを踏まえて、本書第10章および結論で、それら諸概念、つまり「人間の尊厳」概念によって、受刑者人権が、自由権の保障のみならず、矯正教育等社会復帰のための施策を求める社会権的権利がその中に新たに統合され、その意味で再構築された受刑者人権が、わが国憲法36条によって実現可能であることを論じたい。

# 第9章

## 大井造船作業場
## ―松山刑務所構外泊込作業場―
## 50年の歴史とその役割
### ――わが国唯一の開放的処遇施設と社会的包摂

　四国愛媛県にある松山刑務所（東温市見奈良）は、そこから約50キロ離れた大西町（旧越智郡、現今治市）に構外泊込作業場として大井造船作業場（㈱新来島どっく内）を有する[1]。それは、わが国唯一の本格的開放処遇実施構外泊込施設として、海外からも視察団が訪れたり、わが国でもテレビで報道されたりしたことがあるように、大変特徴ある施設として知られている。しかし、昭和36（1961）年9月に同作業場が開設されてから、すでに50年余りの歴史を有するこの開放的処遇施設が、どのような経緯で、どのような人々の志によって誕生し、また、どのような役割を、これまでのわが国の行刑において果たしてきたのかということについてはあまり語られていない。

　この大井造船作業場開設の経緯とその歴史を概観することによって、懲役刑の意味とは何か、懲役刑と矯正・更生そして社会復帰との関係は何か、さらには人間の尊厳を保障する懲役刑とは何か、つまり、受刑者の人権の本質

---

1　今治市大西町にある構外泊込作業場がなぜ「大井」造船作業場と呼ばれるのかについては、矢内世夫『再建王　坪内寿夫の人間活性　甦る男たち　塀のない刑務所・友愛寮の場合』（近代経営協会、1984年）8頁参照。現在の大西町は、昭和30（1955）年に大井村と小西村が合併してできたが、その6年後に開設した大井造船作業場がその名称を引き継いだものと考えられる。ほかには現在、近くの「大井浜」と「大井八幡大神」など、限られたものにその名が残るのみである。

は何かについて、さらに考察する重要な機会を得ることができると考える。

すでに本書第1部で見たように、刑事収容施設法30条は次のように規定する。「受刑者の処遇は、その者の資質及び環境に応じ、その自覚に訴え、改善更生の意欲の喚起及び社会生活に適応する能力の育成を図ることを旨として行うものとする。」つまり、①「その者の資質及び環境に応じ」た処遇を目指すというのだから、それぞれの受刑者に相応しい「個別処遇」が重要視される。また、②「その自覚に訴え、改善更生の意欲の喚起」を目指すのだから、それぞれの受刑者の「自主性を重視」しなければならないことになろう。自主性のない「自覚」や自主性のない「改善更生意欲」は、概念矛盾であり存在しえないはずだ。さらに、③「社会生活に適応する能力の育成を図る」のだから、「受刑者の社会復帰」を収容の重要目的としていると考えるべきである[2]。つまり部分的ではあるものの、懲役刑と隔離に関する問題関心は、懲役は隔離のための隔離ではなく、受刑者を個別に処遇し、自主性を重視することで改善更生の可能性を高め、社会復帰を促すためのものであると法的に再定義されることで、立法的には解消される方向にあるようである。

しかし、刑事収容施設法によって、懲役刑執行における受刑者の処遇に関して、新たに目的が設定されたとしても、現実に受刑者を収容する機関である刑務所において、それらが達成されているか否かは、また別個の問題として検討しなければならない。過剰収容が問題視された2004年のピーク時には117.6％（ただし既決）であった定員収容率も2012年末には82.2％に下がり、5年以内再入率も2003年出所者については総数で42.6％（仮釈放者については33.4％、満期釈放者については54.5％）、2008年出所者については総数で39.8％（仮釈放者28.9％、満期50.8％）と有意に下降した[3]。これが全面的に刑事収容施設法によって実施されるようになった改善更生のため

---

[2] 林眞琴他『逐条解説　刑事収容施設法〔第3版〕』（有斐閣、2017年）90頁。同書はこれを、「個別処遇の原則」「受刑者の自覚」「改善更生意欲の喚起」そして「社会生活に適応する能力の育成」という項目に分けて解説している。

[3] 法務省総合研究所『平成25年版犯罪白書のあらまし』17頁、30頁。http://www.moj.go.jp/housouken/housouken03_00070.html（2014年8月12日確認）。

の一般改善指導、特別改善指導、および、その他の施策によるものか否かは評価困難ではあるものの、数字だけを見れば改善の方向に向かっていることが見て取れる。それではその傾向を見て安心して、このままの方法で行刑実務も継続していけば、自然に状況はさらに改善されていくことが期待されるのであろうか。

　ここで注目しなければならないのは、「再犯者率」である。再犯率（厳密には再入率）が低下する一方、「再犯者率」が上昇していることは知られた事実である。すなわち、「再犯者の人員は、平成19〔2007〕年から漸減している（24年は前年比2.7％減）が、それ以上に、初犯者の人員が減少しており（同8.7％減）、その結果、再犯者率は、〔平成〕9年から一貫して上昇し続け、24年は45.3％（同1.6ポイント上昇）であった。」[4]

　これは何を意味するのか。犯罪認知件数も全体として大きく減少を続けている[5]中で、再犯者が起こした犯罪認知件数は割合として増加している。つまり、一度躓いて刑務所に入所した者が再犯を起こす割合が、全体において上昇しているということは、初犯者よりも、一度は刑務所を経験した者の方が同じ社会情勢、経済状況の中でも、犯罪を起こす傾向が高いことを物語っている。社会復帰ができずに犯罪を繰り返す者の割合が、それまで犯罪未経験であった者よりも高いということ、つまり、刑務所受刑者は出所後、一般市民として社会復帰することに失敗したということである。出所者なのだから当然と考えるか否かは、理解の仕方によるかもしれないが、刑務所出所者に対する社会からの風当たりは、未だに強いという現実を意味する。換言すれば、公権力として受刑者に対して実施している矯正のための政策等が機能せず、したがって社会秩序を維持する機能、または、司法の最終砦（刑罰執行機関）としての役割を果たさず、その出所者が被害者の存在する犯罪を再度起こしたと仮定すれば、犯罪被害者を増やすことを矯正行政が防ぐことができなかった、とも言える。

　懲役刑を、犯罪に対するペナルティーとして、単に犯罪行為者を社会から

---

4　前注、29頁。
5　前注、1頁。

一定期間隔離する作用または罰、と捉えるのではなく、一定期間、社会との間に一定の距離を取りながら、社会復帰に向けて更生のための矯正教育や職業訓練を受けさせ、再度、社会の一員として社会活動に復帰させるというプロセスとして捉えようというのが、刑事収容施設法などに示される新たな懲役刑の目的・目標だと理解すれば、現在の、または少なくともこれまでの矯正行政が、必ずしも期待通りに機能していなかったことを踏まえて、それを修正しそのような期待に適うメカニズム、または、サイクルに戻すための方策は何かを探らなければならない。そこで、一つの例として、身体的隔離を基軸とする懲役刑とは異なる形態、つまりわが国でほぼ唯一、完全な開放的処遇を実施している大井造船作業場を考察しようと考えたのである。

　このような視点から、以下本章では、第1節「大井造船作業場および友愛寮の設立の経緯」として、一　設立者である坪内寿夫の略歴とその着想について、また、その発想を矯正の場にいかに適用したかについて、二　松山刑務所長・後藤信雄との出会いを含めて概観する。そして、大井造船作業場の設立後、これまでの50年余りにわたる経緯について、第2節「大井造船作業場の50年」として、同作業場と宿泊施設である「友愛寮」における受刑者たちの作業および活動の特徴等を概観し、そこにおける矯正教育と更生の仕組み、および、効果を確認していきたい。重要な点は、大井造船作業場で働き、友愛寮で生活する松山刑務所受刑者＝「作業員」たち（そこでは、彼らは「受刑者」ではなく「作業員」と呼ばれる）が、㈱新来島どっくの一般工員たちに、同じ作業従事者として受け容れられていること、また、彼らが暮らす友愛寮での生活と活動の特徴が、彼らの自主性を基軸としたものであり、それが地域社会である大西町の人々の信頼を勝ち取り、受け容れられていることである。このような受刑者の社会復帰のプロセスにおいて、「作業員」たちは、社会の構成員として、同じ社会の構成員である㈱新来島どっくの一般工員たちと同じ人間の尊厳を保ちながら作業に当たっているが、そこに人間の尊厳と行刑のあり方を両立させる糸口が見つかるのではないだろうか。それでは以下、大井造船作業場および友愛寮の設立の経緯から見ていこう。

## 第1節　大井造船作業場および友愛寮設立の経緯

　ここではまず、どのような経緯で大井造船作業場とその敷地内にある居住施設「友愛寮」が誕生したのか、坪内寿夫の生涯を概観しながら、明らかにしていく。

### 一　設立者・坪内寿夫の略歴とその着想

　大井造船作業場で松山刑務所の受刑者に造船作業に当たらせて更生させる、という一種奇想天外な考えを打ち出した坪内寿夫はどのような人物で、なぜそのような考えを持ったのか。

　坪内氏は大正 3（1914）年に愛媛県伊予郡松前に生まれ、昭和 9（1934）年愛媛県立弓削商船学校（当時）を卒業後、同年 4 月に中国大陸に渡り南満州鉄道に勤務するようになった。その後、終戦間際の昭和 20（1945）年 3 月に召集され、すぐに捕虜としてシベリアに抑留され、3 年間イルクーツク近くで強制労働を経験した後、昭和 23（1948）年に帰国を果たしている。亡き父から相続した財産を元に、翌昭和 24（1949）年、松山市で個人経営の映画館を始め、実業家としての道を踏み出した[6]。戦前、住友機械工業の傘下にあり造船で有名な今治の波止浜にあった㈱波止浜船渠は、昭和 24 年に㈱来島船渠となったが、造船不況の折、同年から閉鎖されていた。それを引き取って再建して欲しいと多くの関係者に懇願され、昭和 28（1953）年に坪内氏は 5,000 万円を出資して社長になり、再建に乗り出したのである。坪内氏が再建を始めると間もなく事業は軌道に乗り、㈱来島船渠は発展を始め拡大していった。昭和 36（1961）年に造船所拡張のため新規の土地取得をしたのが、現在大井造船作業場のある大西町であった。昭和 41（1966）年に社名を㈱来島どっくと改め、昭和 62（1987）年に現在の㈱新来島どっくと新しくなるまで、坪内氏は社長を務めた。昭和 53（1978）年の佐世保

---

[6]　半村良『億単位の男』（集英社、1996 年）13-18 頁、坪内寿夫『裸の報告書──わが経営わが発想』（ダイヤモンド社、1978 年）179-181 頁「私の事業履歴書」参照。

重工業の再建も手掛けるなど、経営手腕を発揮したことで知られている。

坪内氏のこのような事業展開と、その過程で受刑者を自分の造船所で使おうという発想には、彼のシベリア抑留の経験が大きく関連している。本人曰く、

> 私が囚人労働者を普通の労働者として扱うようになった経験は、私自身の囚人体験によるものだ。私がシベリアに抑留されている頃の話だが、あの寒いシベリアで何が楽しかったといって「解放処遇」ほど楽しかったことはない。こんなささやかなことが楽しいというのは、これ以外の囚人生活はことごとくつらく地獄であったからだ。「解放処遇」とは広々とした野原に駆り出されてじゃがいもを掘る作業であったが、イモを掘りながら自然の空気を吸えるというのは、私ら囚人が人間であるということを想い出す瞬間でもあった[7]。

これが、通常の刑務所のように塀で囲まれ、来る日も来る日もその敷地内から出ることが許されない受刑生活とは違う、大井での「開放的処遇」の着想に繋がったのである。一般にわが国における現行の「開放的処遇」のほとんどは、交通事犯受刑者について実施される。平成17年版『犯罪白書』によると以下のように説明される。「開放的処遇は、拘禁を確保するための施錠等の物理的な設備及び職員による監視に代えて、受刑者自身の責任によって規律を確保するとともに、可能な限り一般社会生活に近似した環境の中で、社会復帰のため有効な処遇を実施するものであり、主に交通犯罪の受刑者を収容する行刑施設で実施されている。また、構外作業を発展させた形としても行われており、この種のものとして、二見ヶ岡農場（網走刑務所付設）、大井造船作業場（松山刑務所付設）等がある。」また、それより前の平成15年版『犯罪白書』までは、さらに、「開放的処遇を行う施設では、居室、食堂、工場等は原則として施錠せず、行刑区域内では戒護者を付けず、面会もなるべく立会者なしで行わせており、生活指導、職業訓練等、社会復帰に必要な教育的処遇を積極的に実施している。」との説明が付加されていた[8]。平成

---

7 坪内・前注、14-15頁。「解放」は原文のママ。

18年版以後の『犯罪白書』においては、刑事収容施設法の施行に伴ってか、開放的処遇についての説明項目は見られなくなった。

　他方、新法、刑事収容施設法88条1項においては、「第30条の目的を達成する見込みが高まるに従い、順次〔制限を〕緩和」するとする「制限の緩和」が規定され、その2項では、「開放的施設」における処遇も認めている。「前項の場合において、第30条の目的を達成する見込みが特に高いと認められる受刑者の処遇は、法務省令で定めるところにより、開放的施設（収容を確保するため通常必要とされる設備又は措置の一部を設けず、又は講じない刑事施設の全部又は一部で法務大臣が指定するものを言う。…）で行うことができる。」この88条の趣旨として、『逐条解説』は、

> すべての受刑者について、一律に同程度、生活及び行動の自由を制限するのでは、受刑者から自発的・自律的に行動する機会やその意欲さえも奪うこととなる。受刑者を改善更生・社会復帰させるためには、何よりも、受刑者自身が自発的にその意欲をもつことが重要であるが、刑事施設における生活及び行動について、強度の制限を課し続けると、その意欲の醸成を阻害しかねないのである[9]。

そして、開放的施設に関しては、

> 通常の閉鎖的な施設において処遇する限り、多かれ少なかれ、その自発性及び自律性が制約されることとなり、その目的を達成する上で限界があることは否定できない。そこで、刑事施設内処遇を行う上でも、一般社会の生活にできる

---

[8] 平成17年版『犯罪白書』（法務省法務総合研究所）第2編 犯罪者の処遇　第4章 成人矯正　第3節 受刑者の処遇　1 基本制度　(3)開放的処遇（http://hakusyo1.moj.go.jp/jp/51/nfm/n_51_2_2_4_3_1.html）（2014年8月16日確認）、平成15年版『犯罪白書』（法務省法務総合研究所）第2編 犯罪者の処遇　第4章 成人矯正　第3節 受刑者の処遇　1 処遇の基本制度　(3)開放的処遇（http://hakusyo1.moj.go.jp/jp/44/nfm/n_44_2_2_4_3_1.html）（2014年8月16日確認）。

[9] 林他・前出注2、423頁。

限り近似した環境を実現できる開放的施設における処遇を認めることは、受刑者の自発性・自律性を涵養し、ひいては、受刑者の社会適応性を向上させる上で大きな意義がある。ただし、開放的施設における処遇を行うためには、受刑者に対する強い信頼を前提とすることから、本条において、法30条の目的（改善更生の意欲の喚起及び社会生活に適応する能力の育成）を達成する見込みが特に高いと認められることが要件とされている。…現時点では、開放的施設に指定されているものとして、網走刑務所の二見ケ岡農場（構外作業場）、市原刑務所（収容を確保するため通常必要とされる設備又は措置を設け、又は講じた区画を除く）、広島刑務所の有井作業場（構外作業場）、松山刑務所の大井造船作業場（構外作業場）がある（受刑者の生活及び行動の制限に関する訓令9Ⅰ）[10]。

したがって、特に犯罪傾向も進んでおらず、行状も特に良好な受刑者については、ようやく法的にも開放的処遇施設での処遇が認められるようになったのだが、一般懲役刑受刑者については、その「自発性・自律性を涵養」するために、制限緩和や優遇措置以外に、どのような措置が可能とされているか。刑事収容施設法における、そのような新たな行刑の一例として、外部の事業所に通勤させて作業を行わせる外部通勤作業（法96条）と、円滑な社会復帰を図るために一定の用務等を行う目的で認められる外出・外泊（法106条）とが挙げられよう。しかし、大井造船作業場は、後に見るように、塀やフェンスも有刺鉄線もない敷地——そもそも松山刑務所という通常の刑務所から約50キロ離れた塀の外——にあって、今現在でも、「居室、食堂、工場等に施錠せず」「職員を付けずに生活指導…など」の処遇が実施されており、そして何より、「友愛寮」という寮に、作業員全員が、職員も含めて泊り込み、受刑者である寮生が構成する自治会によって自治的に生活を営んでいるところが、他の開放的処遇施設とは大きく異なるし、外部通勤作業や外出・外泊などの例外的な措置と考えられるものともまったく異なる。

さて、大井造船作業場設置の経緯に話を戻すが、坪内氏はなぜ昭和28（1953）

---

10 前注、432-433頁。

年に㈱来島船渠の再建を、5,000万円出して引き受けたのであろうか。坪内氏自身、商船学校を出ているから、船についてまったく無関心ではなかったにせよ、畑違いの造船に乗り出すにはそれなりの理由があったはずである。当時の造船業界は構造不況にあり、鉄を主たる材料とする頑丈な鋼船を作る船主は、東京や大阪の鋼船大手造船所に発注するのが当たり前で、東京などからの発注がさらなる不況によって絶えれば、来島船渠は次の日に経営不振に陥っても不思議ではなかった。一方、四国愛媛の地元零細海運や漁業者は、周辺の中小造船所に木造船を発注する程度で鋼船を必要ともしていなかったし、その資金もなかった。さらに戦後の財閥解体で、来島船渠は住友機械工業の関連会社として受けていたそれまでの庇護を受けられなくなっていたことも災いした。そのような財政的に極めて厳しい来島船渠の再建に、それまでの数年で、映画館で財をなしたことで知られるようになっていた坪内氏に財界が白羽の矢を立てたのであった[11]。後に佐世保重工業も引き受けることになった坪内氏自身が語るところによると、

引き受けた事情は〔佐世保重工業の時も来島船渠の時も〕似たようなもんです。誰も引き受け手がない。もうどうしようもない。それで国も困る、住友も困る、県も困る、町も困る、銀行も困る。伊豫銀行の末光千代太郎さん、知事の久松定武さん、副知事の羽藤栄市さん、波止浜町長の今井五郎さん、いろんな人が頼みに来ました。…資金は5千万円要るというので、映画館を三つぐらい売ったら何とかなると思うとりました。実際は二つ売ってんだ。映画館というのは、いい場所にでかく土地を取っているから、銀行がすぐ買うてくれた。…映画館主がなぜ全く畑違いの造船などに手を出したのか、と良く聞かれるけど、ま、私は船が好きなんですよ。弓削商船学校へ入ったのも海と船が好きだったからで…海と船に関してはズブの素人じゃない。それと、やっぱり偉い人たちと付き合うようになって、この世には『事業』という大きな仕事があるんやという

---

11 藤田忠司『坪内寿夫の組織破壊の発想』(プレジデント社、1985年) 106-109頁、今井琉璃男『来島どっく物語』(内航ジャーナル、1971年) 13-34頁、半村・前出注6、22-30頁。

ことが実感としてわかったことでしょうね。事業家というものになってみたい、そういう欲が出たんや[12]。

　この来島船渠の再建に関しても坪内氏は経営手腕を発揮し、波止浜にあった作業場では手狭になって、他に場所が要るほどに、再建の域を超えた発展へと来島船渠を導いた[13]。ちょうどその折、用地話が坪内氏に舞い込んできた。それが現在の㈱新来島どっくがある大西町（波止浜から西へ約15キロ）の広大な土地であった。元々住友機械工業が、戦時中に大型造船所を計画して買い占めておいた4万坪であったが、計画が実現されずに終戦を迎え、戦後は荒れ果てていたのを、当時の町長・越智義見という人物が、来島船渠にどうかと話を持ち込んだ。こうして昭和36（1961）年8月から、来島船渠大西工場の建設が始まった。同年10月には㈱宇和島造船所も坪内氏の下に身売りをして転がり込んできたため、四国の大将、映画王との異名から、一気に、造船王、再建王との名をほしいままにすることになったのである[14]。こうして坪内氏は造船所を拡張していくが、その大西工場の建設の際、以前から頭にあった、「開放的処遇」の計画を実現しようと考えたのだ。
　ところで坪内氏は、その前年から、松山更生保護会の副会長も引き受けていた。これは受刑者の更生保護のため、端的には仮釈放によって出所してきた元受刑者の身元引受人のような仕事をするもので、当然、受刑者との面談

---

12　藤田・前注、109-110頁。
13　来島船渠の再建策として坪内氏が目を付けたのが、木造船にエンジンを付けただけの機帆船を所有する大多数の「一杯船主」である。これは、夫と妻が一隻の木造船で漁業や近距離海運を営むその日暮らしに等しい経営手法で、農業の副業として各々の家族を主体として営まれていたものである。産業の近代化につれて内航海運の輸送構造も変化し、木造船から鋼船の時代が押し寄せる。機帆船に代えて鋼船を望んでも、「一杯船主」にその資金はない。そこで、坪内は「来島型標準船」を開発し、大衆車ならぬ「海上トラック」を量産し価格を下げると同時に、「月賦販売方式」でそれを「一杯船主」が所有することを可能とし、「高嶺の花」だった鋼船を「一杯船主」の手の届くものとした。このような工夫により、鋼船を造船する来島船渠の受注が増加したのである。
14　藤田・前出注11、111-128頁、今井・前出注11、29-38頁、63-73頁、85-103頁、半村・前出注6、49頁。

などを釈放前に行って適性などを評価しなければならないことになる。そのような面談において坪内氏が知ったのは、受刑者たちの、自分たちについてのあきらめムードであった。つまり、どうせ自分たちは前科者としてまともな生活ができるわけはなく、仕事といっても普通の仕事が任されるわけもなく、したがって受刑中の労役（現在では刑務作業）にもやる気が起きない、つまり、つまらない、つらい、と考えていることであった。

> 囚人の話を聞いてみると、口をそろえて「仕事がつらい」と言う。仕事がつらいというのは、強度の肉体労働が課されるからではなく、仕事に楽しさがないからだ。係官〔＝刑務所職員〕が「どうすれば楽しい仕事ができるのか」と訊ねるから、私は、シベリア体験に触れながら、人間が楽しい仕事をするには楽しい環境を作ってやらなければならない、つまり高い塀の内側ではなく、住宅が見える、女性や子供達の姿も見える、こういったシャバの空気が感じられる環境が必要だ。そうすると、囚人も普通の人間になるだろうと話した[15]。

さらに、造船の醍醐味について坪内氏は、次のように話す。

> 造船は汚い仕事だけれども、物を造るという楽しみがある。進水式という行事がある。これには誰でも感激する。船主も造る人も感激して仕事が面白くなる。一度その味を味わうと忘れられるもんじゃない。受刑者にもそういう魅力のある仕事をさせたらどうか、きっと熱心にやる、と思うたわけです。だけど、刑務所の中で大きな船を造ることはできない。どうするか、それなら造船所に連れて来てやったらええじゃないか[16]。

こうして坪内氏の中で、自分のシベリア抑留経験に裏打ちされた「開放的処遇」に対する信念と、松山更生保護会副会長としての経験に基づく、「仕事が楽しめる環境」を用意することが重要との認識、そして、実業家として

---

15 坪内・前出注6、15-16頁。
16 藤田・前出注11、92頁。

「造船」という大きな物造りの楽しみという、3つの要素が結び付いたのであった。

しかし坪内氏は、法務省矯正局の職員ではなく、実業家、民間人である。つまり、自分の造船所で働く職工を事業主として自由に雇用できるとしても、それは一般人に関してであって、受刑者を自由に雇えるわけではない。つまり、松山刑務所長の理解や協力、さらに法務省の了解があって初めて受刑者を造船所に連れてきて働かせることが可能となる。では次に、その経緯を概観しよう。

## 二　松山刑務所長・後藤信雄との出会いと初代東京都副知事住田正一氏の協力

坪内氏は昭和35（1960）年から松山更生保護会の副会長をしていた関係で、翌36年に松山刑務所長に着任した後藤信雄氏と話をする機会があった。後藤所長は、昭和14～20（1939～45）年にかけて軍の中隊長としてテニアン島および父島で受刑者を指揮して飛行場などの建設に従事させるという経験を有していた。数少ない職員で多くの受刑者を管理しなければならなかった作業現場において、いかに効率よく彼らを働かせるかということに知恵を絞り、受刑者を自由に働かせるようにしてみたところ、作業の効率が非常に上がったという[17]。その後、終戦を迎えると同時に、後藤所長も坪内氏がシベリアに連行されたのと同様に捕虜となり、南方で収容所生活の経験をすることになった。その経験から、「刑期を終えた受刑者の速やかな社会復帰をはかるためには、刑務所の待遇の改善をすすめる必要がある。特に、比較的刑の軽い受刑者は、刑務所の空気になじまないうちに更生の道を歩ませるのが理想である。そこで、刑務所と一般社会との中間に位置するような施設はできないものか、と後藤はつねづね心を砕いていた。」[18]「おまけに、そこで

---

17 大井造船作業場開設50周年記念プロジェクト委員会編『大井造船作業場50年のあゆみ～さらなる飛躍へ～』（2012年）2頁〔以下、『大井造船作業場50年のあゆみ』〕、および、矢内・前出注1、59-63頁。
18 青山淳平『夢は大衆にあり——小説・坪内寿夫』（中央公論新社、2004年）73-74頁。

出所後の身のふり方を決めるため職業訓練もできたら…」[19]と考えていたのである。

　後藤所長は、受刑者の自主性に任せて自由に働かせることに大きな意義があるという確信と、軽い刑の受刑者については特に待遇を改善して早期の出所をさせることが更生に資するという信念とを、自分が所長を拝命した松山刑務所において実現してみたいと考えたのである[20]。それと同時に、当時、松山刑務所では刑務作業を確保するのに苦労していた[21]という事実、そして何より、坪内氏が来島船渠大西工場の建設に取りかかろうとしていた時期であったことが重なり、坪内氏の「開放的処遇」で「仕事の楽しみ」を教えるという夢と、後藤所長の「自由に働かせる意義」を重視し「待遇改善」を図り、「刑務作業」も確保するという刑務所の義務のすべてが、ここにおいて見事に一致し、歯車が一気に噛みあった。坪内氏は振返って言う。「ちょうどこの〔昭和〕36〔1961〕年は、大西工場の建設に着手した年であり、〔受刑者が〕工場づくりから一般工員と協力しあえば、完成後も違和感なく溶け込めるだろう——そう考えて、受刑者には新工場で働いてもらうことに決め」[22]た、と。

　しかし、坪内氏と後藤所長とが、受刑者の開放的処遇や彼らを自由に働かせることについて意気投合し、受刑者の構外作業について合意すれば直ちに松山刑務所の受刑者を来島船渠大西工場に連れてきて、彼らに作業をさせても良いということにはならない。刑務所を管轄する法務省矯正局が良しと言わない限り構外作業として認められたことにはならないから、彼らは違法な作業を行わせることになったことだろう。つまり、この点に関して、法務省から許可を取らなければならなかった。このために一役買ったのが、坪内氏と同郷で東京都副知事を務めたこともある住田正一氏であった。

　住田氏は坪内氏より20歳ほど年上だったが、同じ愛媛県伊予郡の出身で

---

19　今井・前出注11、107頁。
20　矢内・前出注1、60-61頁。
21　池口弘志「松山刑務所大井造船作業場で実施している開放的処遇について」更生保護42巻2号（1991年）38-39頁、矢内・前出注1、54-55頁。
22　坪内寿夫『成功への意識改革　坪内寿夫経営語録』（PHP研究所、1983年）128頁。

昭和29（1954）年に当時の呉造船所（後の石川島播磨重工業）の社長に就任した。つまり、坪内氏が来島船渠の社長となった翌年のことである。住田氏は、近代行刑理論の父と呼ばれる正木亮氏と東大時代に机を並べたこともあって、開放的処遇の推進に深い関心を寄せていたという。正木氏は、大学卒業後法務省において「累進処遇令」を立案するなど、近代的行刑制度の枠を作った人物として知られる。また住田氏は、戦後間もない1947年に、初代東京都副知事の一人となり、その後は運輸省関係の職に就く傍ら、海商法、海法史などの研究にも精を出した。坪内氏がこの住田氏に、大井造船作業場で松山刑務所の受刑者を働かせることについて相談を持ちかけたところ、住田氏も開放的処遇に理解があったため、そして、中央省庁における振舞い方についての経験があったため、法務省関係者との折衝を約束し、実際1年以上にわたって根回しをしてくれたのであった。このような「陰の功労者」住田氏の支えもあって、大井造船作業場の開設は可能となったと言えよう[23]。

さて、坪内氏、後藤所長そして住田氏の一致した協働によって、実質的にも手続的にも大井造船作業場の開設が現実味を帯びてきたとはいえ、地元大西町は、その構想を聞いて大いに難色を示したのであった。しかし坪内氏が説得して回り、最後には大西町住民も坪内氏を信用することにした[24]。坪内氏自身、「私も不安がまったくなかったわけではない。しかし行き着くところは、受刑者を信用するかどうかの問題である。…受刑者の人間としての義理と人情に賭けてみたのだ。"裏切るはずがない"と信じて…」[25]と。もちろん、坪内氏は受刑者たち自身が、近隣住民からも同僚の来島船渠工員からも、しっかりと「信頼」を勝ち取ることができるように徹底的に教育も施したようである。「『あなたたちがもし逃げたら、私〔＝坪内氏〕は大変なことになる。あなたたちを真人間にしよう、仕事の喜びを教えよう、と私は考えている。もう一度刑務所に入って物笑いになるのか、真人間になって私が保証する人物になるのか、どちらが幸せかよく考えてごらんなさい』みんな涙を流

---

23　矢内・前出注1、56-58頁。
24　青山・前出注18、73-74頁。
25　坪内・前出注22、129頁。

して『逃げません』と約束してくれた。」[26] こうして「信頼」だけを頼りに、昭和36（1961）年9月19日に大井造船作業場は開設されたのであった。

## 第2節　大井造船作業場の50年

　以上のようにして、坪内氏と後藤氏そして住田氏の志が一致したことによって、現存する、全国で唯一、塀のない刑務所として知られる松山刑務所大井造船作業場が、職員7人、作業員20人で、昭和36（1961）年9月19日にスタートすることになったのである[27]。これは、わが国で官民一体となって受刑者の矯正教育等に当たるために、平成19（2007）年に開設され、現在では4施設が稼働している「社会復帰促進センター」（＝民営刑務所＝PFI刑務所）のいわば先駆けとも言えよう。しかし、大井造船作業場は、それら「社会復帰促進センター」よりも、一層徹底した民間主導の現場であると言える。なぜなら大井造船作業場においては、松山刑務所の受刑者が作業員として、㈱新来島どっくの一般工員とともに、㈱新来島どっくで技術を習得しながら働いているからである。また、彼ら作業員たちは、坪内氏が㈱新来島どっくの敷地内に会社の財政負担で建てた「友愛寮」で生活しているこ

---

26　藤田・前出注11、94頁。
27　前出注17『大井造船作業場50年のあゆみ』16頁。なお、大井造船作業場と同様の構外泊込作業場としては、後藤信雄所長が後に開設した広島刑務所有井構外泊込作業場がある。ここでも、受刑者が、造船に欠かせない作業を民間の興進産業株式会社の一般作業員とともに実施している。ここでは、「造船所への鋼板中継業」として、「鋼材のショット（金属表面の研磨）、防錆塗装、鋼材鋼板の切断、溶接加工など」の事業を行い、「船体の一部（ブロック）の建造も請け負って」いる。また「工場に隣接する同社所有地（敷地面積4,290平方メートル）に泊込作業のための寮舎…昭和43年8月31日、鉄筋2階建ての寮（延べ床面積1,320平方メートル、収容定員102名）が完成し、「誠心寮」と命名され」た。この寮も、大井造船作業場と同様に塀などで囲まれておらず、寮の外には広い運動場もあり、ランニング等の運動に利用されている。大井造船作業場と異なるのは、受刑者作業員の数が少ないこと（2015年3月時点で7人）、したがって、「自治会的な役割活動を行うことは難しいため、…寮内生活や作業の役割を公平に分担し自主的な寮運営を行」っている。参照、西田朱樹「有井構外泊込作業場の歴史・現状について」刑政125巻6号（2014年）47-54頁。

とからも、それは言えよう[28]。それでは、大井造船作業場における矯正教育・職業訓練、および「友愛寮」の特徴等について概観しよう。

## 一　大井造船作業場への道

　大井造船作業場における矯正教育等について概観する前に、まず、どのようにしてこの開放的処遇施設に受刑者たちはやって来るのか見ておこう。受刑者であれば誰でも欲すればここに移送されるわけではなく、一定の要件を具備した者でなければならない。また、受刑者に志願者を募るわけでもない。現行の大井造船作業場参観者向けパンフレットに記されている7つの要件は以下のようである。

　第一に「積極的な更生意欲が認められる者」。第二に「塀、鉄格子等の物的設備がないため、逃走の危険がない者」。第三に「自主的な共同生活、職業訓練及び生活指導に重点を置いて処遇するため、対人関係に問題がない者」。第四に「知能指数が普通領域以上としているが、学力テスト、体力テストを加味し、共同生活が普通にできる者」。第五に「暴力団等の反社会性集団に所属していない者」。第六に「引受人が決定し、保護関係の調整の見込みがある者」。そして第七に「概ね6月以上、1年6月以下の在場期間が確保できる者。」[29]である。特に第五、第六の要件は、出所後の社会復帰にとって重要となる要素であるし、第七についても、造船作業という現場において一定の技術等を習得するためには、少なくとも一定の期間が必要という理由から6月以上、また、特定の受刑者が長居をして、要件を充足している他の受刑者が同様に大井造船作業場で技術等を習得する機会を奪ってしまうことのないようにとの配慮から1年6月以下との期間が設定されているものと思われる。また、特に「パンフレット」上に表記されていないが、大井造船作業場

---

28　PFI 刑務所については、西田博『新しい刑務所のかたち　未来を切り拓く PFI 刑務所の挑戦』（小学館集英社プロダクション、2012年）、徳永光「刑事施設の民営化」菊田幸一・海渡雄一編『刑務所改革——刑務所システム再構築への指針』（日本評論社、2007年）237-261頁など参照。PFI 刑務所はあくまで、土地も施設も国が所有する機関であり、受刑者はフェンスや柵で囲まれたその施設から出ることなく、パソコン講習等、民間会社が中に入ってきて実施する教育等の矯正教育を受ける。

の作業員は、概ね20歳代前半から45歳までの初犯の者が対象となっている。彼らの移送元は全国に広がるが、法務省矯正局において毎年策定される移送計画に基づき、管区毎に割当人数が定められ、A指標刑務所から松山刑務所に移送されてくる。ただし、札幌および仙台管区は遠方すぎるとの理由から、また、高松管区内は逆に近距離すぎ、土地鑑があるために、ともすれば逃走の危険があるため、対象から除外されている[30]。要するに、各刑務所において上記要件を満たすと認められた模範的な受刑者が松山刑務所に送られてくるのである。

　こうして全国から移送されてきた受刑者は、大井造船作業場に実際に配置される前に、松山刑務所で5週間の事前研修を受けることになる。この事前研修も㈱新来島どっくの職員が講師となって行われる。初歩的な造船作業に関する研修と溶接等の基礎的技術を学んだ後に、受刑者は実際に大井造船作業場に配置され、「友愛寮」における共同生活を開始する。「友愛寮」については後述するが、作業員となった受刑者は、大井造船作業場に到着した後も、さらに3週間の研修を受け、実際に造船作業の重要段階の一つである鉄板から船体各部分となるパーツを切り出す作業と、それら切り出したパーツの研磨作業、そして同様に重要な作業である溶接などについて、㈱新来島どっく

---

29　パンフレット「世界に注目される日本の矯正　開放的処遇施設　大井造船作業場　松山刑務所　構外泊込作業場」（2013年2月訪問時入手）から。なお、1985年時点では、一に「暴力団関係者または麻薬関係犯罪者でない者」、二に「残刑期がおおむね1年4月以上の者」、三に「年齢45歳以下でかつ重労働にたえうる者」、四に「知能指数が普通以上の者」、五に「顕著な文身〔入れ墨、彫り物（『大辞泉』）〕のない者」とされていた（勝尾鐐三「裁判トピックス　男の職場―大井造船作業場―」法律のひろば38巻8号（1985年）56-57頁）。それより前の「〈開放的処遇〉―松山刑務所から―」刑政90巻8号（1979年）53-56頁の記事では、上記以外にも「1　行状及び作業成績が良好である者」、「5　身体状況に欠陥がなく、健康の総評が乙以上の者」との要件があり、知能指数については「おおむね80以上の者」、年齢について「おおむね40歳以下」と、より明確に示されていた。

30　2013年2月20日の訪問時には、22歳から45歳までの24人が在場していた（2011年7月1日訪問時には33人）。大井造船作業場に関する本書の記載は、特に注で出典が示されていない場合には、筆者が、2011年7月1日と2013年2月20日に現地を訪問した際に、その時の場長（それぞれ阿部氏と高須賀氏）および松山刑務所西岡総務部長に行った聞取り調査に基づくものである。

の一般工員の補助をしながら、本物の造船技術を学んでいく。

## 二　大井造船作業場での矯正教育・職業訓練とその効果、逃走事件・再犯率・仮釈放率など

　大井造船作業場には、受刑者作業員に向けられた「大井七則」があり、額に入れて友愛寮の食堂内に掲げられている。「自ら考える　教えを聞く　謙虚である　責任を果たす　礼儀正しい　正坐をする　技術を学ぶ」である。いずれも社会のごく当然のルールのように受け取られるかもしれないが、実はこれら七則の基礎には、自分を生かし育ててくれる「他者」との関係で「自己」を見つめ直すことを求めるという基本思想が据えられている。これを詳述するために、すべてを引用しよう。

　（前文）　人が生きているということは、生かされてあるということである。人を生かして育てるものと、深く交わる世界が、人間の真の世界である。
　　当場は犯罪者を教育するというのではない。日本人を育てるところである。
一、自ら考える——自分で考えるということではない。自分を生かし育ててくれるものに頼って、考えることである。
一、教えを聞く——人から教えを聞くことではない。自分をも人をも生かしている者の、声を聞くことである。
一、謙虚である——職員や同僚につつましくするということではない。自分を生かし育ててくれるものに、へりくだることである。そうする人は自然、他人にもつつましくなり、愛を感ずるようになる。
一、責任を果たす——受刑者として、被害者や国に責任を果たすことではない。自分を生かすものが、万物を愛し育てようとする意思を体してつくられたものとして、その意思にそった働きをすることが、責任を果たすことである。そうすれば当然、被害者や国に責任を果たすことが含まれる。
一、礼儀正しい——人と人との礼儀を言うのではない。自分を生かし育ててくれるものに、礼を尽くすことである。そうすればいかなる時も、自分一人で礼に徹することができる。
一、静坐をする——生かし育ててくれるものに凭（よりかか）って坐るのではない。姿勢、息、

心の三調は憑るための方法である。

一、技術を学ぶ──時を無駄にせず、自分のため、社会のため[31]。

　このような「大井七則」を大井造船作業場での基本ルールとして、作業員たちは内面、つまり基本的な考え方や物事への取り組みの姿勢などを見直すところからやり直す生活を営む。しかし通常の刑務所における受刑者は、このような精神修養ともいえるような目標を掲げて日々の生活を送っているかというと、規模の大きさもあって現実には困難であろう。

　さらに、大井造船作業場での受刑者作業員が受ける矯正教育・職業訓練が、一般の刑務所でのそれと大きく異なる点は、造船作業の技術等の指導者が、㈱新来島どっくで働く一般の工員、つまり民間人で、しかもマンツーマンに近い、OJT方式だという点であろう。一般の刑務所では、公務員たる技官または看守が、刑務所内の各工場において受刑者を指導する。また、受刑者が作業を行っている床よりも一段高い担当台から、看守が常に目を光らせているが、大井造船作業場では、松山刑務所から大井に派遣されている職員の数自体が12、13人と少数のためもあって、広大な造船場で常に目を光らせることは、そもそも物理的にも不可能である。広大な造船作業場は、通常の刑務所の工場のように閉鎖的ではなく、作業時は常に外の気気が通っているような開放的空間であり、刑務所職員の視界に作業員を常に入れておくように配置することはできない[32]。それではあまりにも無管理とも思われるが、作業員がそのように広大な造船場においてもどこにいるかを直ちに目視することが可能なように、㈱新来島どっくの一般工員とは、ヘルメットの色によって峻別できるようになっている。一般工員は白、受刑者作業員は青のヘル

---

[31] 矢内・前出注1、39-40頁。その他、「大井五姿勢」という、礼儀作法を具体的に言葉で表現する方法を定めたルールや、友愛寮での生活に関する58項目に及ぶ詳細な「寮内生活の心構え」があるという。要するに、「大井七則などの憲法、諸規則、先輩後輩の人間関係──この三つが、新来場者が先ずクリアしなければならない課題である。」（同42頁）。

[32] 2013年訪問時には作業員24人中19人が造船作業場で作業に当たっており、うち15人ぐらいは職員の視界外での作業に、ほぼ一日中当たっているとのことであった。（作業に当たっていない5人は友愛寮において経理作業や炊事作業に当たる。）

メットを着用する。しかし、作業員が所定の作業を実行しているか否かを把握することは困難で、彼らの自主性に多くを任せるしかない。通常の刑務所においては、特に作業時に、受刑者を視界から外してはならないのが看守の務めであることとは、まったく異なる作業風景である。

　さて、そのような毎日の刑務作業としての造船作業と併行して、作業員たちは、出所後の社会復帰を目指して、様々な免許および資格の取得のために職業訓練を受けて研鑽を積む。「パンフレット」に挙げられている免許・資格は6種類で、玉掛け技能、アーク溶接、ガス溶接、クレーン運転、危険物取扱、そして、フォークリフトである[33]。

　次に、これまでの逃走事件と、再犯率について概観する。2011年当時の場長・阿部誠治氏によると、過去50年間で脱走事件は16件19人[34]。最初の脱走事件が起きたのは、大井造船作業場が開設されてから1年余りしかたっていない昭和37（1962）年9月27日で、「経理夫（掃夫）として就業中、掃除の仕方等について担当職員から注意され、また同じころ発生したタバコの反則事犯について疑いをかけられていると思いこみ、職員の衣服等を盗んで逃走」したという事件であったが、翌日、岡山県新見駅で警察官により逮捕されている[35]。このような事件が発生しないようにするためには、作業員たちがどのようなことを考え、どのような精神状態にあるのか、職員が了解していること、つまり心情把握が非常に大切なこととなる。そのため、後述するように、各作業員と友愛寮の松山刑務所職員とは毎日面談を実施する。

　次に、再犯率（厳密には再入率）についてであるが、A指標受刑者のうちでも模範的な者を全国から集めていることもあって、当然のことながら低い。大井造船作業場が開設されてから30年余りが経過した1992年2月1日ま

---

[33] 過去3年の合格率はそれぞれの技術について、順に、100％、89％（春）、92％（秋）、100％、65％、68％、100％である。

[34] 「今治の新来島どっく　世界唯一、開放型の刑務所　一般の人と共に働きつつ更生」『志ネットワーク』82巻（2011年）25頁。残念ながら、2018年4月8日に逃走事件が発生し、23日後の4月30日に広島市で無事に拘束された。これを含めると17件20名の逃走がこれまでに発生したことになる（2018年5月8日現在）。

[35] 前出注17『大井造船作業場50年のあゆみ』18頁。その後、昭和51（1976）年6月には、2人による初めての集団逃走が発生した（同9頁）。

でに、2,117 人の作業員が釈放となり社会へ戻っていったが、そのうちの 15.8％が再犯を起こして再入している[36]。これは仮釈放者に関する同時期の全国平均再犯率が約 30％であることから、約半分の再犯率である。また、2005 年から 2010 年までの再犯率は 12.8％[37]、2009 年から 2013 年までの 5 年間では 2.5％[38] である。

　さて大井造船作業場の作業員にとってのメリットとして、先述の免許や資格取得以外には何が考えられるか。1 つは仮釈放の時期が早まり家族など待っている者の元へ早期に帰ることができること、もう 1 つは、作業報奨金等の取得金額が全国平均に比して多額なことである。その他、日々の生活における友愛寮での開放的日常が挙げられるが、それについては後述する。

　まず仮釈放の時期について、つまり刑の執行率が大井造船作業場の作業員に関してはどの程度かということであるが、1991 年の時点では約 60％[39]、2013 年の聞取りでも約 60％の執行率とのことであった。2011 年の仮釈放者刑執行率全国平均および松山刑務所におけるその率は 83％であるから、やはり平均よりも早い時期に社会復帰が可能である。しかし、必ずしも大井の作業員全員が仮釈放を認められるわけではない。2011 年 11 月までに 3,547 人が大井造船作業場にやってきたが、そのうち 2,517 人に仮釈放が認められた[40] ということから、仮釈放率は 70％強である。2011 年の全国平均は『犯罪白書』平成 24 年版によると 50％弱（男子）であるから、明らかに大井造船作業場では仮釈放が認められる率も高い。厳密には、同作業場を無事に終了した作業員の 100％は仮釈放で出所したが、同作業場終了前に、規則違反

---

36　高田賢司（松山刑務所長）「施設紹介　松山刑務所―大井造船作業場における開放的処遇―」矯正の窓 2 巻（1992 年）24 頁。また、少なくとも 2010 年以後、2013 年 9 月に電話で松山刑務所に確認した時点までの間に、再犯者は 1 人もいないとのことである。
37　2011 年 12 月 13 日「塀のない刑務所　人事院総裁賞」愛媛新聞。
38　向川岳彦「大井造船作業場―刑務所長と民間会社社長の再犯防止への熱き思いが生み出した「奇跡」―」刑政 125 巻 6 号（2014 年）45 頁。この間に釈放された 81 人のうち 2 人（いずれも 2009 年釈放された者）が再入所した。
39　池口・前出注 21、39 頁。
40　2011 年 11 月 9 日「塀のない刑務所 50 周年　延べ 3,547 人が従事」朝日新聞。

など何らかの事情で松山刑務所へ送還された約30％の者が満期出所になったということである。ただし、2013年および2014年における本所送還者は0人とのことである。

次に、作業報奨金についてであるが、2012年の全国平均が月4,838円のところ、大井造船作業場のそれは、同作業場での作業が危険であることもあり、最終的には一等工としての作業報奨金に手当てが付いて月約17,000円を受けることができる。その他、作業員たちには、刑事収容施設法39条1項に定める「自己契約作業」が認められ、各自で㈱新来島どっくと請負契約を結んだ上で、刑務作業以外の、契約に基づく作業を余暇時間帯に行うことがある。その作業は主として完成間近の船内清掃等で、土日などの余暇時間を使って行われる。この自己契約作業による報酬は、直接各作業員に帰属し、それぞれの領置金に組み入れられる[41]。

以上、大井造船作業場における職業訓練を中心とした矯正教育および仮釈放等について概観した。それでは次に、作業員が生活をする「友愛寮」について概観する。そこでは、彼ら作業員たちによる自主的・自治的な運営が顕著な特徴として見られる。

## 三　友愛寮における生活の特徴——自治会と自治活動

昭和36（1961）年9月に来島船渠大西工場の敷地内に大井造船作業場が開設された際、松山刑務所の受刑者20人が同作業場に移送されてきたが、その当時、同工場敷地の片隅にあった「古い物置（引揚者二家族が住んでいた）を買収、二家族に別の住居を用意して立ち退かせ、応急修理して宿舎にし」[42]た。この時の改造費用約200万円は、来島船渠が負担した。その後、同じ大西工場敷地内に、やはり木造で平屋建宿舎（940㎡、収容能力94名、総工費600万円）が建てられ、翌昭和37年1月30日にそこへ移転した[43]。

---

41　林他・前出注2、130頁。
42　矢内・前出注1、62頁。
43　前出注17『大井造船作業場50年のあゆみ』16頁。昭和37（1962）年1月に第二陣として50人が松山刑務所から移送されてきた（今井・前出注11、109頁）。

これが作業員たちの宿舎としては2代目となる。その後、来島船渠は発展し昭和41（1966）年6月に、社長は坪内氏のまま㈱来島どっくとなったが、作業員たちの宿舎も新たに総事業費1億3,000万円を㈱来島どっくが全額負担して、「鉄筋コンクリート3階建延べ2,520㎡、120名収容できる住宅公団型宿舎」として昭和43（1968）年11月25日に完成した。こうして3代目の宿舎として、初めて近代的な鉄筋コンクリート造りの宿舎ができあがった。これに合わせて、当時の受刑者によってこの宿舎の名前は、現在も使われている「友愛寮」と名付けられたのである[44]。その後、昭和60（1985）年9月2日にさらに4代目として、現在利用されている「鉄筋コンクリート5階建延べ2,261㎡、92名、部屋数23室（4人共同室）トイレ及び浴室は大理石張りの宿舎」[45]が約2億6,000万円かけて完成した。作業員たちが「資格試験を目指して勉強ができるように、図書館や学習室を充実させ…内装にも金をかけ、風呂〔とトイレ〕には大理石を貼ることにした」[46]と坪内氏は言う。これは、先にも触れた坪内氏の基本的な考え方、「人間が楽しい仕事をするには楽しい環境を作ってやらなければらない」との考えに由来するのであろう。

このような歴史を有する友愛寮での作業員（＝寮生）たちの生活は、彼らの自治会に大きく委ねられており、それが一般刑務所はもちろん、他の開放的処遇施設における受刑者の生活と比較した場合の、顕著な特徴である。これも先述の坪内氏、後藤氏および住田氏の基本的な考えに基づく。坪内氏曰く、「刑務所の延長じゃうまくいかん。看守はいない位がいい。受刑者に自主的に運営させた方がいい（自治組織のこと）。」[47] それでは、その自治組織とはどのようなものか概観しよう。

---

44　矢内・前出注1、73頁。
45　前出注17『大井造船作業場50年のあゆみ』20頁、26頁。
46　青山・前出注18、123頁。
47　矢内・前出注1、64-65頁。また、同65頁にはこれについての後藤信雄所長の考えと決意が表現されている。後藤氏は「開放処遇の理想形として自治会設置の構想を抱いていただけに自分の理念とも一致し、すぐに〔自治会の設置を〕決定した。だが看守をつけないわけにはいかないので、極く少数の刑務官を常駐させることにした」と。

寮生は、自分たち自身で寮生活のルールを定めた生活要領を持ち、清掃等、寮の維持管理のための役割分担、その他の自治会の活動などについて、全体会議、班別会議、役割責任者会議、新来場者懇談会、現場別安全会議を含む各種自治集会で話し合い、決定して実践する。全体会議は、自治会のあり方、作業員としての心構え、月間努力目標の設定等について月1回、班別会議は各班の週間努力目標の設定と反省を少なくとも2週間に1回、役割責任者会議は自治会における役割活動、その他自治会運営上の問題点等について月1回、新来場者懇談会は新たに松山刑務所から移送されてきた新来場者の質疑を自治委員が行うことで不安を解消し、友愛寮での新しい生活に早期に順応することを目的に月1回、そして現場別安全会議は作業災害の未然防止と作業員の安全・衛生確保のために月1回開催する[48]。また自治会の役員として、会長、副会長、議長、寮長、経理リーダー、新入教育リーダー、居室の各室長を、多くの場合、大井の在場年月を基礎に自分たちで選出し、大井造船作業場の職員を含む松山刑務所職員が最終的に合議して決定する[49]。作業員たちそれぞれの役割は一つに限定されているわけではなく、複数担当することになるため、それぞれの会議が月に1回、2週間に1回の会合であっても、各人はそれなりの回数の会合に出席することになる。

　これら種々の活動の中でも、特に特徴的な役割活動について付言すると、委員として、リーダー以外にも、衛生・編集・安全・体育レクリエーション・教養各委員が選出される。そして、委員は、例えば集団行動の時の号令および人員点呼や、集会室・娯楽室の管理補助、編集・購読・安全についての事務補助、清掃・整理整頓の検査補助、体育レクリエーション用具・新聞・図書の保管・整理補助、テレビ・ラジオ番組の編成、委員・週番日誌作成等、広範にわたる役割を担う[50]。

---

48　前出注17『大井造船作業場50年のあゆみ』34-35頁。
49　「自治集会は、受刑者の中から選任した議長及び副議長によって自主的に運営され、寮生活・工場生活・役割活動・自主行動・自主的活動・クラブ活動・体育レクリエーション・規律秩序等の事項を議題にして討議している。また生活目標の自主的設定や目標に対する達成度合いの反省などの討議を行っている。」（前出注29「〈開放的処遇〉―松山刑務所から―」刑政90巻8号55頁。）

「自治寮〔＝友愛寮〕における自主行動については、居室間の訪問・集会室・娯楽室・静座室及び洗面所の利用について、これを認めている。また構内の特定区間について必要が認められる場合には、一定の制約の下で自主行動を許可している。」[51] というように、友愛寮における生活のかなり広範な部分にわたって、受刑者である寮生が生活主体者として認められ、組織的な枠組みの下で、運営についての関与が深く認められている。このような運営を可能としているのは、後藤、坪内、住田氏らの基本的な思想を基にして作られている処遇目標と処遇の方針である。つまり、「世界の矯正思潮の趨勢に応じ処遇内容をできるだけ社会化し、理想的な開放処遇とするため、大幅な自治処遇、各種職業訓練、工業重労働への適応を図るなど近代的矯正の組織充実」を目標としている。作業場運営の特色は、「①収容者（作業員）の人格を尊重し、自覚と信頼を処遇の基調に置き、その社会化を図っている。②逃走防止のための物的、人的措置はとられていない。…③作業は一般工員との協同作業であり、作業内容はガス切断作業、電気溶接作業、研磨作業等の鉄工作業で、特殊部門を除き造船工程の全域にわたっている。④自由の善用と自主性の育成を図るため可能な限り自治活動が認められ…⑤職員の勤務はもちろん泊込み…であり、昼間は作業安全監督と工員からの情報収集であり、夜間は集会指導、面接指導、書信整理等の心情把握の他職業訓練を主な業務としている。…その仕事の性格上、…友愛寮にあっては晩酌はできない」[52]。

以上のような、坪内、後藤、住田氏が50年余り前に抱いた、自主的・自

---

50 同前。
51 同前。
52 勝尾・前出注29、54-57頁。また、前出注29「〈開放的処遇〉―松山刑務所から―」刑政90巻8号53-54頁によると、「処遇に当たっては、1 できるだけ警備を緩和し、役割活動、自主行動、自主的活動等の自治的活動を拡充する。2 社会見学・奉仕活動・施設訪問等の施設外教育活動及び外部作業を充実する。3 面接・相談助言・体育・集会・講和・集団活動・その他の訓練・指導等の生活指導を強化する。4 教育行事・勉学・クラブ活動・レクリエーション等の充実を図り、特に余暇活動を活発化する。5 地域社会・関係機関等との連けいの強化に努め、できるだけ社会資源を活用する。6 開放的処遇を適正に実施することができるよう生活環境を整備する、等の方針を樹立し、自主的・自律的な処遇を通して矯正効果を高め、円滑な社会復帰ができるよう処遇」するとしている。

治的な運営に基づく整った生活環境および、開放的処遇と充実した職業訓練こそが受刑者の社会復帰にとって重要であるとする基本的思想とそれに基づく処遇目標・方針等による運営が、ここ大井造船作業場と友愛寮において実現している。しかし、クラブ活動、レクリエーション、余暇活動などが充実した生活と聞くと、友愛寮における作業員の生活は楽しく、楽なもののように映るかもしれないが、実はそうではない。平成元年当時の第15代場長・池口氏によると、

> 日本中でいや世界中で、これ程よく頑張っている集団はないであろうと思えるくらい、起床してから就寝するまで、常に気合を入れ頭と体をフル回転させて頑張っています。
> 　作業員は、自分で毎月生活目標を立て、自分の力で実行し、自分で採点します。一ヵ月に二冊以上の良書を読んで感想文を書き、一ヵ月五時間以上の静座（座禅に似たもの）もしなければなりません。資格取得のための勉強を行い、時には所内誌の原稿も依頼されます。各種集会や行事があれば、議事録や感想文を書き、反省日誌、安全教育日誌も書きます。朝夕は寮内外をくまなく清掃し、毎朝集団行動訓練を受け、作業現場への往復も隊列を組んで全力疾走します。下着等は自分で洗濯します。休日も近隣の道路清掃等奉仕作業があります。作業員の生活は、いろいろと楽しい行事はあるものの、全生活時間での割合としては、微々たるもので、その大部分は厳しい生活の連続です[53]。

つまり、厳しさの中において、初めて自主性と自治が可能になっているのであり、単なる制限や規則の緩和的適用による弛緩と自由の拡大ではない。それは彼らの間における上下関係を基盤とした自治的な指導体制にも示される。

> 自治会では、日常生活全般にわたって、先輩が後輩を指導するシステムになっています。常識やマナーを重点に指導していますが、一定の基準で選抜した者

---

53　池口・前出注21、40頁。

ばかりではあっても、社会にいた時には親の言うことも聞かず、好き勝手な事ばかりをしていた者がほとんどで、慣れるまでには相当の苦労をします。新しく来場した者は、その指導のきめ細かさや厳しさに驚き、当分の間は先輩になれば楽になるように思いがちですが、やがてそうではないことに気付いてきます。上に立つ者ほど人格を磨き、勉強し、あらゆることに配慮しなければならないことが分かってくるのです[54]。

実際のところ、毎年、50人以上の新作業員が大井造船作業場に移送されてくるが、そのうち10人程度が友愛寮または大井造船作業場での生活や作業に耐えられず、松山刑務所に戻っていく。友愛寮では、刑務所職員である看守からではなく、同じ受刑者でしかも年下でもある先輩寮生から日々指導を受け、その指示に従わなければならないことに我慢ができなかった、という理由で、早期仮釈放等の期待が持てるそこでの生活を諦めて、松山刑務所に戻ることを希望する者も中にはいる。ただし、仮釈放に関連して先に述べたように、2013年および2014年において本所送還は1人もいない。

逆に、そのような友愛寮の生活において、年齢に関係なく自分たちで決めたところに従って各自が責任を持ち、それを全うしていくことが、自分たちが社会復帰したときには重要となるであろうことを正確に理解し、感謝の気持ちを持つことで友愛寮での生活の動機としている寮生もいる。

〔大井造船作業場および友愛寮での生活で〕自分に欠けていた責任感を改めて痛感し、自分自身を改めて省みる機会を与えて頂きました。このような環境の中で受刑生活を送らせて頂ける事が友愛寮の素晴らしいところであると思います。友愛寮は、自治会制度で運営されていますが、それだけ一人一人の責任は重く、自分の事は、自分で律していかなければなりません。受刑者という立場にありながら自分達の自主性を尊重して頂いており、その結果、友愛寮をより良くするという同じ目標に向かって皆一致団結しており、このような環境で受刑生活を送らせていただき心から感謝しております[55]。

---

54 前注、40-41頁。

さて、ほかにも重要な自治会活動の一つに、所内誌『潮騒』の発行がある。昭和43年10月に始まり、2014（平成26）年（調査時点）まで毎月1回発行し続け、すでに540号を超える。『潮騒』は現在、A3サイズ裏表1枚およびA4サイズ裏表1枚の全6頁で、ほぼすべて作業員執筆によるものであり、また編集も校正も編集担当の作業員によるもので、刑務所職員は関与しない。毎月、編集委員が会議体でテーマを決め、それに相応しい記事を作業員が著す。テーマは、例えば「夢」「家族」「別れ」「努力」「感謝」など様々である。また、出所予定者による「贈る言葉」なども掲載される。

それら記事の中で多く表現されているのは、友愛寮に来る前の自分自身を見つめ直して、いかに他者に対する配慮が不足しており、自己中心的な生き方をしていたか、また何でも自分一人ですることができると過信していたことを反省し、友愛寮での生活で、初めて他の作業員とのチームワークの大切さや一致団結の重要性を認識したことや、そのようなチャンスを得たことに対する感謝の気持ち、さらに同僚である作業員や職員など周りへの感謝の気持ちを持つようになったこと、などである。また、同僚と真剣に気持ちや意見をぶつけ合うことが友愛寮ではしばしばあり、そこから仲間意識や一致団結の気持ちが生まれてきたこと、そしてそれが基となって、出所する同僚に対して素直な気持ちで心から喜べるようになったことなど、その時々の純粋な心が非常に誠実な言葉で表現されている。確かな精神的発展と成長が自覚されている。この『潮騒』を毎月50部印刷し、関係各所に配付している。

そのほか、行事として「各種球技大会、魚釣り大会、カラオケ大会等を定期的に行い、春には運動会、観桜会、……集団散歩、夏には梅狩り、水泳訓練、キャンプファイアー、盆踊り大会、秋には文化祭、……集団散歩、芋たき会、そして冬には神社参拝、凧上げ大会、マラソン大会等を行って」きたし、余暇時間にはクラブ活動として、「宗教や体育のクラブ以外に、茶道、華道、俳句、詩吟、音楽、手話、点訳、園芸、演劇等全部で21のクラブが活動してい」た[56]。また、『大井造船作業場50年のあゆみ』によると、現在「茶

---

55　作業員Aによる「作業員の感想」、前出注17『大井造船作業場50年のあゆみ』12頁。
56　池口・前出注21、40頁。運動会は、近年開催されていないとのことである。

道、生花、書道、点訳、手話、詩吟、バンド、俳句、絵画」のクラブがあり、この活動状況を発表する場として、毎年秋に文化祭が開かれ、大西町の住民や更生保護関係者等の見学者が訪れる[57]。このように地域に開かれた活動も、寮生の自主性を尊重しながら、一般篤志家の指導を受けつつ実現している。

　特に文化祭が良い例であるが、以上のような、友愛寮における諸活動を可能にしている前提条件は、地域住民の理解と十数人の職員の献身的な職務遂行である。週5泊を友愛寮に泊り込みで支える場長以下、夜間も最低4人の職員が毎日宿直をする。また、友愛寮については、㈱新来島どっくが敷地利用を認め、現在の建物だけでも2億円以上の建築費を負担したことは先に述べたが、それ以外の維持費、光熱費、その他の基本的な備品についても全面的支援を50年以上、現在まで継続している。これも友愛寮存続の必須の条件である。また、大井造船作業場における友愛寮作業員の指導に当たる一般工員の理解と支援がなければ、作業員が造船作業をできるようにはならないから、㈱新来島どっく全体の理解と援助が欠かせない。一般工員は、すでに50年も前からこのような状況でやってきているから、何ら違和感なく友愛寮作業員を同僚として受け容れ、日々造船作業に従事しているのである。さらに、地域住民である大西町の人々は、大井造船作業場開設当初、受刑者が塀もない友愛寮に住みながら柵もない造船作業場で日々作業をすることについて反対していたが、16件の逃走事件もありながら、50年余りの間、先述の文化祭などの行事について積極的に関与している。それはなぜか、次に見ておこう。

## 四　近隣の大西町住民との関係

　大井造船作業場が開設された昭和36年の翌年、近隣大西町で三度火事が発生した。昭和37年2月15日、7月11日と12月12日の3回である。2月には17人の友愛寮寮生が、7月には18人が、12月にも同様の数の寮生が、場長から大井造船作業場敷地外に出る許可を得て、自主的に消火活動や家財の搬出のために力を尽くしたのであった。その勇敢な行動に、消防団長や町

---

57　前出注17『大井造船作業場50年のあゆみ』37頁。

長が、感謝の気持ちを伝えに友愛寮を訪れ、翌昭和38年には両者から感謝状を授与されることになった。こうしてそれまで大西町の人々が持っていた、寮生に対する不信感も消滅していったという[58]。

その後、現在まで、大西町の人々は、毎年友愛寮で開かれる文化祭に、寮生の活動を示す様々な展示の見学に訪れ、また年末の餅つき大会では、寮生と一緒に餅をつき、それを分け合うようになった。そのほかにも、寮生たちは、職員の引率によって、春のお花見である観桜会や夏の水泳訓練も近隣で実施するし、松山城や動物園に見学に出掛けることも年に2回はあるが、これら大井造船作業場敷地外での活動についても、地域住民の理解を得て実施しているのである。

そのような友愛寮の諸活動を大西町の人々に理解され、受け容れてもらうために、寮生たちもまた、自分たちの週末の余暇時間を使って、JR大西駅構内やその周辺、近所の道路、神社などの清掃活動を実施している。それらが認められて、理解が得られ、したがってさらに多くの行事や活動が許可され、また認められていくという、良好な循環が機能しているのである。このような循環は、友愛寮開設後数カ月経過した時点から、ある程度できあがってきたとのことである。「受刑者の規律正しさ、礼儀作法、整列点呼などに、来島どっくの本工ばかりでなく、関心を抱く地元の人も目を見張って好感を抱くようになってきた。本工は最初怖がって受刑者たちと口をきくのも避けていたが、だんだん一体化していったのである」[59]と。そのようなときに先述の火事が発生し、近隣の人々の信頼をも得ていくことになったのである。

坪内氏、後藤所長そして住田氏だけの功績として、友愛寮および大井造船作業場は語られるべきではなかろう。そこには、㈱新来島どっくの一般工員、大西町の多くの住民、松山刑務所の職員、特に友愛寮に宿泊しつつ寮生の社会復帰を支援する場長以下の職員が存在し、また、クラブ活動を支援する一般篤志家も、日々の活動ばかりか、文化祭の開催のためにも欠かせない重要な存在である。このようにして、単に法務省矯正局や松山刑務所の働きばか

---

58 前注、16頁、18頁。
59 矢内・前出注1、71頁。

りではなく、民間企業と地域、その他の人々に支えられてこそ、開放的処遇および構外泊込作業施設が可能となるのである。

五　小括

　以上本章では、松山刑務所大井造船作業場および友愛寮の設置の経緯、そして、そこでの職業訓練および自治的な生活について概観した。すなわち、愛媛の実業家・坪内寿夫氏が来島船渠の再生を引き受け、それが軌道に乗ったことから、大西町に新たな造船作業場を設けることになり、その際に、松山刑務所長・後藤信雄氏や住田正一氏の協力により、同刑務所の受刑者を造船所で造船作業に当たらせることで、受刑者に仕事の楽しみを体験させ、技術を習得させ、一般社会と似た自治的・自主的な生活環境で生活させ、受刑者が刑務所生活に慣れてしまう前に、社会復帰を達成させようとした。刑務所の構外における処遇となるため、友愛寮という寮に受刑者作業員は全員宿泊しなければならないが、それには地域住民である大西町の人々の理解と信頼が必要であるから、それを得るために友愛寮の寮生は、日々地域住民のために奉仕活動を実践し、文化祭等の行事に来訪してもらう活動を継続している。また、㈱新来島どっくの一般工員から様々な技術を習得し、免許や資格を取得することから、㈱新来島どっくの多くの人々の理解と協力により、刑務作業に代わる造船作業場での作業が可能となるのである。もちろん友愛寮に泊り込みで勤務する職員の努力も欠かせない。したがって、大井造船作業場のような構外泊込作業場の存立の要件としては、受刑者が確固たる更生への「志」を有すること、彼らの支援のために同じ友愛寮に寝泊まりし、ほぼ同居する職員が存在すること、そして、彼らの技術指導に当たる㈱新来島どっくの工員たちのような理解者・協力者が存在することが必須である。それと同時に、友愛寮周辺の地域住民の理解と協力も重要な要件となる。なぜなら、地域住民が、大井造船作業場の受刑者作業員の更生と社会復帰を願って、その自治的活動を理解し協力すること、要するに意識的にかそうでないかは別にして「社会的包摂」を実践することが不可欠だからである。

　大井造船作業場および友愛寮には、寮生たちが再犯を起こすことなく社会に無事復帰するよう、彼らの「生れ変わり」＝甦り＝更生を可能にする条件

が揃っている。否、彼らの「生れ変わり」だけではなく、松山刑務所職員の「生れ変わり」であり、地域住民および㈱新来島どっくの一般工員たちの「生れ変わり」でもある。これは、刑務官を定年退職後、大井造船作業場場長を務めた元場長、阿部氏の次のような言葉に表現されている。

> 定年退職した今だからこそ、現役時代とは違った目で、作業員のことを見ることができるようになった…今までは、受刑者と心通わせることなど、ご法度であった。そんなことを許していたら、受刑者に丸め込まれてしまう危険性がある。だから、「口をきいてもいけない」と厳しく指導されてきた。
> 　今は、まったく逆。「心を通わせて信頼関係を作り上げていくこと」が最大の課題になった[60]。
> 　作業場を巡回するとき、"頑張っているか"と声を掛ける。相手が敬礼をすれば、こちらは笑顔を返す。そんなことから、自分は認められ、信用され、あてにされていると感じ始める。心情を把握できれば、人は裏切らないものです[61]。

　もう1つ、大井造船作業場のような開放的処遇施設を機能させる条件がある。それは、あくまで小規模ということである。2013年の訪問時には24人の作業員が在場していた。開設翌年の昭和37（1962）年には100人規模であったが、現在はかなり少人数である。作業員個々の心情をしっかりと把握し、一人を「人」として処遇する、つまり付き合っていくためには、どうしても少人数でなければならないであろう。そしてそれは、本章冒頭部分で述べた「個別処遇」という、刑事収容施設法30条に表現される基本理念の下において必須の要件であるはずだ。この点については、『逐条解説』においても、次のように強調されている。

　個々の受刑者が有する問題は、その人格的特性や社会・環境的諸条件に応じて

---

60　前出注34、27頁。
61　前注、26頁。

千差万別であり、その違いに応じた処遇を行わなければ、受刑者が有し、犯罪を犯すに至った原因を的確に取り除き、受刑者処遇の究極的な目的である改善更生の意欲の喚起と社会生活に適応する能力の育成を十全に図ることはできないと考えられることから、個別処遇の原則が受刑者処遇の原則に盛り込まれることとなったものである[62]。

　しかし、府中刑務所、大阪刑務所、名古屋刑務所など、わが国の大規模基幹刑務所では2,000～3,000人の受刑者を収容するが、そこでは必然的に各受刑者を称呼番号によって管理せざるをえなくなる。
　私たち市民も「人」、看守ら刑務所職員も「人」、受刑者も「人」であり、「人」以外のものとして誰も処遇されたことはない。したがって、「人」に更生のプロセスを歩ませ社会復帰を働き掛けることができるのも「人」であり、そのような矯正の現場の環境とそのための「志」を学ぶことの重要性を、大井造船作業場の50年の歴史は私たちに物語っている。
　さらに、このような処遇の問題を受刑者の人権の問題として捉えるならば、単なる自由剥奪の憲法的または合理的な範囲を確定する観点から受刑者人権を捉えるのではなく、「人」として処遇され、社会の一構成員に、適切な時機かつ早期に復帰するために必要となる適切な処遇を受けることを公権力に求める社会権的な権利として、つまり、元々「人」として有する、社会に包摂される権利を、早期に回復するための権利として捉え直すことが、これからの受刑者の人権を考察する際の視点として重要になるのではないかということを、大井造船作業場を作った先人たち、坪内氏、後藤氏、住田氏、また㈱新来島どっくを含む大西町の人々は私たちに教えてくれている。
　このような考え方に対して、「それはあくまで理想的な夢物語であって、人数からしても、大井造船作業場に居る受刑者数の1,000倍以上が一般刑務所に在所している。それら5万、6万もの受刑者を皆、このような構外開放処遇施設で自主的・自治的に生活させることなど不可能だし、そもそも懲役

---

[62] 林他・前出注2、90頁。これを受けて同法84条は、受刑者ごとに「処遇要領」を定め、それに基づいて矯正処遇を行うとする。

刑の趣旨に反するだろう。」という批判があることであろう[63]。もちろん、これに対しては慎重な考察が必要となるが、差し当たり、次のように答えておきたい。一般受刑者の中から選りすぐりの者を選抜して大井造船作業場に送り、このように特別な開放的矯正処遇が可能であるならば、同様の施設を用意して、同様に選りすぐりの者をそこで処遇できるかもしれない、と。しかし、これに対しては、すでに大井造船作業場にベスト中のベストを送ってしまっているからこれ以上選りすぐれない、との反論があるであろう。であれば、大井造船作業場ほどではないにしても、少しそのレベルを調整して、できる限りの自主性・自治性を認めた開放的処遇が可能な施設を用意して、そこに二番手のベストを送ることは可能ではないか。というのは、「人」は、ほんの一握りの、1000分の1つまり0.1％のベストの者か、そうでない99.9％の者かの、二分しかできない存在ではないからである。確かに、一般の刑務所も、A指標、または、B指標受刑者収容刑務所、さらに特別なものとして医療刑務所、少年刑務所、女子刑務所、さらに2007年以降は4つのPFI刑務所（社会復帰促進センター）が設置されるなど、収容するべき被収容者の特質に従って区分（収容分類）がなされている。しかし、更生の可能性、早期社会復帰の可能性の度合いに従って、さらにきめ細かい分け方が、少なくとも理念上は可能なのではないか。そして、それこそが、「個別処遇」の本旨ではなかろうか。

　この点を含み、受刑者をいかにして更生させ、円滑に社会に復帰させ、再犯を防止するか、また、それによって元犯罪者である受刑者の、また、元受

---

[63] 2018年4月8日の平尾受刑者の逃走事件によって、大井造船作業場の顔認証システムによる警備強化および作業員受刑者へのGPS位置情報装置の装着などを検討する再発防止対策委員会が法務省に設置された。その結果、「作業場の出入り口に電子錠と入退室監視システムを設けるほか、寮の外壁に赤外線センサーを設置し、寮周辺にはセンサー付きカメラなどを導入することで監視体制を強化する」ことを同省は決定した（2018年6月7日朝日新聞）。また、自治会の廃止を決定したとのことである（同年6月15日朝日新聞）。しかし、1事件の発生により開放的処遇施設の基盤とも言える「自覚」および「自主性」そして「信頼」に真っ向から反する対策を導入し、自律性を回復させるための自治会を廃止するならば、刑務所の構外作業場でしかなくなり、大井造船作業場設置の根本的な意義を覆すことになろう。

刑者である出所者の、尊厳ある生活および人生をいかにして確保するのか。その鍵は、第二次世界大戦後の国際社会における最高価値と措定された「人間の尊厳」の原理と、その、わが国への導入にこそある。つまり、「人間の尊厳」とわが国の憲法原理、および、それを基礎とした理解と解釈として、我々が受刑者人権に関して導き出すことができるものは何か。この点について、次の第10章で考察していこう。

第10章

# 「人間の尊厳」と受刑者の人権

　これまで本書第4部「人間の尊厳と受刑者の人権に関する世界標準」においては、第8章で、以下の点を明らかにした。アメリカ合衆国憲法修正8条に関連するアメリカの重要判例を中心に検討し、受刑者に対する矯正教育を受刑者の憲法上の権利と捉えることに、連邦最高裁は消極的であるという事実である。ただし、ウォレン最高裁長官は、かつてトロップ判決の法廷意見において、残虐で異常な刑罰を禁止する修正8条の根本的な要請は、「人間の尊厳」を保障することであり、ある行為が「人間の尊厳」に反する事柄か否かの判断は、「成熟する社会の変化を示すところの、進展する品位の水準」によって導き出されることを明示した。つまり、「品位の水準」が進展し、刑罰の目的や方法に関する考え方および捉え方が時間とともに変化し、成熟した社会へと進展するにつれ、受刑者の権利に関する考え方および捉え方も変化し、それに合わせて具体的な処遇内容も当然に変化することになることを予測していたのである。

　また、1972年の連邦最高裁は、ファーマン判決において、アフリカ系アメリカ人に対する州裁判所の死刑判決が、修正8条に該当し憲法違反であると判決したが、同意意見を執筆したブレナン判事は、「人間の尊厳」を修正8条違反の基準とするべきであると述べて、そこから派生的に4つの原則を導き出した。「第一の原則は、刑罰は『人間の尊厳』を傷つけるほど厳しい

ものであってはならない…第二の原則〔は〕…州は厳しい刑罰を、恣意的に科してはならない…第三の原則は、…刑罰は現代社会に受け容れられないものであってはならない…最後の原則は、…刑罰は過度のものであってはならないというものだ。…第一の原則が、他のものを適用するための、本質的な前提（the essential predicate）を提供すると考える。…これら原則の機能は、要するに、裁判所が、問題となっている刑罰が『人間の尊厳』に適合的か否かを判断するための、手段（means）を提供するということである。」[1]

しかしその後、1981年に単独室への2人収容が問題となった、ローズ判決において、連邦最高裁は2人収容を修正8条に違反するものではないとして容認した。その反対意見においてブレナン判事は、ファーマン判決の自らの同意意見に従って、修正8条が禁止する「残虐で異常な刑罰」に該当するか否かは、「人間の尊厳」を基礎にして判断するべきであると改めて説き、刑罰執行の問題および収容の問題は、常に修正8条の問題であり、「人間の尊厳」の問題であることを再確認している。

また、1977年の連邦下級審のラーマン判決では、受刑者に対する矯正教育について、収容中に受刑者にもたらされる可能性のある「退歩」をできる限り食い止めるために更生プログラムは重要であり、受刑者の身体的、精神的そして情緒的健康および福利に脅威をもたらし、再犯の蓋然性を高める、つまり受刑者に「退歩」をもたらすような収容は、受刑者の「内在的価値（intrinsic worth）および人間の尊厳」を侵害することであるとしていた。例えば単なる医療サービスの問題だけを個別に取り上げて修正8条の問題とするのではなく、「収容の全体」を問題にし、収容の様々な態様と要素の累積インパクトとして「退歩」がもたらされるのであれば、より一層、更生プログラムの重要性が増すものとしたのである。

一方、学説についても次の点が明らかになった。まず、アメリカの学説においては、ニルセンがヨーロッパ人権裁判所やドイツ憲法裁判所の判決を引用し、「受刑者の人格の発展」を無視する処遇は「人間の尊厳の核心」を攻

---

1　*Furman v. Georgia*, 408 U.S. 238（1972）, 271, 274, 277, 279, 281 and 282（Brennan, J., concurring.）.

撃するもので容認されないとし、さらに、更生プログラムの欠如や社会復帰を困難とする法的障がいによって、修正8条違反の可能性が高まるとし、更生と社会復帰を修正8条の基本的価値である「人間の尊厳」の問題と捉えたのである。

　次いでロットマン論説は、矯正教育を受刑者の権利と捉えた。つまり近代法の基本原理であり近代憲法が保障する罪刑法定主義を根拠に、「収容がもたらす有害な効果は、違法な付加的刑罰」であり、そもそも「疎外化、没個性化環境において退歩に対抗して闘う機会もなく、収容漬けになることは有害な効果の源泉であり、法的制裁の仕組みにおいて存在しないはずのもの」であるとし、このような現状を罪刑法定主義に反する憲法違反であると非難する。そして、このような違憲状態を克服する「唯一の方法は、更生のための積極的なプログラム」を受刑者に対して実施することであるとし、更生プログラムに対する受刑者の権利を憲法上の権利と位置づけたのである。

　その他、ブロック論説は同様に、更生プログラムを権利として捉え、その根拠を「人間の尊厳」に求めた。つまり、「人間の尊厳」を根拠に、矯正教育を「受刑者の権利」の重要な一部分として捉え直したのである。

　このように、一部の連邦下級審判決や学説においては、矯正教育や更生プログラムおよび社会復帰に対する受刑者の権利を、「人間の尊厳」を根拠に憲法上の権利として把握しているが、矯正教育等を法律的権利または利益としてではなく、憲法上の権利として位置づけることの意味は何であろうか。端的に言うと、単に「人間の尊厳」が哲学的に人間存在の基礎および基本を成すから、その観点から保障されるべき権利および利益は、当然に憲法的に位置づけられる、または、位置づけられるべきであるというだけではなく、「人間の尊厳」が基本的人権の基礎を成し、基本的部分を構成するのであれば、いかなる人であれ、人を処遇するに当たっては、その処遇が「人間の尊厳」に適合的でなければならず、それは基本的人権を保障する憲法によって要請されることになるのである。したがって、憲法上、個別条文において、また、具体的文言として、矯正教育および社会復帰が権利として保障されておらずとも、それらが「人間の尊厳」の観点から重要な価値を有するものと考えられるのであれば、憲法上重要なものと位置づけられ、保障することが可能に

なる、否、保障しなければならない。

　より具体的には、例えば受刑者に対する矯正教育は、現行の刑事収容施設法においても施設に義務づけられている（103条・104条）が、これは施設に対する憲法上の義務であるとも、また反対に、受刑者の憲法上の権利であるとも現在のところは理解されていない。ということは、何らかの社会的状況により、または、政府の都合で同法の改正がなされ、それによって政策転換がなされた場合には、極端な言い方をすれば、矯正教育は不要のものとなり、または、場合によっては、立法上、刑務所にこれを禁止することも可能性としてはありえないことはないのである。しかし、矯正教育および社会復帰が、受刑者の人間の尊厳を保障するための重要要素と考えられるのであれば、それは憲法上の権利と捉えられ、立法上も政策上もその権利を剥奪することは認められないことになる。つまり、矯正教育や社会復帰に対する取り組みは憲法上保障され、単なる政策転換や法律改正で消滅させることは不可能となるであろう[2]。

　また、第9章では、そのような点を特別に意識することなく、わが国で50年以上前から実践的に行われてきた、松山刑務所大井造船作業場における職業訓練を中心とした社会復帰促進に対する取り組みを概観した。そして、刑務所の存在意義を、受刑者に対する刑罰の執行としての身体拘束のみと捉えるよりは、社会復帰を目指す拘束と捉え直すことで、より実効的な効果が再犯防止に対してみられ、そのような観点から行刑を国が用意することには大きな意味があり、また、受刑者も自由剥奪の目的を受刑後の社会復帰と捉えると、彼等の「人間の尊厳」の保障にとって有益であることを示した。

　さて本章では、第8章および第9章で明らかになったように、受刑者の権利の新たな展開の1つとして、懲役刑という刑罰の中身に、刑務作業以外の矯正教育を含め、出所後のスムーズな社会復帰を可能とする施策に対する権利の主張または構築の試みが存在することを踏まえ、さらに、「人間の尊厳」

---

[2] このことは、例えば、適正手続や令状主義、自己負罪拒否権や一事不再理原則が憲法上保障されていることの意味を、刑事訴訟法との関係で考えると、より明確に理解できるであろう。

の観点から、わが国でも憲法上の1つの権利として位置づけるために何が必要か、どのような議論が重要か、考察する。そのためにはまず、「人間の尊厳」の本質についてのこれまでの議論を概観しなければならない。しかしこれについての学説を渉猟し、かつこれを発展させることは筆者の研究領域ではなく、また能力を超えるものであり、本書の主要な目的でもないから、先行研究の重要なものを多少なりとも紹介し整理するにとどめざるをえない。

　まずは、「人間の尊厳」が憲法上保障されるに至ったドイツ基本法1条における「人間の尊厳」の概念およびそれに関する議論を参照することが簡便かつ重要であろう。さらに、国際法は、いくつかの国際条約において、受刑者に対する矯正教育および社会復帰を受刑者の基本的権利として保障しているが、その根拠が「人間の尊厳」に求められている事実を明白にすることが重要である。

　したがって以下本章では、第1節でドイツ基本法における「人間の尊厳」の保障に関するドイツでの議論、および、わが国における主要な議論を概観し、次いで第2節で国際法における「人間の尊厳」の位置づけと諸条約における受刑者人権の保障およびその内容を概観する。その上で、本書の最後に、「結論」として、わが国において、矯正教育および社会復帰を受刑者の人権として位置づけようとする議論を概観し、これを憲法上の権利として保障する方法を模索しよう。

## 第1節　ドイツ基本法1条における「人間の尊厳」と 日本国憲法13条における「個人の尊重」

### 一　ドイツ基本法1条における「人間の尊厳」と 同基本法2条「人格の自由な発展」

　ドイツ基本法は1条1項で「人間の尊厳」の保障を規定している。すなわち、

　　1項　人間の尊厳は不可侵である。これを尊重し、かつ、保護することは、すべての国家権力の責務である。

そして2条は1項で人格の自由な発展を権利として保障すると同時に、2項で身体を害されない権利を保障する。

> 1項　各人は、他人の権利を侵害せず、かつ、憲法的秩序または道徳律に違反しない限りにおいて、自己の人格を自由に発展させる権利を有する。
> 2項　各人は、生命への権利および身体を害されない権利を有する。人身の自由はこれを侵してはならない。これらの権利は、法律の根拠に基づいてのみ、これを侵害することが許される[3]。

ドイツ基本法の基本書の1つはこの「人間の尊厳」につき、連邦憲法裁判所判決を引用しつつ、自由な民主政体において最高の価値を有するものとし、国家権力に対してこれを尊重し保護するように義務づけていることを強調する。そして、「人間の尊厳」の保護内容については、他の基本権がさらに具体化しているが、他の基本権によって未だ具体化されていない保護領域については、必ずしも一義的に明確化されるものではなく、様々な捉え方がありうるとする。すなわち――

> 人間の尊厳の保護領域を規定するのは、色々な点から見て困難である。
> ①人間の尊厳とは2500年の哲学史を背負っている概念である。人間の尊厳に言及すれば、直ちに一定の哲学的伝統に身をおくことになる。
> ②いかなる事態であれば人間の尊厳が侵害されるのかは、「一般的に答えることはできず、常に具体的な事案を考慮して初めて分かる」（E30, 1/25 盗聴判決 1-36）。文明および文化的な社会全体状況の条件によって人間の尊厳は様々に観念され具体化される…[4]。

つまり、たとえ個別の基本権として保障されていないものであっても、最

---

[3] 樋口陽一・吉田善明編『解説　世界憲法集〔第4版〕』（三省堂、2001年）193頁。
[4] ボード・ピエロート、ベルンハルト・シュリンク著、永田秀樹・松本和彦・倉田原志訳『現代ドイツ基本権』（法律文化社、2001年）116-117頁。

高価値である人間の尊厳に反するような国家行為等は禁止され、また尊重保護することが義務づけられる。したがって、例えば、後に考察の対象とする基本法104条1項後段は、「自由制限の際の権利保護」として虐待を禁止する。すなわち、「抑留〔または拘禁〕されている者は、精神的にも肉体的にも虐待されてはならない。」[5] しかしここで禁止される「虐待」の詳細または具体的な態様については、何ら規定されていないため、そこでは「人間の尊厳」に反するような行為が禁止されているものと理解することが可能となる。

次に2条が保障する自己の人格の自由な発展に対する権利と人身の自由についてであるが、本書の関心から2点を指摘するにとどめたい。1つは、人格核心理論から一般的人格権理論への変遷、もう1つは後者が保護するとされる「個人の主体性」がさらに3つの権利を導き出すことである。つまり、自己決定の権利、自己保全の権利そして自己叙述の権利である[6]。

1つめの人格核心理論から一般的人格権理論への変遷について、次のように説明される。

> この基本権〔＝人格の自由な発展の権利〕の保護領域は、当初、いわゆる人格核心理論により、特定の限定された生活領域として理解され、「人格的なるものの核心領域」に関連づけられた。しかし、エルフェス判決…以来、連邦憲法裁判所は別の道を歩んでいる。そして、判例・学説のほとんどがその路線に従っている。一方で、2条1項の基本権はその成立史に鑑みて一般的行為自由と理解され、他方で、人格核心理論の関心を受け継いで一般的人格権と理解されている[7]。

人格核心理論については、後に、わが国の学説の検討の箇所において考察するが、いわゆるカント哲学の定言命法にその根源を有し、わが国憲法上の個人の尊重理論においても基盤的価値として承認されてきた、人格的自律を

---

5 樋口他編・前出注3、224頁。
6 ボード・ピエロート他、永田秀樹他訳・前出注4、125-126頁。
7 前注、123頁。

構成する人格を様々な基本権の中心に据える理論である。この理論に対する批判については後に考察するように、端的には、人格的存在性を十全に有することのない人について、保護領域または度合いが、狭くまたは弱くなるのかということである。そこで、一般的人格権の理論が意味を持ってくる。

この一般的人格権については次のように説明される。

> 一般的人格権は、連邦憲法裁判所により、1条1項と結びついた2条1項から導かれ具体化されている。…それは人間の尊厳と同様、個人の行為態様よりもむしろ個人の主体性を保護する…。連邦憲法裁判所の判例が生み出してきた一般的人格権の様々な具体的内容はまた、様々な生活領域に当てはまるだけでなく、主体の様々な発展様式に妥当する。それは以下のようなものである。
> ①自己決定
> ②自己保全
> ③自己叙述[8]

1条1項の「人間の尊厳」と結びついた2条1項の「人格の自由な発展」の権利が、①自己決定の権利を導き出す。この自己決定の権利については、さらに次のように説明される。

> 一般的人格権は、自己決定の権利として、個人に対して自分が何者なのかを自ら決定する権利、場合によっては、自ら見つけだす権利も保障している。

そして、その例として次のようなものを例示している。

> 個人から自己の出自を知る権利を剥奪することはできないし…、自己の名前を保持する権利を拒んではならない…。…犯罪者の社会復帰の権利（E35, 202/235 f レーバッハ判決 1-24; E64, 261/276 f も参照）もこれに含まれる。同様の権利は釈放された囚人にも及ぼされなければならない。[9]

---

8 前注、125-126 頁。

このように、「人格の自由な発展の権利」の一つとして、犯罪者および出所者の社会復帰の権利が保障の対象となるとしている。したがって「人間の尊厳」を憲法上の最高価値であると承認するドイツ基本法において、その核心をなす人格は、個人において自由な発展が保障される。そしてその個人の中には、受刑者および出所者も含まれるものと理解されているのである。
　次に、先に述べた、基本法2条2項1段は、「生命への権利および身体を害されない権利を有する。」と規定し、「生命への権利」および「身体を害されない権利」を保障する。また、同項2段は、「人身の自由はこれを侵してはならない。」と規定し、「人身の自由」を保障している。そして、同項3段は、これら権利の保障の例外として、法律の留保を規定する。つまり、「これらの権利は、法律の根拠に基づいてのみ、これを侵害することが許される。」
　これらの権利は、死刑を含む刑罰に関連するから、その保障について検討する。1つめの「生命への権利」については、特に、1条1項との関連性が指摘される。

> 連邦憲法裁判所は、…2条2項1段から生命を保護する国家の義務をも導き出している。このために1条1項との体系的連関が指摘されるかもしれない。というのも、生命と身体の不可侵性に対する権利は、人間のアイデンティティとインテグリティを尊重し保護する…という1条1項の要請と親和的だからである。いいかえると、2条2項1段は人間の尊厳の内容を持つことが特に分かりやすいのである[10]。

　本書は死刑の問題ではなく受刑者の人権の考察を主要な目的としているので、1条1項の人間の尊厳と親和的である2条2項1段が保障する生命の保護の観点からは、ドイツ基本法は102条で死刑を禁止し、2条2項3段の法律の留保を排除していることを指摘するにとどめる。

---

9　前注、126頁。
10　前注、133頁。104条は、後に検討するように「自由剥奪における法的保障」として、人身の自由に関連して法による制限を規定する。

また、同項1段が規定するもう一つ、「身体の不可侵性」の保障は、生命への権利とは異なり、身体に対する様々な介入からの自由、特に身体の全一性や健全性を保障する。ここでは、身体の「生物学的・生理学的意味での健康」と同時に、「心理的領域における健康もまた保護法益」と理解されている。そしてこのことは制定史だけでなく、「2条2項1段と人間の尊厳の関連性から導かれ」るが、それは「人間の尊厳はアイデンティティとインテグリティの保持を肉体的領域に限定していない」ことから承認される。さらに、身体等に対して「苦痛が加えられたり感じられたりする場合」に限定されるのではなく、「健康を阻害したり危険にさらしたりすることも含まれる」と理解され、人体実験がこれに抵触することはもちろん、「刑罰及び体罰」ならびに「採血のような刑事手続上の介入」また「髪型・ひげ型の強制的変更」もこの保護の対象となる例として挙げられる[11]。

　次に、同条2項2段が保障する「人身の自由」について概観しよう。「人身の自由」はここで、形式的には2項1段の「身体の不可侵」と区別されているようである。しかし、生命への権利、身体の不可侵、そして、人身の自由の3つすべては、2条1項が保障する「人格の自由な発展」の権利のコロラリーとして、2条2項1段および2段で保障されていると解するべきであろう。

　確かに2条2項1段の生命への権利および身体の不可侵については、上述のように、1条1項の人間の尊厳の「内容を持つ」と解説されており、人間の尊厳の中心的保護対象である「人格の自由な発展」の重要な要素である。ところが2条2項2段の「人身の自由」についてはそのような言及がない。しかしこれをもって、「人身の自由」が1条1項の「人間の尊厳」および「人格の自由な発展」とは関わりがないと理解するのは適当ではなかろう。というのは、「生命と身体の不可侵性に対する権利は、人間のアイデンティティとインテグリティを尊重し保護するという1条1項の要請と親和的だ」という同書の解説から分かるように、「人間のアイデンティティとインテグリティを尊重し保護する」ことが「人間の尊厳」および「人格の自由な発展」に

---

11　前注、134頁、135頁。

とって重要な価値である以上、「人身の自由」も同様の観点から重要なはずだからである。また、条文構成上も、確かに2条2項1段と2段の差はあるものの、同じ2項で保障されていること、また制限については同条2項3段で明示的に、「こ・れ・ら・の・権・利・は・、法・律・の・根・拠・に・基・づ・い・て・の・み・、これを侵害することが許される」（傍点筆者、以下同様。）とし、法律の留保については同じものとして扱っていることから、基本法は、「人間の尊厳」の尊重と保護、そしてその中心的部分としての「人格の自由な発展」、そして、その人格の自由な発展のための重要要素として、生命、身体の不可侵および人身の自由の3つすべてを、ほぼ同様に保障していると理解するべきであろう。

さて、「人身の自由」は104条と同じ保護領域を有するとされる。104条は、以下のように規定する[12]。

> 1項　人身の自由は、正式の〔＝正規の立法手続きを踏んだ〕法律の根拠に基づいてのみ、かつ、その法律に規定されている方式を遵守してのみ、これを制限することができる。抑留〔または拘禁〕されている者は、精神的にも肉体的にも虐待されてはならない。
> 2項　自由剥奪の許容およびその継続については、裁判官のみがこれを決定するものとする。裁判官の命令に基づかないすべての自由剥奪の場合には、遅滞なく、裁判官の決定がなされるものとする。警察が、逮捕した日の翌日の終了後も、自己の独断で自己の留置所に留置することは、何人に対しても、許されない。詳細は、法律でこれを規律するものとする。
> 3項　何人も、犯罪行為の嫌疑を理由として一時的に逮捕されたときは、遅くとも、逮捕された日の翌日には裁判官の下に引致されるものとし、裁判官は、この者に逮捕の理由を告げ、これに尋問し、かつ、これに異議申立ての機会を与えなければならない。裁判官は、遅滞なく、理由を付した文書による勾留書を発するか、または、釈放を命ずるかしなければならない。
> 4項　自由剥奪の命令または継続についての裁判官のすべての決定は、遅滞なく、被抑留者の身内の者または被抑留者の信頼する者に、これを通知するもの

---

12　樋口他編・前出注3、224-225頁。〔　〕内原文のママ。

とする。

この104条に関する基本書の説明は次の通りである。

> 104条は、2条2項3段の単純な法律の留保に対する特別法…である特別の法律の留保をもっており、これにより独自の意義を獲得している。2条2項3段が、生命と身体の不可侵性の保護領域と並んで、人身の自由の保護領域にかかわる場合は、104条によって排除されるのである[13]。

そして、104条1項の人身の自由の制限と人身の自由剥奪に関する同条2項ないし4項の関係性については、次のように説明する。

> 104条は、人身の自由に対する介入の許容性について、様々な形式的・手続的要請を行っているが、これは様々な介入の種類や状況に合わせてアレンジされている。…2項から4項は、自由剥奪に適用されるが、自由制限を扱う1項の特別法である[14]。

したがって、1項で言う「自由制限」とはより包括的な広い概念であり、そのうち、より侵害度の高い「自由剥奪」について、さらに慎重な手続が要求されるとして、2項ないし4項が規定されているのである。

> 滞在制限的・監督的な措置、召喚、勾引は、たとえ強制的に行われるものであっても、自由剥奪ではなく、単なる自由制限に過ぎない…。自由剥奪というのは、召喚、勾引によって追求される目的を超える拘留をいうのである[15]。

また、このように捉えられる「自由剥奪」について104条2項ないし4項は、

---

13 ボード・ピエロート他、永田他訳・前出注4、142頁。
14 前注、144頁。
15 同前。

同条 1 項が自由制限について規定するように、単に法律の根拠および方式を遵守することだけでなく、その内容として裁判官の審査を明示的に求めているのである。そしてその「自由剥奪」の定義について、次のように解説する。

> 人身の自由に対する介入の特別事例として、104 条 2 項ないし 4 項は自由剥奪を強調している。自由剥奪とは、狭く限られた場所に…拘留することを意味する…。したがって、ありとあらゆる逮捕、抑留、拘禁、自由刑、収容がここに含まれる[16]。

このようにして、104 条 2 項および 3 項に基づき裁判官の審査によって自由剥奪としての自由刑が科せられることになるが、自由剥奪は自由の制限に含まれるものである以上、104 条 1 項後段により精神的にも肉体的にも虐待から免れるものでなければならない。そしてこの虐待概念に何が含まれるかについては、「人間の尊厳」および「人格の自由な発展」の理解が関わってくる。

それでは次に、このようなドイツ基本法における「人間の尊厳」概念について、わが国においてどのような議論が展開してきたのか。それを概観することで、わが国においても人間の尊厳または個人の尊重の保障を基礎にして、受刑者および出所者を含む犯罪を起こした者の矯正教育・更生プログラムおよび社会復帰の権利への応用可能性を考察する手がかりを得たい。

## 二　わが国における「人間の尊厳」に関する議論

わが国における人間の尊厳に関する議論は、田口精一教授による「ボン基本法における人間の尊厳について」[17] およびホセ・ヨンパルト教授による「日本国憲法解釈の問題としての『個人の尊重』と『人間の尊厳』」[18] が先駆的な研究として取り上げられる。これをさらに発展させるための議論が、様々な

---

16　同前。
17　田口精一「ボン基本法における人間の尊厳について」法学研究 33 巻 12 号（1960 年）167-201 頁。

研究者によって取り組まれてきた。そこでここでは、近時の代表的な研究として、田口教授およびヨンパルト教授等の議論をきっかけに、ドイツの学者など様々な議論を集約し議論を展開されている青柳幸一教授の『憲法における人間の尊厳』[19]および、さらにドイツ基本法における「人間の尊厳」概念の現代的動向を踏まえて議論を展開する玉蟲勇樹教授の『人間の尊厳保障の法理——人間の尊厳条項の規範的意義と動態』[20]、ならびに、社会を〈ケアと尊厳〉および〈正義と自由〉という二元構造で捉え、さらに尊厳をケアと統合することで、これまでの概念を超える概念を構築する葛生栄二郎教授の『ケアと尊厳の倫理』[21]に焦点を絞り、人間の尊厳概念と個人の尊重概念に関する議論を検討し、本書の問題関心である受刑者等の矯正教育および社会復帰に対する権利についての示唆を得たい。

（一） 青柳教授『憲法における人間の尊厳』における
「人間の尊厳」の理解

青柳教授は、田口教授が日本国憲法の「『個人の尊重』条項と〔ドイツ基本法の〕『人間の尊厳』条項とを同旨のものと捉えている」として、田口教授の論説の一部分を引用する[22]。

　田口は、ドイツ基本法1条1項第1段と同2項は、「日本国憲法とその主旨に

---

18 ホセ・ヨンパルト「日本国憲法解釈の問題としての『個人の尊重』と『人間の尊厳』——尊属殺違憲判決をめぐって——（上）（下）」判タ377号13-18頁、378号8-19頁（1979年）。
19 青柳幸一『憲法における人間の尊厳』（尚学社、2009年）。
20 玉蟲勇樹『人間の尊厳保障の法理——人間の尊厳条項の規範的意義と動態』（尚学社、2013年）。
21 葛生栄二郎『ケアと尊厳の倫理』（法律文化社、2011年）。
22 青柳・前出注19、206頁。本来であれば、本書でも田口教授とヨンパルト教授の議論をそれぞれの論文に基づき紹介し、それに基づいて青柳教授等、他の研究者の議論を紹介し整理することで、ドイツ基本法とわが国憲法の「人間の尊厳」と「個人の尊重」の異同等について議論を進展するべきかもしれない。しかし、すでにここで取り上げる3教授以外にも、多くの研究者によって十分議論されているため、それら先駆的業績に依拠してこれまでの論点を整理し、諸業績の研究成果の要点を明確にするにとどめたとしても、本書の課題を考察する目的においては十分であろうと考える。なお引用文中の…は筆者による省略。別の記述がなければ、以下同様。

おいて同じであることは明白である〔…〕」と、両者のその主旨における同一性を肯定する。そのうえで、具体的内容に関する両者の関係を見るために、田口は、「人間の尊厳」条項の成立過程、それが基本権をも保障するか、という問題をめぐる学説・判例、「人間の尊厳」の観念、基本法の人間像、「人間の尊厳」の侵害と客体定式、「人間の尊厳」と生存保障の関係、「人間の尊厳」に関する請求権の内容について、基本法の初期の学説・判例を紹介する。そして、「結語」において、田口は、「人間の尊厳の尊重保障は、公共の福祉の維持増進と相通ずるものであり、本来両者の要求は、衝突するものではないはずである…現代的な人間の尊厳観にもとづく、人間性の尊重保障の要求は、国家と対立することではなくて、いかに国家を、人間自身が人間自身の尊厳のために創造するかということに向けられなければならない」〔…〕と述べて、その論文を閉じている[23]。

このように、田口教授の理解は、ドイツ基本法における「人間の尊厳」原理とわが国憲法における「個人の尊重」原理とを同質かつ同旨のものと捉えるので、ドイツ基本法の「人間の尊厳」条項による保障と同じ保障原理が、わが国でも通用するとしていると、青柳教授は理解する。

そして青柳教授は、それ以前の憲法学説一般も同様に、わが国憲法の「個人の尊重」条項は、個人の人格の尊重、個人それ自身の価値の尊重と捉えており、それに呼応するかのように最高裁も1948年判決において、憲法13条は個人の尊厳と人格の尊厳を宣言したものであるとしているから、当時においては「同旨説」が、それほどの考察なく受け容れられていたと理解するのが妥当と考える[24]。

その後1960年代まではドイツ基本法1条が保障する「人間の尊厳」と日本国憲法13条が保障する「個人の尊重」条項との異同について、同旨説が一般的であった。ところが、このような同旨説に対して異論を提起したのが、ホセ・ヨンパルト教授であった。そのことを、青柳教授は次のように述べる。

---

23　同前。
24　青柳・前出注19、203-204頁。

このような通説的見解に再検討を迫ったのは、1979年に公表されたホセ・ヨンパルトによる問題提起であった。ヨンパルトは、「個人の尊重」と「人間の尊厳」は同じものではなく、ドイツ基本法の「人間の尊厳」は「決して『個人主義（individualismus）』の原理によって理解されない」、と主張する。そして、ヨンパルトは、「人間の尊厳」条項の解釈としてドイツの学説で「異論がない」四つの命題を挙げる。そのうち、本書のテーマに関係するのは、「人間は、人格として（人格であるがゆえに）尊厳を有する」という命題とドイツ基本法「第1条は個人よりも人格性に関連する」という命題である。この「人格としての人間の尊厳」という命題は、ヨンパルト教授によれば、ドイツ語のWürdeという言葉の意味それ自体に関わる。つまり、「人間の尊厳は人間の人格としての尊厳と理解されるので、人間の尊厳を定義することは同時に人格を定義すること」を意味する[25]。

こうして、ドイツ基本法における「人間の尊厳」の理解に立ち戻る必要が出てくる。そして青柳教授は、ドイツ判例・多数説における「人間の尊厳」概念を次のように要約する。

　　判例・多数説は、「尊厳」の担い手である人間を「人格」と結び付けて把握する。それゆえ、それは、まず何よりも人格主義（Personalismus）といえる。ただし、Kantの「人間性の尊厳」論との関係で留意すべきことは、この人格主義が個人を超えた、あるいは個体性を喪失した人格を意味するものではないことである。判例・多数説の「人間の尊厳」論は、人格を有する具体的な個人の「人間の尊厳」の保障であって、種としての人類の一員であるゆえに付与さ

---

[25] 前注、194-195頁。ヨンパルト教授の峻別論について、他のところ（28頁）でも次のように紹介している。ヨンパルト教授の言語的分析によると、「個人」という言葉は、「人間」という広義と、「個性」という狭義との二つの意味を持ち、「個性」「個体性」という概念は、「人間の尊厳と人格性にただちに関連しない」もので、逆に個人は人間として（人間であるが故に）尊厳を有する。「人間の尊厳」という場合には、人間だけにある価値、人間の人間（人格）としての価値は「尊厳」というとし、「個人の尊重」と「人間の尊厳」は別位の概念である、としていると。

れる「人間の尊厳」ではない。判例・多数説も、「人格」を、人格—理性—自律の連鎖のなかで捉えている（ただし、ここでいう「自律」は、Kant のそれとは異なり、いわば自己決定能力を意味するに止まる）。ここで重要なのは、自律的個人の自己決定が全面的に容認されるものではないことである。判例・多数説の「人格主義」は、極端な個人主義や全体主義の否定を、そして「共同体に拘束された個人」を意味する[26]。

つまり、ドイツ基本法における「人間の尊厳」の中心概念は、カント哲学の人格主義を受け継ぎつつも、カントのそれが、種としての人間の存在自体にも尊厳の根拠を求めたのに対して、ドイツ基本法における「人間の尊厳」は、種としての人間の尊厳ではなく、具体的な個人としての尊厳を、「人格—理性—自律の連鎖のなかで」理解し、これを保障する概念であるということである。また、それは、そのような個人の自己決定を全面的に容認する個人主義ではなく、ましてナチスの全体主義を可能とするものでもなく、むしろそれらを全面的に否定しつつ、共同体の存立のために一定の制限を受ける可能性のある人間の尊厳と把握されているとする。

青柳教授はこのような、「人間性」対「個々の具体的人間」という二項対立的図式のうちのいずれか一方を正当となそうとする考え方または立論を適当ではないとし、人間または個人の存在につき、自身の見解を次のように述べる。

> ひとつは人間一般としての自分であり、もうひとつが唯一無二の存在である自分で…「人間」に尊厳が認められるのは、自分のなかにある人間一般という概念ではなく、「絶対的に一般的人間という概念では律しきれない個としての自分」であると思われる。それ自体価値があるのは、かけがえのない存在である「個としての自分」である…。そして、かけがえのない存在である「個としての自分」は、理性だけで、精神的能力の有無、あるいはその成熟性だけで決められ

---

[26] 前注、182-183 頁。

るものではない[27]。

　つまり、人間の種としての尊厳と、人格的存在である個としての尊厳の二面性に着目しながら、後者に重心を置いているようである。しかしながら、人格または個人にのみ尊厳の根拠を求めることを避け、「かけがえのなさ」とそれを互いに承認する事実に求める。

　　注意しなければならないのは、「個人のかけがえのなさ」が自己中心主義を意味するものではないことである。個人の独自性や「かけがえのなさ」は、他者との交流のなかで気づかされ、形成される。したがって、個々の人間の「かけがえのなさ」は、他者の存在を、他者との間で行われる社交性を前提とする。また、「かけがえのなさ」はすべての個々人に認められるので、その人の「かけがえのなさ」は他者の「かけがえのなさ」の承認と結びついている[28]。

　このようにして青柳教授は、カント哲学の中心テーゼである人格主義を基本にしたドイツ基本法における「人間の尊厳」概念と、個人の国家に対する優越を価値としたわが国憲法における「個人の尊重」概念とは、別個の系譜から導き出され保障されるに至った憲法的最高価値としながら、ありのままの人間の「かけがえのなさ」を保障しようとする点に、大きな共通性を見出したのである。
　さて、「かけがえのなさ」に注目しつつ、さらに「ケアの倫理」に重要性を見出すのが葛生栄二郎教授である。その概略を考察し、本書の問題関心である受刑者の更生とそのための矯正教育および社会復帰を、憲法上いかにして権利として位置づけることができるかについて考察する。その前に、青柳教授の最終的な結論と思われるところの、ドイツ基本法における「人間の尊厳」と、わが国憲法における「個人の尊重」の近似性または共通性に関する、さらなる発展的理論を提示している玉蟲勇樹教授の議論を次に概観しよう。

---

27　前注、334-335 頁。
28　前注、335 頁。

（二）　玉蟲教授『人間の尊厳保障の法理——人間の尊厳条項の規範的意義と動態』における「人間の尊厳」の理解

　玉蟲教授は、「人間の尊厳」概念をめぐるこれまでのドイツおよびわが国における議論を詳細に検討した上で、自身の見解として、これまでの議論の視点とは異なる前提からの出発である点を留保しながらも[29]、ドイツ基本法における「人間の尊厳」概念とわが国憲法における「個人の尊重」概念の近似性を肯定する。ここでは、その結論に至る論証過程の詳細については省略せざるをえないが、結論部分のみ後に引用し、重要な点は、わが国憲法上の理解および解釈においてもドイツ基本法の概念は十分に参考になるとしている点である。

　玉蟲教授は、その著書で、特にドイツにおける人間の尊厳に関する新たな議論の傾向を分析した上で、わが国憲法の個人の尊重の解釈上いかなる意味を持つかという点について、「個人の尊重と人間の尊厳の同視論・再論」と題する部分で整理する。それを著者なりに要約すると以下のようになる。

　第一に、人間の尊厳論の現代的な傾向として、人間の尊厳を個人の尊重を意味する概念と位置づける有力な見解がある。第二に、そのような現代的傾向は、「個人」につき多様性をその本質とする存在と理解している。第三に、「人間＝多様な個人」は様々な生活場面で多様な存在形態をとる。第四に、多元的な個人の尊重を具体的な現れとする人間の尊厳が、ドイツの憲法（人権）解釈を支える最小限の実質的価値であり基本的コンセンサスの在処である。そして、第五に、個人に焦点を当てた人間の尊厳論からは、人間の尊厳の実質的内容についても開放性が主張されるのだが、それは、個人が多様な利益を有する主体であると捉えることから、人間の尊厳も同様に多様な利益に開かれていなければならないということである[30]。

　このような整理を前提にして、玉蟲教授は、ドイツ基本法の「人間の尊厳」概念とわが国憲法の「個人の尊重」概念の接近性について次のように述べる。

---

29　玉蟲・前出注20、39頁。
30　前注、32-35頁。

人間の尊厳は統一的な存在としての人間の保護を意味し、それに対して個人の尊重は多様な存在としての個人を保護する趣旨であるとする従来のステレオタイプの議論は、もはやあまり説得力をもたないようにも思われる。むしろ、人間の尊厳がその具体的な現れ方として個人の尊重を意味していると捉えれば、両者はほぼ同じ保障を含むものと理解して差し支えないであろう。この立場を受け入れる限りで、ドイツにおける人間の尊厳と日本国憲法の個人の尊重とはその内容・機能において互換的な概念である。すなわち、個人に焦点を当てた人間の尊厳論の趣旨は、日本国憲法における個人の尊重論にそのまま当てはまる。…現在の状況は、いわばドイツにおける人間の尊厳論が日本国憲法上の個人の尊重論へと接近してきた状況と評することができるかもしれない。…いずれにせよ、「個人」の尊重にあたる憲法上の規範をもたないドイツにおいて、むしろ「人間」の尊厳から積極的にこれを導き出そうとする試みが見られるのは注目に値する。また、こうした「人間の尊厳―個人の尊重―個別的人権」という流れを論証し、しかもそこにおいて個人の尊重に重要な意義を認める人権の基礎づけ理論は、個人の尊重規定をもちながら人間の尊厳規定を欠く日本国憲法上の人権理解にとっても重要な示唆を有しているというべきであろう[31]。

そして、わが国憲法上の個人の尊重保障の理解として帰結されることは、「個人の尊重は憲法においてどのような利益・主張をもった個人であっても排除せず、その利益・主張を憲法秩序のなかで主張する機会を保障するもの」であり、「個人として尊重されるか否か（Ob）よりも、どの程度個人として尊重されるか（Wie）を問題とするのがふさわしい」とし、「個人の尊重規定は、憲法というそれ自体開放的な内容をもつプロセスに個人の多様な利益を取り込むための入り口」となるものと理解されるのである[32]。

このように間口の広く開放的で、個人の多様な利益を取り込むことができ

---

31 前注、35-36頁。ここで重要なのは、「個人に焦点を当てた人間の尊厳論」を「受け入れる限り」においてであるということである。「個人に焦点を当てた人間の尊厳論」については、「2. 個人の尊重をめぐる議論状況」参照のこと（同7-19頁参照）。
32 前注、49-50頁。

る規定であることを根拠に、そして、ドイツにおける人間の尊厳の現代的理解をも背景として、個別的に人権を理解し、それを保障することが可能となると考えることができよう。

(三) 葛生教授『ケアと尊厳の倫理』における「人間の尊厳」の理解

次に、青柳教授と同様に人間の尊厳の根本的理由として「かけがえのなさ」に注目しつつ、さらに社会を〈ケアと尊厳〉と〈正義と自由〉という二元構造で捉え、人間の尊厳の根拠として「ケアの倫理」を重視する葛生教授の議論を概観する。葛生教授は、カント哲学を基礎にした人格主義、特にそこから導かれる人間の尊厳の根拠としての自律性と人間性との両方に対して批判を加え、それらは人間の尊厳の根拠としていずれも成立しないと批判する。そして、「人間の尊厳」を関係論的概念と捉える。

> 人間に尊厳があると言える根拠はただ一つしかない。それは、わたしたちが他者をそのような存在として見ているという関係論的事実である。〈人間の尊厳〉は「あそこにある、ここにあると言えるものではなく、あなたがたのただ中にある」ものなのだ。高度に共有された文化的所産だと言ってもいいだろう。日常の人間関係のなかで、他者を尊厳ある存在として扱う(あるいは、扱わない)という経験の反復から、わたしたちは尊厳の感覚を獲得しているのであり、この感覚が内面に規範意識(「扱うべき」という意識)を生み出している。…〈人間の尊厳〉はあくまで関係論的概念なのである[33]。

つまり、概念として「人間の尊厳」の根拠を哲学的に、そして記述的に明らかにしようとすることよりも、実践的日常の人間関係の中で体得していく感覚が「人間の尊厳」であり、関係論的事実として、他者との関係において、感得するものと捉える。その一つが、人間個人の唯一性・代替不可能性であり、これが「人間の尊厳」の重要な要素であるという。そして、クローン人間に関する議論において次のように述べる。

---

[33] 葛生・前出注21、57頁。傍点原文。

この種の関係論的事実は、科学的事実や存在論的事実とは別次元に厳然と存在している。唯一性・代替不可能性といった〈人間の尊厳感覚〉の形成〔は〕関係性のネットワークのなかで行われるものである…。…〈人間の尊厳〉は、このような、わたしたちの〈尊厳感覚〉によって見出され、伝え合っている関係論的概念なのである[34]。

　またその〈尊厳感覚〉の中でも重要な「唯一性」つまり「かけがえのなさ」についていかに理解するかという問題についても、そのような経験から得るようになるものであるとする。

　わたしたちが自己の唯一性を自覚できるのは、そのようなものとして（つまり、かけがえのない存在として）扱われる経験をした場合だけ。人格の唯一性は存在論的事実として知るものではなく、他者との関係を通じて感得するものなのである[35]。

　しかし、人間の日常的生活・活動の中で「感得」していく「人間の尊厳」の感覚は、各人の日常的生活や活動の違いによって異なることになり、当然、文化や社会の違いによっても異なることになる。しかし、これはケアリングという人間の基層的な関係の中で形成され養われていくので、文化や社会の相違によって、人間の「基層」に大きな差はなく、普遍的なものであることを前提にすれば、尊厳の感覚にそれほどの違いは生じないとする。

　〈人間の尊厳〉は関係論的概念であり、〈尊厳感覚〉もまた日常生活における関係性のなかで習慣づけられることによって体得されるものだ。…それゆえ、経験に依存している限りにおいて、この感覚には文化伝統による差異や歴史的変化があるだろう。…同じ社会のなかでも、とくに生育環境の違いによって感覚の強度や関心の置き方に差がありうることも考えられよう。

---

[34] 前注、71-72頁。〔　〕内は筆者による変更。
[35] 前注、71頁。傍点原文。

とはいえ、その差異は、たとえば法文化が地域や時代によって多様でありうるといったことと比較すれば、むしろずっと小さいものだと考えなければならない。というのも、〈尊厳感覚〉はケアリング関係という、人間にとって最も基層的な関係のなかで形成され、養われるものだからである。
　…感情をもった一個の人間として対等に扱われること、理由なく侮蔑的な扱いを受けないことなどの欲求には高度の普遍性があると言える。
　…〈ケア欲求〉もまた、時代や文化を問わず、高度に普遍的なものなのである。生まれた瞬間から誰もが他者のケアを求めるものであり、その内容もおおむね同一なものだ[36]。

すると、普遍的な尊厳の感覚を形成し養う、ケアリングこそが重要であるということになる。ケアリングは、ケア欲求、つまりケアする欲求とケアされる欲求の両者で成り立ち、そのようなケアリングの関係から尊厳ある存在であることを、人は互いに認識するようになるとする。

わたしたちは基本的な〈ケア欲求〉が充足される経験を通じて、自己を尊厳ある存在として、つまりは目的性や非道具性、唯一性や代替不可能性をもった存在として認知するようになる。さらに、他者もまた自分と同じような〈ケア欲求〉をもった存在であることを認知するようになる時、わたしたちはケアされる欲求とともに、他者をケアする欲求をも持つようになる。ケアする欲求とケアされる欲求とは、人間にとって等しく本源的なものなのだ。そして、他者をケアする経験を通じて、今度は他者を尊厳ある存在として認知するようになる。なぜなら、他者をケアするとは、他者を単なる物体や道具のように見ることができなくなることを意味しているからである。…
　このように、ケアする欲求とケアされる欲求との相互性から成り立つケアリング関係は、互いに相手が尊厳ある存在であることを相互確認しあう営みであると言えるだろう[37]。

---

36　前注、73-74頁。
37　前注、74-75頁。

つまり自然発生的に、私たちは「ケア」の気持ちを持っており、それを実践的に経験している。その中で自己および他者に対する尊厳感覚を育み成長させており、他者も自己と同様に、目的であり唯一かけがえのない尊厳なる存在であることを、理解するようになるのである。ところが、その感覚が傷つけられる事態が起きた場合には、尊厳の侵害が発生したと認識することになる。

> このようなケアリング関係で結ばれているからこそ、わたしたちは人間として最低限受けるべきケアが受けられなかった時、あるいは最低限のケアを与えることができない時、さらにはケアリング関係の暴力的な破壊に接した時などに尊厳の侵害を感じるのである[38]。

こうした自己の経験として、日常的にケアリングを行い、また行われ、そのようなケアを基本として、他者および自己の尊厳を認識し、さらに実践が積み重なり、たまには尊厳の侵害をし、またされることで、「人間の尊厳」の重要性に関する感覚が各自において成長し発展していく。しかしこれだけでは各個体としての人間である個人における認識にとどまるのみであり、憲法上または国際法上、万人に共通する最高価値としての認識を獲得し、ドイツ基本法のような成文法化に至ることはないであろう。つまり、このような個人としての経験と実践の蓄積がさらに昇華されて、正義の観念として成立し、万人に承認されることが必要となる。つまり、ケアと正義の統合または同化が明らかにされなければならないことになる。この経緯について、葛生教授は、個人的かつ自己の経験から他者への共感と想像により、尊厳の感覚が拡大しそれが正義へと繋がっていくことを次のように指摘する。

---

[38] 前注、75頁。傍点原文。以上のようなケアリング関係の研究について、理論的に体系化し「ケア倫理」という名称を与えたのは、認知発達心理学者キャロル・ギリガンで、その基となる研究は、コールバーグの道徳性の発達に関する理論の検証であったという。同、79頁以下にそれら研究の概要が述べられているので参照のこと。

道端で死に瀕している人へのケア（誰かに対するケア care for）は、やがてその拡張として、道端で死を迎えることそれ自体に関するケア（何かに関するケア care about）へと発展するだろう。これこそ〈正義倫理〉へと架橋するものだ…。〈ケア倫理〉の視点から見るならば、正義とは、ケア関心が〈見知った相手〉から〈その場限りの他者〉へ、さらには〈まだ見ぬ他者〉へと普遍化されていく地平に見出されるものなのだ[39]。

つまり、「〈ケア倫理〉の普遍化はおのずと〈正義倫理〉へと連動していくことになる。」[40]

そして、フェミニズム政治理論を専門とする政治哲学者オーキンによるロールズの正義論、特に、家庭の果たす役割についてのロールズの理論について検討した上で、次のように、正義とケアは「人間の尊厳」によって統合されると述べる。

ケアと正義との統合という問題意識からすれば、…ケアなくして正義はありえないのだということ、つまり、他者に無関心なものは正義にも無関心なのだということを正義論者ロールズも認めることになる…。

　…自分がかけがえのない存在であること（唯一性・代替不可能性）、他者もまたそのような存在であること（目的性・手段化不可能性）、人は傷つきやすく、その存在は一度失われれば回復不可能であること（一回性）などの自覚は、〈ケアリング欲求〉やケアすることへの責任感を促すとともに、他者を隷属的に扱うこと、他者を不公平に遇することの不正の認識をも促す。ケアリング関係を通じて〈尊厳感覚〉を養うことは、同時に〈正義感覚〉の形成にもつながるということである。このように見てみれば、〈人間の尊厳〉は、ケアと正義、両者共通の始原だと言えるだろう。逆言すれば、尊厳が侵害されれば、わたしたちはケアの欠如を感じるだけでなく、不正の感覚をも抱くのだ。

　…〈人間の尊厳〉は…地上のすべての人がその唯一性や目的性を尊重される

---

[39] 前注、167頁。ただし、ノディングス（Nodings）の考えを基にした叙述。
[40] 同前。

よう要請する…。そして、それはすでに正義の要請でもあるだろう。かくして、〈人間の尊厳〉を原理とすることによって、ケアと正義は統合されることになる[41]。

このような葛生教授の指摘は、本書の問題関心との関係で非常に重要である。というのは、家族や友人のみならず、知らぬ一般の人、外国の人、障がいを有する人、貧困にあえぐ人、その他困難に直面している人、また犯罪を起こした人も含むすべての人に対するケアは正義と統合され、その統合原理は「人間の尊厳」であるからだ。つまり、「人間の尊厳」を憲法および国際法が最高価値とするならば、ケアをすることは正義であり、価値なのである。そして、そのような「人間の尊厳」の保障を憲法が、また国際法が各条文において実践しようとしていると理解することができるようになる。この点については、次に国際法における人間の尊厳とその保障について、特に刑事被収容者について概観した後に、本書の最後で整理したい。

## 三　小括

　以上本章第1節における、ドイツ基本法の「人間の尊厳」概念、および、わが国憲法の「個人の尊重」概念に関する議論を整理すると、以下のようになる。

　まず、ドイツ基本法の関連条文に関する判例および通説的見解をまとめると、次のようである。1条「人間の尊厳」概念と2条「人格の自由な発展」の権利は、一般的人格権として自己決定権を承認し、その主体の中には「犯罪者〔および釈放された元受刑者〕の社会復帰の権利」（〔　〕内筆者）も含められるとされている。そして、同2条2項の身体の不可侵および人身の自由に関しては、基本法104条において刑事手続を慎重に定めることで、これらに対する同条2項3段に認められる制約を厳格に行い、特に被収容者を対象にした人身の自由については、104条1項が精神的にも肉体的にも虐待してはならないと保障するのと同時に、同条2項ないし4項は身体拘束に関

---

[41] 前注、173-174頁。

して、警察官を含む行政官吏の判断を排除して、裁判官による審査を要求し、これを保障している。このようにして、「人間の尊厳」と、そのための「人格の自由な発展」に関する保障は、「人間のアイデンティティとインテグリティを尊重し保護する」ものとして、受刑者を含むすべての者に対して、生命、身体の不可侵および人身の自由のすべてを保障していると解されている。

次いで、ドイツ基本法の「人間の尊厳」に関して、わが国憲法の「個人の尊重」との関連性に関する青柳教授、玉蟲教授および葛生教授の諸議論の整理と考察を通じて、さらに「人間の尊厳」概念について以下の点を明らかにした。

田口教授による両概念同旨説と、ヨンパルト教授の峻別説は、ヨンパルト教授がドイツ基本法の「人間の尊厳」は個人主義に立脚するものではなく、むしろ人間の人格性に依拠し、「人格としての人間の尊厳」を重要視するのに対し、田口教授の議論は初期の学説・判例に依拠し、「〔ドイツの〕人間の尊厳尊重保障は、〔わが国の〕公共の福祉の維持増進と相通ずるもの」（〔　〕内筆者）と単純に考えた。しかし青柳教授は、このような二項対立図式で考えるのではなく、「かけがえのない存在である個としての自分」に「人間の尊厳」および「個人の尊重」の根拠かつ意味を見出し、それは、他者の「かけがえのなさ」の承認と結びつくもの、その意味で両者は同質であり、人権の基本原理として共通性を有するとした。視点は異なるものの、玉蟲教授は、主に現代ドイツの議論展開に依拠しつつ、それが「人間の尊厳」を個人の尊重を意味する概念と位置づけつつあることから、「人間の尊厳」規定を欠くわが国の人権理解にも重要な示唆を与えてくれるものとして、個人の尊重規定および個別人権規定における解釈等での有用性を明らかにした。葛生教授は、そのような「かけがえのなさ」つまり、人間の唯一性・代替不可能性、目的性・非道具性という尊厳の観念を、「ケアリング」という我々人間の日常の基層的関係の中で感得し、それを共有することによって普遍化し、正義倫理へと進展するから、「人間の尊厳」原理によってケアと正義は統合されることになるとする。

要するに、「人間の尊厳」概念と個人の尊重概念の出発点に何らかの違いはあるものの、両者に関する現代的な理解では、それらは、ドイツ基本法ま

たは日本国憲法という枠を超え、普遍化された正義の観念を示すもの、つまり、「人間の尊厳」は、現代憲法の人権理論が目指す最高価値と捉えることができるのである。

　それでは次に、国際法において「人間の尊厳」が普遍的最高価値として認識され、それがどのように受刑者人権との関係で具体化されてきたのか概観しよう。

## 第2節　国際法における「人間の尊厳」の保障と 2015年「マンデラ・ルール」

　本章第1節「ドイツ基本法1条における『人間の尊厳』と日本国憲法13条における『個人の尊重』」においては、ドイツ基本法における「人間の尊厳」とわが国の「人間の尊厳」および「個人の尊重」の議論について概観した。そこで、次に、第二次世界大戦後の国際秩序において、国際社会が目指す普遍的な目標およびそれをルール化した規範としてのいくつかの国際法の法源を確認し、被収容者に関する国際標準を確認する。それによって、「人間の尊厳」の保障は、単にドイツ基本法およびわが国における憲法上の最高価値というだけでなく、国際法上の普遍的な価値とされていることを明確にし、その遵守がわが国憲法上、国政に課された義務であり国際協調の内実であることを確認したい。

　そのために以下、一　において国際法上の主要かつ代表的な法源である条約等のいくつかについて条文を概観し、二　において刑務所等の刑事施設に収容されている被収容者に関する重要な国際法の法源である「被拘禁者取り扱いのための標準最低規則」（1955年）、特に、最近行われたその改正規範である、いわゆる「マンデラ・ルール」（2015年）について検討する。

- 一　国際連合憲章（1945年）、世界人権宣言（1948年）、市民的及び政治的
  権利に関する国際規約（1966年）、ならびに、拷問及び他の残虐な、
  非人道的な又は品位を傷つける取扱又は刑罰に関する条約（1984年）[42]

　第二次世界大戦後の国際社会では、世界に拡大した戦争の惨禍を顧みて、

新たな国際社会を形成するために世界の多くの国々による国際連合を組織した。それと同時に、その国際社会の新たな目的を、「人間の尊厳」と「基本的人権の保障」に設定したのである。

### (一)　国際連合憲章（1945年）

　国際連合を組織するために1945年に署名された国際連合憲章は、戦後の新しい国際社会の信念として、「人間の尊厳」と「基本的人権の保障」につき、前文で、以下のように宣言している。

　　基本的人権と人間の尊厳及び〔人間の〕価値と男女及び大小各国の同権とに関する信念を改めて確認〔する…〕[43]。（〔　〕内および傍点筆者、以下同様。）

　この国連設置目的または国際社会の新たな信念および決意に基づき、その後、この目的または信念を具体化するための作業が順次行われていく。

### (二)　世界人権宣言（1948年）

　国連憲章が成立した3年後の1948年に、第3回国際連合総会は、憲章の目的および信念を明確にするために、世界人権宣言を採択した。その前文は、次のような文言で始まっている。

　　人類社会のすべての構成員の固有の尊厳及び平等で奪い得ない権利を認めることが世界における自由、正義及び平和の基礎をなすものである…[44]。

---

[42] 以下、本文における国際法の叙述については、次の文献を参考にしている。Niels Petersen, *"Human Dignity, International Protection"*, in R WOLFRUM (ed), THE MAX PLANCK ENCYCLOPEDIA OF PUBLIC INTERNATIONAL LAW (Oxford University Press, Oxford 2012) at 1013-1021. さらに国際法および諸憲法と「人間の尊厳」に関する議論の参考文献として、PATRIC CAPPS, HUMAN DIGNITY AND THE FOUNDATIONS OF INTERNATIONAL LAW (2009. VOL.23 OF STUDIES IN INTERNATIONAL LAW), AHARON BARAK, HUMAN DIGNITY THE CONSTITUTIONAL VALUE AND THE CONSTITUTIONAL RIGHT (2015).

[43] 松井芳郎・薬師寺公夫・坂元茂樹・小畑郁・徳川信治編『国際人権条約・宣言集〔第3版〕』（東信堂、2005年）3頁。

[44] 前注、14頁。

そして前文5段は、次のように宣言する。

〔国際〕連合〔を構成する〕国の人民は、〔国連〕憲章において、基本的人権、人間の尊厳及び〔人間の〕価値並びに男女の同権への信念をあらためて確認し〔た〕…[45]。

このように世界人権宣言は、基本的人権、「人間の尊厳」および人間の価値に対する信念を表明し確認した上で、具体的な事柄を保障するために、各条文を規定している。例えば1条は自由平等について、3条は生命、自由および身体の安全を権利として保障し、5条はこれを受けて、拷問または残虐な刑罰について次のように禁止する。

1条〔自由平等〕すべての人間は、生まれながらにして自由であり、かつ、尊厳及び権利において平等である。…
3条〔生命、自由及び身体の安全への権利〕すべての者は、生命、自由及び身体の安全についての権利を有する。
5条〔拷問又は残虐な刑罰の禁止〕何人も、拷問又は残虐な、非人道的な若しくは品位を傷つける取扱い若しくは刑罰を受けない[46]。

このように、先に概観したドイツ基本法2条2項においても保障されている、生命・自由・身体の安全が世界人権宣言3条で保障され、また、わが国憲法36条でも禁止される、拷問と残虐な刑罰が同宣言5条で禁止されている。

さらに、ドイツ基本法との関係で注目すべきなのは、ドイツ基本法1条および2条において保障される「人間の尊厳」と「人格の自由な発展」を、世界人権宣言は、22条において、次のように規定している点である。

22条〔社会保障についての権利〕すべての者は、社会の構成員として、社会

---

45 同前。
46 同前。〔　〕内原文のママ。

保障についての権利を有し、かつ、…その尊厳及び人格の自由な発展に不可欠な経済的、社会的及び文化的権利の実現を求める権利を有する[47]。

　つまり、「人間の尊厳」と「人格の自由な発展」にとって、経済的・社会的・文化的権利が「不可欠」であるから、それらの権利の「実現を求める権利」を、すべての人が有するということである。ドイツ基本法1条および2条の規定は、「人間の尊厳」と「人格の自由な発展」とを保障し、その実現のために、4条以降において個別的人権として諸規定を置いていたが、経済的・社会的・文化的権利の保障を規定してはいなかった。しかし世界人権宣言22条は、これら諸権利を、いわば社会権として、つまりそれらの実現を求める権利として、「すべての者」に保障しているのである[48]。

　同宣言22条についてさらに注目すべきは、「すべての者は、社会の構成員として」、そのような「権利を有する」として、すべての者が、社会の一員として包摂されることを権利として、また少なくともそれを前提として、これら社会権的権利を有することを保障している点である。カント哲学的な厳格な人格主義に囚われず、広く一般的に、すべての人に「人間の尊厳」と基本的人権の保障を認め、そこから導かれる諸権利の一つとして、同宣言22条は、「社会保障についての権利」そして「経済的・社会的及び文化的権利の実現を求める権利」が保障されるとしているのである。

### (三)　市民的及び政治的権利に関する国際規約（1966年）

　その後、1966年に国際社会は、市民的及び政治的権利に関する国際規約（以下、自由権規約）を第21回国連総会決議で採択し、上記、国連憲章および世界人権宣言で確認した諸原則を再度確認し、さらに具体化し発展させている。自由権規約の前文では、次のように述べて、「人間の尊厳」および「基本的人権」の保障を重要視すると同時に、その内容として経済的・社会的・

---

47　前注、15頁。〔　〕内原文のママ。
48　その他、労働の権利として世界人権宣言23条3項は、「労働するすべての者は、自己及び家族のために人間の尊厳にふさわしい生活を確保し、…公正かつ良好な報酬を受ける権利を有する。」（傍点筆者）とし、通常の労働によって人間の尊厳にふさわしい生活が可能な社会を要請している。

文化的権利の保障に加えて、市民的及び政治的権利の保障を謳う。

> 国際連合憲章において宣明された原則によれば、人類社会のすべての構成員の固有の尊厳及び平等のかつ奪い得ない権利を認めることが世界における自由、正義及び平和の基礎をなすものであることを考慮し、これらの権利が人間の固有の尊厳に由来することを認め、世界人権宣言によれば、自由な人間は市民的及び政治的自由並びに恐怖及び欠乏からの自由を享受するものであるとの理想は、すべての者がその経済的、社会的及び文化的権利とともに市民的及び政治的権利を享有することのできる条件が作り出される場合に初めて達成される…[49]。

そして自由権規約の第3部では「実体規定」として個別の規定を置いている。まず、生命に対する権利（6条）、拷問又は残虐な刑の禁止（7条）、奴隷及び強制労働の禁止（8条）、身体の自由及び逮捕又は抑留の手続（9条）を定め、その後、10条1項および3項では、刑事手続における被収容者の取扱いについて、以下のように定める。

> 1　自由を奪われたすべての者は、人道的にかつ人間の固有の尊厳を尊重して、取り扱われる。
> 3　行刑の制度は、被拘禁者の矯正及び社会復帰を基本的な目的とする処遇を含む。…[50]

このように、「人間の尊厳」の保障と、それを実現するため基本的人権の保障を最重要目的とする国際社会において、法的拘束力を有する重要な法源として採択された自由権規約において、すでに、刑事施設等における受刑者処遇は、人道的にかつ「人間の固有の尊厳を尊重」するべきこと、また、行刑について、「矯正及び社会復帰を基本的な目的とする」べきことが謳われ

---

49　松井他編・前出注43、24頁。
50　前注、26頁。

ているのである。これら明文規定の精神と趣旨を踏まえて、わが国を含む各締約国が、ここで示された処遇を実効的に実現するために、どのように取り組むかは別の問題であり、各国における重要な課題である。この点については、最後に言及したい。

### （四）　拷問及び他の残虐な、非人道的な又は品位を傷つける取扱又は刑罰に関する条約（1984年）

1984年の国連総会決議によって採択された、拷問及び他の残虐な、非人道的な又は品位を傷つける取扱又は刑罰に関する条約〔以下、拷問等禁止条約〕も、「人間の尊厳」に基づき、基本的人権の保障を実現するためには、拷問等を禁止し、その実現のための努力を締約国が行うことが重要であるから、特に身体の安全を保障するべく、別個の独立した条約として厳格にこれを規定している。その前文の一部は次のように述べる。

> 国際連合憲章において宣明された原則によれば、人類社会のすべての構成員の平等のかつ奪い得ない権利を認めることが世界における自由、正義及び平和の基礎を成すものであることを考慮し、これらの権利が人間の固有の尊厳に由来することを認め、…何人も拷問又は残虐な、非人道的な若しくは品位を傷つける取扱い若しくは刑罰を受けないことを定めている世界人権宣言第5条及び市民的及び政治的権利に関する国際規約第7条の規定に留意し、…拷問及び他の残虐な、非人道的な又は品位を傷つける取扱い又は刑罰を無くすための世界各地における努力を一層効果的なものとすることを希望して〔この条約を採択する〕…[51]。

そして、同条約1条が定義づける拷問以外の行為についても、個別の条文によって禁止し、前文の趣旨を保障しようとする。

> 16条〔拷問以外の行為〕1　締約国は、自国の管轄の下にある領域内において、…拷問には至らない他の行為であって、残虐な、非人道的な又は品位を傷つけ

---

51　前注、334頁。

る取扱い又は刑罰に当たり、かつ、公務員その他の公的資格で行動する者により又はその扇動により若しくはその同意若しくは黙認の下に行われるものを防止することを約束する。…[52]

　本条約の「拷問」または「拷問以外の行為」として何が該当するかについては、本書第8章第1節「アメリカ合衆国最高裁判例に見る受刑者人権の変容」で概観したように、「品位の進展」など、国によって、時代によって、その他様々な要素によって変化しうるものである。しかし、それを考慮に入れた上で、そのような行為の禁止を各国の憲法および本条約で明文化する背景には、基本的人権の保障の基盤として「人間の尊厳」を確保することが必須であるとの信念を、国際社会が共有しているという事実が挙げられる。
　以上のように、第二次世界大戦後の国際法では、国際社会の価値および秩序を基礎づけるためのいくつかの基本条約によって、「人間の尊厳」を最高価値とし、それが自由・正義・平和の基礎であること、そして、その実現のためには、基本的人権の保障が重要であることを、繰り返し、様々な形で表現してきた。国際法学者であるNiels Petersenは言う。

　　「人間の尊厳」は、第一に、人権の正式な基盤であり正当化根拠〔a formal foundation and justificatory basis〕として理解される。このことは、〔人間の〕尊厳が、諸人権の特定の保障（specific guarantees）の理由としても、またさらに、諸人権の全体系（the whole system）の理由としてすら用いられていることで、示されている。人権を〔人間の〕固有の尊厳に基づかせることで、諸人権文書は、人権が国家の意思に由来するものでも、それに依存するものでもないということを明確にしている[53]。

　また、各個人の身体の不可侵および人身の自由と公権力との関係に焦点を絞れば、基本的な条約としては、上述、拷問等禁止条約が挙げられるが、さ

---

52　前注、336頁。〔　〕内原文のママ。
53　Niels Petersen, *supra* 42 at 1017（22）.

らに拷問等禁止のみならず、公権力による人身の自由の制限を受ける被拘禁者の取扱い、つまり、受刑者等の処遇に関する決議も国連総会で採択されてきた。これが、本書の問題関心からは大変重要となる、国連被拘禁者処遇最低基準規則であるから、次に項を改めて検討する。

## 二　被拘禁者取り扱いのための標準最低規則（1955年）およびマンデラ・ルール（2015年）

　公権力によって不当な人身の自由の制限を殊更に受ける可能性が高いのが被拘禁者であるから、これらの人々の取り扱い、つまり処遇に対する規制を設けるために、国連は1955年に被拘禁者取扱いのための標準最低規則を採択した〔以下、標準最低規則〕。その後、約半世紀以上が経過した2011年に国連総会は、国連犯罪防止刑事司法委員会に対し、その後の国際法の発展、矯正科学理論等の進歩発展を踏まえて、標準最低規則の見直しを要請した[54]。制約のない政府間専門家グループ（an open-ended intergovernmental Expert Group）に市民団体その他国連機関も議論に加わり、4回の会合を経て2015年12月に国連総会で採択されたのが、国連被拘禁者処遇最低基準規則[55]である〔以下、マンデラ・ルール〕。

　次に、本書の問題関心から必要な部分に限定し、まず1955年の標準最低規則に規定され現在でも有効である条文を確認し、その後、2015年マンデラ・ルールにおいて新規に追加された条文を確認する。それによって、これら標準最低規則およびマンデラ・ルールが模範的な処遇規範として示してきた具体的処遇方法から、現行のわが国の刑事収容施設法等の規定に基づく処遇実態が、いかに乖離しているかを認識することができよう。

---

[54] "The United Nations Standard Minimum Rules for the Treatment of Prisoners (the Nelson Mandela Rules) An updated blueprint for prison management in the 21st century", UNODC (United Nations Office on Drugs and Crime), Justice Section, Division for Operations, Vienna International Centre at 1 and 3.

[55] United Nations Standard Minimum Rules for the Treatment of Prisoners (the Nelson Mandela Rules), A/RES/70/175.

## （一） 1955年標準最低規則[56]

標準最低規則は、その冒頭に「予備的見解」として5つの項目を設け、同規則の性格および目的等を明確に示している。

 1．この規則は、単に被拘禁者の取扱い及び施設の管理についてのすぐれた原則及び慣行であると一般に認められているものを、現代思想についての一般的合意及び今日の最も適当な制度の不可欠な要素に基づいて、列挙しようとするものにすぎない。
 2．世界の法律的、社会的、経済的及び地理的条件の著しい多様性にかんがみ、この規則のすべてのものが、すべての場所およびすべての時に適用できるものでないことは、明らかである。しかしながら、この規則は、それが全体として国際連合により適切なものとして受諾される最低条件を示すものであることを知れば、それを適用するうえで生ずる実際上の困難を克服するための不断の努力を促進するのに役立つであろう[57]。

このように、同規則は法的な拘束力を有するものではないが、国連によって、受刑者処遇が適切なものであると受け容れられるための、「最低条件を示すもの」として提示されているから、各国はできる限りこれを参考にして、自国の行刑の運用を見直すことが望まれていると言えよう。

次に、同規則の本体部分の構成であるが、2部構成になっており、第1部は「一般的に適用される規則」として、すべての種類の被拘禁者について規定している。したがって、未決の被収容者にも、既決の被収容者にも、また、その他の種類の身柄を拘束されている人々にも共通して通用するべき処遇が示されている。第2部は「特別の部類の被拘禁者に適用される規則」として、A−受刑者、B−精神病及び精神障がいの受刑者、C−被拘禁者及び未決被

---

[56] 松井他編・前出注43および「監獄人権センター」の翻訳を参照して条文表記する。2015年マンデラ・ルールの翻訳は、後者に依拠する。和訳の全文は、次のURLを参照した。http://www.cpr.jca.apc.org/sites/all/themes/cpr_dummy/images/archive/Nelson_Mandela_Rules_Japanese.pdf（last visited June 28, 2018）
[57] 松井他編・前出注43、373頁。

拘禁者、D‐民事上の被拘禁者、および、E‐告訴なしに逮捕又は抑留された者、という5つの類型に分けて規定している。本書の問題関心から重要となるのは、AおよびBであるから、その部分に限定して規定の中身を概観する。

A‐受刑者、の部分は、さらにいくつかの見出しによって区切られている。「指導原則」という見出しで、56条から66条まで、「分類及び個別化」という見出しで67条から69条、「優遇」という見出しで70条、「作業」で71条から78条、そして、「社会関係及びアフターケア」で79条から81条までの規定が設けられている。

このうち、特に本書の問題関心から重要な条文は、「指導原則」の部分においては、57条、58条、59条、60条、61条、63条、および、64条である。また、「社会関係及びアフターケア」の部分においては80条である。

また、B‐精神病及び精神障がいの受刑者、の部分は、1つの区切りのみで、精神的課題を有する受刑者の取扱いについて定める82条および釈放後の精神医学的治療などアフターケアについて定める83条の2か条で構成されている。本書の問題関心から指摘するべきは、このうちの82条であるから、A‐受刑者、に関する条文を確認した後に、82条を考察する。

> 57条　拘禁及び犯罪者を外界から隔離することになるその他の措置は、その者から自由を奪うことによって自己決定の権利を剥奪するというまさにその事実によって、苦痛を与えるものである。それ故、刑務制度は、正当化できる隔離又は規律の維持に伴う場合を除いては、そのような状態に固有の苦痛をそれ以上に増大させてはならない[58]。

自己決定権については、ドイツ基本法1条の「人間の尊厳」を実現するために「人格の自由な発展」を保障する同基本法2条について検討した本章第1節「一　ドイツ基本法1条における『人間の尊厳』と同基本法2条『人格の自由な発展』」においてすでに検討したように、2条から一般的人格権

---

58　前注、379頁。

が導出され、その重要な内容の1つとして認識される権利である。これを「剥奪する」ということが「苦痛を与えるものである」という認識に基づき、つまり、人身の自由を制限することによって人格を制限し、それが「人間の尊厳」に大きな影響を及ぼすことを認識した上で、受刑者への苦痛は「それ以上に増大させてはならない」ものと本条はしている。

> 58条　拘禁刑又は自由を剥奪する類似の措置の目的及び正当理由は、究極的には、犯罪から社会を保護することにある。この目的は、犯罪者が社会へ復帰するときに単に遵法的かつ自立的な生活を進んで送る気持ちを有するばかりでなく、さらにそうすることができることを、できる限り確保するために、その拘禁期間を利用する場合にのみ達成することができる[59]。

つまり、犯罪から社会を保護するために、犯罪者を刑務所等に収容することが懲役刑等自由刑の「目的及び正当理由」であるから、その収容期間を利用して、受刑者の改善更生そして釈放後の社会復帰、すなわち再犯を犯さず自立して生活ができるようにすることこそが、社会防衛であり自由刑の目的であるとする。そして、それが正当理由でもあるとしているから、それに失敗し、再犯を犯す者が少なからずいるということであれば、自由刑を継続する正当性は失われることになる。

> 59条　このため、施設は、治療的、教育的、道徳的、宗教的その他の影響力及び援助形態で適切かつ有効なものをすべて利用しなければならず、また、受刑者の個別的取扱いの必要性に従って、それらを適用するように努めなければならない[60]。

このように、政府は、受刑者の社会復帰にとって有効な様々な手段を、すべて利用することを義務づけられているとされている。

---

59　同前。
60　同前。

60条（1）施設の管理制度は、受刑者の責任感又は人間としての尊厳に対して払われるべき尊重の念を弱めがちな刑務所生活と自由な生活との間の差異を、最小にするように努めなければならない。
(2) 刑期の終了前に、受刑者が社会生活に徐々に復帰することを確保するために、必要な措置をとるのが望ましい。この目的は、場合によって、同一施設若しくは他の適当な施設に設けられた釈放準備制度によって、又は、ある種の監督の下に試験的に行われる釈放によって、達成することができる。後者の場合には、監督は、警察に任せてはならず、効果的な社会援助に結びつけられなければならない[61]。

ここでは、「人間の尊厳」に適合的な「尊重の念」を払うべく、受刑生活を社会生活にできる限り近似的なものとすることを努力目標としている。このように60条1項は「人間の尊厳」を基盤にして「施設の管理制度」を構築することを「指導原則」としたが、マンデラ・ルールでは、冒頭部分の第1編「通則」の「基本原則」規則5に同趣旨の条文を設けた。このことについて、マンデラ・ルールを解説する国連薬物犯罪事務所（UNODC）の冊子は、冒頭の第1編「基本原則」の修正箇所の説明において、次のように説明している。

> 受刑者のための部分である第2編Aから、修正された形で〔基本原則に〕移動した（relocated）。…これら〔基本原則〕は以下の義務を含む。
> すべての被拘禁者を、人間としての生まれながらの尊厳と〔人間の〕価値に対する尊重をもって処遇すること。…[62]

つまり、「人間としての生まれながらの尊厳と〔人間の〕価値に対する尊重をもって処遇すること」は、受刑者のみに適用するのではなく、あらゆる形態の被拘禁者について適用するべきであるとして、マンデラ・ルールで一

---

61 前注、379-380頁。
62 *Supra* 54 at 6.

般化された基本原則となったのである。

　60条のような、マンデラ・ルールにおける「基本原則」への「移動」は、実は、その前の57条ないし59条においても同様であった。それぞれは、「基本原則」規則3、規則4.1.および4.2.として、受刑者のみならず一般的に被拘禁者に適用される原則として、マンデラ・ルールの「基本原則」として冒頭に規定されるに至っている。

　さて次に61条以下を検討する。

> 61条　受刑者の取扱いは、社会からの排除ではなくて、引き続き社会に関与していることを強調するものでなければならない。それ故、社会諸機関は、受刑者の社会復帰の仕事について施設の職員を援助するために、可能な場合はいつでも、積極的に参加しなければならない。…法律及び判決に反しない範囲で最大限まで、受刑者の司法上の利益に関する権利、社会保障上の権利及び他の社会的利益を保護するための措置をとらなければならない[63]。

　このように、61条では社会的排除を否定し、社会的関与、その意味で社会的包摂の理論を条文化している。社会的包摂を基本とすれば、当然のこととして受刑者の社会復帰に関して、そのための措置が「社会諸機関」の義務として位置づけられる。これらは、マンデラ・ルールでは、個別カテゴリー、「Ⅰ　特別な範疇に適用される規則」の「A．受刑者」の「指導原理」に規則88として見出される。

　63条では1項から4項にわたり、処遇の個別化と一定の弾力的グループ化、そして、それに適合的な施設の必要性および施設ごとの条件を規定する。1項で個別化およびグループ化における弾力性と施設について、2項でグループごとの警備程度の可変性、および、開放的施設と社会復帰の条件、他方、閉鎖施設における人数上限と下限の条件について規定する。例えば開放施設について2項は次のように、社会復帰に有利になる条件、つまり早期に釈放することが可能な受刑者を選抜して、自律的な生活を送らせるべきであると

---

63　松井他編・前出注43、380頁。

する。

> 63条（2）…開放的施設は、それが逃走に対する物理的警備を用意しておらず被収容者の自律に頼っているというその事実によって、慎重に選ばれた受刑者にとって社会復帰に最も有利な条件を与える[64]。

この条文は、マンデラ・ルールの規則89.2.として規定されている

さらに64条は、「社会の義務」として、受刑者の社会復帰を促進するべく、更生プログラム等の矯正教育を実施する機関の設置を要求する。これは、マンデラ・ルール規則90となっている。

> 64条　社会の義務は、受刑者の釈放によって終わるものではない。それ故、被釈放者に対する偏見を少なくし、かつ、その社会復帰をはかるために、効果的な更生指導を被釈放者に与えることができる公的又は私的な機関が存在しなければならない[65]。

こうして社会復帰と諸機関との関係性を含む「指導原則」を定めた後、「社会関係及びアフターケア」の部分においては、80条が、その観点から家族の重要性について規定する。

> 80条　受刑者の刑務執行の最初から、釈放後の受刑者の将来に考慮を払わなければならず、また、受刑者は、施設外の個人又は機関との関係でその家族の最上の利益及び自己の社会復帰を促進しうるものを維持し又は確立するよう奨励されかつ援助されなければならない[66]。

この条文は、現在、マンデラ・ルールの規則107として規定されている。

---

[64] 同前。
[65] 同前。
[66] 前注、382頁。

第10章　「人間の尊厳」と受刑者の人権

1955年標準最低規則に関する検討の最後に、B – 精神病及び精神障がいの受刑者の部分から、82条を概観しておきたい。
　82条は、全4項からなり、1項で精神病患者の刑務所での拘束の禁止を規定し、2項で精神疾患・障がいを有する受刑者につき特別の施設で監察することを要求し、3項では医務官の特別の監察を要求し、4項は精神医学的治療が必要な受刑者に必要な治療を施すことを要求する。

　82条（1）　精神病であると判明した受刑者は、刑務所に拘禁してはならず、また、それらの者をできる限り速やかに精神医療施設へ移送するための措置がとられなければならない。
　（2）　他の精神的疾患又は精神障がいの受刑者は、医学的管理の下にある特別の施設で監察され取り扱われなければならない。
　（3）　そのような受刑者は、刑務所に収容されている間、医務官の特別の監察の下におかれなければならない[67]。

　このように、精神に関して課題を有する受刑者について、精神病、精神疾患又は精神障がいという、課題の程度に応じた取り扱いを要求し、精神病の場合には精神医療施設への移送を、精神的疾患・精神障がいの場合には、医学的管理体制の整備された施設に収容することを求めている。仮にこのような体制が、本書第3章第1節で概観した、1995年のコールマン事件当時に、カリフォルニア州刑務所で実現していたとすれば、「残虐で異常な刑罰」違反と連邦裁判所に認定されることにはならなかったはずである。つまり、最低基準規則の遵守は、自らの収容施設における被収容者の処遇のあり方を、憲法に適合的とすることに繋がる。
　それでは次に、この1955年標準最低規則を修正した2015年マンデラ・ルールを概観し、現在の被収容者、特に受刑者に対する今日の世界標準はどのようなものであるべきと考えられているか把握したい。

---

67　同前。同条（4）は省略。なお、原文は「障害」との表記だが、近時の用法に倣い本書ではすべて「障がい」と表記することにする。

### （二） 2015 年マンデラ・ルール

　1955 年標準最低規則から 60 年を経過した 2015 年に国連総会は、いわゆるマンデラ・ルールを決議した。同ルールは、刑事施設における、特に医療的措置（以下、ヘルスケア）の充実を主眼とし、精神的課題を有する被収容者へのメンタル・ヘルスケア・サービスの提供や、精神的課題が理由で何らかの問題を起こして隔離され、懲罰にかけるなどの場合における注意点を規定する。

　マンデラ・ルールはその前文で、1955 年標準最低規則の修正の理由等を、次のように述べている。

> …拘禁者処遇に関連する 1955 年以降の国際法の漸進的発展を考慮に入れ、被拘禁者の処遇ならびに拘禁代替措置に関して 1955 年以降採択された…とりわけ、被拘禁者処遇最低基準規則…被拘禁者処遇基本原則、…及び刑事事案における修復的司法プログラムの使用に関する基本原則の効果的な実施のための手続を想起し、…被拘禁者の処遇について追加的なガイダンスを提供する、1955 年以降に採択された犯罪防止並びに刑事司法における国連の基準および規範を想起し[68]〔これを定める〕。

　標準最低規則の「予備的見解」と同様の「序則」の規定を 4 か条置いた後、第 1 編「通則」の「基本原則」は、標準最低規則 57 ～ 60 条（1）を移動させた規則 3 ないし 5 を含む 5 か条で構成される。規則 1 は「人間の尊厳」を尊重する処遇を求めて言う。

> 規則 1　すべての被拘禁者は、人間としての生まれながらの尊厳と〔人間の〕価値に対する尊重をもって処遇されなければならない。いかなる被拘禁者も、拷問及びその他の残虐な、非人道的な若しくは品位を傷つける取扱い又は刑罰の対象とされてはならず、またこれらの行為から保護される。これらの行為は、いかなる状況下においても正当な行為として実施されてはならない。…[69]

---

[68]　監獄人権センター訳・前出注 56、1-2 頁。

このようにマンデラ・ルールは、冒頭の基本原則の第一原則として、「人間の尊厳」の概念に適合的な処遇を要求する。そこから、規則2では平等原則および差別禁止を、規則3では自己決定権剥奪による苦痛をさらに悪化させることの禁止を導出し、規則4および5で被収容者の社会復帰促進を目的とする措置を施設に義務づけている。

第1編「通則」は新しい部分として、「被拘禁者ファイル管理システム」という見出しを設け、被収容者のデータ等の標準的な管理システムとしてデータ項目を挙げるとともに、被収容者の自己情報へのアクセスを認めるべきとする（規則6〜10）。

その後第1編「通則」は、「被拘禁者の分離」「居住設備」「個人衛生」「衣類及び寝具」「食糧」「運動及びスポーツ」という見出しを置いているが、これは1955年標準最低規則と同様である。新規に設けられた見出しは、「ヘルスケア・サービス」である。「ヘルスケア・サービス」の下に規則24から規則35までの12か条が新設された。最初の規則24.1.は、国家の責任で一般社会と同水準のヘルスケアを、無料で提供することを義務づける。

> 規則24.1. 被拘禁者に対するヘルスケアの提供は、国家の責任である。被拘禁者は地域社会において利用可能なものと同水準のヘルスケアを享受し、かつ、その〔被拘禁者という〕法的地位に基づく差別を受けることなく、必要とするヘルスケア・サービスに無料でアクセスできなければならない[70]。

また、続く規則25.1.は身体的・精神的健康問題の両面にわたってケアを行うことが、社会復帰または更生との関係で重要であることを前提にしたヘルスケア・サービスの整備を要求する。

> 規則25.1. すべての刑事施設には、特別なヘルスケアのニーズを有し、あるいは社会復帰（rehabilitation）の妨げとなる健康問題を抱える被拘禁者に特別

---

69 前注、3頁。
70 前注、6頁。

な注意を払いつつ、被拘禁者の身体的及び精神的健康を評価し、守り、改善することを任務とするヘルスケア・サービスが整えられるものとする[71]。

このような医療体制の必要性は、すでに第3章で検討したカリフォルニア州刑務所の劣悪な医療体制の下で発生した、コールマン判決（1995年）やプラタ判決（2005年）においても明らかにされていた点である。

「通則」の次の見出しである「制限、規律および制裁措置」は、規則36から規則46までの11か条で構成されており、27条から32条までの6か条構成であった1955年標準最低規則からさらに充実させ、同一趣旨の条文が1、2ある以外は新規の条文である。

規則36は、「安全な収容、刑事施設の確実な運営および秩序のよく保たれた集団生活を確保するために」「必要以上の制約を」受刑者に加えてはならないとし、制約に関して必要最低限度の基準を設定する。その上で、規則38.2.は、隔離等の強い措置には「有害な影響」があることを前提に、次のように緩和措置を義務づけている。

> 規則38.2. 隔離されている、又は隔離されてきた被拘禁者に対し、刑事施設当局は、当該被拘禁者自身に、及び刑事施設からの釈放後はコミュニティに生じる可能性のある、拘禁による有害な影響を緩和するため（to alleviate the potential detrimental effects of their confinement）、必要な手段を講じなければならない[72]。

また、1955年標準最低規則82条が精神病患者を刑務所に収容することを禁じ、精神疾患等を有する者を刑務所に収容する場合には、「医務官の特別の監察」の下に置くことを要求していたが、マンデラ・ルールの規則39.3.は、そのような者に懲罰など制裁措置を科す場合には、相当の考慮をした上でなければならず、また、精神疾患や発達障がいから発生した受刑者の行為につ

---

[71] 同前。（　）内原文。
[72] 前注、9頁。

いては、懲罰を科さないことを施設側に要求する。

　規則 39.3. 規律上の制裁措置を科す前に、刑事施設当局は、被拘禁者の精神疾患又は発達障がいが、規律違反に対する非難の基礎をなす行いや違反行為に寄与しているのか否か、及びどのように寄与しているかを考慮しなければならない。刑事施設当局は、精神疾患ないし知的障がいの直接の結果であると考えられる被拘禁者のいかなる行為にも、制裁措置を科してはならない[73]。

　このように、マンデラ・ルールでは、精神的な課題や知的障がいを有する受刑者に対する配慮を新たに加えている。特に、次に検討する懲罰としての「独居拘禁」、つまりわが国で多用されている「閉居罰」について、そのような精神的障がいを有する受刑者について禁止することを求める。これについては懲罰一般の問題について概観した後に触れる。
　懲役刑という自由刑自体、受刑者の身体の自由および移動の自由を極度に制限するものだが、さらに刑務所内においてこれらを制限するのが懲罰である。いくつかの懲罰の種類の内でも、特に独居拘禁について、規則 43 は次のように厳しく戒めている。

　規則 43.1. どのような状況下においても、制限又は規律違反への制裁は、拷問その他の残虐な、非人道的な若しくは品位を傷つける取扱い又は刑罰にあたるものであってはならない。特に、以下の実務は禁止される。
　(a) 期間を限定しない独居拘禁
　(b) 長期にわたる独居拘禁
　(c) 暗い、ないしは常時点灯された居室への被拘禁者の収容
　(d) 体罰又は食料や飲料水の削減
　(e) 集団的処罰[74]

---

73　前注、9-10 頁。
74　前注、10 頁。

上記（a）および（b）が禁止する「独居拘禁」の期間等について、規則44は次のように客観的に明示している。

　　規則44　…独居拘禁とは、一日につき22時間以上、人間との有意義な接触がない拘禁を指すものとする。長期にわたる独居拘禁とは、連続して15日を超える期間の独居拘禁を指すものとする[75]。

　以上の規則43.1（b）（ならびに規則44）、および、「暗い…居室への…収容」を禁止する規則43.1（c）に違反する運用が、わが国では、時と場合により実施されている。また、運用ばかりか、現行法上、「閉居罰」を定める刑事収容施設法151条1項6号は、懲罰の種類の1つとしての「閉居罰」について次のように規定する。

　　三十日以内（懲罰を科する時に二十歳以上の者について、特に情状が重い場合には、六十日以内）の閉居[76]。

　また、面会相手を、弁護士など特定の者以外には禁止し（法152条1項5号）、運動に関しても、通常、平日毎日30分の時間が同法57条および施行規則24条によって保障されているが、「閉居罰」執行中は、週1回までに制限することが可能とされる（法152条2項および規則87条1項）[77]。
　ということは、マンデラ・ルール規則44が「独居拘禁」として禁止する、1日に「22時間以上、人間との有意義な接触がない」状況がほとんどであると考えられる。というのは、弁護士との面会や運動または運動と同様に週1回まで制限可能な入浴（施行規則25条1項）が認められる日であっても、それらが1日2時間を超えることは通常ないと考えられるからだ。したがって、文面上、刑事収容施設法が30日あるいは特別な場合には60日まで「閉居罰」執行を可能としていることは、これを15日に限定する上記マンデラ・

---

75　前注、11頁。
76　「閉居罰の内容」全部については、同法152条を参照。

ルール規則43.1（b）に違反しよう。さらに、「閉居罰」執行中の懲罰室が消灯されていることがわが国ではあるから、その場合、同規則43.1（c）に違反する可能性も出てくる。また、上記のように、「閉居罰」執行中は弁護士以外との面会が禁止されるから、家族との面会が禁止され、次の、マンデラ・ルール規則43.3. に、一般的には違反していると思われる。

> 規則43.3. 規律違反への制裁又は制裁措置には、家族との接触の禁止を含めてはならない。家族との接触の手段は、限られた期間、かつ、安全および秩序の維持のために厳格に要求される場合にのみ、制約されうる[78]。

このようにマンデラ・ルールが「家族との接触」の禁止を認めないのは、直接的には、収容中に家族との接触を維持することが、釈放後の社会復帰にとって重要であること、また、収容中の受刑者の精神的安定性の維持にとっても重要であることなどによるものであると思われるが、さらには受刑者の生活を、自由刑の執行に付随する措置として制限するとしても、家族との接触を禁ずる措置を取ることは、「人間の尊厳」に反すると考えられるからであろう。

また、マンデラ・ルール規則45.2. は、精神的・身体的な障がいを有する受刑者に対する独居拘禁について、殊更に注意を呼び掛けている。

> 規則45.2. 精神的又は身体的な障がいを持つ被拘禁者の場合、このような〔独

---

[77] 法57条　被収容者には、日曜日その他法務省令で定める日を除き、できる限り戸外で、その健康を保持するため適切な運動を行う機会を与えなければならない。ただし、公判期日への出頭その他の事情により刑事施設の執務時間内にその機会を与えることができないときは、この限りでない。
施行規則24条　法第57条に規定する法務省令で定める日は、次に掲げる日とする。
…
2　被収容者には、一日に三十分以上、かつ、できる限り長時間、運動の機会を与えるものとする。
施行規則87条　閉居罰を科されている被収容者に運動の機会を与える日数は、一週間につき一日を下回ってはならない。
[78] 監獄人権センター訳・前出注56、10頁。

居拘禁〕措置によりその状態が悪化するような場合には、独居拘禁を科すことは禁止されるべきである。…[79]

　以上のようにマンデラ・ルールは、ヘルスケア・サービスや規律違反に対する制裁としての懲罰について、これまでの1955年標準最低規則に数多くの条文を追加して、受刑者の「人間の尊厳」に配慮し、これを保障するような処遇を求めている。さらに、次に見るように、社会復帰のための様々な規則が追加されている。
　「通則」に、「外部との接触」という見出しで、規則58～61を追加している。このうち、規則58は家族等との連絡や面会を重視する。

　　規則58.1.　被拘禁者は、必要な監督のもと、定期的に家族および友人と、以下の方法により連絡を取ることを許されなければならない。
　　(a) 文通、利用可能な場合は遠距離通信、電子、デジタル及び他の手段、および
　　(b) 訪問を受けること[80]

　また、特にそのように家族や友人からの訪問をできる限り可能とするように、被収容者の収容施設を自宅等に近い所にするよう求める。

　　規則59　被拘禁者は、可能な限り、自宅又は社会復帰（social rehabilitation）する場所に近い刑事施設に配置されるものとする[81]。

　このように、社会復帰のための有効な方法として、外部との接触の継続、特に家族との通信や面会を保障しているが、これは同ルールの、「Ⅰ　特別な範疇に適用される規則」としての「A．受刑者」（規則86～108）におい

---

79　前注、11頁。
80　前注、13頁。
81　前注、14頁。（　）内原文。

ても配慮されている。例えば、次のような規則がそうである。

> 規則96.1. 受刑者は、医師若しくは他の資格を有するヘルスケア専門職による身体的及び精神的な適合性の判断に従い、作業及び／又は社会復帰に積極的に参加する機会を有するものとする[82]。

## 三 小括

　以上本節では、国際法における被収容者に関する権利について概観し、国連憲章（1945年）が、戦後の新しい国際社会における最高価値と設定したのが「人間の尊厳」であり、それを受けて世界人権宣言（1948年）は、自由・正義および平和の礎として「人間の尊厳」を位置づけ、人身の自由および身体の安全の権利を保障する（3条）とともに、これに関連して、「拷問又は残虐な非人道的な若しくは品位を傷つける取扱い若しくは刑罰」を禁止した（5条）。自由権規約（1966年）も、刑事手続において自由を奪われた者の「人間の尊厳」を尊重する（10条1項）とともに、行刑の基本的目的を「矯正及び社会復帰」と規定した（同3項）。その後の拷問等禁止条約（1984年）でも同様に、「人間の尊厳」の観点から拷問等を禁止し、さらに、拷問には至らない行為についても防止することを締約国に求めた。

　また、被収容者の自由と権利については別個に、標準最低規則（1955年）が、受刑者の自己決定の権利を保障（57条）するとともに、社会復帰が刑罰における自由剥奪等の目的及び正当理由である（58条）ことを明確にし、治療、教育その他の具体的な事柄について、「人間の尊厳」が保障されるように求めるとともに、受刑者を「社会からの排除ではなくて、引き続き社会に関与」させ、社会的に彼らを包摂し、彼らの社会復帰のための措置を社会諸機関の義務とした（61条、64条、80条）。その後60年以上を経て、標準最低規則に新たな保障を加え、2015年にマンデラ・ルールが作成されたのであった。

　上述のマンデラ・ルールは、冒頭の基本原則の第一原則として掲げた「人

---

[82] 前注、20頁。

間の尊厳」の概念に適合的な処遇を実現するべく、多くの個別の規則を導き出している。規則 4 および 5 は、被収容者の社会復帰促進を目的とする措置を刑務所に義務づけた。特に、障がいを有する受刑者たちへの特別な配慮として、ヘルスケア・サービスを充実させることや、障がいが理由で発生した行動等について懲罰等を科さないように配慮することを義務づけ、近時の障がい者の権利および障がい者に対する社会的配慮の重要性に関する認識を行刑にも取り入れている。また、社会復帰のためにも、また、「人間の尊厳」の保障のためにも、精神に対する否定的影響を極力避けるために、「独居拘禁」について制限的使用を義務づけている（規則 43 および 44）。こうして、マンデラ・ルールは、1955 年標準最低規則制定時以降の、社会の発展および社会的関心の変化等に基づき、新しい観点を取り入れて、新たに制定されたものである[83]。

　次に、本書のこれまでの考察を踏まえて、最後に、本書の「結論」として、第二次世界大戦後の世界秩序の再構成の際に、普遍的最高価値として、様々な人権文書に受け入れられた「人間の尊厳」を、受刑者の人権の基盤に据えることで受刑者人権を再構成するならば、例えば合衆国憲法修正 8 条や日本国憲法 36 条が禁止する「残虐な刑罰」の文言の理解および解釈は、第 8 章第 1 節で検討した、ウォレン長官が 1958 年のトロップ判決で述べたように、「進展する品位の水準」に適合的なものとならなければならず、そこには自由権的な諸自由の保障だけでなく、受刑者が社会の構成員として社会復帰するために必要となる、国家に積極的施策を求める社会権的な権利の保障が含まれるものとして再構成するべきことを、今後の課題として述べておきたい。

---

83　本書では触れられないが、規則 54 以下の不服の申し立てに関する手続の規定や、規則 75 以下の施設職員への教育の規定、その他にも内部だけでなく外部による「査察」を可能とする体制の構築を求める規則 83 以下など、新たな経験や視点からの規則が入れられている。

# 結　論

　以上の検討から、本書の目的であるところの、受刑者の権利の新たな展開として、矯正教育および社会復帰を、「人間の尊厳」の観点から、憲法上の権利として位置づけるためには、どのような考察が必要となるか。この点を検討して、本書を閉じたい。そのためには、刑法学者として考察をしてこられた土井政和教授の諸論説、特に「受刑者の社会復帰の権利」[1]が大変参考になる。以下、その論説を中心に土井教授の議論を整理し、それに関連する現実的な側面に焦点を当てて著者が言及する。その上で、社会復帰の権利を憲法学的に再構成することを試みたい。

## 一　土井教授の「自由刑純化」理論

　土井教授は、受刑者の権利を考察する諸論説において、概要、以下のように自由刑と社会復帰との関係を捉える。すなわち、少なくともこれまでの理解がそうであったように、自由刑の唯一または主要な目的は、犯罪者の自由を剥奪することによって社会防衛を図ることであると考えるとすると、言い渡された懲役刑の受刑の期間、その犯罪者から自由を剥奪することのみがそ

---

1　土井政和「受刑者の社会復帰の権利」『現代における刑事法学の課題』（櫂歌書房、1989年）293-334頁。その他、同「犯罪者援助と社会復帰行刑（一）（二・完）」九大法学47号（1983年）63-124頁、48号（1985年）35-96頁、同「社会的援助としての行刑（序説）」法政研究51巻1号（1984年）35-96頁、など参照。特に、「犯罪者援助と社会復帰行刑」において、受刑者の処遇の基本的性格を4つに分類し、その中でも殊更に第4の「処遇を社会復帰のための援助と把握する立場」を、わが国の先行業績およびドイツ、ワイマール期のフロイデンタール等の議論を踏まえて主張される（「犯罪者援助と社会復帰行刑（一）」66-67頁、72-84頁）。また、戦前戦中のわが国における全体主義的思想が、全体として行刑に、「保護という名目での釈放者に対する積極的干渉あるいは強制の合理化をもたらすことになった」（117頁）ことから、「釈放者保護を法的観点から再考することの意義」を再評価する。

の目的となる。つまり、刑務所に隔離することによって、その犯罪者にそれ以上の犯罪行為を社会で行うことができないようにし、そうすることで社会を犯罪から守るのが自由刑の目的であると捉えるならば、受刑者に、懲役として科せられた自由剥奪の期間を単に刑務所で過ごさせる以外の効果、特に精神的・心理的に否定的な効果や、社会的にマイナスとなる評価等を懲役刑の効果として受刑者に付与することは、自由刑論から逸脱する[2]。例えば、前者は拘禁障害（拘禁反応）が考えられるし、後者は前科者、刑務所帰り、など否定的なレッテルを社会が貼ることであるが、そのようなことは、自由のみを剥奪する自由刑の目的から逸脱する。このように、刑罰の目的からの逸脱、特にその後、長期間にわたる否定的、かつ、甚大な効果は、憲法上も刑法上も認められないはずであると考える[3]。

　これについて筆者も、そのような否定的効果が発生する受刑者または出所者の数は、全人口比においては極めて限定的であり、社会防衛という重要な刑罰目的を達成するために、不可避的に付随的なものとして発生するものであると仮定しても、現実の問題として社会復帰が困難な状況に追い込まれ、再入所に至る出所者の割合が約4割[4]と大きいのが現実であるから、人数が限定的であり、またそれは付随的マイナス効果でしかないとして看過できるはずがないと考える。なぜならば、出所者が社会復帰できずに再犯を起こすということは、当初の懲役刑の目的である社会防衛が達成できたのは、懲役刑の期間だけでしかなく、その後、出所した後の社会防衛には失敗したこと

---

[2] 土井・前注「受刑者の社会復帰の権利」294頁、同「社会的援助としての行刑（序説）」36-38頁。

[3] 拘禁それ自体の持つ問題性および釈放後の問題について、土井・前出注1「社会的援助としての行刑（序説）」74-79頁。フロイデンタールの自由刑純化の思想およびザィファートの自由刑の弊害除去措置など保護的措置については、土井・前出注1「犯罪者援助と社会復帰行刑（一）」72-73頁および76-79頁。また、「自己発達権」と「社会復帰のための援助を受ける権利」について、同「社会的援助としての行刑（序説）」37頁。

[4] 平成24年における5年以内再入率は平均38.3％（満期釈放者については49.2％、仮釈放者については28.9％）である。法務省法務総合研究所『犯罪白書　平成29年版』5-2-3-9　出所受刑者の出所事由別再入率の推移（http://hakusyo1.moj.go.jp/jp/64/nfm/images/full/h5-2-3-09.jpg）(last visited June 14, 2018) 参照。

になるからである。出所後の社会防衛は懲役刑の目的ではないと割り切るのであれば、一応の理屈は成り立つかもしれないが、仮にその再犯が被害者を伴うものであったとするならば、そのように割り切ること自体難しいであろう。また、懲役刑の期間、つまり受刑中に限って社会防衛を果たすことを自由刑の目的とするならば、刑務作業は法定されているため実施するとしても、それ以外の作用として現行刑事収容施設法が定める改善指導や教科指導、職業訓練等は不要かつ余分なものでしかないことになるはずだ。このような指導や訓練は、犯罪者の矯正および社会復帰という目的が自由刑に付加または挿入されることによってはじめて実施可能になるものであるはずだ。この点について土井教授も以下のように述べる。

> 自由刑の中に「処遇」を入れることは、やはり問題だと思われる。…自由刑の内容、即ち、自由剥奪の内容としては、生活の本拠が施設内にあることと把え、それに伴い必然的に奪われる権利以外は、受刑者といえども基本的に一般人と同じ権利をもつことを出発点とすべきではなかろうか。そうだとすれば、むしろ、これらの処遇措置を、刑罰からは概念的に区別し、憲法に保障された権利行使の一形態として再構成することも可能となろう[5]。

さらに、土井教授は、仮釈放によるか満期によるかは別にして、刑務所から出所後、受刑者が入所前の社会生活に戻ることができない状況が発生すれば、仮に再犯に至らずとも、自由を剥奪するという刑罰の目的から逸脱した過重な不利益を科したことになり、適正手続違反になりうるとする。再びフロイデンタールの議論を参考にしつつ、述べる。

> 自由刑は、執行中及び執行の形態によって、生命、身体、名誉、もしくは財産に対する刑となってはならない。そのような付随的作用は、監獄制度という法律関係に内部的に矛盾する、と。そこから、彼〔=フロイデンタール〕は、釈放者保護を国家の任務とし、監獄制度という法律関係は、被釈放者の保護によ

---

[5] 土井・前出注1「社会的援助としての行刑(序説)」90頁。傍点原文。

って初めて終了すると主張した…。…こうして、自由刑純化論は、社会復帰のための処遇論と結び付いていくのである[6]。

　つまり、出所後の社会復帰が迅速かつ支障なく順調に達成できるように配慮しなければ、自由刑以上の障がい、または、苦難等を受刑者に与えたこととなる。また先述の再犯の問題との関連においても、そのような社会復帰の困難性が再び犯罪行為へと出所者を導くのであれば、懲役刑は、出所後の二度目の社会防衛、すなわち再犯防止に失敗し、出所者を社会復帰させることにも失敗したことになるのである。
　こうして土井教授は、自由刑を純粋に懲役刑の期間のみ自由を奪うことに特化させ、そのほかの付随的な否定的効果を取り除く、「自由刑純化」が必要であると説く[7]。そして、そこから、受刑中に精神的・心理的な否定的効果が発生し、それが理由で出所後の社会復帰が困難になることがないようにするために、刑務所内で一定の生活水準が保障されなければならないことはもちろん、刑務作業だけではなく、矯正処遇として改善指導や教科指導も必要となるであろうし、その他、収容による精神的・心理的緊張等を緩和するための様々な措置が必要となる。それは、受刑者にとっては、憲法上の権利と捉えられる。なぜならば、罪刑法定主義は憲法31条および36条から帰結される原理であり、懲役刑となる「罪」に対して科されるべき法定刑は「自由刑」のみで、出所後に直面する様々な困難は法定刑である「自由刑」には含まれないからである。さらに出所後の社会復帰に備えて、職業訓練や資格取得のための指導、帰住先の環境調整も、権利として要求することができるものと考えられることになる[8]。その上で、そのような権利に適合的な政策の存在と実現の重要性を説く。

---

6　土井・前出注1「受刑者の社会復帰の権利」306頁。
7　同前。
8　土井・前出注1「受刑者の社会復帰の権利」304-317頁。なお、土井教授は憲法上の根拠として、憲法14条平等保護原則も挙げている（同299-304頁）。

社会復帰の権利を個人の権利に含めたとしても、…国家は施設生活によってもたらされる受刑者の人格的退行あるいは刑罰のもつ付随的影響を考慮し、受刑者の人間としての品位の尊重と、単なる物理的生存を越えた人間の基本的ニーズの充足をもたらす政策を実現しなければならない[9]。

　以上のようにして、土井教授は個人の権利としての積極的な社会復帰の権利と、人格的退行を防止するための刑事政策としての行刑、すなわち消極的な社会復帰の権利とを区別して、少なくとも後者について承認されていると捉える。
　このような土井教授の考えを、さらに、これまで本書で考察してきた「人間の尊厳」の観点から、憲法上の権利として再定位するためには、受刑者の人権をどのように再構成するべきか。その方向性を以下で探りたい。
　1つは憲法13条の「個人の尊厳」の概念を、第10章第1節「ドイツ基本法1条における『人間の尊厳』と日本国憲法13条における『個人の尊重』」で検討したように、ドイツ基本法1条および2条が保障する「人間の尊厳」および「人格の自由な発展」の観念、さらに一般的人格権理論を含む人格主義と人間一般（人間性）の尊重という、一見相容れないと思われる概念を克服するケア倫理の観念を包含するものとして捉え、人間であり人格の主体である私たちと同様に、受刑者もその犯罪行為故の自由の制限は、合理性を有する限りにおいてのみ、つまり社会防衛のために必要最小限のものである限りにおいて正当化されると理解しなければならない。これはいわば自由主義的な側面から憲法13条を捉えることで、31条以下の刑事手続で保障される、特に受刑者について36条の「残虐な刑罰」の禁止で保障される中身として、より具体的かつ現実的な事柄が要求されることになる。つまり、「人間の尊厳」を基盤に据えた豊富な国際法の規範、特に2015年マンデラ・ルールが具体的かつ詳細に定める規則に適合的な処遇が求められることになる。例えば障がい者について、すでに考察したように、閉居罰は禁止されなければならないし、障がい者でない者に対する閉居罰においても、暗室における執行は禁

---

9　前注、321頁。

止されなければならない、などである。

## 二　受刑者の人権の社会権的再構成と「人間の尊厳」

　他方、国家による積極的な作用を要求する権利としての社会権的な側面を強調することは、特に受刑者の社会復帰のための様々な措置を求めるに当たって重要となる。受刑者に「人間の尊厳」を保障するための処遇を行い、社会復帰を受刑者の権利として導き出すドイツ基本法およびその判例法理は、暗黙の裡にわが国でも、現行刑事収容施設法において、矯正処遇を施設の義務とすることによって、具現化されていると考えられるのであろうか。

　1つの理解は、刑事収容施設法は、自由剥奪の刑としてのみ懲役刑を捉えるのではなく、社会復帰に向けた処遇を同時に重要な目的とし、収容がもたらす可能性のあるマイナス効果を想定し、そのような効果を除去または緩和する措置を要求するのだが、それは社会防衛として刑務所に収容するだけでなく、将来的な出所後の社会防衛として、出所した元受刑者が再犯を起こすことで被害者数をさらに増加させることを防止するために実施しているというものであろう。ただしこの観点からは、一旦犯罪発生件数または認知件数が減少し、再犯者が、いかなる理由かは別にせよ減少すれば、それら処遇や措置は不要となり、法改正と政策転換で消滅することも可能性としてあるだろうと批判されよう。

　もう1つの理解は、社会防衛のために受刑者を矯正、改善してから社会に戻すことは、人格主義に反するとして批判するものだ。人格主義に反するというのは、矯正や改善の措置を受刑者に講じて社会防衛を図ろうとすることは、受刑者を社会防衛の道具として利用することであり、そのように個人を道具化するに等しい処遇は、「人間の尊厳」を基調とする憲法13条からは容認しがたいということである。つまり、矯正処遇および社会復帰のための措置や施策は、「人間の尊厳」に基づき、本人たちが自己決定により、社会において自己実現を果たし、社会構成員に復帰するために必要な権利、すなわち、社会権の一種として、国家にその目的のための行為を積極的に求める権利として捉え直すことで可能になるというものである。

　換言すれば、社会的な存在である人間の存在を前提とすると、社会に包摂

される権利を社会権一般と考え、特に「人間の尊厳」および「人格の自由な発展」に必要不可欠の権利として、25条は生存権を、26条は教育権を、27条および28条は勤労権および労働基本権を保障すると捉えることが可能となる。こうして社会に包摂されるものとして人間は尊厳な生物であり、かつそのようにしてしか生きることができないものであると理解することによって、これら3つの社会権は列挙ではなく最低限必要な権利の例示として規定されているにすぎず、それ以外の権利を認めることを憲法は拒否するものではないと理解できる。そして、社会の構成員として生活するために必要となる諸条件の確保も社会権の内容であり、その他の諸条件も社会権として構成することが可能となろう。より具体的には、自由刑により一定期間自由を剥奪または制限された受刑者が、出所後、再度社会に包摂され、社会的存在として社会復帰することは、社会権の一内容でなければならない。いみじくも、社会権の重要な要素として語られてきたのは、社会的弱者が、救済を求めて国家の積極的作用を求める権利、つまり国家に対する要求権であるが、受刑者および出所者は、社会復帰が困難な場合に社会復帰を要求する権利を社会権として、「人間の尊厳」および「人格の自由な発展」の観念を包摂するわが国憲法上、有するものと再構成することができる[10]。

### 三 「相当の蓋然性」基準の再検討

さらに具体的には、懲役刑を執行する日々の行刑のうち、自由権を制限する側面、つまり居住移転の自由を奪い、特定の刑務所に収容し、日々の生活における自己決定権を制限して、起居動作時限を刑務所が決定し、衣服や食事、運動や余暇、入浴等あらゆる面での自由の制限について、懲役刑の目的との関連で合憲と言えるか否かは、本書第2章「被収容者の通信の自由に対する制限」で検討したように、これまで「相当の蓋然性」を基準として判断

---

10 このように社会権も人間の尊厳に由来するという性質について、次のような説明が参考になろう。「〔日本国憲法における人権宣言は〕自由権も社会権も、ともに「人間の尊厳」性に由来する自然権的な権利として保障している…。」(芦部信喜・高橋和之補訂『憲法〔第6版〕』(岩波書店、2015年)80頁。)

してきた。しかしこの基準は、行刑における自由の制限の合理性・正当性を、「刑事収容施設の安全および秩序の維持」の観点から判断するものであって、第一に、社会の治安を確保するために必要最小限の制約であるか否かという観点は含まれていなかった、少なくとも乏しかったと言えるし、また第二に、被収容者である受刑者の「人間の尊厳」および「人格の自由な発展」の観点から、処遇が妥当か否かを問う基準ではなかった。これを再検討することが重要になる。

次に、懲役刑における行刑のうち、自由の制限とは関係のない側面、つまり矯正処遇（刑事収容84条1項）としての刑務作業（同法92条）、改善指導（同法103条）および教科指導（同法104条）などは、「相当の蓋然性」では何ら正当性や妥当性を判断できない。それらが受刑者の社会復帰のため、および、社会の将来的な治安の確保、つまり再犯防止という行刑目的に照らして妥当なものか否か、要するに受刑者たちの社会的包摂を再度可能にするために必要なものなのか、効果的なものなのか等を判断するためには、別の基準を設けなければならないことになる。そのために有用となるであろう観点は、「人間の尊厳」および「人格の自由な発展」である。これに適合的な社会権概念の考察およびそこから導き出される受刑者処遇に関する憲法的基準の設定に関する考察は、今後の課題とせざるを得ないが、現時点で若干の方向性を論じたい。

例えば、第2章で検討したよど号記事抹消事件で、最高裁判決は、大意、記事の閲読を認めることによって施設内秩序が乱れ、暴動等の甚大な被害が発生することが、「相当の蓋然性」をもって予見できるときに、それを不許可にできるとした。しかし、新聞記事の閲読のように、それが表現の自由の前提となり、被収容者がある問題について考察し、より思想的に深め、表現する契機となるための前提とされる自由については、「人格の自由な発展」の観点からは制限できず、制限は「人間の尊厳」の概念に適合的ではないはずである。それでは、いつでも表現の自由またはその前提となる自由であれば許可しなければならないかと言えばそうではなく、甚大な被害の発生が「明白かつ現在の危険」として認められる場合に不許可は可能であるという、表現の自由の規制に関する合憲性審査基準として、これまで一部の下級審およ

び学説で容認されてきた法理の適用を否定すべきではなかろう。つまり、受刑者であるという一点のみで、通常人が有する表現の自由に関する合憲性審査基準が、一気に「相当の蓋然性」に緩和されるという不可解な現象に歯止めをかけることができると思われる。

　また、受刑中、心身共に健全で過ごすことができる医療サービスその他の諸条件を整え、自由刑純化理論を実現するべく、刑務作業に加え、またはそれに代え、諸更生プログラムを、受刑中および出所後の帰住先においても受講でき、それによって入所以前の社会生活に、社会構成員として再び戻ることができるように、国家に要求する社会権的権利を「人間の尊厳」の概念は導き出すのである。

### 四　受刑者人権の社会権的再構成と憲法36条

　受刑者の社会権的な権利を「人間の尊厳」の概念が導き出すとして、わが国においてその根拠は、憲法13条のほかに、特に受刑者の権利として、これまで積極的な機能を果たしてこなかった36条の「残虐な刑罰の禁止」に求めることができる。そのような残虐な刑罰を、単に受けない国家からの自由、すなわち自由権の保障として同条文を理解し解釈するだけでは、受刑者の「人間の尊厳」が保障されたことにはならない、というのが現代的な世界標準であろう。受刑者も「ケア」の対象であり、そのような存在として社会の他の構成員と同等・平等である事実を前提に、受刑者の人権を再考察し再構築することを可能にする価値原理は、「人間の尊厳」である。それにより、受刑者の最低限度の生活および生存を保障するための水準（トロップ判決の、「進展する品位の水準（evolving standards of decency）」）を保障し、かつ、社会の構成員に再び戻る、つまり社会復帰のために必要と考えられる様々な支援（矯正指導、教科指導、改善指導など）が帰結される。仮にそれが用意されていない、または、用意されていても不十分であるということであれば、それを求め、または、十分なものとするよう求める社会権的権利が、本書第8章の合衆国憲法修正8条「残虐で異常な刑罰の禁止」に関する議論が物語るように、「人間の尊厳」の原理が、そして、それを受刑者の人権の基盤に据えるものとして、憲法36条が導くと考えることが可能となる。

ところが憲法36条の「残虐な刑罰の禁止」規定についてこれまでなされてきた議論は、次のような点に限定されている。「残虐な刑罰の禁止」は、「不必要な精神的、肉体的苦痛を内容とする人道上残酷と認められる刑罰」（最大判昭和23年6月30日刑集2巻7号777頁）と定義されて以来、今日までこの判例が踏襲されてきた。そして、問題になる場面は、それが「法律で定めた刑罰の内容自体について」であり、より具体的には、「刑罰の種類・性質が残虐であるという場合」と「犯罪と刑罰が極端にその均衡を失している場合」に区別して捉えられてきた。前者は、死刑に関して、死刑そのものは残虐な刑罰に該当せず、執行方法としても、火あぶり、はりつけなど、およそ現代の文明国家として考え及ばない方法であれば格別、絞首刑については問題なし、とした最高裁判例（最大判昭和23年3月12日刑集2巻3号191頁）が現在でも踏襲されている。また後者の刑罰の均衡については、「極端に均衡を失する刑罰」が禁止され、その観点からは、尊属殺最高裁違憲判決（最大判昭和48年4月4日刑集27巻3号265頁）は憲法14条に違反するものとしたが、むしろ憲法36条の問題ではないかという指摘などがされてきた[11]。

　また、『論点体系　判例憲法』という定評ある書物における憲法36条の項目では、上記のように法律で定めた刑罰の内容として、死刑その他の刑罰について論点を整理し、それに加えて、刑事施設内での懲罰や戒具の使用について問題となった例を挙げる。憲法違反が認められた例として、かつての監獄法60条が定めていた減食および重屏禁という、昼夜暗くした罰室に屏居させ臥具を使用させない懲罰は、「自由な人格者であることと両立しない奴隷的拘束〔であり〕、健康と生命を脅かす減食罰、戸外運動の禁止…〔などの〕ような懲罰は現憲法上許されない」とした大阪地判昭和33年8月20日（行集9巻8号1662頁）、また、軽屏禁懲罰中の15日間の戸外運動および入浴禁止について、人間の健康保持のための最低限度の生活を侵害し、反人道的な性格を持つとして残虐な刑罰に当たるとした津地判昭和36年10月21日（行

---

11　野中俊彦・中村睦男・高橋和之・高見勝利『憲法Ⅰ〔第5版〕』（有斐閣、2012年）437-438頁など参照。

集 12 巻 10 号 2138 頁）が挙げられる。その他には、保護室への収容、約 13 年 2 カ月間の昼夜独居拘禁、防声具と鎮静衣の使用などが問題とされた例として存在するものの、いずれも憲法 36 条に違反するとはされなかった。そして、これらを踏まえて次のようにまとめられる。

> 以上のとおり、判例は、刑事施設内での処遇については、施設の長に大きな裁量を認めており、所定の基準に沿った処遇を行い、あるいはその判断に合理性が認められる限り本条違反が認定されることはない。残虐な刑罰が認められるのは極めて例外的な場合であるが、刑法の適用においてこれが認められた事例がないことと比較すれば、憲法違反が認められた事例が存するのは稀有のことといえよう[12]。

このように、一定の極端な懲罰の例では、個別の受刑者への対処の問題として憲法 36 条違反に該当すると認定され、被害者が救済された例がなくはないが、あくまで例外的な事例でしかない。その他の劣悪な収容状況の問題、懲罰の一つである閉居罰の問題、また、積極的に更生プログラム（矯正教育）を求める社会権的な権利性の問題など、収容を柱とする懲役刑という刑罰から本質的に発生する憲法 36 条の「残虐な刑罰」との関連性や、同条の保護範囲および根拠に関する憲法的な、つまり個人の尊重や人格的利益、その他、生存権や教育を受ける権利などを含むことも考えうる、新たな議論の展開はまだ先の話のように思われる。

絞首刑は憲法 36 条の禁止する残虐な刑罰には該当しないとした昭和 23 年の最高裁判決から約 70 年経過した今日においても、それが憲法 36 条違反と判断する下級審すらなく、現実に毎年のように執行されている。このことは、憲法 36 条に関する研究が、約 70 年間何も進展しなかったということであろうか。日本と並んで先進国の中で唯一死刑を執行しているアメリカにおいてすら、第 8 章で見たように様々な議論がなされてきている。わが国

---

12 喜田村洋一「第 36 条〔拷問及び残虐な刑罰の禁止〕」戸松秀典・今井功編著『論点体系　判例憲法 2 〜裁判に憲法を活かすために〜』（第一法規、2013 年）403 頁。

で憲法36条が、被収容者の人権保障のために、より積極的に機能する可能性は、上記、限定的、例外的事例以外には、期待できないのであろうか。

また、これまで社会権として語られてきたのは、25条生存権、26条教育権、27条勤労の権利および28条労働三権であるが、受刑者になった瞬間から、これらも、他の自由権と共に、制限されて当然のものと考えられてきたようである[13]。しかし、懲役刑は自由刑であり、自由を奪う、または制限することを内容とする刑罰であるはずで、そうであれば、自由権の制限とはある意味異なる社会権を奪う根拠はなく、仮にそれを制限することが許されるとしても、自由権を制限するために必然的であると考えられる範囲、かつ必要最小限度でなければならないはずである。また、参政権についても、身体的自由が制限されている以上、受刑者が被選挙権について制限を受けることは、懲役刑に付随的に伴う制限であると言えるかもしれないが、選挙権自体を制限する、否、剥奪する合理的根拠はどこに見出されるのであろうか。おそらくは、懲役刑は社会的排除が目的であるとする立場から、犯罪者を社会から排除する1つの経緯として身体の自由を制限する自由刑が存在し、同様に社会的排除である以上、社会的存在を懲役刑受刑中は消し去ることを当然に含むとし、選挙権も被選挙権と同様に剥奪することが正当化されるのであろう。しかしその前提こそ、問われなければならない。先述「自由刑純化理論」は、正にこのことを批判している。

しかし、社会的存在であり、社会の中で市民として生存する自由と権利を、生まれながらに有するはずの我々、それぞれ個人は、起こした犯罪に対する

---

13 さらに選挙権の制限については、最三小判昭和39 (1964) 年1月21日 (裁判集刑150号9頁)。また、最近、公職選挙法の規定により禁錮刑以上の受刑者に選挙権を認めない点について合憲性が問われ、平成17年在外邦人選挙権最高裁判決を根拠として違憲であるとした平成25年9月27日大阪高裁判決に関して議論が活発になされたが、これは刑罰執行をめぐっての憲法36条の議論ではなく、憲法15条、43条、44条など国民主権および選挙制度ならびに選挙権の平等に関して、成年被後見人の選挙権や一票格差の問題などにも関連する議論という性格が強かったように思われる。参照、稲葉美香「受刑者に対する選挙権制限の合憲性」平成25年度重判（ジュリ1466号）30頁、倉田玲「禁錮以上の刑に処せられた者の選挙権」立命館法学300・301号（2005年）182頁。

制裁としての刑罰によってどこまで責任を問われるべきなのか。純化された自由刑を受けること、つまり社会的存在としての我々の「人間の尊厳」が尊重され保障される刑罰のみが、今日の憲法36条に内在する世界標準の要件を満たすことができるのである。一定の必要最低限度の身体的自由のみが制限されることが憲法上許される自由刑であり、その受刑期間中に「人間の尊厳」のために必要不可欠な受刑者への支援は、彼らが社会的存在であることを否定されず、それを維持することができ、また、自由刑終了時には即座に社会復帰することができるように、受刑中に必要な更生プログラム等の受講が可能なものでなければならない。そのような世界標準を「進展する品位の水準」として受け入れる力を、憲法36条は有するのである。

初出一覧

　本書は以下の諸論説等に、修正・変更を加え、本書のテーマの下に、一冊の書籍として一貫するように統合した。したがって、初出として示された諸論説等と本書の該当部分は、必ずしも一致しないが、参考として示す。

問題の提起
　　　　　書き下ろし

第1章　わが国における受刑者の権利の変容——2006年刑事収容施設法の成立
　　　　（初出）「日本における受刑者の権利の変容」科学技術法研究（韓南大学校 科学技術法研究院）第15集2号（2009）295-313

第2章　被収容者の通信の自由に対する制限
　　　　——東京地裁平成21年4月20日判決を中心に
　　　　（初出）「受刑者の通信の秘密をめぐって—東京地裁平成21年4月20日判決を中心に—」南山法学第33巻2号（2009）95-122

第3章　カリフォルニア州の刑務所改革に関する考察
　　　　——2007年州議会下院法案AB900とその実現
第1節　カリフォルニア州における刑務所改革の経緯とその内容
　　　　（初出）「カリフォルニア州の刑務所改革と受刑者の権利に関する考察—2007年州議会下院法案900とその実現—」南山法学34巻2号（2011）159-183（第1章　カリフォルニア州における刑務所改革の経緯とその内容）
第2節　ブラウン知事の刑務所改革継承：治安再編成プラン
　　　　書き下ろし
第3節　カリフォルニア州刑務所改革に関する評価
　　　　（初出）「カリフォルニア州の刑務所改革と受刑者の権利に関する考察—2007年州議会下院法案900とその実現—」南山法学34巻2号（2011）184-206（第2章　カリフォルニア州刑務所改革に関する評価）
第4節　カリフォルニア州刑務所改革と2016年「第57提案」
　　　　（初出）「カリフォルニア州の刑務所改革と2016年『第57提案』」南山法学41巻3・4合併号（2018）201-224

第4章　カリフォルニア州の刑務所監視体制
　　　　——2007年の刑務所改革による更生監視委員会（C-ROB）を含む
　　　　（初出）「カリフォルニア州の刑務所監視体制と受刑者の人権に関する考察—

2007 年の刑務所・行刑改革による更生監視委員会（C-ROB）を含む—」南山法学 34 巻 3・4 合併号（2011）183-208

第 5 章　カナダにおける受刑者人権保障と連邦刑務所監視体制
　　　　　──矯正捜査局（OCI）の機能を中心に
　　　　　（初出）「カナダにおける受刑者人権保障と連邦刑務所監視体制─矯正捜査局（OCI）の機能を中心に─」南山法学 35 巻 2 号（2012）107-136

第 6 章　イギリスにおける刑務所監視体制
　　　　　（初出）「イギリスにおける受刑者人権保障と刑務所監視体制」南山法学 36 巻 3・4 合併号（2013）333-383

第 7 章　フランスにおける刑務所監視体制
　　　　　（初出）「フランスにおける受刑者人権保障と刑務所監視体制」南山法学 37 巻 2 号（2014）199-240

第 8 章　受刑者人権に関するアメリカ憲法修正 8 条の議論の展開と
　　　　　更生プログラムに対する憲法上の権利
　　　　　（初出）「受刑者人権に関するアメリカ憲法修正 8 条の議論の展開と更生プログラムに対する憲法上の権利」南山法学 39 巻 3・4 合併号（2016）151-225

第 9 章　大井造船作業場─松山刑務所構外泊込作業場─ 50 年の歴史とその役割
　　　　　──わが国唯一の開放的処遇施設と社会的包摂
　　　　　（初出）「大井造船作業場（松山刑務所構外泊込作業場）50 年の歴史とその役割─わが国唯一の開放的処遇施設と社会的包摂─」南山法学 38 巻 3・4 合併号（2015）453-483

第 10 章　「人間の尊厳」と受刑者の人権
　　　　　（初出）「『人間の尊厳』と受刑者の人権」南山法学 40 巻 3・4 合併号（2017）139-195

結　論
　　　　　書き下ろし

# 索 引

●アルファベット

AB109……104, 105
AB111……106
AB900……76, 79, 87-93, 96, 103, 104, 110, 111, 113-116, 121, 124, 147-149, 151, 172
AB94……106
CAT（→拷問等禁止条約）
CDCR（→矯正更生局（カリフォルニア州））
*Coleman, v. Wilson*, 912 F. Supp. 1282（E.D. Cal.1995）……80, 359
COMPAS……99
C-ROB（→カリフォルニア更生監視委員会）
*Estelle v. Gamble*, 429 U.S. 97……345, 346
*Farmer v. Brennan*, 511 U.S. 825（1994）……357, 377
*Furman v. Georgia*, 408 U.S. 238（1972）……376
*Gregg v. Georgia*, 428 U.S. 153（1976）……345
HIV……357, 375
*Holt v. Sarver*, 309 F. Supp. 362（E.D. Ark. 1970）……364
IMB（→独立監視委員会）
*Laaman v. Helgemoe*, 437 F.Supp. 269（D. N.H.）……369
*Laaman v. Helgemoe*（1977）……364

Nilsen, *Decency, Dignity, and Desert: Restoring Ideals of Humane Punishment to Constitutional Discourse*……378
OCI（→矯正捜査局）
OIG（→矯正更生局監視庁）
OPCAT（→拷問等禁止条約選択議定書）
*Padgett v. Stein*（1975）……364
*Padgett v. Stein*, 406 F. Supp. 287（M.D., Pa. 1975）……367
*Plata v. Schwartzenegger*（2005）……359
*Plata v. Schwarzenegger*, 2005 U.S. Dist. LEXIS 8878（N.D. Cal.）……83
PPO（→刑務所および保護観察オンブズマン）
*Rhodes v. Chapman*, 452 U.S. 337（1981）……351
*Roper v. Simmons*, 543 U.S. 551（2005）……342
SB87……107
SB89……107
*Trop v. Dulles*, 356 U.S. 86（1958）……330, 338
United Nations Standard Minimum Rules for the Treatment of Prisoners（Nelson Mandela Rules）……465
*Wilson v. Seiter*, 501 U.S. 294（1991）……353
Würde……446

●あ行

アーク溶接　414
アーサー・アラーコン（Arthur L. Alarcon）　164, 177-179
アーバー委員会　212
アーバー判事　212
アイデンティティ　439, 440, 457
青柳幸一（『憲法における人間の尊厳』）　444, 457
アシュレー・スミス（Ashley Smith）　208-211
アトキンス判決　342, 344
網走刑務所　402
阿部誠治　414
有井作業場（構外作業場）　402
アン・オウワーズ（Anne Owers）　227, 242
イヴァン・ザキーネ　304
医学的管理　472
偉業ポイント　136, 139, 140
イギリス刑務所監視機関　225
違憲状態　127, 362
意見・提案書　28
意見提案書　182, 322
移送計画　411
市原刑務所　402
一回性　455
一等工　416
一杯船主　404
一般工員　398
一般社会生活　400
一般的人格権理論　437, 487
一般的人格論　438, 456
一般篤志家　423, 424
意図的な無関心（deliberate indifference）　81, 345-351, 353, 355, 357, 358, 360, 361, 363, 374-376
今治市大西町　395
移民局移送措置　229

移民局強制送還センター　229, 246
移民局施設　229
移民拘束施設　227
医務官　472
意欲　396
医療過誤　348
医療ケア　98, 108, 112, 113, 115, 117-119, 132, 133, 150, 166, 352, 354, 370
医療刑務所　301
医療実施体制　83
医療収容施設　112
医療スタッフ　349
医療制度　345
医療措置　345, 346, 355, 375, 378
医療的仮釈放　112
医療的措置（ヘルスケア）　473, 474, 480, 481
医療的理由による刑の執行猶予　274
医療ニーズ　348, 349
イルクーツク　399
イングランド児童委員会事務所　265
インテグリティ　439, 440, 457
ウィットリー判決　354
ウィルソン判決　357, 374, 376
ウェールズ・ケアおよび社会福祉査察局　265
ウェールズ・ヘルスケア査察局　265
ウォレン・コート　338
ウォレン長官（判事）　330, 335, 339-343, 389, 393
請負契約　416
梅狩り　422
ウルフ・リポート（the Woolf Report）　244, 245, 252
A指標刑務所　411
エグゼクティブ・サマリー　249
エステル判決　350, 351, 353, 355, 374-376, 390
エスニック　113
閲読の自由　8, 13

索引　499

エリザベ・ギグ（Elisabeth Guigou）
　　276
エルフェス判決　437
円滑な社会復帰　65, 92
遠距離通信　479
欧州委員会　244
欧州刑事施設規則　287, 288, 292
欧州人権条約　275
欧州評議会　286, 287
大井七則　412, 413
大井造船作業場（構外作業場）　12, 14, 395, 398-400, 402, 409-413, 415, 416, 420, 421, 423-428, 434
『大井造船作業場50年のあゆみ～さらなる飛躍へ～』　406, 422
オーキン　455
OJT方式　413
越智義見　404
オンブズマン　265, 282
オンブズマン代理　237

●か行

海外視察結果報告書　222
会計監査院　213
会計検査院　310
外国人受刑者　251
外出・外泊　402
海上トラック　404
改正欧州刑事施設規則　291, 293
改正刑務所法　274
改善勧告　181
改善更生　31, 32, 35, 65, 155-157, 396, 427, 468
改善更生意欲　396
改善指導・教科指導　27, 392, 485, 486
会長　418
回転ドア　105
外部交通　27, 29, 30, 35, 36, 69, 151

外部通勤作業　402
開放型男子刑務所　230
開放型バラック　365
解放処遇　400
開放的　450
開放的刑務所　387
開放的施設　401, 470, 471
開放的処遇　398, 400, 405, 407, 420, 425, 426
開放的処遇施設　395
カウンティー　104, 105, 108
カウンティー拘置所　79, 120, 151
顔認証システム　428
科学的事実　452
閣議　282
学習室　417
隔離　32
隔離区画　261
閣僚委員会　286, 287
かけがえのない存在　447, 454
かけがえのなさ　448, 451, 452, 457
過剰収容　4, 5, 10, 25, 26, 75, 76, 79, 85, 86, 89, 90, 92, 97, 102, 108, 110, 111, 115-119, 121, 123, 127, 144, 148, 152, 258, 259, 273, 303, 352, 353, 359, 362, 375, 376, 379
ガス切断作業　419
ガス溶接　414
家族統合　132, 145
家族との面会　478
合衆国憲法　379
合衆国憲法修正6条　115
合衆国憲法修正8条　12-14, 70, 72, 75, 80, 82-84, 146, 154, 330, 335, 337-342, 344, 345, 347, 348, 350-353, 355-361, 363, 366, 367-369, 373-379, 381, 382, 388, 391, 393, 432, 433, 491
合衆国憲法修正14条　80, 113, 337, 359
カナダ・人権に関するワーキング・グループ　213

カナダ矯正捜査官マニュアル　215,
　　218, 222, 318
カナダ矯正庁　190
カナダ総督　194
カナダ連邦議会　198
㈱宇和島造船所　404
㈱来島船渠　399
㈱来島どっく　399
㈱新来島どっく　395, 404, 409, 411,
　　413, 423-425, 427
㈱波止浜船渠　399
仮釈放　73, 107, 108, 112, 118, 120, 132,
　　135, 140, 149, 172, 415, 416, 421
仮釈放者　105
仮釈放者収容施設　236
仮釈放審査委員会（Board of Parole
　　Hearings）　129, 141
仮釈放率　415
ガリソン　112
カリフォルニア・ロジック・モデル
　　101
カリフォルニア更生監視委員会（C-ROB）
　　10, 124, 161, 162, 172-174, 176, 181, 182,
　　184, 215, 317, 324, 330
『カリフォルニア州矯正の将来へのアップ
　　デート』　134
カリフォルニア州刑務所受刑者数　78
カリフォルニア州刑務所体制　118
カリフォルニア州憲法　143
カリフォルニア州の刑務所改革　13,
　　70, 72, 73, 75, 76, 79, 109, 110, 123, 124,
　　154
革手錠（事件）　22, 23
簡易査察　227
観桜会　422, 424
関係性のネットワーク　452
関係論的概念　451
関係論的事実　451
勧告　188, 231, 270, 311, 313, 314
勧告権限　238, 282, 286, 287, 324, 325,
　　326
監獄人権センター　466
監獄内における規律及び秩序の維持
　　42
監獄法　4, 9, 16, 19, 21, 22, 25, 26, 28,
　　29, 35-37
監察　472
監視　292
監視委員会（la commission de
　　surveillance）　278, 279, 284
監視体制　10
感情の崩壊　386, 389
感得　452
監督　294
監督官　84, 86, 112, 116, 129, 147, 362,
　　363
カント哲学　447
カント哲学の定言命法　388, 437
Kant「人間性の尊厳」　446
『官報』　274
緩和措置　475
議会　299, 307, 319, 320
危険物取扱　414
規制および質の発展局　265
北アイルランド刑事司法視察　265
北アイルランド警備委員会拘留独立訪問
　　機構　265
帰住先環境調整　486
議長　418
ギ・キャニヴェ（Guy Canivet）　276
危機管理　98
危機的状況　362
基層的関係　452
期待事項　228, 230-232, 234, 319
喫煙の自由　42
基本権の保護領域　437
基本的人権　295, 459, 464
虐待　441
客体定式　445
客観的な過酷さ　356

客観的要素　353
キャニヴェ報告　276, 279, 280, 287
キャロル・ギリガン　454
ギャンググループ　113
ギャンブル　346
教育・児童福祉およびスキル基準事務所　265
教育権　489
教育的処遇　400
教育メリット・ポイント　136, 139, 140
教科教育　98, 103, 131, 134, 172-174
教科プログラム　99, 100
協議総会　286
行刑改革　7, 103
行刑改革会議　5, 219
行刑監視システム　10
矯正及び社会復帰　462
矯正および条件付釈放に関する法律（CCRA）　190
矯正教育　92, 96, 98, 108, 110, 113, 114, 124, 131, 133, 156, 184, 259, 330, 352, 353, 394, 398, 434, 448
矯正局長通達　28
矯正更生局（カリフォルニア州）（CDCR）　85, 86, 92-95, 98, 103, 104, 116, 124, 131, 136, 140, 146, 164, 168, 170, 172, 173, 176, 181
矯正更生局監視庁（the Office of the Inspector General：OIG）　10, 163, 166, 179, 180, 215
矯正捜査官　194-196, 199, 206, 207, 212, 216, 218
矯正捜査局（OCI）　11, 185, 187-191, 194, 197, 201, 202, 208, 210, 212-216, 218, 219, 318, 327
矯正治安官協会　88
矯正庁長官　195, 207
矯正と更生　16
矯正プログラム　98-101, 103, 116, 118, 151, 172, 174, 176

『矯正法レヴュー（Correctional Law Review）』　198
行政留置施設　296
強制労働　399
共同生活　410
共同体　447
共和国幹旋員（le médiateur de la République）　280, 282-284, 305, 306
共和国大統領　281, 285, 295, 307
共和国領土内　297
居室内衛生　259
規律違反　476
キングストン　189
キングストン女子刑務所緊急対応チーム　199
禁錮刑　494
勤労権　489
苦情処理手続　237
葛生栄二郎（『ケアと尊厳の倫理』）　444, 448, 451, 456, 457
苦痛と苦悩　347
クミンズ　365
グラッドストーン委員会　224
クラブ活動　420, 424
クレーン運転　414
呉造船所（石川島播磨重工業）　408
軍矯正訓練センター　229
軍隊拘留施設　229
ケア　454-456, 491
ケアと尊厳　451
ケア（の）倫理　448, 451, 455, 487
ケア欲求　453
ケアリング　452-454, 457
ケア質委員会　265
経済的、社会的及び文化的権利の実現を求める権利　461
警察隊査察局　265
警察留置所　229
刑事施設監視体制　277

刑事施設視察委員会　6, 11, 16, 27, 124, 154, 182-184, 218
刑事施設内処遇　401
刑事収容 30 条　31
刑事収容施設　5
刑事収容施設法　4, 5, 7, 16, 19, 22, 26, 29, 30, 35, 36, 79, 124, 151, 155, 396, 434, 488
刑事人権保障　384
継続性　179
軽度違反者　105
経年変化　232
刑の執行率　415
刑罰（の）個別化　274, 302
刑罰の性質　382
『刑罰を超えて：犯罪者の更生に関する新たな視点』　382
刑務所医療体制　88, 359
刑務所および保護観察オンブズマン（PPO）　225, 235-243, 262-264, 266, 318, 319, 323
刑務所オンブズマン（Prison Ombudsman）　10, 161, 163, 164, 176-179, 182, 183, 317
刑務所改革　6
刑務所外の生活条件と同等　387
刑務所監視　89, 162
刑務所監視機関　292
刑務所監視体制　11, 13, 152, 154, 159, 273, 334, 335
刑務所査察局　225-229, 231, 234, 242, 243, 262, 263, 265, 266, 318, 319
刑務所主席査察官　226
刑務所準則（Prison Rules：PR）　246, 247, 251, 319
刑務所訴訟改革法（PLRA）　122
刑務所法オフィス（プリズン・ロー・オフィス）　111, 179
刑務所暴動　89, 189
刑務所訪問　224

刑務所懲罰制度事前委員会　244
経理リーダー　418
ゲートマネー　101
欠格事由　295
月賦販売方式　404
ケネディー判事　343
ケルゾー　112
健康管理体制　349
健康施設　297
健康省　205
現実的危険の存在　66
厳重監視センター　260
憲章　246
検食　247
減食罰　492
健全な刑務所・施設評価　228
厳罰化　151
現場別安全会議　418
憲兵隊　301, 313
憲法　316
憲法 13 条　445
憲法 32 条　63
憲法 36 条　70, 157, 389, 394, 492-495
憲法院　302, 306, 307
憲法改正　275, 305, 320
憲法上の権利　151, 368, 384, 385, 390, 433, 434, 486
憲法適合性審査　307
憲法的最高価値　448
憲法的独立機関　307
研磨作業　419
権利擁護官（le Défenseur des droits）　11, 223, 275, 277, 283, 285, 292, 301, 305-316, 320
構外作業　400
公開性　270, 290, 316, 329
構外泊込作業場　395
公共の福祉　445
拘禁障害（拘禁反応）　484
拘禁センター　273

索引　503

拘禁代替措置　473
公権力行使　183
高校修了程度証書（GED）　99
公衆衛生法　297
公職選挙法　494
更生意欲　410
更生期待度　31
更生に対する（連邦）憲法上の権利　371, 380
更生プログラム　75, 363-366, 368-370, 372, 377, 378, 381-388, 390, 392, 393, 433, 493, 495
更生プログラム達成ポイント　136, 138, 140
鋼船　403
行動計画　228
公募　237
拷問禁止委員会　267
拷問等禁止条約（CAT）　11, 157, 264, 266, 268, 270, 275, 288, 289, 293, 310, 319, 334, 463, 480
拷問等禁止条約選択議定書（OPCAT）　11, 161, 187, 188, 220, 223, 264-268, 270, 275, 285, 288-290, 293, 316, 318-320, 327-329, 334, 335
拷問等防止委員会　286, 287, 319
拷問等防止小委員会　289
拷問等防止ヨーロッパ条約　285, 287, 293, 319, 335
拷問防止委員会（CPT）　285, 304, 327
拷問又は残虐な刑の禁止　462
拷問または残虐な刑罰　460
拷問または長引く死　347
コーコラン刑務所　178, 180
コールバーグ　454
コールマン判決　82, 84, 116, 119, 146, 147, 150, 345, 346, 361, 363, 375, 377
互換的　450
国際規範　379
国際協調　458

国際条約　262, 264
国際的権威　343, 374
国際標準　11, 327, 458
国際連合憲章　459
国籍剥奪　339
国籍法　338
国内拷問等防止機構　293
国内防止機関　269, 270, 289, 290, 319
国内防止機構（National Preventive Mechanism）　264-266, 268-270, 290, 327-329
国連被拘禁者処遇最低基準規則　14, 157, 347, 465
国連薬物犯罪事務所（UNODC）　469
志　425, 427
個人主義（individualismus）　446
個人に焦点を当てた人間の尊厳論　449, 450
個人の尊厳　445, 487
個人の尊重　445, 446, 448-450, 456-458
国会　283
国家警察　313
国家諮問会議（National Advisory Council）　245, 255
国家評議会（National Council）　225, 246, 255, 257-263, 318, 324
国家評議会憲章　255, 256
後藤信雄　398, 406, 425
個としての自分　447
子供の権利　312
個別処遇　396, 426-428
コミュニティー　73
コミュニティー・カレッジ　93
コミュニティー・リエントリー施設　92
コミュニティー・リエントリー・プログラム　134, 135, 145
コミュニティー監督　106
固有の尊厳　459, 462, 463

娯楽室　418
懲らしめの意図　23, 24
コンセイユ・デタ　281, 308, 310

●さ行

罪刑均衡　338
罪刑法定主義　302, 373, 433, 486
再建　399
再建王　404
最高裁2006（平成18）年3月23日（第一小法廷）判決　43
再統合　385
再入率　31, 78, 397
財閥解体　403
再犯　70, 152
再犯者率　397
裁判所拘留施設　296
再犯防止　75, 91, 149, 303, 490
再犯率　30, 72, 73, 108, 113, 131, 145, 329, 397, 414, 415
ザィファート　484
再編成　127
作業安全監督　419
作業員　398
作業拒否　346
作業報奨金　415, 416
削減プラン　118-120
削除　39, 46
避けられる死亡（preventable death）　211
査察　292
査察チーム　226
差（し）止め　39, 46
佐世保重工業　403
差別の被害者　310
残虐で異常な刑罰（の禁止）　12, 14, 70, 72, 80, 154, 330, 335, 337, 342, 344, 351, 353, 359, 360, 363, 373-375, 381, 382, 388-391, 432, 491

残虐な刑罰　1-3, 8, 14, 17, 70, 157, 389, 487, 491-493
『35周年記念年次報告書』　201
37ミリ銃（ゴム弾発射銃）　361
三振法　77, 111, 128, 147, 151
参政権　494
3名判事法廷　117, 126, 136
JR大西駅　424
GPS位置情報装置　428
『潮騒』　422
自覚　396
資格試験　417
資格取得　486
自覚と信頼　419
資格要件　295
指揮　294
指揮監督権　295
四季裁判所　225
死刑執行　338
思考訓練　250
四国の大将　404
自己契約作業　416
自己決定　447, 467, 480, 488
自己決定権　438, 456, 467
自己決定の喪失　386, 389
自己中心主義　448
自己の人格を自由に発展させる権利　436
自己負罪拒否権　1
視察権限　304
資質　396
自主性　396, 414, 420, 421, 423, 428
施設外措置（placement extérieur）　274
事前計画による視察　301
事前調査　243
事前訪問　227
事前抑止　266
自尊心　387
自宅拘禁　106, 274
自宅拘禁プログラム　105

自宅収容　152
自宅待機　152
示談　311
自治会・自治活動　416-422
自治組織　417
質問項目　227
実力行使　171, 184
実力行使事件　168
実力行使審査　205, 206
児童少年刑務所　229
自発性　387, 401, 402
自発的精神療法　386
シベリア　399, 400, 405
死亡審査　207
司法選任委員会　237
司法の統制権限　305
市民権　339
市民権剥奪　339
市民的及び政治的権利　462
市民的及び政治的権利に関する国際規約（自由権規約）　157, 266, 285, 288, 293, 316, 334, 461, 462, 480
市民的及び政治的自由　462
市民的感覚　326
市民の権利擁護　306
社会権　8, 68, 70, 151, 152, 330, 331, 378, 382, 394, 427, 461, 488, 489, 491, 493, 494
社会権的再構成　488
社会適応性　402
「社会的援助としての行刑（序説）」483
社会的関与　470
社会的健康　383
社会的孤立　386, 389
社会的障壁　114
社会的人格　386
社会的存在　489, 494, 495
社会的排除　12, 470, 494
社会的包摂　7, 12, 425, 470, 490

社会との絆　387
社会に包摂される権利　488
社会の構成員　460, 461, 488
社会復帰　7, 12, 16, 29, 30, 32, 35, 36, 67-70, 75, 89, 92, 93, 95, 96, 99, 101, 102, 104, 108, 110, 113, 114, 116, 124, 125, 131, 133, 134, 146, 148-152, 155, 156, 184, 228, 302, 303, 329, 330, 364, 378, 380, 382, 383-385, 392, 393, 396, 398, 400, 410, 415, 420, 433, 434, 439, 448, 456, 468, 470, 471, 474, 479-481, 484, 486-491, 495
社会復帰（促進）センター（民間刑務所、PFI 刑務所）　5, 7, 409
社会復帰に対する法的障害　381
社会防衛　483
社会保障証　99
社交性　448
ジャック・トゥーボン　306
州外移送　87, 90, 91, 148
就業プログラム　99
自由刑純化理論　393, 483, 486, 491, 494
自由権　12
州憲法の改正　73, 124, 142, 143
収集権限　196
就職支援　94, 99, 132, 145, 330
終身刑　380
州政府の独立性　120
重層的な国内防止メカニズム　320
重大事件　168-170
集団行動訓練　420
集団散歩　422
集団的処罰　476
自由の剥奪　19
自由剥奪施設総合監視官（le Contrôleur général des lieux de privation de liberté）　11, 223, 273-275, 277, 284, 292-296, 298-305, 307, 308, 312, 316, 319, 320

重罰化　258
修復的司法プログラム　473
十分に有害　348, 350
州民投票　73, 124, 143, 144
収容　19
収容中の死亡　204, 261
収容の全体　432
収容率　72, 73, 79, 89, 110, 125, 126, 130, 145, 351
主観的な意図　350, 356
主観的要素　353, 356
受刑者処遇法　4-6
受刑者の権利　6, 12
受刑者の権利義務　27
受刑者の更生　92
受刑者の社会復帰の権利　483
受刑者の人権　7, 8, 9, 11, 12, 70, 143, 216, 318, 327, 329, 330, 333, 369, 395, 427
受刑者の漸進的社会再統合に対する権利　380
受刑センター（Centre pénitentiaire）　300
主席査察官　226, 232, 234, 242, 243
種族的集団・少数者集団　269
手段化不可能性　455
種としての人間の存在　447
シュワルツェネッガー　73, 75, 76, 84, 85, 88, 96, 102, 104, 123-125, 146
遵守官　127, 128, 136
遵守事項（違反）　28, 105, 107, 112, 149
峻別論（説）　446, 457
消火用ホース　23
称呼番号　427
常時点灯　476
場長　426
情緒的健康　373
情報収集　196
初期審査　206
処遇の個別化　470

処遇目標　419
処遇要領　31, 32
職業教育　98
職業訓練　132, 145, 151, 172-174, 250, 394, 398, 400, 407, 420, 485, 486
職業訓練センター　250
職業プログラム　100
食生活　261
食肉　259
書信整理　419
書信表　46-51, 53-59, 62-67
職権濫用　47
初任者研修　246
自律　447
自律性　401, 402, 451
自律的個人　447
知る権利　21
人格核心理論　437
人格主義（Personalismus）　446, 447, 487, 488
人格的自律　437
人格的退行　487
人格の自由な発展　435, 436, 438-441, 443, 456, 457, 461, 487, 489, 490
人格の発展　380, 432
人格を尊重　419
人権B規約　157
人権文書　216, 393
深刻な害悪の相当なリスク　358, 359, 375
審査権　270
人種　113
人種統合　112, 113
心情把握　414
信書（の）検査　3, 37, 38, 46-48, 52, 53, 56-58
信書の自由　9
信書（の）発受　17, 35, 36-38, 40, 45, 55, 58, 64, 65, 67, 151
人身の自由　439, 440-442, 456

進水式　405
人体実験　440
身体的重傷　169
身体の不可侵　439, 440
身体を害されない権利　439
進展する品位の水準（evolving standards of decency）　338, 341, 343, 344, 347, 348, 363, 374, 378, 379, 389, 391, 495
新入教育リーダー　418
新聞記事　41, 42
新聞記事閲読　41, 490
新来場者懇談会　418
心理的領域　440
収容漬け（institutionalization）　383, 433
水泳訓練　422
スカリア判事　353, 354
スコットランド・ケア規制委員会　265
スコットランド人権委員会　265
スコットランド精神福祉委員会　265
スタッフォード刑務所　248-250, 254
スティーブンス判事　355
ストレンジウェイ刑務所　244
住田正一　407, 408, 425
住友機械工業　403
スワックハマー判事　189
生活環境　345
生活指導　400
生活水準　27
生活要領　418
正義感覚　455
正義と自由　451
正義倫理　455
制限緩和　402
静坐　412
静座室　419
政治的な存在　341
正常性（normalcy）の原則　380

精神医療　345, 346
精神医療施設　472
精神障がい　472, 478
精神遅滞犯罪者　342
精神的疾患　472, 475
精神的要素　354
精神病　472
生存権　489
生存権的な権利　330
生存保障　445
性的弱者　376
性的被害　357
性同一性障害者　357
制度的保障　275
性犯罪　131
性犯罪再犯防止　151
生命に対する権利　236, 462
生命への権利　439
世界人権会議　268
世界人権宣言　157, 266, 285, 288, 293, 316, 334, 459-461, 463, 480
世界標準　13, 70, 154, 328, 333, 335, 379, 495
赤外線センサー　428
責任ある予算のためのカリフォルニア州民連合（CURB）　110
積極的な義務　349
説明責任　216
選挙権　494
全国監視枠組み（National Monitoring Framework）　249
全国犯罪者管理局（NOMS）　262
センサー付カメラ　428
全人格　369
全体会議　418
全体主義　447
全体的考察　355
全体的状況（overall conditions）　355, 356
選択議定書　268, 264

全面審査　206
専門査察官　227
専門性　179, 321
専門的知識付与　269
総合考慮　48, 56
総合査察　227, 262, 319
造船王　404
造船作業　410, 411
相当の蓋然性　2, 9, 16, 21, 22, 25, 26,
　　42-45, 69, 70, 489-491
疎外化および没個性化環境　383, 384
即時抗告　51
組織法律　306, 307, 309, 316
訴訟上の救済の付与申立て　46
訴訟（上の）救助　49-54, 57, 59-63
疎明資料　49-51, 57-59, 62, 63
ソロリオ議員　87, 88
尊敬と尊厳（respect and dignity）　217,
　　222
尊厳ある存在　453
尊厳（の）感覚　451-453, 455
尊厳の侵害　454
存在論的事実　452
尊属殺最高裁違憲判決　492
尊重の念　469

●た行

第57提案　73, 124-126, 130, 131, 135,
　　136, 140-142, 144-146
代替刑　274
対等　453
大統領　299, 320
退歩　371, 372, 383, 433
大理石張り　417
田口精一（「ボン基本法における人間の
　　尊厳について」）　443, 457
他国の法律や国際的権威　344, 347
他者の存在　448
多層的独立監視機関　162

立入権限　196
タッカー　365
達成目標　96
脱走　338
玉掛け技能　414
玉蟲勇樹（『人間の尊厳保障の法理──
　　人間の尊厳条項の規範的意義と動態』）
　　444, 448, 449, 457
ダルベダ　304
短期拘束施設　246
男女比　269
単独室　351, 352
単独室隔離（拘禁）　203, 379, 381
治安再編成プラン　107, 205
治安に関する全国倫理委員会（CNDS）
　　280, 281, 284, 293
治安判事　224, 244
治安判事訪問委員会　224
地域住民　425
『逐条解説　刑事収容施設法〔第3版〕』
　　35, 396, 401, 426
父島　406
知的障がい　476
地方警察　313
致命的事件　236, 240, 241
致命的実力の行使　169, 170
中央刑務所（Maison centrale）　300
昼夜独居拘禁　259, 493
懲役刑　338
懲戒処分　167, 169, 171, 183
懲戒手続　311
調査員　227
調査権限　184, 238, 239, 287, 323, 326
調査法（Inquiries Act）　190
調停　311
懲罰　27
懲罰委員会　253
懲罰審査会　346
懲罰手続　244, 245, 254
治療ミス　348

索引　509

治療目的静穏室　209
鎮静衣　493
通信の自由　35, 39
通信の秘密　36-38, 40, 47, 48, 52-57, 66, 67, 70
通達行刑　5
坪内寿夫　398, 399, 425
提案権限　282
　　　修正――　283
定員収容率　396
低危険度違反者　118
定期的査察　266
定期的訪問　268, 289
テーザー銃　81, 82, 361
適正手続　1-3, 80, 115
適切な医療　81, 151, 345
適用留保（non reconnues）　292
デクレ　307, 308
出自を知る権利　438
鉄筋コンクリート　417
テニア島　406
電気溶接作業　419
電子監視（surveillance électronique）　105, 106, 274, 302
電子錠　428
ドイツ　380
ドイツ基本法　12, 13, 393, 435, 439, 448, 449, 454, 456, 458, 487, 488
ドイツ憲法裁判所　380, 432
土井政和　393, 483, 485-487
統轄委員会　244
東京地裁 2009（平成 21）年 4 月 20 日　51
統合　455
逃走事件　414
投票権　259
同旨説　445
透明性　27, 89, 159, 171, 176, 184, 239, 247, 299, 316, 318, 330
ドゥラリュ（J.-M. Delarue）　273, 274

特別権力関係（論）　19-21
特別公務員暴行陵虐致死（事件）　23, 24
特別主事　82, 84, 116, 147, 361
特別報告　311
独立監視委員会（IMB）　222, 223, 225, 243, 245, 246, 248, 249, 253-260, 262-266, 318, 319, 323
独立監視委員会の法的役割　249
独立監視機関　75
独立機関　293, 316, 320
独立警察苦情委員会　242
独立拘留訪問協会　265
独立審査局　167-169, 171, 182, 183, 317, 323
独立性　159, 178, 179, 183, 196, 197, 244, 284, 293, 294, 307, 308, 316, 320, 326, 329
独立の地位　246
『特別報告書』　199, 200
『閉じられた扉の後ろで――2011 年次報告書』　257
図書館　417
独居拘禁　81, 82, 476, 477, 481
ドナルド・スペクター（Donald Specter）　111, 179, 180
ドミニク・ボーディ　306
トランスセクシュアル　357
トロップ判決　338, 343, 344, 373, 389, 393, 491

●な行

内在する価値　369
内在的価値　373, 432
ナイジェル・ニューコーメン　237, 242
内部捜査　167
内務省苦情処理手続　238
内務大臣　224

名古屋刑務所　22
名古屋刑務所事件　5, 16, 19, 22, 25, 29, 328
名古屋地裁 2007（平成 19）年 7 月 13 日判決　44
肉体的領域　440
二重構造　268, 327, 329
2000 年調査権限法規則（Regulation of Investigatory Powers Act 2000）248
2011 年釈放後コミュニティー監督法　106
ニック・ハードウィック　229, 242
ニュー・スタート　98, 99
ニュー・ブランズウィック少年刑務所　209
入院措置　346
入所センター　98
入退室監視システム　428
ニルセン　378, 379, 381, 382, 388, 390, 393, 432
人間性　451
人間的必須要素の剥奪　355
人間の尊厳　12-14, 146, 228, 262, 330, 331, 333, 335, 340, 342-344, 347, 367, 369, 373, 376, 378, 380-382, 387, 389, 391, 393, 395, 429, 431-441, 443, 445-452, 454-464, 468, 469, 474, 478-481, 487-491, 495
人間の尊厳の核心　380
人間の発展　383
認知行動療法　131, 134
年次報告書　197, 198, 204, 206, 207, 235, 237, 241, 242, 248, 250, 253, 262-264, 270, 283, 290, 298, 299, 312, 315, 319, 324
能力開発　269

●は行

ハーフウェイ・ハウス　151
破棄院　281
パジェット判決　367, 369
発達障がい　475, 476
発展する基礎的品位の観念　367
半開放型社会復帰男子刑務所　230
半開放刑務所　301
「犯罪者援助と社会復帰行刑」　483
犯罪に厳しく対処する（タフ・オン・クライム）　117, 147, 154
犯罪認知件数　397
半自由刑（la semi-liberté）　274, 302, 303
班別会議　418
ピーター・ウッドヘッド　245
ピーター・クラーク（Peter Clarke）228, 242
ピーター・ゼルビー　257-259
ピーター・ロイド卿　245
被拘禁者取り扱いのための標準最低規則　458, 465, 466, 472, 473, 475, 479-481
被拘禁者の喫煙の禁止事件　42
非司法的方法　268
非収容的措置　385, 386
非常事態宣言　85, 88, 90, 102, 123, 125
非常事態法　85
必要かつ合理的な範囲　43-45
非道具性　453, 457
非暴力犯罪者仮釈放審査プロセス　140
137.5%　118, 120, 126, 129, 144, 146, 148
ヒヤリング権限　196
評価審議会（le conseil d'évaluation）277-279, 284
表現の自由　490
平尾受刑者　428
品位ある処遇　379
「品位、尊厳そして不毛の地：人道的刑

索引　511

罰の理想を憲法上の議論に復活させる」 378
品位の水準 356, 357, 376
ファーマー（判決） 357, 375, 376
ファーマン判決 431
ファルジュ（Farge） 276
フォークリフト 414
付加的刑罰 383, 433
付加的な恐怖 384
複数の統制 304
侮辱的な扱い 453
付随的影響 487
付随的作用 485
『防ぐことのできた死（A Preventable Death）』 208, 210
防声具 493
副会長 418
付託事項 235, 236, 239, 242, 319
二見ヶ岡農場（構外作業場） 400, 402
不注意 348
不必要かつ不当な苦痛（unnecessary and wanton infliction of pain） 345, 348, 350, 352-357, 374, 390
不服申立制度 27, 158
普遍化 455
普遍性 453
普遍的 452
ブラウン 73, 104, 105, 122, 123, 125
プラタ判決 83, 84, 116, 119, 122, 146, 147, 150, 345, 346, 361, 363, 375, 377
ブラックマン判事 355, 376, 390
フランス人権宣言 302
プリズン・ロー・オフィス（刑務所法オフィス） 111, 179
ブレナン判事 349, 350, 375, 376, 378, 389, 390, 393, 431
フロイデンタール 483-485
文化祭 422, 424
文化的所産 451

文書図画の閲覧 41
文通 479
文明国の水準 340
文明国家における取（り）扱い 340, 374, 378
閉居罰（solitary confinement） 346, 476-478, 493
ペナルティーボックス 72
ペリカン・ベイ刑務所 180
ヘルスケア施設 133
ヘンダーソン 112, 121
ポイント制 118, 120, 131, 135, 136, 145, 146
報告書 302, 320
報告書作成 286, 326
奉仕活動 425
奉仕作業 420
防止小委員会 270
放水事件 22
包摂 330, 480
法治主義 22
傍聴 176
法的拘束力 158
法的障害 382
暴動 190
法務大臣 196, 198, 235, 239, 241, 246, 247, 256, 263, 279, 284, 319
訪問委員会 224, 225, 244
訪問者委員会 225, 243-245, 265
訪問を基礎とする防止的性質の非法律的手段 286
法律の留保 439
保護観察苦情処理手続 238
保護観察付執行猶予判決 387
保護房（保護室） 28, 29, 82
補佐官 309
補充ベッド 88, 89, 92, 98, 109
ホセ・ヨンパルト（「日本国憲法解釈の問題としての『個人の尊重』と『人間の尊厳』」） 443, 457

没個性化　386, 389
ボランティア　246, 254, 263
ホルト　364
ホルト判決　366
ホワイト判事　355, 376
本源的　453

●ま行

マーシャル裁判官（判事）　347, 355, 376, 390
マイルストーン完了ポイント　136, 138, 140
マグイガン報告書　197
マグワイヤ・ヴァグ・リポート（Maguire and Vagg report）　244
正木亮　408
抹消　39, 41, 42, 46
松山刑務所　395
松山更生保護会　404
マラソン大会　422
マンデラ・ルール　14, 327, 458, 465, 469-473, 475-478, 480, 487
密行主義　5, 6
身分帳　66
身分保障　293-295, 307, 308
ミルヘーブン　189
民間警備　313
民訴82条　60
民訴84条　61
民訴86条　60
メイ・リポート　226
メイ判事　243
免責特権　196
面接指導　419
メンタルヘルス（精神的健康）　80, 101, 117, 119, 127, 132, 148, 150, 172, 173, 211, 234, 359, 474
目的性　453, 455, 457
餅つき大会　424

模範囚システム　365
問題発生予防的　266

●や行

薬物治療　80
薬物プログラム　101
薬物乱用　93, 98, 103, 114, 131, 132, 145, 172-175
薬物離脱指導　151
役割責任者会議　418
唯一性・代替不可能性　451, 452, 454, 457
友愛寮　398, 399, 402, 409, 411, 416, 417, 419-421, 423-425
優遇措置　29, 402
有責な精神状態　353
ヨーロッパ拷問防止条約　327
ヨーロッパ人権裁判所　379
ヨーロッパ人権条約　236, 239, 244, 285, 293, 319, 335
余暇活動　420
予告なしの視察　301
予算削減　103, 133
よど号ハイジャック記事抹消事件判決　2, 8, 16, 21, 36, 41, 43, 45

●ら行・わ行

ラーマン事件　369
ラーマン判決　372, 377, 390, 432
裸体検診　199
リーマンショック　102
リエントリー・ハブ（Reentry Hubs）　129, 131, 133, 134, 145
リエントリー・プログラム施設　94, 95, 98, 101, 113, 116, 125, 133
リエントリー施設　92, 154
理性　447
立法分析オフィス（LAO）　109

| | |
|---|---|
| リハビリテーション・センター　132 | 列記事項　246 |
| 量刑委員会　115 | 連邦憲法裁判所　437-439 |
| 量刑改革　111, 114, 118 | 連邦制　120 |
| 寮生　418 | 連邦制の原理　121 |
| 寮生活　418 | 連邦の介入　373 |
| 寮長　418 | ロイド・リポート（Lloyd Report）　224, 245 |
| リラプス・プリベンション　250 | |
| 良好ポイント　136, 137 | 労働基本権　489 |
| 累進処遇　29 | ローズ判決　353-355, 359, 374-376, 432 |
| 累進処遇令　408 | ローパー判決　343, 344, 393 |
| 累積効果　357 | ロールズの正義論　455 |
| 累積的　355 | ロットマン　378, 384, 386, 389, 390, 393, 433 |
| 累積的作為・不作為　356 | |
| 累積的なインパクト　373, 377 | 和解勧告権　311 |
| レーバッハ判決　438 | 枠組に関する文書　236 |
| レクリエーション　420 | |

● 著者略歴…………………

澤登文治（さわのぼり ぶんじ）

| | |
|---|---|
| 平成元（1989）年3月 | 新潟大学大学院法学研究科修士課程公法専攻修了 |
| 平成元（1989）年4月 | 東北大学大学院法学研究科公法学専攻（博士後期3年の課程）入学 |
| 平成4（1992）年3月 | 同上単位取得退学 |
| 平成4（1992）年4月 | 南山大学法学部法律学科講師、法学部法律学科助教授を経て、 |
| 平成16（2004）年4月 | 南山大学法学部法律学科教授〜現在 |

リサーチマップ https://researchmap.jp/read0174188/

受刑者の人権と人間の尊厳
──世界標準と社会権的再構成──

● ……… 2019年2月15日　第1版第1刷発行

著者………澤登文治
発行所……株式会社 日本評論社
　　　　　〒170-8474　東京都豊島区南大塚3-12-4
　　　　　電話 03-3987-8621（販売）　振替 00100-3-16
　　　　　https://www.nippyo.co.jp/
装幀………神田程史
印刷所……平文社
製本所……松岳社

Ⓒ SAWANOBORI, Bunji　2019
ISBN978-4-535-52378-4

JCOPY　〈(社)出版者著作権管理機構委託出版物〉

本書の無断複写は著作権法上での例外を除き禁じられています。複写される場合は、そのつど事前に、(社)出版者著作権管理機構（電話 03-5244-5088、FAX 03-5244-5089、e-mail: info@jcopy.or.jp）の許諾を得てください。また、本書を代行業者等の第三者に依頼してスキャニング等の行為によりデジタル化することは、個人の家庭内の利用であっても、一切認められておりません。